LES COUV. SUP. ET INF. SONT RELIEES

A LA FIN DU VOLUME

FLEURETTE

Paris. — Imp. PAUL DUPONT, 4, rue du Bouloi (Cl.) 8.97.

EUGÈNE SCRIBE

Fleurette

HISTOIRE D'UNE BOUQUETIÈRE

PARIS
L. BOULANGER, ÉDITEUR
90, BOULEVARD MONTPARNASSE

1897

FLEURETTE

HISTOIRE D'UNE BOUQUETIÈRE

PAR

EUGÈNE SCRIBE

PREMIÈRE PARTIE

I

Par une belle matinée du mois d'octobre 1850, les habitants de Paris qui aimaient l'air et le soleil étaient venus les chercher aux Tuileries et aux Champs-Élysées. C'étaient alors, pour eux, les seules promenades possibles. Ils n'avaient pas, comme aujourd'hui, des forêts, des prairies, des pièces d'eau aux portes, que dis-je ? au sein même de la capitale. Le bois de Boulogne ne s'était pas encore transformé, comme par magie, en un parc parisien, domaine populaire qui devait égaler en splendeur et en élégance les domaines des rois.

La grande chaussée des Champs-Élysées était occupée par les équipages et les cavaliers ; les contre-allées étaient envahies par les promeneurs, hommes et femmes ; et, tout le long de l'avenue, deux ou trois rangs de chaises de paille, exposées au soleil et à la poussière, recevaient les personnes qui voulaient se reposer. De distance en distance, des groupes nombreux s'étaient formés ; mille conversations se croisaient. Les Champs-Élysées étaient devenus un salon, ombragé d'arbres, où le babil parisien remplaçait le ramage des oiseaux absents.

Deux jeunes gens venaient de descendre de leurs chevaux; ils les avaient remis aux mains de leurs grooms et cherchaient des yeux une place et des chaises pour s'asseoir. Ils s'avançaient la tête haute, le cigare à la bouche, satisfaits du beau temps, du soleil, surtout d'eux-mêmes et de l'effet qu'ils produisaient; il n'était pas dû à leur conversation, car ils ne prononçaient pas un mot, ils ne parlaient pas, ils ne pensaient pas!... ils fumaient... mais il y avait dans leur tournure, dans leur tenue, dans leurs moindres gestes, une si bonne opinion de leurs personnes, que les nuages de fumée, au milieu desquels ils s'avançaient, semblaient moins des bouffées de tabac, que d'encens, qu'ils s'envoyaient à eux-mêmes.

Ils s'arrêtèrent enfin près du rond-point, à un endroit où un groupe de dames, tournant le dos aux nouveaux arrivants, occupait déjà une douzaine de chaises, mais en laissait encore beaucoup d'autres vacantes.

— Ludovic! s'écria l'un d'eux, j'établis ici mon camp.

— Prends garde, vicomte! lui répondit à demi-voix son camarade, en jetant un coup d'œil rapide sur les dames au milieu desquelles s'élevaient plusieurs douairières, tu te fourvoies; c'est honnête! ne nous y arrêtons pas.

— Et pourquoi donc, une fois par hasard, mon fils? dit, en se retournant, une dame d'une cinquantaine d'années, d'une tenue riche, élégante et d'un goût irréprochable.

— Ma mère! s'écria Ludovic peu charmé de cette rencontre à laquelle il ne s'attendait pas.

— Madame Durussel, dit respectueusement le vicomte, en retirant son cigare de sa bouche et en saluant la mère de son ami et les dames qui l'entouraient.

Ludovic jugea d'un coup d'œil la position; elle était désespérée et la retraite impossible; il se décida alors à faire bonne contenance et s'avança résolûment vers le bataillon féminin, dont les chaises rangées en demi-lune formaient une ligne circulaire difficile à franchir. Il marcha droit au centre. Deux chaises restaient vacantes. Il s'y établit, comme on dit, sous le feu même de l'ennemi. Le vicomte, comprenant le danger de son ami, vint généreusement le soutenir.

Mᵐᵉ Durussel, qui occupait l'extrême droite du cercle de bataille, était une femme qui avait été très belle et très riche; elle était toujours très riche. Son mari, ancien bijoutier, avait gagné dans son état une superbe fortune, qu'il avait laissée à sa veuve et au jeune Ludovic, son fils unique.

Ludovic, élevé très sévèrement par sa mère, avait pris l'habitude de lui obéir et de la craindre, habitude qu'instinctivement il avait conservée. Son premier mouvement était de se soumettre, son second de se révolter. Nous venons de le voir sous l'influence du premier mouvement.

Mᵐᵉ Durussel, après la mort de son mari, avait continué son commerce, en l'ennoblissant. Elle ne vendait plus qu'à la Cour, dont elle s'était fait nommer bijoutière; elle passait ainsi sa vie dans un monde de grands seigneurs et de grandes dames; elle avait vu des voitures de souverains stationner à sa porte et des princesses s'asseoir dans ses salons. Depuis qu'elle avait été appelée, pour des parures de noce, à la Cour d'Angleterre et à celle de Russie, elle traitait d'égale à égale avec les autres têtes couronnées et faisait bon marché des petits princes de la Confédération germanique, ou des simples grands-ducs italiens.

Or, ne fréquente pas impunément tant de splendeurs, on ne se mêle pas, pendant trente ans, même indirectement, aux gloires et aux vanités d'ici-bas, sans qu'il vous en reste quelque chose. Mᵐᵉ Durussel avait tant vu d'altesses et de grandes dames en petit comité, elle avait causé avec elles si familièrement, qu'elle avait peine à se persuader qu'elle ne fût pas de la même société, du même monde, presque du même rang. Elle ne se croyait pas bijoutière, elle spéculait sur le cours du diamant; elle n'avait pas de magasins, elle avait des salons.

Devenue trop riche, elle s'était retirée des affaires, vendant son fonds à son premier commis, qui, moins vaniteux, vendait indistinctement à la ville et à la Cour et marchait, par un double chemin, à la fortune; Mᵐᵉ Durussel n'ayant plus rien à faire qu'à rêver, avait formé des rêves ambitieux pour elle, d'abord. Veuve, elle avait voulu se remarier et devenir grande dame.

Mais le nom de Mᵐᵉ Durussel, bijoutière de la Cour, avait jeté trop d'éclat pour qu'un mariage avec elle passât inaperçu, et pour qu'un marquis ou un duc l'épousât incognito: sa renommée elle-même nuisait à son ambition.

L'amour seul eût pu faire comprendre et excuser une pareille folie; mais, à l'âge que Mᵐᵉ Durussel venait d'atteindre, l'amour ne s'allume plus, même aux feux des diamants.

Revenue de ces idées de noblesse, l'ambitieuse veuve les avait toutes reportées sur son fils. Elle ne pouvait en faire un grand seigneur, mais elle pouvait, avec sa fortune, le faire entrer dans une grande famille.

Ludovic, devenu majeur, ne se doutait guère du mal que sa mère se donnait pour lui. D'abord, il ne songeait nullement au mariage. Il trouvait, pour cela, trop de charmes à la vie de garçon. Ludovic n'était ni bon ni méchant, ni sot ni spirituel, ni généreux ni avare; c'était le type de beaucoup de jeunes gens de nos jours: le club lui tenait lieu de société, le cigare de conversation, et le journal qu'il avait parcouru le matin, fût-ce celui des modes ou des haras, le fournissait d'idées pour toute sa journée.

Il avait étudié dix ans et ne savait rien, sinon qu'il était riche, et cela lui suffisait; convaincu déjà, par l'expérience, que sa richesse lui assurerait toujours de la considération et des amis, il ne se donnait pas de peine pour en acquérir; ils lui venaient d'eux-mêmes. Quant à des sentiments élevés et à des idées généreuses, de ces idées qu'autrefois on rencontrait dans la jeunesse; quant à de l'enthousiasme ou à de l'exaltation, il ne fallait pas lui en demander; ni lui ni ses amis n'en usaient; cela n'était pas compris dans l'abonnement du club.

Mᵐᵉ Durussel avait rencontré, aux eaux de Vichy, où elle avait passé la dernière saison, Mᵐᵉ la marquise de

Kéroualle, nom célèbre en Bretagne. Les Kéroualle étaient de la plus ancienne et de la plus illustre noblesse de ce pays. Ils comptaient parmi leurs ancêtres la fameuse duchesse de Portsmouth, M⁽ˡˡᵉ⁾ de Kéroualle, maîtresse de Charles II, roi d'Angleterre, et ce n'était pas celle de leurs aïeules dont les Kéroualle étaient le moins fiers. Ils ne voyaient là qu'un fait historique, incontestable, une alliance avec les Stuarts, rameau royal à ajouter à leur arbre généalogique.

Outre sa noblesse, M⁽ᵐᵉ⁾ la marquise douairière de Kéroualle avait une fort belle fortune, un million de biens à peu près. Avec cela on est riche en Bretagne, on ne l'est pas à Paris. D'abord, ce million était placé en terre, ce qui produisait tout au plus trente-six mille francs de rentes, et puis la marquise avait trois filles, trois filles à doter et à marier!

M⁽ᵐᵉ⁾ Durussel s'était dit :

— Il y aura bien du malheur si je ne trouve pas là une femme pour mon fils Ludovic.

Après avoir échoué dans les entreprises matrimoniales tentées par elle sur des territoires princiers et sur des maisons ducales, elle se résignait aux marquises et espérait réussir. Il y avait, en effet, des chances pour elle. Elle s'était liée sans peine avec la noble famille.

Aux eaux de Vichy, comme à tous les établissements de ce genre, la connaissance se fait vite. L'habitude de se rencontrer, chaque jour, au bain, aux promenades, l'oisiveté, l'inaction, l'ennui forment promptement des liaisons qui s'oublient de même, mais qui, au premier coup d'œil, semblent parfois si vives qu'on les prendrait pour de l'amitié. C'est tout simple : pendant les vingt jours que dure d'ordinaire la saison des bains, chacun se montre sous son beau côté ; on n'a le temps de dérouler que ses bonnes qualités ; il n'y a pas de place pour les défauts.

La marquise de Kéroualle et M⁽ᵐᵉ⁾ Durussel étaient donc revenues enchantées l'une de l'autre, promettant bien de se revoir à Paris ; et, par exception, elles avaient tenu parole.

La marquise, quoique noble autant que possible, c'est-à-dire méprisant souverainement la bourgeoisie, et surtout le commerce, la marquise, depuis la mort de son mari, et devant la perspective de trois filles à marier, s'était légèrement départie de la sévérité de ses principes. Son siècle était tombé si bas, à ses yeux, que désespérant désormais de le relever à sa hauteur, elle s'était enfin décidée à descendre un peu jusqu'à lui.

Elle voyait autour d'elle tant de mésalliances, qu'un pas fait par elle vers le commerce ou la finance ne l'effrayait plus comme autrefois. Sa conscience héraldique capitulait déjà avec les millions de Mme Durussel. Il y avait dans les veines de Kéroualle une telle masse de sang noble, que quelques flots du Pactole ne pouvaient le dénaturer.

Il faut dire aussi que les trois filles dont l'avenir éveillait sa sollicitude maternelle, n'étaient point d'une défaite facile, et que, chez elles, les charmes de la figure ou du caractère ne formaient point un appoint suffisant aux huit ou dix mille livres de rentes qu'elles pouvaient seulement apporter en dot.

Élodie, l'aînée, avait dix-neuf ans, des yeux d'un bleu clair, le teint pâle, les lèvres pâles et les cheveux du blond le plus pâle qu'on puisse rêver. Sa vue seule promettait la fadeur et l'ennui, et sa conversation tenait parole.

Géraldine, la seconde, était franchement rousse; elle rachetait ce léger défaut par le caractère le plus facile et le plus conciliant: elle était toujours de l'avis de la dernière personne qui parlait. On n'entendait jamais sortir de sa bouche que ces mots: *c'est vrai, c'est juste, c'est évident*, et quand elle ne parlait pas, elle remplaçait le dialogue par une pantomime approbative. Au demeurant, une excellente fille et la meilleure de la famille.

Corentine, la troisième, beaucoup plus jeune que ses sœurs, annonçait déjà un caractère méchant et orgueilleux; du reste, l'enfant le plus gai que l'on pût voir. Elle riait toujours, sans savoir pourquoi.

Enfin, un autre inconvénient, qui chaque jour menagait de s'accroître, s'élevait à côté de Mlles de Kéroualle et contrariait déjà un peu les plans de la marquise.

Une cousine à elle, d'une autre branche des Kéroualle, s'était trouvée, à quatre ans, orpheline, et, de plus, par suite de nos Révolutions, sans aucun patrimoine.

Le marquis de Kéroualle s'était empressé, aux grands applaudissements de tous les siens, qui s'en trouvaient débarrassés, de recueillir chez lui sa jeune cousine et de l'élever comme son enfant. Mais Clotilde, qui n'avait été pendant longtemps qu'une petite fille assez insignifiante, avait alors quinze ans, et déjà ses beaux cheveux noirs, ses grands yeux noirs, si doux et si expressifs, l'élégance de sa taille, le charme de toute sa personne, formaient un contraste frappant et dangereux avec la physionomie de ses cousines. Clotilde offrait déjà un type de beauté si régulier et si parfait, que, partout où elle paraissait, on ne regardait qu'elle.

La marquise ne pouvait cependant laisser toujours sa petite cousine seule à l'hôtel avec des domestiques. Il fallait l'emmener ; ce qu'elle faisait de temps en temps, mais le moins possible.

Clotilde, par exemple, était exclue, de droit, de toutes les soirées et cérémonies d'apparat, sous prétexte que la grande calèche de famille, quelque énormes que fussent ses dimensions, ne pouvait contenir cinq dames en toilette de bal.

Pour les promenades du matin, c'était différent. Au risque de chiffonner ses robes, on se serrait un peu, et la marquise s'installait dans le fond avec ses deux filles aînées, tandis que sur le siège de devant, s'asseyaient gaiement Corentine et Clotilde.

Voilà comment, ce jour-là, et par un beau soleil d'automne, la famille de Kéroualle se trouvait aux Champs-Élysées ; son antique calèche, aux panneaux armoriés, avait rencontré l'élégant coupé de Mme Durussel. Les dames, après une demi-heure de promenade, avaient quitté leur voiture pour s'asseoir au rond-point, le long de l'avenue, embuscade où Ludovic et son ami le vicomte de

Grancey venaient de tomber, et dont ils ne pouvaient plus maintenant décemment se retirer.

— Parbleu ! s'écria le vicomte, en acceptant bravement la situation et en commençant l'attaque, voici, mesdames, une belle journée.

— Très belle, dit Mᵐᵉ Durussel.

— Très belle, dit la marquise.

— Très belle, répéta Élodie d'un air mélancolique.

— C'est vrai, répéta Géraldine, qui jamais de sa vie n'avait fait d'opposition.

Quant à Corentine, elle répondit par un éclat de rire. Pourquoi ? Nous avons dit qu'elle ne rendait jamais compte à personne, pas plus qu'à elle-même, de ses accès de gaîté.

J'ignore si la conversation, qui commençait à peine, se serait soutenue d'une manière aussi piquante et aussi intéressante, lorsqu'elle fut tout à coup interrompue par l'arrivée d'un nouveau personnage : une jeune fille, vêtue d'une robe de toile déchirée, se tenait debout près de la chaise du vicomte. Un madras, dont les couleurs étaient depuis longtemps passées, enveloppait d'une façon pittoresque une masse de cheveux blonds, dont une partie retombait en boucles sur les épaules à moitié nues de l'enfant. Sa figure maigre et pâle portait les traces de la misère et de la souffrance ; mais la chaussure formait la partie la plus originale de sa toilette ; l'un de ses pieds était chaussé d'une bottine et l'autre d'un soulier attaché par une double ficelle. La jeune fille avait l'air triste, mais résigné, et, dans ses yeux, dont il eût été difficile de déterminer la couleur, on voyait briller la résolution et l'intelligence.

— Va-t'en, lui dit le vicomte impatienté de la voir immobile près de sa chaise.

— Oui, s'écria Ludovic, on ne devrait pas laisser les mendiants pénétrer ainsi dans les contre-allées.

La jeune fille releva fièrement la tête et dit :

— Je ne suis pas une mendiante !

— Et qui donc es-tu ? demanda le vicomte.

— Si tu étais un peu mieux habillée, continua-t-il, en regardant sa robe trouée et ses pieds nus, on pourrait te prendre pour servir à la boutique.

33ᵉ LIVR.

— Je suis une marchande.

Et ramenant en avant sa main droite qu'elle tenait cachée derrière sa jupe, elle montra trois ou quatre petits bouquets de violettes plus ou moins fraîches, qu'elle présenta au vicomte.

Celui-ci fit un geste de dédain.

La jeune marchande s'avança alors vers Ludovic, présentant toujours son bouquet.

— Laisse-moi, lui dit le jeune homme en la repoussant de l'extrémité de son gant ; va d'abord laver tes mains qui ne sont pas propres.

L'enfant ne répondit pas et n'eut pas même l'air d'avoir entendu ; mais la légère teinte rouge qui couvrit tout à coup ses joues pâles prouva que l'affront avait été jusqu'à son cœur ; elle fit un pas vers les dames et leur tendit en silence ses bouquets.

— Merci, dit la marquise d'un ton sec.

— Laisse-moi tranquille, dit Mme Durussel.

La jeune fille fit un pas vers les quatre demoiselles, qu'elle passa en revue d'un coup d'œil rapide et, s'arrêtant devant Clotilde, elle lui fit une petite révérence de confiance qui semblait dire : Vous seule me comprenez.

Elle ne se trompait pas.

Clotilde prit un bouquet.

— Ah ! Clotilde, s'écria Élodie avec dégoût, y penses-tu ? Ces violettes sont horribles.

— C'est vrai, dit Géraldine.

Corentine se mit à rire.

— Et puis, dit la marquise, regardez donc cette fille ; à peine si elle est habillée.

— Raison de plus, répondit Clotilde ; je suis riche, vous m'avez payé mon mois ce matin. Combien ? dit-elle en se tournant d'un air gracieux vers la marchande.

— Ce que vous voudrez, mademoiselle.

— Ce n'est pas cher, dit Corentine en riant.

— C'est juste, dit Géraldine.

— Non pas, s'écria le vicomte, c'est spéculer sur votre générosité.

— Deux sous, dit vivement la jeune fille.

Clotilde tira de son porte-monnaie une petite pièce d'argent qu'elle lui donna.

— Je n'ai pas de quoi rendre, dit la marchande d'un air embarrassé.

— Garde tout, répondit Clotilde.

Puis la regardant avec intérêt :

— Quel âge as-tu ?

— Treize ou quatorze ans, je crois, mademoiselle, je ne sais pas au juste.

— Que fait ton père ?

— Je l'ai perdu... ainsi que ma mère.

— Que faisaient-ils ?

— Je n'en sais rien ; ils venaient de la Suisse.

— Alors on t'appelle Lisbeth, dit Ludovic en riant, cela va sans dire.

— Non, monsieur, on me nomme Marie.

— Ah ! que c'est commun ! dit le vicomte ; tout le monde porte ce nom-là. Si j'étais de toi, et pour faire fortune, continua-t-il, je changerais de nom.

— Je ne demande pas mieux, si on m'en donne un autre.

En parlant ainsi, les grands yeux de la jeune fille se tournaient vers Clotilde.

— Puisque tu vends des fleurs, dit celle-ci en souriant, appelle-toi *Fleurette*.

— Merci, ma marraine, dit l'enfant avec un regard plein d'expression.

— Elle n'est pas sotte, dit la marquise.

— Il y a quelquefois de l'esprit chez ces filles du peuple, remarqua Mme Durussel d'un air protecteur. Est-ce que tu n'as pas d'autre état que celui-là ?

— Non, madame.

— Et comment suffit-il pour te faire vivre ?

— Il ne suffit pas, répondit tranquillement l'enfant; aussi les jours où je ne gagne pas, je ne mange pas.

En ce moment, le soleil commençait à se retirer, l'air

devenait très vif, et les dames croisèrent vivement leurs châles et leurs mantes.

— Et toi, dit Corentine en riant à la bouquetière, avec ta petite robe de toile déchirée... comment fais-tu ?

— J'ai froid, mademoiselle, répondit la jeune fille d'un air indifférent.

— Où demeures-tu ? lui demanda à demi-voix Clotilde.

— Je n'en sais rien, où je peux ! Quand la journée a été bonne, comme aujourd'hui, par exemple, ma marraine, et elle roulait entre ses doigts la pièce de cinquante centimes que Clotilde lui avait donnée, je vais loger chez M°° Beaurin.

— Qu'est-ce que M°° Beaurin ? s'écria Ludovic.

— Une portière qui me donne la soupe le soir et un lit la nuit, à condition que je lui rapporterai dix sous par jour ; mais quand je ne peux pas... la porte est fermée.

Clotilde poussa un cri.

— Et tu restes en plein air... sans souper ?

— L'été, cela va encore ; mais voici l'automne et l'hiver qui arrivent... Si j'avais seulement quelque avance... de quoi m'établir...

— De quoi t'acheter un fonds ? dit Ludovic en riant.

— Oui, monsieur, de quoi acheter et payer comptant de plus belles fleurs que celles-là ; mais vivant à peine au jour le jour, je ne peux rien mettre de côté.

— Et combien te faut-il pour t'établir ? demanda Clotilde.

— Des sommes considérables : dix ou douze francs pour le moins.

— En voici vingt, s'écria Clotilde, qui avait gardé à la main son porte-monnaie, mon mois de demoiselle.

— Que faites-vous là, mademoiselle ? s'écria la marquise d'un air sévère.

— Je veux qu'il soit dit, ma cousine, que moi, qui n'ai pas de chances de m'établir, j'aie contribué, en ma vie, à l'établissement de quelqu'un.

— Ne voyez-vous pas qu'on vous débite, pour vous

attendrir, une histoire que l'on raconte à tout le monde ?

— Et dont vous êtes dupe, s'écria le vicomte.

— Aussi, ne vous en vantez pas, mademoiselle, dit Ludovic, on se moquerait de vous.

Pendant cette discussion, la petite marchande s'était rapprochée de Clotilde, et sans prononcer une parole, lui rendit, en rougissant, la pièce d'or que Clotilde repoussa vivement.

Élodie leva les yeux au ciel, Corentine éclata de rire, et la marquise, regardant ses filles d'un air sévère :

— Partons, mesdemoiselles, le temps n'est pas sûr et il commence à faire froid.

Ludovic, poussant l'héroïsme jusqu'au bout, offrit son bras à la marquise ; le vicomte offrit le sien à Mme Durussel ; les quatre jeunes personnes marchèrent derrière en se donnant le bras, et l'escadron se dirigea vers la voiture. Clotilde, qui montait la dernière dans la calèche de famille, se retourna un instant, et aperçut derrière elle Fleurette qui l'avait suivie. Elle portait à ses lèvres la pièce d'or qu'elle devait à la générosité de sa marraine.

II

— Ils ont beau dire, murmura Clotilde, en elle-même, en s'asseyant sur le devant de la voiture, ils ont beau dire, la pièce d'or que j'ai donnée à la bouquetière est de l'argent bien placé.

— Levez donc la glace, dit la marquise à Clotilde, nous allons nous enrhumer.

En s'empressant d'obéir à sa cousine, Clotilde aperçut encore Fleurette qui s'était approchée de la voiture et cherchait à en voir les armoiries.

Le cocher donna un coup de fouet, les chevaux partirent. Clotilde poussa un cri.

Fleurette avait manqué d'être écrasée.

Notre héroïne s'était retirée à temps; il ne s'en était fallu que de quelques lignes qu'elle ne fût renversée et broyée par la roue.

Sans penser au danger qu'elle venait de courir, Fleurette qui ne s'effrayait pas de si peu, s'élança sur les traces de la calèche, qu'elle suivit pendant plus de dix minutes. Elle espérait l'atteindre et connaître, par les armes de la voiture, la famille et le nom de sa marraine.

En vain ses forces trahissaient son courage; haletante, essoufflée, avec la volonté énergique qui déjà formait la base de son caractère, elle continuait sa course échevelée, lorsque le sort se déclara décidément contre elle et la contraignit à s'arrêter. Les cordons, nous avons dit les ficelles, qui retenaient sa chaussure, vinrent tout à coup à se briser, et il lui fut impossible de continuer pieds nus et sur les cailloux de la chaussée une course qui déjà l'avait épuisée. Force lui fut donc de renoncer à connaître sa jeune bienfaitrice, mais elle ne renonça pas à penser à elle et à la bénir.

Depuis ce jour, ce fut le seul ange gardien qu'elle invoquait et à qui elle adressait, non ses prières, car Fleurette ne priait pas, mais ses souvenirs, ses rêves et ses projets. Véritable bohémienne, nul parent, nul ami sur la terre, ne lui avait encore tendu la main, et, sans direction dans sa vie vagabonde, elle s'avançait au hasard, aussi disposée à prendre la bonne route que la mauvaise.

Elle marchait en chantant, d'un pas leste et joyeux, contemplant sa pièce d'or qu'elle ne pouvait se lasser d'admirer. Jamais elle n'avait eu un tel trésor en sa possession; il devait être inépuisable; et, semblable à Perrette, dans la fable du *Pot au lait*, elle bâtissait, sur une pièce d'or, l'édifice de sa fortune, c'est-à-dire une suite de châteaux en Espagne plus brillants les uns que les autres.

D'abord, elle achetait à bon compte une robe, un bonnet convenables, et, avant tout, une chaussure, qui lui permettraient de se présenter dans la haute société, c'est-à-dire devant la porte du vestibule de l'Opéra ou du Théâtre-

Italien, d'où les sergents de ville la renvoyaient toujours. Elle achetait, le matin, dans un faubourg éloigné, chez un jardinier-fleuriste, de beaux bouquets de la saison, qu'elle paierait comptant, qu'on lui vendrait bon marché, et qu'elle revendrait, le soir, le plus cher qu'elle pourrait.

Elle spéculerait sur une petite quantité d'abord; puis peu à peu, elle étendrait son commerce, elle se ferait une clientèle; puis au bout de quelques années, elle louerait, avec ses économies, une petite boutique sur le boulevard. Un instinct secret lui disait qu'elle serait jolie un jour; qu'elle aurait l'esprit du commerce et qu'elle ferait une gentille et habile marchande dont la boutique serait très fréquentée par les grandes dames, et surtout par les jeunes gens.

Tout en rêvant ainsi, elle avait descendu l'avenue des Champs-Élysées, tourné à gauche, traversé la rue du Faubourg-Saint-Honoré, et elle était entrée dans la rue de la Pépinière, qu'elle suivit dans toute sa longueur. Arrivée à son embranchement avec la rue du Rocher, la rue Saint-Lazare et la rue de l'Arcade, elle aperçut quelques gens du peuple rassemblé.

Un garçon de seize à dix-sept ans, à qui on en aurait donné douze à peine, tant il était maigre et chétif, marchant le nez en l'air ou regardant les passants, avait mis le pied dans un trou, formé par un pavé absent, et venait de tomber. Sa chute avait été plus éclatante que dangereuse; au crochet qu'il portait, et sur lequel était posée une demi-douzaine de carreaux, il était facile de deviner que c'était un garçon vitrier. Le bruit des vitres qui se brisaient avait attiré l'attention des passants, les éclats de verre qui jonchaient le pavé, et qui entouraient le pauvre enfant, avaient d'abord fait craindre qu'il ne fût blessé. Aussi l'on s'était empressé de courir à lui et de le relever; il n'y a pas de peuple plus naturellement obligeant que le peuple parisien.

Mais quand on eut vu qu'il n'avait pas la moindre égratignure et que tout se réduisait à quelques verres cassés, chacun continua sa course, ne songeant plus qu'à ses propres affaires, et quelques-uns de ces enfants de Paris, qui semblent toujours, à chaque accident, sortir de dessous les pavés, et qui ne voient en toute catastrophe qu'un sujet de lazzis, s'éloignèrent en riant et en saluant le jeune vitrier du titre de membre de la *cour de cassation*.

Fleurette arriva au moment où le pauvre enfant venait de se relever. Seul, debout, au milieu des débris, il contemplait son désastre, non pas d'un œil sec, car il s'était mis à pleurer. Fleurette courut à lui.

— Qu'as-tu? serais-tu blessé?

— Je n'en sais rien; je crois que oui.

— Qu'importe! on ne pleure pas pour ça.

— Mais je portais là de la marchandise, et, en revenant à la boutique, je suis sûr d'être battu.

— Qu'importe! reprit Fleurette avec un accent héroïque; on est battu et on ne pleure pas.

Le jeune garçon essuya ses yeux, la regarda d'un air intimidé, comme si, en présence d'un si mâle courage, il avait honte de sa faiblesse, et cherchant à se justifier, il balbutia:

— Mon maître, qui est fort, qui est grand, qui est brutal, voudra que je le paie, et comme je ne le pourrai pas, il m'assommera d'abord, puis me mettra à la porte, et je ne saurai que devenir.

— Tu n'as donc jamais couché sous une porte cochère!

— Non.

— Ou en pleine rue?

— Jamais.

— Je conçois alors que ça t'effraie.

— Je crois bien!... sans compter que je suis parti sans dîner et qu'il me renverra sans souper... Je peux compter là-dessus.

Et le jeune garçon recommença à pleurer.

— Tais-toi, lui dit Fleurette d'un ton d'autorité, ça me fait mal de voir un homme pleurer. Combien gagnes-tu par jour?

— Rien encore! J'achevais mon apprentissage. C'est à la fin du mois seulement que j'allais commencer à gagner

— Et pour combien avais-tu là de marchandises ?

— C'étaient de grands carreaux de croisées, sans qu'il y paraisse, dit-il en jetant un regard désespéré sur les fragments épars qui l'entouraient, il y en avait bien là pour six ou sept francs.

— Tant que cela ! s'écria Fleurette, en roulant dans sa main sa pièce d'or.

Son premier mouvement, le mouvement généreux et charitable, qui lui avait fait hasarder cette question, était réprimé soudain par l'énormité de la somme qui dérangeait tous ses projets et toutes ses combinaisons. Cependant, se rappelant combien, récemment encore, la générosité imprévue de sa marraine l'avait rendue heureuse, elle tira de sa poche la pièce d'or, avertie, par je ne sais quel pressentiment secret, que le bonheur qu'elle venait d'éprouver en recevant, pouvait être surpassé, peut-être, par un autre plus doux encore, celui de donner.

— Entendons-nous, lui dit-elle, car Fleurette était une fille bien organisée, qui avait à la fois un bon cœur et une bonne tête, et qui, à l'esprit naturel, joignait l'esprit des affaires ; si on te prêtait six francs, les rendrais-tu ?

— A moi, six francs ! qui oserait me les prêter ?

— Si, enfin, il y avait des gens hardis qui n'ont peur de rien, les rendrais-tu ?

— Il y a bien peu de chances, répondit naïvement l'ouvrier ; mais enfin...

— Mais enfin il y en a : ta probité d'abord.

— Oh ! oui... et puis, s'écria-t-il vivement, ma reconnaissance.

— C'est déjà quelque chose.

— Eh bien ! dit Fleurette d'une voix ferme et comme venant de prendre son parti, je te prêterai six francs.

— Toi ! dit le jeune garçon, la regardant d'un air d'incrédulité, tu n'es pas même si bien habillée que moi.

— Il ne faut pas juger sur l'apparence, répondit Fleurette d'un air sentencieux. Ramasse d'abord tes morceaux, il y en a peut-être encore qui pourront servir, et attends-moi.

A deux pas de là, rue de l'Arcade, était ouverte une boutique de pâtissier, où siégeait une jeune et jolie marchande. Fleurette entra, fit une révérence, et posant le napoléon sur le comptoir :

— Madame, lui dit-elle, pourriez-vous me donner de la monnaie ?

La pâtissière la regarda d'un air singulier.

— Est-ce que vous croyez que je l'ai volée ? dit la jeune fille en relevant la tête avec fierté.

— Non, mais je m'étonne...

— Que je vous apporte cette pièce d'or à changer ?

— C'est vrai.

— Ah ! si je le pouvais, je le garderais toujours, car elle doit porter bonheur. En la recevant de la belle demoiselle qui me l'a donnée, j'ai juré en moi-même de la bien employer,.. et je commence. Tiens, dit-elle au vitrier qui se tenait à la porte de la boutique, et qui n'osait entrer, quel est ton nom ?

— Étienne.

— Voilà qui t'empêchera d'être battu et renvoyé, et elle lui mit les six francs dans la main.

Pendant que celui-ci, stupéfait, regardait l'argent sans oser y croire, Fleurette ramassait soigneusement sur le comptoir le reste de sa monnaie, sans oublier de remercier la pâtissière qui allait serrer la pièce d'or dans son tiroir ; et, au moment de la voir disparaître :

— Madame, je vous en supplie, s'écria-t-elle, mettez-la à part dans un coin.

— Pourquoi ?

— Si jamais je suis riche, je viendrai vous la racheter.

La jeune femme regarda la pauvre enfant et lui dit en souriant :

— Je te le promets.

Et Fleurette, heureuse d'avoir mis en pension sa pièce d'or, et certaine de la retrouver un jour, sortit de la boutique le cœur rempli d'une joie jusque-là inconnue, celle d'avoir rendu un service.

Elle marchait dans la rue, près de son jeune protégé qui

la contemplait avec reconnaissance et presque avec respect ; aussi ce fut Fleurette qui, la première, entama la conversation.

— Chez qui es-tu en apprentissage ?

— Chez M. Dufour, vitrier, près la barrière Blanche.

— Tiens, c'est mon quartier, quand j'en ai un ! Mme Beaurin, ma portière, demeure rue de Navarin. Et ton père et ta mère, que font-ils ?

— Ils ne font rien. Ils sont morts. Nous sommes restés orphelins, moi et ma sœur Michelette. Par bonheur, des dames de l'œuvre des secours à domicile, du deuxième arrondissement, sont venues nous chercher dans la mansarde où nous mourrions de faim et de froid ; on nous a placés en apprentissage pour deux ans, moi chez M. Dufour, maître vitrier, et Michelette, dans un atelier de fleuriste.

— Et tu travailles ?

— Toute la semaine, Michelette aussi. Dieu ! que c'est ennuyeux de travailler ! De sorte que lorsqu'on m'envoie, comme aujourd'hui, en course pour une heure, j'en reste deux.

— Tu vois que ça porte malheur.

— C'est possible ; mais flâner et prendre l'air, c'est faire comme les gens riches, c'est si amusant !

— Pas toujours, surtout quand il pleut, et j'ai souvent regretté de n'avoir pas, comme toi, l'abri d'un atelier.

— Qu'est-ce que tu es donc ?

— Fleuriste en plein air.

— Et comment t'appelle-t-on ?

— Fleurette.

— Un drôle de nom.

— Un nom tout neuf. Je l'ai d'aujourd'hui et j'y tiens, et je n'en aurai jamais d'autre, par rapport à ma marraine.

— Tu as donc été baptisée, toi !

— Tout à l'heure, en plein air, toujours en plein air !

— C'est drôle ! Tu es donc comme ma sœur et moi, tu n'as jamais connu tes parents ?

— Si, vraiment ! des paysans, je me les rappelle. Nous

habitions une cabane en planches de sapin, où il faisait froid, dans un pays qu'on appelait la Suisse. Il y avait une grande montagne toute couverte de neige sur laquelle je courais, et puis des touffes de fleurs rouges magnifiques que je cueillais, et, tous les jours, je m'en faisais des bouquets et des couronnes. C'est depuis ce temps-là que j'aime tant les fleurs.

— Et c'est pour cela que tu t'es mise dans cette partie-là ?

— Oui, plus tard, parce que mon père et ma mère sont venus, je ne sais pourquoi, se placer à Paris comme concierges, ou plutôt comme suisses à ce qu'ils disaient.

— Et ils t'ont emmenée avec eux ?

— Comme de raison : je pouvais avoir alors sept ou huit ans, et puis tout à coup je ne les ai plus vus et je me suis trouvée dans une loge de portier avec M™ Beaurin qui me battait ; mais je ne pleurais pas, moi, dit-elle en jetant un regard sur Étienne ; elle me battait, quand je ne lui rapportais pas dix sous, et elle me mettait à la porte. J'ai eu des mauvais jours et des mauvaises nuits ; mais maintenant que me voilà riche, M™ Beaurin ne fera plus de difficultés pour me recevoir.

En parlant ainsi, Fleurette et son nouvel ami étaient parvenus au dernier tiers de la rue Saint-Lazare ; prenant alors à leur gauche, ils commencèrent à gravir la rue Blanche. Arrivés à la hauteur de la rue Boursault, Fleurette s'arrêta :

— N'allons pas plus loin ; voici mon chemin, dit-elle en montrant la droite ; continue le tien. Aussi bien, la nuit vient, et je ne suis pas attendue chez M™ Beaurin..

— M™ Beaurin, une portière, rue de Navarin, dit Étienne en cherchant à se rappeler ; j'irai te voir, Fleurette.

— Je ne suis pas souvent chez moi, mais c'est égal, viens toujours. Tu me donneras l'adresse de ta sœur Michelotte. En attendant, du courage et travaille !

— Je ne réponds de rien... enfin on tâchera.

— Ne fût-ce que pour t'acquitter. N'oublie pas que tu me dois.

— C'est juste, Fleurette ; cela seul m'empêchera de flâner et de perdre mon temps, car tu es tout de même une brave fille... et si jamais tu avais besoin de quelqu'un pour te défendre, tu me trouveras toujours.

— Merci ! je tâcherai de me défendre moi-même et de ne pas t'appeler.

— Pourquoi ?

— Parce que je suis plus forte que toi.

— Ne crois pas cela. Je suis fort comme un lion quand je suis en colère.

— Dans ton état, il ne faut jamais t'y mettre.

— A cause ?

— A cause que c'est un état trop casuel, et qui casse les verres les pales, tu le vois par aujourd'hui. Bonne chance ! Puissions-nous être bien reçus, toi par M. Dufour, et moi par Mme Beaurin.

Tous deux s'éloignèrent, non sans retourner plusieurs fois la tête en s'envoyant encore de loin un dernier adieu.

III

La maison dont Mme Beaurin était la portière, ou plutôt la propriétaire (car elle avait l'air de percevoir des droits sur chacun de ses habitants, et directement ou indirectement elle savait les rendre ses tributaires), cette maison nouvellement bâtie, avait sur la rue une façade de cinq étages. Le fond, que la spéculation réservait à de prochaines constructions, se composait d'un jardin petit et humide, servant provisoirement de cour et offrant alors, pour seul bâtiment, une petite remise ou baraque en planches, qui servait à Mme Beaurin de débarras et de garde-meuble.

Là étaient appendues à un clou des peaux de lapin retournées ; au-dessous étaient une chaise de paille défoncée, un escabeau boiteux; plus loin, de vieux chiffons et de vieux papiers de toute espèce; un manche à balai, des pincettes cassées, des débris d'assiettes, des tessons de bouteilles, et au fond, à la place d'honneur, s'élevaient *les bûches du portier.*

C'est là que demeurait autrefois le chien de Mᵐᵉ Beaurin, son chien Azor, qu'elle venait de perdre; c'est là que tous les chats de la maison et de la rue se donnaient rendez-vous la nuit.

Mᵐᵉ Beaurin, qui n'avait jamais été aimable dans sa jeunesse, avait alors une soixantaine d'années, et on aurait dit que chaque année ajoutait un désagrément ou un inconvénient à son caractère, comme une ride à son visage. Le temps, qui détruit tout, n'avait fait qu'augmenter ses principales qualités: l'avarice, la cupidité et surtout la mauvaise humeur.

— Ah! s'écria-t-elle en apercevant, à la lueur de sa lampe, Fleurette qui venait de se présenter à la porte de sa loge, c'est donc toi, fainéante et vagabonde! Y a-t-il assez longtemps qu'on ne t'a vue!

— Quinze jours, mère Beaurin... Je n'avais pas de quoi payer la soupe et le logement; aussi, je vous connais, je ne suis pas venue.

— Tu as bien fait.

— Je ne voulais pas vous donner la peine de tirer le cordon pour me mettre à la porte.

— Ce qui veut dire qu'aujourd'hui tu as de quoi.

— Oui, mère Beaurin, dit Fleurette d'un air fier.

— Et tu crois que je te recevrai?

— Je l'espère.

— Détrompe-toi; depuis quinze jours, depuis le terme d'octobre, les anciens locataires sont partis, de nouveaux sont arrivés, tous gens riches et comme il faut. Je m'en suis aperçue aux deniers à Dieu, ça requinque un immeuble et le met sur un pied distingué, qu'il s'agit de soutenir. Aussi M. Ducresson, le propriétaire, m'a ordonné d'être sévère sur la tenue de la maison. Nous ne voulons plus admettre de population incertaine et flottante.

— Que voulez-vous dire par là ?

— Que je ne peux plus louer au jour le jour, comme je le faisais autrefois ; il faut que ce soit au mois, ou pour le moins à la semaine.

— Si ce n'est que cela, répondit Fleurette d'un air de dignité offensée, ne vous inquiétez de rien.

— Si, vraiment, je m'inquiète ; car, dans les petites locations, je dois faire payer d'avance, et huit jours à cinquante centimes, font quatre francs.

Fleurette ne répondit pas ; elle jeta sur la table deux pièces de quarante sous.

M™ Beaurin fut suffoquée ; mais, revenue de sa première surprise, elle s'écria :

— Il paraît que depuis quinze jours nous sommes devenue millionnaire.

— Comme vous dites, répondit froidement Fleurette. Faites donc servir la soupe, mais tâchez qu'elle soit meilleure et plus forte en bouillon qu'autrefois, sinon je serai obligée, à la fin de mon bail, d'aller m'établir ailleurs.

La surprise de la portière fut au comble ; mais comme l'insolence avait bien plus d'influence sur elle que les bons procédés, elle regarda Fleurette avec une espèce de déférence, et puis, ce qui ne lui était jamais arrivé, elle dit en lui avançant un tabouret de paille :

— Assieds-toi donc.

Fleurette ne se fit pas prier ; elle prit sans façon le siège qu'on lui offrait et dont ses jambes avaient grand besoin.

— Et peut-on savoir comment cette fortune subite est arrivée ?

— Non, répliqua sèchement la jeune fille.

— C'est donc un secret, un mystère ?

— Oui.

— Et, continua la portière d'un air câlin, on ne veut pas confier ce secret à maman Beaurin, qui a été ta bienfaitrice, qui t'a servi de mère depuis la mort de tes parents, concierges comme elle, dans le quartier ?

Fleurette garda le silence. Montrant du doigt la marmite placée devant la cheminée et d'où s'exhalaient un mur-

murs joyeux et un parfum réconfortant, elle dit, d'un air de grande dame que sa marraine elle-même n'aurait pas désavoué :

— Servez, j'ai faim !

Mᵐᵉ Beaurin, de plus en plus subjuguée, s'empressa d'obéir, et pendant tout le souper qui, il est vrai, ne fut pas long, il n'y eut sorte de moyens plus ou moins adroits, d'instances et même de prières qu'elle n'employât pour engager Fleurette à lui raconter son histoire et les causes de sa fortune ; mais celle-ci, comprenant que sa discrétion était encore une vengeance, se garda bien de donner satisfaction à la curiosité de Mᵐᵉ Beaurin. Elle resta muette.

Quelques instants après, Fleurette était retirée dans son appartement, c'est-à-dire dans l'ignoble taudis dont nous avons donné la description et qui était situé dans l'endroit le plus humide du jardin ; il était adossé à l'aile droite de la maison, une gouttière tombait sur son toit d'où plusieurs tuiles étaient absentes ; les parois, dont les planches étaient disjointes, laissaient apercevoir la lune qui brillait en ce moment, mais établissaient en même temps un courant d'air peu agréable aux environs du 15 octobre.

Cela n'empêcha pas Fleurette de dormir d'un lourd et profond sommeil, sur une couche épaisse de paille, de deux pieds de largeur et de quatre de longueur, qui occupait l'un des côtés de la remise. Elle s'y étendit avec délices ; son sommeil ne fut troublé ni par le bruit du vent, ni par les réclamations des précédents locataires qui, indignés de voir leur logis occupé, exhalaient leur colère en des miaulements prolongés et furibonds dont tout le quartier retentissait.

Fleurette ne s'éveilla qu'avec le jour. Aucun bruit encore ne se faisait entendre dans la maison, et ce silence général invitait au recueillement et à la réflexion. Sa première pensée fut pour sa marraine, la seconde fut pour elle. Elle jeta un regard attentif sur sa position, qui était loin d'être aussi belle qu'elle se l'était figurée d'abord.

Elle était, il est vrai, nourrie et logée pour huit jours. Mais, examen fait de sa caisse et de ses finances, il lui restait, pour établir sa maison de commerce, dix francs. C'étaient là ses seuls capitaux réels et disponibles, car il ne fallait pas compter sur des rentrées aussi incertaines que celle de la maison Étienne et compagnie.

Dix francs! c'était sans doute plus qu'elle n'avait jamais possédé; mais, en mettant le capital en regard de la dépense, il lui était impossible d'équilibrer son budget. Il lui fallait d'abord penser à son habillement, puis à ses frais d'installation : acheter un éventaire ou un panier, boutique mobile et portative qui lui était indispensable; puis acheter des marchandises suffisantes et convenables pour garnir cette boutique et attirer les regards des chalands.

Penser à obtenir du crédit, c'était folie. Quelles garanties donner? Quelle confiance inspirer!

— O ma marraine, disait-elle en joignant les mains, ma marraine, viens à mon aide! Si tu m'entends, si tu m'exauces, je serai une brave fille, je me conduirai bien et tu ne te repentiras jamais de m'avoir protégée.

Après avoir achevé en elle-même cette prière, et quoiqu'il fût à peine six heures, elle se leva; personne, excepté elle, n'était encore éveillé dans la maison, pas même la portière. Toutes les fenêtres et les persiennes étaient fermées. Elle fit quelques pas dans le jardin, pensant toujours à sa marraine. Tout à coup, et malgré un brouillard d'automne assez épais qui l'environnait, elle vit quelque chose de blanc à ses pieds, elle se baissa et ramassa un superbe bouquet.

Trois camélias blancs se détachaient du milieu d'une masse compacte de violettes de Parme, et un cercle de bruyères entourait le tout d'une manière élégante et coquette.

Nous avons déjà dit que Fleurette n'avait aucune espèce de croyance, ni de sentiments religieux. Qui les lui aurait donnés? où les aurait-elle puisés? Tout ce qui, autour d'elle, frappait ses yeux ou ses oreilles, tendait à abaisser ses idées plutôt qu'à les élever, et à corrompre son âme plutôt qu'à l'éclairer. Mais, dans la situation où elle se trouvait, une rencontre aussi imprévue, et qui semblait soudain répondre au vœu formé par elle, une telle rencontre offrait quelque chose de surnaturel et de miraculeux, bien capable de frapper son cœur et surtout son imagination. D'où venait ce bouquet? qui le lui avait envoyé? qui pouvait dans le monde s'intéresser à elle, si ce n'était sa marraine?

Par un mouvement rapide et presque involontaire, elle porta le bouquet à ses lèvres. Il était imprégné de l'humidité de la nuit et du brouillard qui lui avait conservé sa fraîcheur; en le regardant attentivement il eût été facile de voir que les fleurs dont il se composait ne venaient pas d'être cueillies. N'importe, Fleurette les trouvait magnifiques et d'un prix bien plus élevé que toutes celles qu'elle aurait pu acheter pour former son fonds de boutique et commencer son commerce.

Elle rentra dans son taudis en planches, dont elle laissa la porte ouverte, afin de voir clair, et déroulant lentement le fil qui nouait l'immense bouquet, elle subdivisa celui-ci et en forma une douzaine de petits bouquets de violettes, et un treizième, composé seulement des trois beaux camélias blancs. Elle les attacha avec le fil qu'elle avait roulé en peloton et qu'elle coupait avec ses dents, à défaut de ciseaux. Elle n'avait pas d'éventaire, il est vrai, pour étaler et porter sa marchandise; elle la mit dans son madras, et la tête nue, ses beaux cheveux tombant sur ses épaules, sans dire ni bonjour ni adieu à Mme Beaurin, qui faisait son café dans sa loge, elle s'élança vers la porte cochère qui venait de s'ouvrir.

IV

Joyeuse, pleine d'espoir, et semblable à ce sage de la Grèce qui portait tout avec lui, Fleurette marchait avec confiance, protégée par sa marraine, et certaine de rencontrer au bout du chemin la fortune. Nous avons vu, de nos jours, plus d'un millionnaire commencer ainsi la sienne.

Fleurette, en sortant de la rue de Navarin, hésita si elle prendrait à gauche ou à droite. Tout un avenir dépend souvent du premier pas.

Elle prit à droite, descendit la place Bréda, entra dans la rue Labruyère, ne rencontrant sur son passage que des gens affairés et qui se souciaient peu de bouquets. Elle arriva à la rue de La Rochefoucauld, et, du haut de sa pente, très rapide à cet endroit, la rue lui sembla déserte.

Elle se trompait : il y avait une personne, un jeune homme qui marchait tantôt lentement, tantôt rapidement, puis revenait sur ses pas. Il était clair qu'il se promenait.

Fleurette passa près de lui, il ne la vit pas, il regardait sa montre, sa figure respirait à la fois l'impatience et l'émotion. Il regarda de nouveau sa montre; puis, de l'endroit élevé de la rue, dont il ne s'éloignait pas, son œil plongeait du côté de la rue Saint-Lazare, et, comme Anne, ma sœur Anne, il ne voyait rien venir. Il n'y avait toujours dans la rue que lui et Fleurette.

Celle-ci s'était approchée, et voyant l'agitation et l'inquiétude empreintes sur tous ses traits, elle lui dit, de sa voix la plus douce :

— Monsieur, voulez-vous de la belle violette?

Le jeune homme la repoussa avec impatience; puis, se ravisant :

— Non, non, dit-il, reviens, petite ; viens ici.

Il pensait probablement, comme Figaro ou le comte Almaviva, que deux personnes qui causent excitent moins l'attention qu'une seule qui se promène.

Fleurette ouvrit son madras, d'où s'exhala une suave odeur.

— Voyez, monsieur, comme ça embaume! comme elles sont belles, comme elles sont fraîches! Étrennez-moi; tenez, voilà un bouquet charmant.

Le jeune homme le prit, l'attacha à la boutonnière de son habit, sans trop savoir ce qu'il faisait. Puis, d'un air distrait, il ouvrit son porte-monnaie et en tira quelques pièces d'argent.

Tout à coup, de la hauteur où il était placé, il aperçut une jeune dame venant de la rue Saint-Lazare, et gravissant la rue de La Rochefoucauld. Sa marche était lente et incertaine ; un voile noir couvrait ses traits, et de temps en temps elle regardait autour d'elle d'un air inquiet.

— Tiens, tiens, dit le jeune homme en jetant dans le mouchoir de Fleurette l'argent qu'il tenait à la main, tiens, va-t'en, laisse-moi ! et il descendit rapidement la rue, courant au-devant de la jeune dame.

Fleurette, restée seule, regarda dans son mouchoir. Il y avait deux pièces d'un franc et trois de dix sous.

— Trois francs cinquante pour un bouquet de violette, s'écria-t-elle, quelle chance ! voilà une journée qui commence bien.

Elle descendit la rue, rencontrant, un instant après, son acheteur à qui elle fit une belle révérence. Il avait à sa boutonnière le bouquet de violettes et donnait le bras à une jeune et gentille petite blonde, qu'il avait l'air de rassurer, et qui, toute tremblante, s'appuyait sur son bras.

Quant au jeune homme, à son air inquiet et soucieux avait succédé un air de joie et de triomphe, que Fleurette ne comprit pas trop, et dont elle ne chercha pas à deviner la cause ; elle était, elle-même, trop heureuse.

Elle entra chez un boulanger et acheta un pain d'un sou, pensant que, vu sa nouvelle fortune, elle pouvait se donner le luxe d'un déjeuner, ce qui ne lui était pas arrivé depuis bien longtemps. Elle continua sa course, et au moment où elle entrait rue Saint-Georges, elle entendit deux hommes qu'elle suivit et qui causaient vivement, en marchant.

— C'est trop hasardé, disait l'un.

— Mais c'est magnifique, disait l'autre, si nous avons seulement dix centimes de hausse aujourd'hui.

— De beaux bouquets de violettes, mes beaux messieurs ! dit Fleurette, en se permettant de les interrompre.

— Et nous revendons demain, et nous réalisons un

bénéfice immense, continua l'homme de Bourse, sans l'écouter.

— Achetez-moi mes violettes.

— Et qui te dit que nous hausserons? s'écria le joueur timide.

— J'en suis sûr, répondit le joueur téméraire.

— Achetez-moi mes violettes, répéta la jeune fille, en se plaçant devant les deux spéculateurs, ça vous portera bonheur!

— Tu crois? dit l'un des deux boursiers en s'arrêtant et en regardant Fleurette.

— Je vous en réponds, dit-elle d'un air assuré.

Les joueurs sont superstitieux : il prit le bouquet, jeta vingt sous à la jeune fille et se dirigea rapidement vers la Bourse.

Fleurette, enchantée de sa nouvelle opération, le suivit de loin de l'œil et continua sa course tout le long de la rue Laffitte. Elle s'arrêta près du boulevard, devant une superbe boutique de fleurs rares et précieuses, des fleurs de serre.

— Ah! ah! dit-elle en regardant, à travers les vitraux, M. Rymbaud le marchand, qui trônait dans son comptoir, si jamais je gagnais de quoi louer une boutique comme celle-là! si jamais j'arrivais à vendre des fleurs en grand! Bah! dit-elle avec un sourire où brillait toute une fortune en espérance, qui sait? avec l'aide de ma marraine... tout est possible!

En parlant ainsi, elle voyait s'étaler, dans des caisses élégantes, des camélias qui n'étaient guère plus beaux que les trois qu'elle possédait, et, comme elle avait l'instinct du commerce, une spéculation, la première qu'elle eût encore conçue, s'offrit à elle.

Elle entra dans la boutique et dit au marchand en lui présentant ses trois camélias blancs :

— Combien me donneriez-vous de ces trois belles fleurs?

Le marchand la regarda et répondit : Trente sous, les trois.

— Ce n'est pas assez, répondit fièrement Fleurette.

— Et bien ! pour toi, et parce que tu me parais gentille et intelligente, quarante sous.

Fleurette tendait la main pour les recevoir, lorsqu'entra un élégant jeune homme qui, à la considération avec laquelle il fut accueilli, avait l'air d'un client.

— Il me faut un bouquet pour ce soir.

— Choisissez, monsieur le comte.

— Combien celui-ci ? dit-il, en montrant du bout de sa canne un camélia entouré de violettes.

— Le prix ordinaire, vous le savez.

— Vingt francs ? dit le jeune homme.

Le marchand fit un geste affirmatif.

— C'est bien. Vous le mettrez sur mon mémoire, et vous l'enverrez aujourd'hui avant sept heures, chez Mlle Rosine... vous savez.

— Oui, monsieur le comte.

Le jeune homme remonta en voiture, le marchand salua respectueusement ; puis se retournant vers Fleurette :

— Finissons notre affaire ; les trois fleurs pour quarante sous.

— Chacune, dit Fleurette, ça fait six francs.

— Qu'est-ce à dire ?

— Vous venez de vendre vingt francs un bouquet où il n'y a qu'un seul camélia qui n'est pas plus beau ni guère plus frais que celui-ci.

— Il faut bien que le marchand gagne.

Je suis marchande aussi, et, si vous voulez que nous fassions des affaires, il faut avoir plus de conscience que cela.

Le marchand la contempla d'un air étonné et s'écria :

— Elle s'y entend, et elle est parbleu drôlette ! Si tu étais un peu mieux habillée, continua-t-il, en regardant sa robe trouée et ses pieds nus, on pourrait te prendre pour servir à la boutique.

Sans se laisser éblouir par une offre aussi brillante, Fleurette répondit froidement :

— On y songera. Payez-moi d'abord.

— Diable, dit le marchand, en lui remettant son argent, tu tiens donc bien à tes guenilles?

— Non, mais à ma liberté, répondit-elle en songeant à Étienne ; je ne veux obéir à personne, ni servir personne.

Et, enchantée de l'excellente affaire qu'elle venait de conclure, elle s'élança dans la rue Laffite.

La rue était encombrée de voitures. Fleurette en demanda la cause à un habitant de la rue, à un commissionnaire, qui lui répondit qu'on célébrait à Notre-Dame de Lorette un mariage du grand monde. Fleurette ne négligeait rien ; elle comprit qu'il y aurait là quelques chances pour elle et quelque bon placement pour ses bouquets : à l'instant même elle prit sa course et arriva juste au moment où la cérémonie venait de finir.

Le marié et la mariée, entourés de leurs familles, sortaient de l'église et apparaissaient sous le portique, attendant leur voiture que les domestiques en livrée venaient de faire avancer.

Les sergents de ville éloignaient la foule et l'empêchaient d'approcher ; mais, trompant leur surveillance, et au risque de se faire écraser, Fleurette s'élança au milieu des chevaux et des voitures, et s'en tira avec tant d'audace et de bonheur, qu'elle se trouva auprès du carrosse des mariés, au moment où ceux-ci venaient d'y monter.

Un sergent de ville la repoussa en lui disant :

— Que fais-tu là ?

— Mon compliment à la mariée, répondit-elle en lui faisant une petite révérence, et mon cadeau de noce, ajouta-t-elle en lançant un bouquet de violette dans la voiture.

Tout cela fut fait avec tant de gracieuseté et de gentillesse que la jeune femme s'écria : « Ah ! moi aussi, je veux lui faire mon cadeau. » Mais, dans son grand costume de mariée, elle n'avait sur elle ni argent, ni bourse. Son mari lui ouvrit la sienne, elle y prit une pièce de cinq francs qu'elle jeta à la bouquetière.

— Merci, madame, s'écria celle-ci, cela vous portera bonheur.

Joyeuse, elle ajouta ce trésor inattendu à celui qu'elle possédait déjà, et comme la prospérité même ne l'étourdissait pas et ne lui faisait rien oublier, elle ne quitta pas les marches de l'église que toute la noce ne fût remontée en voiture et ne se fût éloignée.

Elle avait encore trouvé le moyen de placer trois ou quatre bouquets, mais au taux ordinaire; la grande vogue était passée, et les violettes, un instant en hausse, avaient repris leur cours normal.

Elle redescendit vers le boulevard, le traversa et s'aventura dans la rue de Richelieu.

Arrivée au coin de la Bourse, elle aperçut, au milieu d'un groupe qui discutait, un homme à la figure animée, à la voix éclatante; il avait cet air important et fier que donne la fortune. Fleurette le reconnut : c'était l'un des deux spéculateurs qu'elle avait rencontrés le matin rue Saint-Georges; elle devina sans peine qu'il avait réussi dans le coup hasardeux qu'il méditait.

— Eh bien! s'écria-t-elle en le tirant par la basque de son habit et en se plaçant hardiment devant lui, eh bien, que vous ai-je dit?

— C'est vrai! répondit le nouveau enrichi en riant d'un gros rire de millionnaire; la bohémienne avait raison, elle a été sorcière. Quinze centimes de hausse, c'est une fortune.

— Alors, part à nous deux! dit gaiement Fleurette.

— Non, reprit le joueur, c'est une fortune qui n'est pas encore réalisée, et que demain je peux perdre! N'importe, je veux que, pour toi, la journée soit bonne.

Il mit dans la main de la jeune fille une pièce d'or de dix francs.

— Oh! la journée est bonne, s'écria Fleurette, dont le cœur bondissait de joie, et, avec une effusion de reconnaissance, elle se dit en elle-même : Merci, ma marraine!

Il lui restait encore en magasin quelques bouquets, et elle ne voulait pas rentrer au logis qu'elle ne les eût vendus. La nuit était venue, et, à la porte du Vaudeville et des Variétés, elle plaça les derniers.

Sa recette étant faite, sa journée achevée, elle remonta

vers la rue de Navarin, . prenant par la rue du Faubourg-Montmartre.

Sa fortune avait tellement dépassé ses espérances, qu'il semblait qu'elle pouvait se départir un instant de ses idées d'économie et songer un peu à son bien-être. Ses pieds nus surtout réclamaient impérieusement une chaussure. Dans sa vie active et errante ce n'était point du superflu, mais un objet de première nécessité.

Elle s'acheta une paire de forts souliers, une robe toute faite d'une étoffe solide et simple. Le seul luxe qu'elle se permit, fut un petit bonnet de tulle noir, avec des rubans bleus qui lui donnaient une physionomie coquette et originale.

Mme Beaurin pensa tomber de son haut, en voyant la nouvelle tenue de sa locataire. Mais, fidèle à son système de discrétion, Fleurette ne dit mot de sa nouvelle fortune; elle se hâta de finir son souper, qui fut exactement pareil à celui de la veille, et de se retirer chez elle, sous prétexte de dormir.

Elle ne dormit pas. Elle repassa dans son souvenir tous les événements de la journée et dressa le compte exact de sa caisse.

Fleurette ne savait ni lire, ni écrire, mais elle comptait d'instinct et de tête, et bien lui en prit, car, dans le local qui lui servait à la fois de chambre à coucher et de bureau, elle n'avait ni plume, ni encre, ni papier, pas même de lumière.

N'importe, elle n'en établit pas moins son compte de recettes et de dépenses ainsi qu'il suit :

Restant en caisse des libéralités de sa marraine.	10	»
Reçu de l'amoureux de la rue de La Rochefoucauld.	3	50
Du spéculateur avant la Bourse.	1	»
De M. Rymbaud, marchand fleuriste.	6	»
De la jeune mariée.	5	»
Du spéculateur après la Bourse.	10	»
Plus, pour huit bouquets à 10 cent.	»	80
Total.	36	30

desquels il fallait, par malheur, défalquer une somme énorme de vingt-deux francs pour chaussure, habillement et coiffure. Il restait donc en caisse, à Fleurette, une somme bien claire et bien nette de quatorze francs trente centimes qui ne devaient rien à personne. C'était pour elle un capital magnifique, et jamais, à sa connaissance, maison de commerce ne s'était ouverte sous des auspices aussi avantageux.

Elle comptait, dès le lendemain, employer cette somme, ou partie de cette somme, à l'achat de nouvelles marchandises. Aussi, éveillée dès le point du jour, elle ouvrit sa porte. Quel fut son étonnement, en mettant le pied dans le jardin, d'apercevoir à terre un bouquet aussi beau que celui de la veille, et, pendant plusieurs jours de suite, même surprise lui fut réservée chaque matin.

Fleurette, nous l'avons dit, était d'une complète ignorance, et, la reconnaissance aidant chez elle à la superstition, elle resta fermement persuadée que ce cadeau lui tombait chaque matin du ciel, ainsi que la rosée, par l'intercession de sa marraine.

La seconde journée, et celles qui suivirent ne furent pas aussi fructueuses, il est vrai, que l'avait été la première. Il ne survint aucun événement extraordinaire qui élevât le cours de ses violettes; mais les trois camélias au rabais que lui rachetait chaque matin M. Rymbaud, et la vente de ses autres bouquets faisaient monter la recette à sept ou huit francs par jour.

Et quand on pense que ce gain, à peu près assuré, s'obtenait sans aucuns déboursés, on comprendra que la maison Fleurette et Cie était une maison de commerce modèle, comme on n'en trouverait guère à Paris.

Le matin suivant, elle venait de faire sa récolte et de ramasser son mystérieux bouquet, elle s'apprêtait à sortir, quand elle aperçut Étienne à l'entrée de la porte cochère.

— Ah! c'est toi, s'écria-t-elle avec joie.
— Je venais te voir, dit le jeune ouvrier.
— Je sors pour mon état.
Et elle lui montra à son bras un joli panier en osier qu'elle

s'était acheté, et dans lequel elle serrait ses marchandises.

— De quel côté vas-tu? lui demanda Étienne.
— Partout où il y aura du monde.
— Je peux te suivre jusque-là ?
— Certainement.

Les deux jeunes gens descendirent côte à côte jusqu'à Notre-Dame de Lorette.

— Je venais pour m'acquitter, dit Étienne.
— Déjà !
— C'est-à-dire pour te payer un acompte. Une pratique, chez qui j'ai posé hier des carreaux toute la journée, m'a donné un pourboire : douze sous, et je te les apporte.
— C'est bien, dit Fleurette, dont la première idée fut de lui dire : Garde-les, mais elle comprit sur-le-champ qu'il ne fallait pas décourager son économie naissante par trop de facilité et de complaisance.
— Partageons, lui dit-elle, six sous pour moi, autant pour toi. Il ne faut pas qu'un homme soit sans argent.
— Merci, Fleurette.
— Mais tâche de m'en rapporter bientôt autant.
— Diable ! tu es dure avec tes débiteurs.
— Il faut cela dans le commerce. Où vas-tu ainsi ?
— J'ai une course à faire, et j'en profiterai pour voir ma sœur Michelette à son atelier.
— Où est-il situé ?
— Rue Neuve-Coquenard, ce n'est pas loin.
— J'irai avec toi. Tu m'as promis de me faire connaître ta sœur.
— Pendant ce temps-là, dit Étienne en regardant le panier de Fleurette, que deviendra ton commerce ?
— Je l'exerce partout, répondit-elle en voyant venir un jeune homme assez bien mis, à qui elle offrit un bouquet.
— Combien ce bouquet ? dit le passant frappé de la tournure originale de Fleurette.
— Cinq sous, pour vous.
— Pourquoi cela ?
— Vous avez l'air trop comme il faut pour marchander.

L'acheteur, jeune-premier d'un théâtre lyrique, avait

trop d'amour-propre pour ne pas être sensible au compliment.

— J'achèterais bien, dit-il, en tirant une pièce de cinquante centimes; mais je n'ai pas de monnaie.

— J'en ai, monsieur, répondit Fleurette, à moins, ajouta-t-elle en prenant la pièce de monnaie, que monsieur ne préfère deux bouquets.

— Pour moi! y penses-tu?

— Non, mais pour celle à qui vous l'offrirez, et qui, j'en suis sûre, continua-t-elle avec un petit sourire flatteur, presque imperceptible, sera bien contente.

Le jeune-premier pensa à la jeune-première avec laquelle il devait chanter un duo à la répétition de midi.

— Garde tout, dit-il à Fleurette d'un air de grand seigneur, et il s'éloigna en respirant le parfum des deux bouquets.

— Tu vois! dit la bouquetière en serrant la pièce de dix sous dans sa caisse.

— Je vois... je vois, dit Étienne, d'un air où perçait un certain mécontentement, je vois que, pour ton âge, tu es une fière enjôleuse.

— C'est tout simple, dit naïvement Fleurette; c'est l'état.

— Ah bien! je suis tranquille, tu feras fortune.

— Je l'espère bien, dit froidement la bouquetière.

En parlant ainsi, ils arrivèrent au milieu de la rue Neuve-Coquenard, et montèrent un escalier situé au fond d'une cour.

V

Sous les ordres d'un chef d'atelier, travaillaient, dans une grande chambre et devant une longue table, une douzaine de jeunes filles, qui fabriquaient, à trente sous par jour, pour le compte d'un riche industriel, des fleurs artificielles, admiration de l'étranger, chefs-d'œuvre d'art et d'adresse, ornements des coiffures et des toilettes de bal.

Michelette, qu'Etienne venait voir et à qui il présenta sa nouvelle amie, était plus âgée que son frère. Elle n'avait guère que dix-huit ans et en paraissait bien plus de vingt. Elle était, ou plutôt on pouvait dire qu'elle avait été jolie; sa fraîcheur était déjà passée, ses joues n'offraient plus rien de la rose qu'elle tenait en ce moment à la main, et qu'elle venait d'achever.

Le travail assidu, la mauvaise nourriture, l'absence d'exercice et de bon air, avaient étiolé cette frêle nature; mais de jolis yeux, de belles dents et une taille charmante, faisaient encore de Michelette une jeune fille fort agréable.

Elle accueillit la petite bouquetière d'une manière si engageante que Fleurette se sentit prise tout à coup d'affection pour elle; et puis Fleurette aimait tant les fleurs que toutes ces variétés inconnues qui l'entouraient et qui semblaient éclore sous les doigts des habiles ouvrières, excitaient sa curiosité et son admiration.

Elle aurait voulu interroger Michelette sur tout ce qui frappait ses yeux; mais le chef d'atelier s'avança vers celle-ci, et d'un ton impérieux :

— Assez causé, mademoiselle! on ne vous paie pas pour faire la conversation. Et vous, monsieur Etienne, on vous admet à cause de la parenté; mais vous savez que les étrangers n'entrent pas dans nos ateliers, aux heures de travail.

— C'est vrai, dit Michelette à sa nouvelle amie, qu'elle tutoyait déjà! mais viens quand tu voudras, de midi à une heure, au moment de notre goûter. Le pourras-tu?

— Je le peux toujours, dit Fleurette en regardant le chef d'atelier, je suis libre, moi! je ne dépends de personne.

Cette réponse, qui obtint l'approbation générale, n'eut pas celle de Mlle Charlotte.

Mlle Charlotte était une jolie blonde, aux yeux bleus, au nez en l'air, à la mine éveillée; la meilleure ouvrière et la plus mauvaise langue de l'atelier.

Quiconque pouvait attirer l'attention ou fixer les regards des autres, était sûr d'avance de déplaire à Mme Charlotte. La bouquetière des rues lui semblait déplacée chez des fleuristes en chambre, et elle avait déjà lancé sur la jeune fille, sur ses manières et surtout sur son costume, deux ou trois plaisanteries, à voix basse, il est vrai, mais dont celle-ci n'avait pas perdu un mot.

Aussi elle se hâta d'embrasser Micheletto et de quitter l'atelier; heureuse alors de se retrouver en plein air, elle respira, autant qu'on peut respirer rue Neuve-Coquenard.

Sa journée fut bonne; elle rentra le soir chez Mme Beaurin, en pensant à Micheletto. Micheletto et Étienne lui formeraient une société, presque une famille.

Quant à sa marraine, il ne lui venait pas à l'idée de la confondre avec eux! elle était d'une nature trop supérieure pour que Fleurette établît le moindre rapport entre l'affection qu'elle ressentait pour les uns et l'adoration qu'elle éprouvait pour l'autre.

Elle devait d'autant plus croire à sa protection divine, que, le matin même, en s'éveillant, elle en avait encore reçu une nouvelle preuve. Elle sortait, emportant sa moisson ordinaire, moisson de fleurs qu'elle n'avait eu qu'à se baisser pour récolter.

Au coin de la rue de Navarin et de la rue des Martyrs, elle fut saluée par un beau et brave garçon, M. Guillaume, commissionnaire, vivant comme elle dans la rue; et entre habitants du même pays la connaissance est bientôt faite.

Chaque matin, Guillaume voyait sortir la jeune bouquetière, son léger panier sous le bras; il lui faisait un petit salut, qu'elle lui rendait toujours de la manière la plus gracieuse. Nous avons dit que Fleurette avait de grandes dispositions à la coquetterie.

Guillaume ne ressemblait en rien à Étienne : c'était presque un homme établi; il avait une clientèle dans le quartier. Il n'y avait pas une commission à faire, un fardeau à porter, il n'y avait pas une voie de bois à scier, qu'on n'appelât Guillaume qui, avec ses vingt-cinq ans, ses larges épaules et ses bras vigoureux, expédiait, en peu d'instants, ce qui eût demandé à tout autre une matinée entière.

Ce jour-là, et quoiqu'il fût encore grand matin, sa barbe était faite et il avait une chemise blanche.

— Oh! oh! dit Fleurette, comme vous voilà beau, monsieur Guillaume!

— C'est vrai... grande tenue.

— Vous êtes de noce?

— Pas tout à fait. La charbonnière en face, pauvre femme qui a perdu, le mois dernier, son mari, vient d'accoucher d'un sixième garçon et m'a demandé d'en être le parrain. J'ai accepté, comme de raison, parce qu'un jour je prendrai mon filleul avec moi et ça en fera, pour la mère, un de moins à nourrir.

Guillaume prononça ces mots avec tant de bonhomie et comme une chose si simple et si naturelle, que Fleurette se sentit tout émue. Si elle n'avait écouté que son premier mouvement, elle l'aurait embrassé; elle n'osa pas. Elle voulut lui adresser une approbation ou un éloge, les mots ne lui vinrent pas, elle s'arrêta devant lui et fouillant dans son panier :

— Il faut, je crois, lui dit-elle, un bouquet au parrain. Je vous prie d'accepter celui-ci, monsieur Guillaume, et d'offrir cet autre à l'accouchée.

En parlant ainsi, elle lui présentait ses deux plus beaux bouquets de violettes.

— Merci, ma brave petite fille, s'écria Guillaume en lui sautant au cou et en appliquant un bon gros baiser sur chacune de ses joues. Je porterai votre cadeau à Mme Jacques, la charbonnière. Quant à celui-ci, il ne me quittera plus, je vous en réponds, et, pour commencer, je le mets à ma boutonnière, ce qui me donnera l'air d'un marié. Allez, mon enfant, allez à votre ouvrage. Le temps, c'est la richesse de l'ouvrier, il ne faut pas le perdre.

Fleurette lui fit un petit adieu de la main et descendit la rue des Martyrs, en répétant les noms de Guillaume et de Mme Jacques. Elle venait d'agrandir encore le cercle de sa société et de se faire deux bons et solides amis.

Elle entra d'abord chez M. Rymbaud, le marchand de fleurs. M. Rymbaud avait pris Fleurette en amitié; il était charmé de son activité, de son intelligence, et persuadé qu'un minois tel que le sien contribuerait, avant un an ou deux, à la vogue de sa boutique, il avait toujours conservé l'idée de se l'attacher; mais elle avait résisté jusqu'alors à toutes ses séductions. Elle était riche, grâce à sa marraine, et grâce au tribut que lui payait chaque matin M. Rymbaud pour ses camélias.

Ce jour-là, comme à l'ordinaire, il lui en donna un bon prix, et Fleurette, après avoir parcouru la ligne des boulevards, après s'être présentée à la porte des cafés les plus en vogue et avoir placé avantageusement la moitié de ses violettes, réservait la vente du reste pour le soir, et remonta vers la rue Neuve-Coquenard; c'était le moment du goûter de ces demoiselles, le moment de la récréation.

La scène avait bien changé. A la tenue sévère du travail avait succédé le bruit, le bavardage, l'intimité de l'atelier en liesse. Les jeunes ouvrières se livraient à la gaieté la plus vive, et Mlle Charlotte, sous prétexte que les honnêtes filles ne sont jamais bégueules, ne s'effarouchait ni d'un mot un peu gaillard, ni d'une expression un peu décolletée; on était entre femmes! et c'était à tout moment des joies, des éclats de rire, à étourdir la sagesse elle-même.

Quelques-unes de ces demoiselles, anticipant sur les plaisirs du dimanche, se permettaient d'esquisser, entre elles, quelques polkas et tournoyaient autour de la table de travail avec un entrain qui menaçait de devenir contagieux, si Charlotte ne s'était écriée : Silence! Le chef d'atelier va descendre.

Fleurette, qui s'était retirée dans un coin pour causer à demi-voix avec Michelette, fut bientôt obligée d'interrompre une conversation où il était impossible de s'entendre.

Ces mœurs et ces scènes toutes nouvelles l'étonnaient, mais ne lui déplaisaient pas. C'était une gaieté qui n'aurait peut-être rien perdu à être plus décente; mais enfin

Seul, Etienne ne l'abandonna pas ;
il resta constamment près d'elle et de son âne dont il tenait toujours la bride.

cette gaîté la séduisait et l'entraînait. Un instinct de pudeur lui disait que si la joie était naturelle à des jeunes filles, la manière de l'exprimer pouvait être plus convenable, et, malgré cela, subjuguée, fascinée par la nouveauté du spectacle, et surtout par le désir d'apprendre, elle regardait, elle écoutait; aucun détail n'était perdu pour elle.

Elle se sentait gênée, il est vrai; mais, pour cacher son embarras et ne pas paraître gauche, elle affectait une hardiesse et un aplomb qu'elle n'avait pas.

— Prends garde, s'écria Michelette à Charlotte qui valsait en ce moment d'une manière un peu excentrique, prends garde, on voit ta jambe.

— Tant mieux, si elle est jolie, répondit gaiement Charlotte! et elle l'est, je m'en vante!

En ce moment elle tourna ses regards vers Fleurette et s'écria :

— La petite est bégueule, elle baisse les yeux.

— Ce n'est pas vrai, s'écria Fleurette, en entendant autour d'elle les éclats de rire, ce n'est pas vrai!

Et elle s'efforça de lever vers Charlotte un regard hardi.

— Elle rougit, mesdemoiselles, s'écria celle-ci, elle rougit!

— Ce n'est pas vrai, répéta avec force la pauvre fille, les joues encore empourprées.

— Allons, niaise que tu es, remets-toi; on te pardonne, dit Charlotte. C'est vrai, mesdemoiselles, continua-t-elle avec une indulgente bonhomie, qui blessa Fleurette au vif; cette petite fille ne connaît encore ni le monde ni la société.

— C'est pour cela, dit Michelette, que je l'invite, si vous le permettez, mesdemoiselles, à venir demain dimanche avec nous, à notre partie d'ânes à Montmorency.

— Approuvé! approuvé! crièrent toutes les jeunes filles; on la formera, on fera son éducation.

— Permettez, mesdemoiselles, interrompit Charlotte, vous ne lui dites pas que c'est un pique-nique, chacune paie pour soi : deux francs par tête, et il est possible, continua-t-elle d'un air de grande dame, et même probable, il n'y a pas d'affront à cela, que ses moyens financiers ne lui permettent pas...

— Je paierai, je paierai, s'écria Fleurette avec orgueil, j'ai de quoi !

— Je vous en fais compliment, ma petite, continua Charlotte ; mais il n'y paraît pas. En tout cas, je dois vous prévenir que, le dimanche, la tenue décente est de rigueur, et que nous avons l'habitude ce jour-là, continua-t-elle, en la toisant de la tête aux pieds, d'être plus ou moins requinquées.

— On le sera, mademoiselle, répondit Fleurette dont l'amour-propre venait d'être froissé de toutes les manières ; on tâchera de vous faire honneur.

— Ne l'écoute pas, lui dit Michelette, tu nous feras plaisir, ça suffit. Demain, avant huit heures, viens comme tu voudras, tu seras la bien reçue. Je vais aussi prévenir Étienne.

— Il y aura donc des messieurs ? dit ingénument Fleurette.

— Tiens, cette demande ! s'écria Charlotte en éclatant de rire.

Et elle fit à Fleurette une grande révérence en répétant :

— Il y aura des messieurs.

En ce moment le chef d'atelier descendait : l'heure du repas était écoulée ; chacune, reprenant sa place, se remit au travail, et Fleurette quitta ses nouvelles amies, préoccupée d'idées jusqu'alors inconnues, et en proie au dépit, à l'orgueil, à la colère, sentiments que son cœur n'avait pas encore éprouvés.

Dès le jour même, avant la fin de la journée, elle avait acheté une belle robe de mérinos bleu clair, qui lui allait à merveille, une jolie paire de bottines de la même couleur, qui enfermait son pied d'enfant et le rendait encore plus petit ; enfin, un chapeau rose qui, lui couvrant à peine la tête, laissait voir son front blanc et ses beaux cheveux noirs.

Tout cela avait été, le soir, apporté par elle dans une

serviette bien blanche et serré avec soin dans sa chambre à coucher. Elle ne dormit pas de la nuit; elle ne pensait qu'au plaisir qu'elle aurait le lendemain à être belle et à humilier Mme Charlotte.

VI

Aussi, dès le point du jour, Fleurette était à sa toilette.

Le boudoir où elle s'habillait était peu éclairé, et elle fut, selon son habitude, obligée, pour y voir, d'ouvrir la porte, ce qui n'offrait d'autre inconvénient que le froid, car le jardin était complètement désert, personne n'y descendait à cette heure-là.

Elle fut merveilleusement secondée pour sa coiffure, par un fragment de glace cassée qu'elle avait trouvé au milieu des débris de toutes espèces entassés dans le garde-meuble de Mme Beaurin.

La demie de sept heures venait de sonner à l'église de Notre-Dame de Lorette. Il était temps de partir, Michelette lui avait dit: avant huit heures du matin. En entrant dans le jardin, elle aperçut à ses pieds le bouquet de sa marraine, dont la bonté ne se reposait pas, même le dimanche.

Que faire de ce bouquet, aujourd'hui qu'elle était en partie de plaisir? Impossible de faire son commerce comme à l'ordinaire, et cependant le dimanche était pour elle le meilleur jour de la semaine, celui où il y avait le plus de monde dehors; elle n'y avait pas pensé.

Elle aurait bien pu encore courir chez M. Rymbaud, le marchand de fleurs, et placer au moins ses camélias; mais l'heure avançait, elle avait à peine le temps de se rendre rue Neuve-Coquenard. D'un autre côté, ces fleurs, si elle les laissait à la maison, seraient fanées le soir quand elle reviendrait.

Un moyen de les employer merveilleusement lui passa tout à coup par la tête, une idée d'amour-propre et de coquetterie réunis ; comment y résister ? Elle ôta du bouquet les trois camélias blancs qu'elle mit à sa ceinture et qui, avec la nuance de sa robe bleu clair, se mariaient d'une manière charmante.

Le premier effet de cette élégante et splendide toilette fut produit sur Mme Beaurin, qui était, en ce moment, sous la porte cochère. Elle resta stupéfaite et serait tombée foudroyée, si elle n'eût trouvé un point d'appui dans le balai qu'elle tenait alors à la main.

Le respect se peignit dans tous ses traits, et elle s'empressa de répondre, par une révérence, au bonjour protecteur que lui adressa la jeune fille.

Quelques pas plus loin, elle rencontra au coin de la rue, Guillaume, le commissionnaire, qui lui dit :

— Mme Jacques vous remercie bien, puis il s'arrêta au milieu de sa phrase, la regardant, lui aussi, d'un air étonné.

— Me trouvez-vous belle ? lui demanda Fleurette.

Guillaume lui répondit par un sourire singulier, un sourire triste, qui semblait dire : Trop belle ! Et comme elle le quittait, il ne put s'empêcher de lui demander : Où allez-vous ainsi ?

— A Montmorency, avec des jeunes filles de mes amies.

— Ah ! fit-il en secouant la tête, des jeunes filles, à votre âge, c'est souvent aussi dangereux que des garçons, dans ce quartier surtout.

— Que voulez-vous dire ?

— Rien ! rien ! reprit le commissionnaire ; bon voyage, mam'zelle, et bien du plaisir.

Fleurette s'éloigna rapidement, et, quelques minutes après, elle était au milieu de ses nouvelles compagnes.

Quelque grand que fût l'effet qu'elle s'était promis, il dépassa toutes ses espérances. Michelette, en l'apercevant, poussa un cri d'admiration ; son frère Étienne, qui était près d'elle, rougit de joie, et Charlotte pâlit de déplaisir. Toutes les jeunes filles l'entourèrent en examinant et détaillant sa toilette, les unes avec un sentiment de curiosité, les autres avec un sentiment d'envie.

Deux ou trois jeunes ouvriers endimanchés, qu'on lui présenta comme cousins de ces demoiselles, se récrièrent sur sa mise, sur sa jeunesse, sur sa beauté, avec un air de franchise qui contraria visiblement plusieurs de ces demoiselles. Les trois camélias blancs excitèrent surtout de nombreux commentaires.

— Premier numéro ! dit l'une des jeunes ouvrières, dame à calèche !

— Laisse donc ; les grandes dames, que nous fournissons, n'en portent pas d'aussi beaux, dit l'autre.

— Et tu les as achetés ? dit Michelette.

— Non, vraiment, c'est trop cher.

— Eh bien, alors, comment es-tu ainsi fleurie d'aussi bon matin ?

— Cela se devine, dit Charlotte, un galant qui s'y prend de bonne heure et qui soigne d'avance notre jeune camarade.

— Pourquoi pas ? dit Fleurette, qui, par amour-propre, aimait mieux se laisser soupçonner, que se défendre, en disant la vérité.

— Et à qui donc, s'écria Étienne avec un mouvement de dépit, à qui donc mam'zelle a-t-elle déjà donné des espérances ?

— Eh mais ! dit Fleurette en le regardant avec fierté, et comprenant son air plutôt que ses paroles, est-ce que j'ai des comptes à te rendre ?

On gagna à pied le chemin de fer du Nord et la caravane de la rue Coquenard se plaça dans un compartiment de troisième classe, convoi omnibus, qui, en peu d'instants, l'eut conduite au débarcadère de Montmorency.

Dieu sait si, pendant la route, on épargna les plaisanteries et les jeux de mots plus ou moins lestes.

Les jeunes filles riaient. Fleurette riait comme elles. Non pas qu'elle comprît le moins du monde ; mais elle voulait avoir l'air de comprendre. La seule chose qui l'amusât réellement, c'était la figure d'Étienne, quand elle répondait par un sourire intelligent à des coqs-à-l'âne qui étaient pour elle de véritables énigmes.

L'indignation d'Étienne la faisait alors rire aux éclats, et, par contre-coup, les autres jeunes filles qui tout en partageant sa gaieté, affectaient entre elles de s'en formaliser, à commencer par Charlotte, qui trouvait la jeune bouquetière bien avancée pour son âge.

Pendant le déjeuner et pendant les péripéties aventureuses et les catastrophes produites par la partie d'ânes, la gaieté redoubla. Les cavaliers, et surtout M. Pierre, ouvrier ébéniste du faubourg Saint-Antoine, s'occupèrent beaucoup plus des autres jeunes filles que de Fleurette, dont ils s'étaient amusés d'abord et qu'ils laissèrent bientôt de côté, comme une enfant qu'elle était. Le seul Étienne ne l'abandonna pas ; il resta constamment près d'elle et de son âne, dont il tenait toujours la bride.

Loin de lui savoir gré de ce dévouement exclusif, l'ingrate s'en trouvait presque humiliée et poussait en avant son coursier qui volontiers serait resté en arrière, mais Fleurette tendait toujours à se rapprocher des autres, des fleuristes et de leurs compagnons.

La conversation prenait une expression si singulière et parfois si vive, que la jeune fille, malgré son inexpérience, avait grand'peine maintenant à ne pas comprendre. Il advint ainsi qu'elle se trouvait avoir réellement acquis, le soir, la science que le matin elle se vantait de posséder. Mais le galop des coursiers à longues oreilles, les cris, les éclats de rire l'empêchaient de se recueillir et de réfléchir.

Charlotte, qui ne lui pardonnait pas de ne se laisser ni intimider ni déconcerter par elle, redoublait à chaque instant ses attaques ; Charlotte avait pour principal mérite un esprit moqueur et, comme elle s'en vantait elle-même, une jolie jambe.

Mais Fleurette, par ses réponses piquantes, et dans le laisser-aller de ses évolutions à âne, avait plus d'une fois prouvé, dans la journée, qu'elle avait plus d'esprit que Charlotte et la jambe aussi bien faite, de sorte qu'aux yeux de toutes, la victoire lui était restée ; mais, en revanche, elle s'était fait une ennemie intime de sa nouvelle camarade.

On revint à Paris par le convoi de nuit : les éclats de rire continuèrent pendant toute la route. C'était, du côté des jeunes filles, une gaieté turbulente ; du côté de Fleurette, une gaieté triste. Elle s'était beaucoup moins amusée et beaucoup plus instruite qu'elle ne le croyait. Y avait-il compensation ? C'est ce qu'elle ne pouvait décider encore.

Arrivées au débarcadère, il était tard ; ces demoiselles n'auraient osé se hasarder seules dans les rues, elles furent reconduites jusque chez elles par leurs cavaliers. Étienne offrit son bras à Fleurette, qui s'en serait volontiers passée et qui l'accepta, pour faire comme les autres.

Étienne était charmé de sa journée ; c'était sa sœur, il est vrai, qui avait payé pour lui. Mais il était surtout ravi de Fleurette, dont chacun lui faisait d'avance compliment, de Fleurette, qui promettait d'être, dans un ou deux ans, la plus jolie et la plus délicieuse grisette du quartier Navarin.

Tous les deux marchaient sans se parler. Étienne se crut obligé de rompre le silence.

— Sais-tu, Fleurette, que tu étais aujourd'hui bien jolie ?
— Je le sais, répondit froidement la jeune fille.
— Et bien mise ?
— C'est vrai.

Il y eut un nouveau silence, et il reprit avec embarras :
— Sais-tu que j'ai pour toi bien de l'affection ?
— Tu fais bien.
— Et toi, en as-tu pour moi ?
— Il n'y a pas encore de raison pour cela. Cela viendra, si tu es bon sujet, si tu travailles et si tu t'acquittes envers moi.

— Oh ! certainement, répondit Étienne un peu déconcerté ; puis cherchant à se remettre : Dis-moi seulement, Fleurette, quand tu m'aimeras.

La jeune fille ne l'entendait pas. Elle était arrivée chez elle ; elle frappa à sa porte et la referma sur Étienne, qui, debout et immobile dans la rue, attendait encore la réponse.

Mᵐᵉ Beaurin avait tiré le cordon sans le moindre murmure, quoiqu'il fut tard ; Mᵐᵉ Beaurin ne se permettait plus d'observations, depuis qu'elle croyait sa locataire sur le chemin par lequel, dans son quartier, les petites filles parviennent à devenir de grandes dames.

Retirée dans son appartement, Fleurette, qui n'avait pas dormi la nuit dernière, dormit encore moins cette nuit. Elle était mécontente d'elle-même et de tout le monde : d'elle, qui avait eu tort ; de Guillaume qui avait eu raison et qui avait dit vrai.

Ce qu'elle avait vu et entendu, ce qu'elle avait appris dans la société des jeunes ouvrières lui avait presque fait regretter son ignorance. Celle-ci la rendait heureuse ; sa science nouvelle l'humiliait et lui faisait honte. De plus, elle avait dépensé son gain de plusieurs jours et les bienfaits de sa marraine dans une partie de plaisir ruineuse et dans une toilette vaniteuse et inutile ; enfin, elle avait perdu une journée de travail ! Que de fautes à se reprocher !

Il fallait se hâter, du moins, de les réparer.

VII

Fleurette se leva de bonne heure et s'élança dans le jardin.

Mais, à sa grande surprise, aucun bouquet ne s'offrit à sa vue. Elle eut beau chercher dans le jardin, rien, rien ! Sa marraine l'avait abandonnée.

Persuadée que sa marraine était fâchée contre elle, Fleurette baissa la tête et se mit à pleurer comme un enfant. La science qu'elle avait acquise, la veille, ne lui avait pas ôté la foi. Elle avait toujours confiance en son bon ange, en sa marraine.

— Elle a raison, se dit-elle en essuyant ses larmes, je n'étais pas digne de sa protection. A elle de me punir ; à moi de me soumettre et de mériter mon pardon.

Fleurette avait une grande qualité : celle de savoir prendre sur-le-champ son parti ; et, sa résolution une fois prise, de l'exécuter avec promptitude et persévérance. Elle fit l'inventaire de sa caisse ; il lui restait à peine une quinzaine de francs.

Elle n'avait pas tant, ou guère plus, quand elle avait commencé. Elle ne devait plus compter sur les résultats énormes qu'elle avait obtenus jusque-là, dans son commerce, ni sur les trésors qui lui tombaient chaque jour du ciel. Elle ne devait plus espérer que des gains ordinaires et modestes ; c'était à elle à suppléer, par son économie, à la modicité de ses bénéfices.

Elle sortit. Elle alla loin, hors barrière, acheter chez un jardinier de la banlieue un panier de violettes dont elle fit des bouquets. Sa tâche était plus pénible et moins fructueuse qu'autrefois. N'importe ! elle redoubla de zèle, d'activité, d'intelligence et de gentillesse.

Depuis six heures du matin jusqu'à onze heures du soir, elle fut toujours sur pied, et vers minuit, après la sortie des spectacles, quand elle remonta la rue Navarin, elle avait fait trois francs douze sous de recette.

Elle se dirigea vers son logis, accablée de fatigue, mais bien plus heureuse que la veille. Elle passa devant la maison de Mme Jacques, la charbonnière. La maison n'avait pas de volets, et à travers les carreaux, dont un était cassé, on voyait la pauvre veuve allaitant son enfant devant une cheminée sans feu, car la charbonnière n'usait pas son charbon pour se chauffer ; c'était pour ses pratiques ; c'était sa seule ressource pour donner du pain à ses cinq autres enfants.

Fleurette la contemplait en silence, et, pensant à la bonne journée qu'elle avait faite : Ah ! s'écria-t-elle, les douze sous me suffiront, les trois francs seront pour elle.

A travers le carreau cassé, elle lui jeta l'argent ; puis toujours courant, s'enfuit jusqu'à sa porte qu'elle referma sur elle. Et quand elle entra dans la loge de la portière pour y prendre son repas du soir :

— Vertuchoux, que tu es jolie! s'écria Mme Beaurin.

— C'est que je suis heureuse, mère Beaurin. A table, et soupons.

Selon son habitude, la portière voulut faire causer Fleurette, qui fut plus silencieuse que jamais, et Mme Beaurin en fut pour ses frais de curiosité.

Jamais la jeune fille n'avait passé de meilleure nuit. Elle se leva tard, et, quoiqu'un peu lasse encore, décidée à recommencer la journée fatigante de la veille. Mais en entrant dans le jardin, une nouvelle surprise, une récompense l'attendait : elle aperçut à ses pieds un superbe bouquet, plus frais, plus élégant et plus beau qu'aucun de ceux qu'on lui eût encore envoyés.

— Ah! s'écria-t-elle, en tombant à genoux, ma marraine me pardonne!

Raccommodée avec elle-même, Fleurette se hâta de faire ses bouquets et de courir chez M. Rymbaud, qu'elle n'avait pas vu la veille et qui s'était inquiété de son absence.

Mais, quand elle lui présenta les trois beaux camélias qu'elle venait de recevoir, l'un blanc, l'autre pourpre, et l'autre orangé, elle remarqua dans les traits de l'honnête marchand un mouvement de surprise dont il ne fut pas maître.

— Qu'est-ce donc ? s'écria-t-elle, est-ce que mes fleurs ne vous conviennent pas ?

— Si vraiment !

— Est-ce qu'elles ne sont pas belles ?

— Superbes! je les ai vendues hier; elles sortent de ma boutique.

— Ah bah ! dit la jeune fille étonnée.

— Ce camélia que je reconnais, celui qui a une frange jaune, est d'un grand prix et la preuve, dit-il en ouvrant son tiroir, tiens, voilà dix francs. Raconte-moi seulement d'où viennent ces fleurs.

Fleurette lui raconta tout, franchement, naïvement, et ne

lui cacha pas l'intime persuasion où elle était que ces fleurs lui venaient de sa marraine.

Le vieux marchand fleuriste l'écouta en silence et sans l'interrompre, et quand elle eut fini, sans combattre ses idées, sans les contrarier, lui dit :

— Mon enfant, c'est très bien, il t'en viendra probablement encore d'autres comme celui-ci, apporte-les moi et tous les matins je te donnerai dix francs.

Fleurette partit enchantée.

Le lendemain, ainsi que l'avait prédit maître Rymbaud, elle trouva sous ses pieds un bouquet semblable en tout à celui de la veille.

On aurait dit le même, s'il n'eût pas été un peu moins frais ; on était cependant obligé de convenir que les violettes qui l'entouraient venaient presque d'être cueillies.

Elle le dénoua, le fractionna comme à son ordinaire, pour en former d'abord la part de M. Rymbaud, et ensuite les bouquets de violettes qu'elle revendrait en détail ; mais, du milieu des fleurs, il en tomba tout à coup, à ses yeux, une qu'elle n'avait pas l'habitude d'y voir : c'était un petit billet gentiment ployé, et répandant, à lui seul, autant de parfum que le reste du bouquet.

Ce billet n'était pas cacheté ; elle l'ouvrit. Il contenait des lignes, des caractères qui étaient de l'hébreu pour elle, car Fleurette ne savait pas lire ; elle n'avait jamais été à l'école, et l'on eût difficilement deviné à quelle époque de sa vie elle aurait pu y aller.

Comment savoir ce que contenait ce papier ? Il fallait, pour cela, le faire lire à quelqu'un. Mme Beaurin épelait à peine le nom de ses locataires, sur les journaux ou lettres à leur adresse. Et puis se confier à elle, c'était se confier à tout le quartier. Il ne fallait pas y songer, pas plus qu'à Étienne, qui n'était pas assez mûr pour un pareil secret.

Il y avait bien Guillaume, le commissionnaire ; mais je ne sais pourquoi Fleurette redoutait sa sévérité. Tout à coup l'idée de M. Rymbaud se présenta à elle. Elle s'y arrêta.

M. Rymbaud était un homme posé, observant beaucoup

et parlant peu. Il s'en était bien trouvé. Il avait promptement compris que son état était, comme celui de notaire, un état de confiance et de discrétion; que si les amours jouent un grand rôle dans la société, les bouquets jouent un grand rôle dans les amours.

Dans mainte circonstance délicate, où le moindre bavardage aurait tout perdu, son silence avait tout sauvegardé: le repos du mari, l'honneur de la femme, la sécurité de l'amant ou des amants, car, les jours de bal, plusieurs bouquets lui étaient souvent commandés par plusieurs beaux jeunes gens, pour la même personne.

Et si la multiplicité des offrandes amenait, dans les amours, ou dans les ménages, quelque scène, quelque discussion, quelque explication demandée et impossible à donner, Rymbaud, le fournisseur des bouquets, prenait tout sur son compte.

Les dames pouvaient l'appeler sans crainte en témoignage. Il ne les démentait jamais. Il était toujours prêt à s'accuser, et tout s'expliquait toujours, par un quiproquo, par une erreur provenant de sa faute.

Aussi il fallait entendre toutes les dames répéter à qui mieux mieux: « Ce pauvre Rymbaud est si bête! » Mais le lendemain on retournait chez lui, et il avait, en fait de dames à la mode, la clientèle la plus difficile et la plus riche de Paris.

C'est à lui que Fleurette allait confier son secret. Il en savait déjà une partie et, pour la discrétion, elle ne pouvait mieux s'adresser.

Il prit le billet qu'elle lui présenta, l'ouvrit, et lut ce qui suit:

« Belle Délia, je sais que vous êtes au pouvoir d'un
« jaloux, mais, il est vieux, il est laid. Moi je suis sûr
« d'être jeune, et l'on dit que je suis beau. On le dit riche,
« je le suis aussi; enfin j'ai parié mille napoléons que je
« vous enlèverais à lui. Aidez-moi à les gagner et je vous
« les donne; ce sera le premier gage de l'amour de votre
« ardent admirateur.
                    « Ludovic Durussel. »

Fleurette, dont les idées avaient pris une grande extension depuis la partie de campagne de Montmorency et les conversations de ces demoiselles, Fleurette avait compris, en grande partie, ce dont il s'agissait ; mais elle ne voyait pas en quoi cela pouvait concerner le moins du monde sa marraine.

Elle interrogea donc d'abord M. Rymbaud sur ce chapitre.

— Ma chère enfant, dit celui-ci, ce qui me coûte le plus, c'est de détruire tes illusions. Ta marraine est une belle, noble et vertueuse demoiselle, qui n'a que faire ici. Son nom ?

— Je ne le connais pas.

— Tant mieux. Il ne doit pas même être prononcé à côté de celui de Mlle Délia. Mlle Délia est une de nos lionnes les plus en vogue. Sais-tu ce que c'est qu'une lionne ?

— Mlle Charlotte me l'a appris.

— C'est une de celles qui consomment le plus de fleurs de ce genre, dit-il, en montrant les fleurs que Fleurette tenait encore à la main ; sais-tu ce que c'est qu'une dame aux camélias ?

— Mlle Charlotte me l'a dit.

— Eh bien, Mlle Délia demeure, depuis quinze jours, rue de Navarin, 29, au premier.

— C'est ma maison.

— Je l'ignorais. Mlle Délia reçoit un vieux seigneur mexicain immensément riche qui la protège... tu sais...

Fleurette l'interrompit vivement :

— Mlle Charlotte me l'a dit.

— Un jeune fashionable, M. Ludovic Durussel, fils unique d'une riche bijoutière, voudrait l'enlever au Mexicain. Tous les soirs, il vient m'acheter un bouquet et l'envoie à la femme de chambre, qu'il paie très bien pour le remettre à Mlle Délia. Mais la femme de chambre, dévouée au Mexicain qui paye encore mieux, ne remet pas les bouquets à sa maîtresse, et, pour qu'elle ne les voie pas, les jette par la fenêtre.

— Ah ! mon Dieu, dit Fleurette, interdite, qu'est-ce que tout cela deviendra ?

— Ce que cela voudra, répondit Rymbaud ; dans notre état il faut servir tout le monde et ne mécontenter personne ; les fleurs n'ont pas de parti ; elles n'ont pas de couleurs, ou plutôt elles sont de toutes les couleurs.

Tous les matins, ainsi que me l'a commandé M. Ludovic, et tant que son amour durera, j'enverrai un bouquet de vingt francs, que je te rachèterai à moitié prix, deux ou trois heures après, si tu me le rapportes.

Mais prends garde, Fleurette ; ne fais pas fonds sur un pareil hasard, ne bâtis pas ta fortune sur une ressource qui ne durera pas longtemps, songe au réel et au solide, mon enfant, et, pour commencer, ne compte plus sur ta marraine, ni sur personne au monde. Ne compte que sur toi, ton activité et ton intelligence ; ce sont les seuls moyens aujourd'hui de faire fortune.

Fleurette s'éloigna, la mort dans l'âme. Elle ne pouvait s'expliquer la révolution intérieure qui venait de s'opérer en elle. Elle se voyait forcée de renoncer aux convictions qui la rendaient honnête et heureuse.

Elle perdait, dans sa marraine, sa foi, sa croyance, ses seules illusions. Ne sachant plus vers qui élever son cœur et ses pensées, n'ayant plus de ciel, elle retombait sur terre ; et dans ce qu'elle y voyait, rien ne l'encourageait au bien ; tout la poussait au mal, ou, du moins, à l'égoïsme, ou à l'indifférence.

M. Rymbaud venait de lui donner des conseils très sages, très positifs ; mais c'était à son cœur qu'il eût fallu parler et non à sa raison, qui n'était déjà que trop précoce.

A défaut de principes, elle n'avait pour guide qu'un premier mouvement, une espèce d'instinct qui la conduisait souvent dans le droit chemin.

Ce premier mouvement, exagéré peut-être, venait de s'éveiller en elle, et lui avait dit d'abord que ces bouquets qui lui tombaient du ciel, cette aumône enfin, elle pouvait bien l'accepter de celle qu'elle croyait sa marraine, mais non pas d'une étrangère.

Et puis, ces fleurs, même abandonnées, avaient une valeur, si minime qu'elle fût, dont ne se doutaient pas ceux qui y renonçaient ainsi, et dont il n'était peut-être pas permis de profiter à leur insu. Ces réflexions avaient motivé la résolution qu'elle allait prendre.

Mme Beaurin fut étonnée de la voir rentrer au milieu de la journée; mais, habituée désormais à ne rien savoir de Fleurette, ellle ne lui demanda rien. Ce fut celle-ci qui l'interrogea :

— N'avez-vous pas dans votre maison (elle savait que cette expression flatte toujours une portière propriétaire), Mme Délia qui habite le premier ?

— Je m'en vante, dit Mme Beaurin: ma meilleure locataire, une dame très bien, une grande dame avec qui je te conseille de te lier, ma chère petite; je te présenterai à elle, si tu le veux; quoique riche, elle n'est pas fière, et nous sommes ensemble comme les deux doigts de la main.

Fleurette ne lui répondit pas, et continua :

— N'a-t-elle pas une femme de chambre ?

— Mlle Justine, s'écria Mme Beaurin, avec dédain: oh! celle-là ! une impertinente, une insolente, une fille de rien, qui se croit trop princesse pour parler aux portières, ou pour tant seulement les saluer. Hier encore, imagine-toi, mon enfant...

Fleurette, sans attendre la fin de l'histoire, lui fit un petit geste de remerciement, la salua et rentra chez elle. Elle se fit belle, mit ses plus riches atours, ceux qui lui avaient servi, dans la partie de Montmorency, à éclipser Mlle Charlotte, et dans cette brillante tenue, elle monta le bel escalier de la maison, qu'elle ne connaissait pas encore, et sonna à la porte à deux battants du premier étage.

Un grand domestique en livrée vint ouvrir.

— Madame ne reçoit pas : elle n'est pas levée.

— Ce n'est pas à elle que je veux parler.

— Est-ce à moi, ma petite ? dit le laquais d'un air radouci.

— Non, monsieur, à M⁽ˡˡᵉ⁾ Justine, pour affaire importante.

— C'est différent, reprit avec respect l'homme en livrée, elle est à déjeuner avec une de ses amies. N'importe, je vais la prévenir.

Fleurette resta quelques minutes seule dans une antichambre dont elle admira le mobilier. C'était le plus beau salon qu'elle eût encore vu. Le laquais rentra.

— M⁽ˡˡᵉ⁾ Justine consent à vous recevoir, dit-il.

Fleurette fut introduite dans un boudoir dont le luxe et l'élégance la surprirent bien autrement encore, et la firent trembler pour le succès de sa négociation.

M⁽ˡˡᵉ⁾ Justine, assise devant un guéridon, à côté de Palmyre, jeune femme de chambre de ses amies, achevait une tartine de beurre et une tasse de thé.

— Entrez, entrez, mademoiselle, dit-elle d'un air protecteur, Larose prétend que vous avez à me parler d'affaires importantes.

— Oui, mademoiselle.

— Elle est drôlette, cette petite, dit Palmyre en se versant une seconde tasse de thé.

— Parlez, continua Justine ; et voyant qu'elle hésitait : Vous le pouvez sans crainte, devant Palmyre qui est ma meilleure amie.

Fleurette se rassura, et comme on ne lui disait pas de s'asseoir et qu'il y avait là des sièges, elle en prit un. Cette hardiesse, faite sans intention aucune, produisit le meilleur effet sur les deux péronnelles, qui pensèrent en elles-mêmes qu'une personne qui agissait avec si peu de façons devait en mériter quelques-unes.

Elles écoutèrent donc attentivement.

— Mademoiselle, dit Fleurette, en s'adressant à Justine, depuis huit jours vous jetez, tous les matins, un bouquet par la fenêtre... un beau bouquet.

— Que vous importe ? s'écria Justine avec hauteur, de quel droit venez-vous ?

— Je viens pour vous remercier.

Justine la regarda avec étonnement.

— Je suis bouquetière, mademoiselle, continua Fleurette, et ces bouquets ont une valeur que vous ignorez, ou que vous dédaignez sans doute, mais dont je ne dois pas bénéficier sans vous prévenir, vous ou votre maîtresse.

— Ma maîtresse n'a rien à faire là-dedans, répondit Justine avec un trouble que Fleurette remarqua aisément; ce sont mes profits, à moi, et je fais ce que je veux des bouquets que ma maîtresse a portés, ou de ceux dont elle ne veut pas.

— Eh bien, mademoiselle, reprit froidement Fleurette, voici ce que je vous propose : Je viendrai ici chaque matin, de bon matin, prendre les bouquets que votre maîtresse aura portés la veille, ou ceux, dit-elle, en appuyant sur le mot, dont elle ne voudra pas. Je vous les paierai chacun un franc.

Justine fit un geste de surprise.

— C'est bien peu, dit Fleurette d'un air flatteur, pour une belle demoiselle telle que vous; c'est beaucoup pour une pauvre fille telle que moi, qui commence son état; et puis, ajouta-t-elle en souriant, c'est au moins trente francs par mois sur lesquels vous ne comptiez pas.

— C'est vrai ! s'écria Palmyre.

— La preuve, c'est que voilà pour la semaine dernière dix bouquets arriérés que je vous dois, et dont je vous apporte le prix. Les bons comptes font les bonnes amies.

Et elle déposa dix francs sur le guéridon.

— Mais elle est charmante, cette petite ! s'écria Justine.

— Le fait est que c'est de l'argent trouvé, dit Palmyre, et moi qui ne sais que faire des bouquets que ma maîtresse reçoit chaque jour, tous ceux par exemple du Jockey-Club, je ne demande pas mieux que de signer avec mademoiselle...

— Le même traité ? s'écria vivement Fleurette, c'est conclu.

— Affaire faite, dit Mlle Palmyre en lui tendant la main, je vous attendrai tous les matins, rue Chaptal, 42; et je vous promets, de plus, la clientèle de toutes les femmes de chambre un peu distinguées du quartier Bréda.

— La vôtre me suffirait, mademoiselle, dit Fleurette d'un air gracieux, mais, venant de vous, j'accepte.

Fleurette se leva. Ses deux clientes, ses amies, la reconduisirent jusqu'à la porte, et Mlle Justine dit à voix haute à Larose, en lui montrant Fleurette :

— Rappelez-vous que j'y suis toujours pour mademoiselle, quelle que soit l'heure à laquelle elle se présente.

Fleurette, qui, une demi-heure auparavant, était entrée dans ce bel appartement avec la position la plus douteuse et la plus précaire, en sortait avec un traité de commerce, qui établissait les relations les plus avantageuses entre elle et le monde *fleuri* de Bréda-Street; relations qui, avec son intelligence et son activité, devaient lui amener des affaires immenses et lui créer une position.

Il y a dans Paris une foule d'industries de ce genre, industries bien simples, auxquelles personne ne songeait et qui enrichissent celui qui a eu l'art d'y penser le premier et de les exploiter en grand.

La première chose que fit Fleurette fut de courir rue Saint-Lazare, au coin de la rue du Rocher, chez la pâtissière où elle avait mis en pension la pièce d'or de sa marraine. Elle la retrouva bien soigneusement enveloppée dans du papier. Dès qu'elle fut seule dans la rue, regardant la pièce d'or avec respect et la portant à ses lèvres :

— Seul souvenir de ma marraine, dit-elle, tu ne me quitteras plus.

Dès le lendemain, et les jours suivants, Fleurette faisait sa moisson, de grand matin, dans son quartier, et descendait chargée de gerbes de fleurs, à la boutique de M. Rymbaud, qu'elle avait, en partie, associé à sa spéculation.

C'étaient, pour la plupart, des bouquets de la veille. Ils avaient parfois figuré dans un bal, ou sur le devant d'une loge d'avant-scène, et, semblables à celles qui les portaient, ils n'étaient pas toujours de la première beauté ni de la première fraîcheur. On les payait en conséquence et ils allaient, le lendemain, briller aux barrières dans des noces, ou dans des fêtes de second étage; ou, confondus au milieu de vastes corbeilles, décorer l'escalier du ministère, ou de l'hôtel où se donnait une soirée.

D'autres fois aussi, grâce à l'adresse de la femme de chambre, sur deux ou trois bouquets envoyés à la même personne, un seul était accepté, et les autres, conservés précieusement et remis à Fleurette, retournaient, à moitié prix, à la serre natale qu'ils venaient à peine de quitter.

Au bout de quelques jours, la spéculation de Fleurette avait des résultats qui devaient s'accroître avec le temps, mais qui lui offraient déjà de tels bénéfices qu'elle renonça pour le moment à la vente en détail. Elle n'offrit plus ses bouquets, le matin, dans les promenades, ni le soir à la porte des spectacles.

Autre changement. Fleurette avait compris qu'avec l'extension que prenaient ses affaires, elle ne pouvait décemment rester dans le taudis où elle passait les nuits. Une commerçante en fleurs, telle qu'elle était, devait être logée plus convenablement.

Il y avait, dans la maison même, un petit cinquième, pour lequel on avait mis écriteau. Il se composait d'une seule chambre, d'une mansarde, il est vrai, mais claire et aérée, avec une croisée en plein midi, d'où l'on découvrait tout Paris. Il y avait même une cheminée que Fleurette n'exigea pas, mais qu'elle accepta.

La chambre était régulière, grâce à une armoire profonde, prise dans l'angle formé par la pente du toit. C'est là que Fleurette devait serrer son bois et sa batterie de cuisine, quand elle en aurait.

En outre, il y avait dans l'enfoncement, à droite de la cheminée, une seconde armoire pour serrer son linge.

Tant d'avantages se payaient cher; le prix était comme la chambre, très élevé, cent soixante francs par an; mais nous avons dit que Fleurette savait calculer, et elle avait trouvé que les dix sous qu'elle payait par jour à Mme Beaurin, lui revenaient, par an, à cent quatre-vingt-deux francs cinquante centimes, et elle n'hésita plus.

Elle se présenta le 8 avril au matin, son panier sous le

bras, chez la portière, lui demandant de lui ouvrir le cinquième.

— Ah! c'est un joli petit appartement de garçon, je m'en vante, il est à louer.

— Il ne l'est plus, madame Beaurin.

— Comment le sais-tu?

— J'ai vu M. le propriétaire.

— Tu as osé l'aller voir, sans m'en prévenir?

— Oui, mère Beaurin, je lui ai demandé une diminution qu'il m'a accordée, et je loue pour cent cinquante francs.

— Dix francs qu'il n'a jamais voulu diminuer à personne.

— Je viens donc vous donner le denier à Dieu et prendre ma clef.

Mme Beaurin, tout étourdie d'une nouvelle qui lui enlevait sa pensionnaire, ne refusa cependant pas de recevoir la pièce de monnaie blanche que la jeune fille lui présentait, et sur-le-champ, avec un grand déploiement de zèle, elle lui proposa de l'aider dans son déménagement.

— Merci, mère Beaurin, je viens de le faire.

— Et ton mobilier, où est-il?

— Ici, dit Fleurette en montrant son panier, et je n'ai besoin de personne pour le monter au cinquième.

Ayant, en effet, mis sur elle tout ce qu'elle avait de robes et de linge, et tout son argent dans ses poches, elle ne fut pas longtemps à s'installer dans son nouveau domicile.

En une heure, elle eut trouvé, dans la rue des Martyrs et le Faubourg-Montmartre, un ameublement complet et confortable. Un lit en fer avec un matelas, deux chaises, une table, non pour écrire, mais pour défaire ou faire ses bouquets; ladite table avec un tiroir à clef, pour serrer son argent; un fourneau, une casserole, un verre et deux assiettes. Ajoutez-y le pot à l'eau et la cuvette, et vous aurez une idée du mobilier de la bouquetière.

Son ami Guillaume, qu'elle avait chargé de ces diverses

acquisitions, avait tout choisi, tout acheté pour elle, et tout porté gratis sur ses épaules, jusqu'au cinquième.

Jamais Fleurette ne s'était vue dans une situation semblable : de l'air, de l'espace, du soleil, du bien-être, même du luxe, et par-dessus toutes ces joies, une joie qui dominait toutes les autres : *Chez elle! elle était chez elle!* Une seule chose lui manquait, et, le soir, elle s'écria, en s'endormant :

— Ah! si ma marraine me voyait!

VIII

Deux ans et plus s'étaient écoulés : l'enfant était devenue une jeune fille, non pas belle, mais jolie; non pas distinguée, mais à la mine originale et piquante, n'ayant rien d'audacieux et pourtant rien de timide dans le regard, ne provoquant aucun hommage et n'en redoutant aucun. A la voir, on l'aurait crue coquette, pour le moins! A l'entendre, on la trouvait ce qu'elle était, sage, modeste et indifférente. Depuis deux ans, elle avait gardé ses mêmes amis, entretenu les mêmes relations et fréquenté la même société. C'étaient Michelette et les ouvrières de l'atelier; c'était Justine, c'était Palmyre et leurs compagnes, lorettes de seconde classe, ayant un peu moins bon ton et moins bonnes manières, si c'était possible, que les lorettes de la *première*.

La petite bouquetière s'était élevée au hasard, sans guide, et comme elle avait pu, au milieu du langage, des mœurs et des principes de tout ce monde-là, sans se demander si tout cela était bien, si tout cela était mal, et sans s'inquiéter si cela pouvait ou devait aller autrement.

Une seule chose aurait pu exciter l'étonnement et l'admiration, c'est que, dans un terrain semblable, la fleur abandonnée et sans culture ne fût pas déjà flétrie et fanée.

Guillaume le commissionnaire avait pris tout d'abord, pour Fleurette, une amitié qui, maintenant peut-être, était plus forte qu'il ne le croyait. Une circonstance les avait rapprochés, et avait établi entre eux des rapports bien éloignés il est vrai; mais tout devient un lien de parenté pour ceux qui n'en ont aucun.

Guillaume était Suisse de naissance, et Fleurette croyait l'être. Guillaume était né à Schaffhouse, et Fleurette ne savait pas dans quel canton elle était venue au monde. N'importe! cette découverte avait amené, entre eux, une intimité et une affection qui, chez la jeune fille, était toute filiale; et qui, chez le brave garçon, prenait chaque jour un caractère plus tendre.

C'était là, peut-être, sans qu'il se l'avouât, ce qui lui rendait si difficiles les observations sages et raisonnables qu'il voulait souvent adresser à Fleurette. La jeune fille le regardait... le précepteur se troublait, balbutiait, et n'avait plus ni la force, ni l'esprit de faire entendre les moindres remontrances.

Comme tous les Suisses, absents de leurs montagnes, il avait le mal du pays, il n'aspirait qu'à se faire une petite fortune pour y retourner; mais il cherchait vainement à réveiller dans Fleurette le souvenir et l'amour du hameau natal.

— Comment, lui disait-il, un jour qu'ils étaient assis ensemble dans la boutique de Mme Jacques, la charbonnière, comment, tu ne te rappelles ni la situation, ni le nom de ton hameau?

— Je ne me rappelle rien que les montagnes blanches.

— C'est bien beau!

— C'est bien froid!

— Tu ne te rappelles pas autre chose?

— Les touffes de fleurs rouges brillant au milieu des neiges.

— Je les connais, s'écria Guillaume.

— Des fleurs rouges qui ont la forme d'une étoile.

— C'est cela même... Et des feuilles toujours vertes.

— Oui... je les vois encore.

— Alors le chalet de ton père était bien élevé, car l'étoile des Alpes ne croît que dans les hauts lieux.

— Ah! les belles fleurs! c'est autre chose que les camélias : ça ne se fane jamais, aussi ça ne vient pas en France.

— Je le crois bien, ça ne pousse qu'au milieu des neiges et des glaçons, et on élève plus aisément des serres chaudes que des montagnes de glace.

— Ah! s'écria Fleurette avec un ardent désir de jeune fille, que je voudrais en avoir!

Guillaume lui mit la main sur la bouche comme pour lui dire : Tais-toi, je ne peux pas te les aller chercher! reproduisant ainsi, par ce simple geste et sans s'en douter, le mot si délicat et si tendre de lord Albemarle, disant à sa maîtresse, qui contemplait aussi une autre étoile : Ne la regardez pas, je ne peux pas vous la donner.

— Ah! reprit Fleurette, je sais bien, mon bon Guillaume, que tu ne te fais jamais prier, dès qu'il s'agit de m'être agréable; aussi j'ai un service à te demander.

L'honnête commissionnaire ne répondit pas; il rapprocha vivement sa chaise de celle de Fleurette, pendant que Mme Jacques allait au-devant d'une pratique qui entrait dans ce moment.

— Guillaume, lui dit la jeune fille, à voix basse, as-tu des économies?

— Oui, répondit-il avec l'air de contentement et de fierté du bon ouvrier, j'en ai quelques-unes.

— Combien?

— Deux cents francs.

— C'est beau!

— Et toi, Fleurette?

— J'en ai beaucoup, j'en ai trop!

— Combien donc?

Elle baissa la voix et dit à l'oreille de son ami,

— Pas loin de huit cents francs.

— Dieu en soit béni! dit Guillaume, en portant la main à son chapeau, car c'est, j'en suis témoin, de l'argent honnêtement gagné. Pourquoi dis-tu qu'il y en a trop?

— Parce que je ne sais plus où le mettre.

— Voilà, dit Guillaume en riant, un embarras qui ne m'embarrasserait guère.

— Le petit tiroir de ma table ne ferme qu'avec une mauvaise serrure ; quand je m'absente, j'ai peur pour mon trésor ; et afin d'être tranquille, j'ai résolu de te le confier, de te le remettre.

— A moi ? s'écria Guillaume étonné.

— A toi sans que personne le sache.

Guillaume resta un instant sans répondre, tant il se sentait touché de cette preuve d'amitié et d'estime.

— Ah ! s'écria-t-il avec émotion, tu es une brave fille, car tu crois aux honnêtes gens. Par malheur, tes économies ne seraient guère plus en sûreté chez moi, que dans ton tiroir ; mais je connais une caisse bien fermée dont la serrure est solide et où ton trésor ne risquera rien.

— Laquelle ?

— La caisse d'épargne. C'est là que j'ai mon argent. Mets-y le tien.

— Comment faut-il faire ?

— Je te l'apprendrai dès que tu le voudras.

— Dès demain.

Elle laissa Guillaume en conférence avec Mme Jacques, pour quelques sacs de charbon que celle-ci devait envoyer à une pratique, et que le brave commissionnaire avait résolu de transporter pour rien.

— Adieu donc, mon bon Guillaume, répéta Fleurette avec un accent affectueux et qui partait du cœur... A demain ! elle ajouta en souriant : Et à toujours !

Comme elle achevait ces mots, elle aperçut dans la rue et à la porte de la boutique, Étienne debout, près d'elle, qui, pâle, la regardait.

— Ah ! c'est toi, Étienne, tu m'as fait peur ! où vas-tu ainsi ?

— J'allais chez toi.

— Eh bien ! tu n'as pas besoin de parler à ma portière, Mme Beaurin, pour savoir que je n'y suis pas.

— Je le vois bien, dit Étienne, avec un ton sec. J'attendais que tu fusses visible.

Et, voyant qu'elle faisait quelques pas dans la rue :
— De quel côté vas-tu ?
— Du côté de mes affaires ; et toi ?
— Partout où tu iras.
— Si je t'en donne la permission.
— Tu me la donneras, Fleurette, parce que j'ai la tête perdue et que je ferais quelque malheur.
— Oh ! oh ! dit-elle en tournant les yeux vers lui, tu as en effet l'air méchant. Sais-tu, continua-t-elle en riant, que les mauvais caractères sont mieux traités que les bons ! on les ménage, on a pitié d'eux. N'en abuse pas cependant, sinon...
— Sinon... quoi ? qu'est-ce que tu feras ? s'écria Étienne avec une rage concentrée, tu me chasseras, tant mieux !

Fleurette ne répondit pas ; avec un geste de reine, lui montrant une des deux rues au coin desquelles ils se trouvaient en ce moment, elle lui fit signe, du doigt, d'en prendre une, pendant qu'elle s'éloigna par l'autre, d'un pas rapide.

Toute la colère d'Étienne tomba devant la crainte de ne plus la voir, il courut après elle, d'un air repentant et soumis, et, les larmes aux yeux, il lui dit :
— Je ne me mettrai plus en colère ; écoute-moi seulement.
— Parle donc, dit-elle avec douceur.

Il marcha quelque temps à côté d'elle en silence, cherchant quelles paroles il allait employer pour toucher le cœur du tyran.

Depuis le jour où, pour la première fois, il avait rencontré Fleurette, la jeune fille avait joué un grand rôle dans sa vie.

Ouvrier indolent et paresseux, elle lui avait donné, sinon le goût, du moins l'habitude du travail. Elle avait pris, dès lors, et conservé toujours sur lui un ascendant auquel il n'avait jamais pu résister. Il lui obéissait déjà, sans s'en douter, lorsqu'elle était encore une enfant ; et, jeune fille, il lui obéissait malgré lui.

Il s'était cru longtemps son seul ami, son seul camarade,

et, sûr de son affection, certain, comme tout le monde le lui disait, de l'avoir pour bonne amie dès qu'il le voudrait, il s'endormait dans son triomphe futur, avec la sécurité et l'indolence qui formaient le fond de son caractère. Mais quand Fleurette devint piquante et charmante jeune fille, quand bien d'autres que lui s'en aperçurent, Étienne devint inquiet.

Quand Fleurette, assez indifférente sur sa beauté, n'accueillit, il est vrai, mais ne repoussa aucun hommage, Étienne devint jaloux, et quand enfin lui-même, malgré leur ancienne amitié, ne se vit pas mieux traité que les autres, il devint furieux.

On ne peut nier cependant qu'elle n'eût pour lui un certain faible, une certaine préférence.

On s'attache aux gens par le bien même qu'on leur fait. Elle le regardait un peu comme un enfant qu'elle avait élevé et dirigé. Le pouvoir même qu'elle exerçait sur lui flattait sinon son cœur, du moins son amour-propre.

Quoique faible et de petite taille, Étienne était si violent de caractère, que ses camarades, plus robustes que lui, le redoutaient; mais, au milieu de ses plus grands accès de colère, un coup d'œil de Fleurette l'arrêtait soudain.

Né avec de mauvais instincts, tous les vices que l'on gagne dans les ateliers lui étaient sympathiques et seraient facilement devenus siens. N'écoutant que sa nature, il aurait été volontiers débauché, joueur et buveur; l'influence de Fleurette avait plutôt endormi que corrigé ses penchants.

Il n'était enfin bon sujet qu'à son corps défendant.

Un dimanche, revenant de la barrière avec de jeunes ouvriers de ses amis, il avait, dans un accès d'ivresse, levé la main sur Fleurette qui lui faisait des reproches. Depuis ce temps, et il y a de cela plus d'un an, il avait juré de ne plus boire de vin, et malgré les efforts de ses camarades, il avait tenu sa parole et résisté aux séductions.

C'était beau, c'était rare chez un ouvrier; Fleurette l'avait appris et lui en avait su gré, car un jour qu'il buvait de l'eau, elle lui dit :

— C'est bien. Ce verre d'eau-là te comptera.

Un autre jour, en allant voir sa sœur, il rencontra à l'atelier des jeunes fleuristes, un ouvrier ciseleur taillé en force, une espèce d'Hercule, M. Léopold, très assidu auprès de Mlle Charlotte, et qui crut probablement lui faire la cour, en s'égayant aux dépens de Fleurette. Étienne n'était peut-être pas des plus braves, mais il était, comme on dit en langage du peuple, des plus *rageurs;* il s'élança comme un tigre sur M. Léopold, qui, pris à l'improviste, eut grand'peine à se défendre, et la lutte allait devenir sanglante, quand arriva Fleurette, dont la présence fit cesser le combat. Elle en demanda vivement la cause, et comme Michelette s'empressait de la lui apprendre :

— Ah ! dit-elle froidement, ça n'en valait pas la peine. C'est égal, ajouta-t-elle en s'adressant à Étienne, je te remercie de ces coups de poings-là, ça te comptera.

C'était donc comme des engagements qu'elle avait pris envers lui ; et, malgré cela, malgré l'amour d'Étienne, qui augmentait chaque jour, malgré les soins et les efforts de Michelette, qui plaidait toute la journée en faveur de son frère, Fleurette ne se prononçait pas, ne répondait rien, et se fâchait quand on insistait.

Elle venait cependant, par grâce toute particulière, d'accorder une audience en plein air à son amoureux, qui marchait le long de la rue, à côté d'elle, et la tête basse.

Il rompit enfin le silence.

— Tu sais, Fleurette, que lorsque je t'ai connue, je n'étais qu'un ouvrier vitrier. Cela te paraissait trop peu de chose, car tu as de la fierté. J'ai fait un nouvel apprentissage et je me suis mis peintre en décors et en attributs ; tu le voulais, je l'ai fait pour toi.

— C'est vrai, mais ça ne t'a pas nui.

— J'ai cessé d'aller à la barrière, j'ai renoncé, pour toi, au vin.

— Qui buvait ton argent, dit Fleurette en riant, et prenait ta santé. Depuis ce temps, tu es riche et tu te portes bien ; il me semble que c'est toi seul qui y gagne.

— Enfin, s'écria Étienne avec impatience, car il comprenait que les sacrifices dont il cherchait à se vanter n'avaient, en définitive, profité qu'à lui seul ; enfin, autour de nous, toutes les jeunes filles de l'atelier, toutes celles que nous connaissons, ont quelqu'un.

— Je ne dis pas non.

— Quelqu'un qu'elles aiment et dont elles se laissent aimer.

— C'est vrai.

— Toutes, excepté toi.

— J'en conviens.

— Tu es comme elles, tu es libre.

— D'accord.

— Pourquoi, alors, ne prends-tu personne ?

— Précisément parce que je suis libre.

Étienne fut foudroyé par la puissance de ce raisonnement.

On s'étonnera, avec raison, que, dans la conversation qui précède, le mot de mariage n'ait été ni prononcé par Étienne, ni surtout invoqué par Fleurette, c'était tout simple. De pareilles idées étaient tellement étrangères aux habitudes du monde où elle vivait, qu'elles n'étaient pas venues à Fleurette, parce qu'autour d'elle, personne ne les avait.

— Mais enfin, continua Étienne en balbutiant, tu m'avais promis.

— Moi, jamais !

— Du moins, tu n'as pas dit non.

— C'est vrai ; mais je n'ai pas dit oui. J'ignore, continua-t-elle en réfléchissant, s'il faut absolument choisir quelqu'un.

— Dame ! s'écria vivement Étienne, à moins que tu ne veuilles te faire remarquer et t'afficher.

— M'en préserve le ciel ! dit froidement la jeune fille.

— Eh bien ! alors, me voilà, moi qui t'aime depuis si longtemps, qu'entre nous déjà on croit que tout est arrangé et convenu.

— Eh bien, on a tort !

— Tu en veux donc choisir un autre ! s'écria Étienne,

dont les nerfs se crispaient et dont les yeux lançaient des éclairs.

— Quand ce serait, où serait le mal ?
— Ne dis pas cela, Fleurette ! reprit-il furieux.
— Où serait le mal ? répéta la jeune fille avec force, puisqu'elles ont toutes choisi, j'ai le droit de faire comme elles.
— Tu as donc quelqu'un dans l'idée ? s'écria Étienne hors de lui et les poings fermés.

Fleurette le regarda et répondit avec sang-froid :
— Personne ! mais prends garde, si quelqu'un te fait du tort, ça sera toi.
— Moi, grand Dieu ! fit-il en poussant un cri de rage.
— Je ne veux pas qu'on me commande, continua fièrement la jeune fille ; et maintenant, Étienne, assez causé. Tu as ton état à faire, j'ai le mien. Adieu !

Étienne la connaissait. Il comprit à son tour qu'il ne serait pas prudent d'insister. Il alla rejoindre sa sœur Michelette à l'atelier de la rue Neuve-Coquenard, pendant que Fleurette continuait ses visites chez ses clientes du haut quartier Bréda ; autre pays de l'indépendance, pays où le mariage est également passé à l'état de légende et de fiction.

IX

Fleurette finit sa tournée par Mlle Justine, qui, depuis une quinzaine de jours, était plus occupée qu'un ministre des affaires étrangères.

Il y avait une telle activité dans ses bureaux, un tel échange de courriers et de notes diplomatiques, qu'elle n'avait pu trouver encore un moment pour causer avec Fleurette, qui, n'étant ni curieuse, ni bavarde, lui offrait, comme confidente, le type le plus précieux et le plus rare.

En attendant, la bouquetière acceptait les événements, sans chercher à en connaître les causes; jamais les fleurs n'avaient donné avec plus d'abondance, jamais elles n'avaient été plus belles et plus fraîches.

Trois ou quatre gerbes de camélias arrivaient chaque jour, ensemble ou séparément, et comme M{}^{lle} Délia, l'idole à qui ces nombreux hommages s'adressaient, ne pouvait porter à la fois qu'un seul bouquet, les autres revenaient, le jour même, à la boutique du marchand par le ministère de Fleurette, prélévation faite, comme disent les agents de change, du droit de courtage pour elle et la femme de chambre.

De là, ce va-et-vient perpétuel qui donnait à la maison une animation inusitée, et à M{}^{lle} Justine un surcroît d'occupations et de bénéfices, car elle avait bien autre chose à recevoir que des fleurs, et elle tenait à ce que sa comptabilité fût, tous les soirs, à jour et en règle.

— Ah! te voilà, petite, s'écria-t-elle en voyant entrer Fleurette, arrive donc à mon aide; je ne sais où donner de la tête, et elle lui montrait les bouquets, les écrins, les étoffes dont le boudoir était encombré.

— Eh! mon Dieu! qu'y a-t-il donc? s'écria Fleurette, tout éblouie.

— Il y a, ma chère enfant, que ce qui devait nous ruiner nous enrichit. Nous ne sommes plus sous la domination du Mexique.

— Comment ce seigneur mexicain, si vieux et si riche!...

— Ce lingot, cette mine d'or, nous a quittées, malgré lui. Une révolution l'obligeait à retourner en son pays, et il voulait nous y emmener. Ah bien oui! les révolutions, ne m'en parlez pas, on ne sait sur quoi compter. Heureusement il n'y en aura plus en France, c'est convenu; c'est pour cela que nous restons à Paris.

Mais il fallait y vivre, il fallait soutenir son rang, et ma maîtresse est habituée à dépenser quatre-vingt mille francs par an.

— C'est une habitude comme une autre.

— Certainement, et une fois qu'elle est prise, on y tient. D'un autre côté notre liaison avec le Mexicain...

— Avait fait du tort à votre maîtresse.

— Au contraire ! cela l'avait posée si haut, que, de tous les côtés, des partis se présentaient ; mais aucun d'eux n'était ni assez honorable, ni assez solide, et nous ne voulions pas déchoir. C'était d'abord un prince, très bien apparenté...

— Un prince ! fit Fleurette tout ébahie.

— Ah ! répondit Justine, avec dédain, toi qui ne connais rien, tu te laisses, tout de suite, éblouir ; eh bien ! oui ! un prince, c'est brillant, mais cela a des inconvénients : les convenances à observer, une femme, dont il faut se cacher ; et puis, sous prétexte de ne pas se compromettre, c'est économe, ça n'ose pas se ruiner, comme un simple particulier ; et Mlle Délia, ma maîtresse, qui est au-dessus de toutes les combinaisons mesquines, a dit : Qu'on s'arrange !

— Eh bien ?

— Eh bien, ses adorateurs, dont deux étaient des agents de change, ont prétendu qu'étant déjà associés pour une charge, ils pouvaient bien aussi...

— Je ne comprends pas, dit Fleurette.

— Ni moi non plus, dit Justine, avec une profonde ingénuité ; mais je sais, par eux, qu'un de leurs amis, un jeune homme sentimental et éperdument amoureux, a voulu absolument prendre, comme ils disent, un intérêt dans la charge, un tiers à ce qu'il paraît, et depuis ce temps, les bouquets, les cadeaux, les attentions les plus délicates ont, non seulement redoublé, mais triplé, pour madame d'abord, et pour moi, continua Justine d'un air attendri : c'est une entente cordiale et admirable, le triomphe de l'amour et de l'amitié.

Fleurette allait probablement demander beaucoup d'explications, lorsqu'un coup de sonnette retentit, et un jeune homme très élégant parut, suivi d'un valet de pied en livrée auquel il jeta son pardessus, doublé en martre zibeline, que le domestique emporta dans l'antichambre. La

— Il y a deux autres personnes que vous dont on reçoit les bouquets.
Tenez, dit-elle, en les lui montrant, les voici.

35ᵉ LIVR.

porte du boudoir se referma et le jeune homme dit d'un ton de maître:

— Avertis madame!

— Ah! mon Dieu? s'écria Justine, monsieur Ludovic Durussel...

— Avertis madame, répéta M. Ludovic Durussel.

— Madame est revenue si tard du bal, qu'elle m'a défendu d'entrer chez elle avant midi, s'écria Justine, que la vue du jeune homme avait légèrement troublée, mais qui se remit sur-le-champ. Vous savez, continua-t-elle, que madame vous attend aujourd'hui pour déjeuner à midi et demi.

— Oui, j'ai devancé l'heure afin de lui faire une surprise. Tiens, pour remplacer le bracelet qu'elle a perdu avant-hier aux Variétés, remets-lui ceci de ma part et dis-lui que j'attends.

Justine prit l'écrin qu'on lui présentait et sortit avec un embarras assez visible, que pourtant M. Ludovic ne vit pas.

Fleurette, restée dans le boudoir, debout, près de la cheminée, regardait avec surprise et grande attention le jeune homme qui venait de se jeter nonchalamment sur un divan de satin bleu. Il lui semblait que ce n'était pas la première fois qu'elle le voyait; elle se disait en elle-même que ces traits jeunes et beaux, et en même temps efféminés, que cet air grand seigneur, avec une impertinence bourgeoise, avaient un type tout particulier qui ne lui était pas inconnu; elle cherchait vainement dans ses souvenirs, lorsque tout à coup elle poussa un cri; la mémoire lui était revenue.

A ce cri le jeune homme retourna la tête et aperçut une jeune fille qui, les joues roses et colorés et les yeux animés, le contemplait avec une espèce d'extase.

M. Ludovic fut flatté. Les joues étaient jeunes, les lèvres vermeilles, les yeux animés, la taille charmante; la jeune fille, qui ne songeait guère à avoir la migraine, était en réalité bien supérieure à Mlle Délia par la fraîcheur de so teint et par l'éclat de ses dix-sept ans.

Involontairement, et madrigal à part, Ludovic la compara en lui-même aux bouquets qu'elle tenait à chaque main, tandis que ses bras croisés en serraient un troisième contre sa poitrine; massif de fleurs qui avait l'air de l'encadrer et ne la présentait qu'en buste au lorgnon de son admirateur.

Ludovic avait trop d'amour-propre pour se méprendre aux regards de la jeune fille, et, voyant que ses yeux restaient toujours attachés sur lui, il lui dit d'un air bon prince :

— Décidément, chère enfant, il paraît que tu nous vois d'un œil favorable.

Fleurette, revenant à elle, mais toute troublée encore, se hâta de balbutier :

— Ah ! mon Dieu non, monsieur ; vous vous trompez.

— Comment ! je me trompe, s'écria Ludovic, fort mortifié qu'on ne lui laissât pas son erreur ; il me semble, cependant, que tu me regardais.

— Non, monsieur, je cherchais à savoir où je vous avais déjà vu, et je me le rappelle maintenant : avenue des Champs-Élysées, il y a deux ans et demi, trois ans.

— Tu as bonne mémoire ! c'était donc dans une circonstance particulièrement agréable pour toi ?

— Au contraire, monsieur. Je vous dois le premier compliment qui m'ait réellement blessée au cœur.

— Tu vois, dit Ludovic en riant, que j'en prenais déjà le chemin. Qu'étais-tu donc alors ?

— Une bouquetière comme aujourd'hui ; mais, dans ce temps-là, j'étais nu-pieds et en guenilles.

— Je t'aime mieux aujourd'hui ; ta main surtout, dit-il en la saisissant dans les siennes, est fine, élégante et distinguée.

— Vous la trouviez noire, alors.

— Elle a changé de couleur et j'ai changé d'avis. J'aime surtout ces ongles rosés, dit-il en voulant les porter à sa bouche.

Mais Fleurette retira vivement sa main.

— Prenez garde, monsieur, dit-elle, vous allez noircir vos lèvres.

— Ah ! le mot t'a piquée, je le vois, et tu ne me pardonneras pas.

— Au contraire, je suis prête à vous devoir de la reconnaissance, si vous le voulez.

— Comment cela, mon enfant ? Parle, s'écria le jeune homme, en forçant Fleurette à s'asseoir près de lui sur le divan.

Elle ne se fit pas prier.

— Monsieur Ludovic..., dit-elle.

— Ah ! tu sais mon nom ?

— C'est Justine qui vient de me l'apprendre. Il y a trois ans, continua-t-elle avec émotion, le jour où je vous ai rencontré aux Champs-Élysées, vous y étiez avec une dame qui était, je crois, votre mère.

— C'est possible.

— Et d'autres dames encore.

— Je ne dis pas non.

— Quelles étaient ces dames ?

— Comment veux-tu que je me les rappelle ?

— Vous ne vous les rappelez plus ! dit-elle en pâlissant. Et moi je vois encore cette grande dame en robe noire, cette grande dame si maigre et si pâle...

— J'en connais quelques-unes.

— Et si fière...

— J'en connais beaucoup.

— Et ces trois demoiselles, habillées toutes trois de même.

— Attends, je commence à m'orienter ; l'une était...

— Blonde, dit Fleurette.

— L'autre...

— Était rousse, et la troisième riait toujours.

— Mlles de Kéroualle, que ma mère voulait me faire épouser.

— Peu m'importe !

— Cela m'importe à moi, le danger n'est pas entièrement passé, mais il est diminué.

— Comment cela ?

— Il y en a une de mariée, l'aînée.

— Cela m'est égal, celle dont je désire connaître le nom, c'est ma marraine.

— Ta marraine !

— Et oui, vous ne vous rappelez pas... celle qui m'a nommée Fleurette.

— Tiens, c'est un joli nom, aussi joli que toi, et ce n'est pas peu dire.

— Il ne s'agit pas de moi, monsieur, s'écria Fleurette avec impatience, mais d'elle; de ma protectrice, de celle qui a donné si généreusement, à une pauvre fille, une pièce d'or, cause de sa fortune.

— Oui, oui, je me rappelle, dit Ludovic en s'étendant sur le divan, c'est une bêtise qu'elle fit là; eh bien, après, où en veux-tu venir ? Que me demandes-tu ?

— Son nom, monsieur, le nom de cette noble demoiselle, si charmante et si aimable déjà ! son nom, monsieur, répétait Fleurette d'une voix suppliante, parlez, parlez donc.

— Clotilde de Kéroualle, dit Ludovic, la cousine de ces demoiselles, orpheline sans fortune, la Cendrillon de la maison.

— Où demeure-t-elle ? où est-elle ? à Paris ?

— Non... au fin fond de la Bretagne, où sa tante, Mme la marquise, prétend qu'on vit avec plus d'économie que dans la capitale; c'est vrai, et avec plus d'ennui. Du reste, voilà un an que je n'ai entendu parler de ces dames, et à moins que quelque grand événement de famille ne nous les ramène, elles vivront et mourront, la mère dans son vieux château, et les filles dans quelque couvent des environs.

— Ah ! ce château, si je pouvais y aller, fût-ce à pied !

— Pourquoi ? que leur veux-tu ?

Elle ne répondit pas.

— Au fait, dit-elle en elle-même en le regardant, à quoi bon le lui dire ? il ne me comprendrait pas.

— Eh bien, si tu n'as à leur faire, comme filleule, que des compliments de bonne année, autant leur écrire.

— Eh ! Je ne sais pas écrire, s'écria-t-elle avec désespoir.

— Un instant, dit Ludovic, en la retenant sur le divan, d'où elle voulait se lever ; maintenant que j'ai répondu à toutes tes questions, à mon tour de t'interroger.

— Vous n'aurez pas le temps, monsieur, car voici Mlle Justine qui revient.

Justine rentrait en effet, et cette fois, avec un aplomb rare, elle s'écria, en riant comme une folle :

— J'ai fait attendre monsieur, et je lui en demande pardon. J'étais depuis dix minutes à la porte de madame, chez qui je n'osais entrer, tant je croyais l'entendre dormir d'un bon sommeil... Et Larose s'est moqué de moi en me disant que madame était sortie.

— Sortie à cette heure ! dit Ludovic étonné.

— Oui, monsieur, je ne voulais pas le croire ; il paraît que la mère de madame est indisposée... elle a envoyé prévenir madame... qui est sortie... et vite et vite.

— C'est bien, dit Ludovic, sans s'inquiéter autrement de l'indisposition de sa belle-mère... J'attendrai.

Justine le regarda d'un air étonné.

— Je peux attendre, répéta le jeune homme en jetant un coup d'œil sur Fleurette.

Puis s'adressant à Justine :

— Dis seulement à mes gens de s'en aller... je n'ai pas besoin d'eux.

Justine sortit vivement en disant :

— Elle doit être chez Héloïse, je cours la prévenir.

Un instant après, on entendit le roulement de la voiture qui s'éloignait, et Ludovic, se rapprochant de Fleurette, la contempla un instant en silence avec une admiration qui avait quelque chose d'impertinent.

— Sais-tu, petite, que tu es vraiment très drôlette et très gentille ! C'est moi qui te le dis.

— Je vous remercie de me le dire, répondit-elle froidement, mais je le savais déjà.

— Cela prouve alors, continua-t-il en la regardant d'une manière significative, cela prouve que si tu voulais...

Il s'arrêta comme attendant la réponse de la jeune fille, qui garda le silence.

— Me comprends-tu ?

— Parfaitement.

— Si donc tu voulais... répéta-t-il lentement.

— Oui, dit Fleurette en riant, mais je ne veux pas.

— Tu ne vendrais plus de bouquets, continua Ludovic en achevant sa pensée.

— Chacun son goût, j'aime mieux vendre des bouquets.

— Nous donnons donc dans les grands sentiments ! s'écria Ludovic avec ironie.

— Moi ! dit Fleurette en haussant les épaules. Les grands sentiments sont pour les grandes dames, mais nous autres...

— Alors, qu'est-ce que tu attends pour te décider ?

— Ma volonté, mon idée, mon caprice.

— C'est mieux, dit Ludovic, en se rapprochant d'elle avec empressement, et cette idée... ce caprice... que faudrait-il faire, chère petite, pour l'inspirer ?

— Une seule chose.

— Laquelle ?

— Me plaire !

Loin d'être déconcerté par cette réponse, Ludovic l'interpréta dans le sens le plus favorable à son amour-propre. Il n'y vit qu'un aveu indirect.

— Je comprends, dit-il, en caressant avec complaisance l'extrémité de ses moustaches, tu aimes mieux ne pas en convenir tout de suite et te faire prier, eh bien. on te priera.

Fleurette ne répondit pas.

— Je te demande donc avec prière, avec instance, de me dire quel jour tu m'aimeras ?

Fleurette, sans se fâcher le moins du monde, leva ses jolis yeux vers lui, et dit en riant :

— Je ne vous répondrai pas : jamais ! parce qu'il ne

faut décourager personne; mais je vous répondrai : pas encore !

— Allons! allons, répondit le jeune homme en cherchant à cacher son dépit sous un sourire, tu n'as décidément pas oublié notre première entrevue, et tu m'en gardes rancune.

— Si peu, monsieur, qu'avant de vous quitter, et en mémoire de cette première rencontre, je veux vous rendre un important service.

— Toi, voilà qui est curieux; je t'écoute.

— Eh bien, monsieur, n'en parlez à personne et faites-en votre profit : on vous trompe ici.

— Vraiment !

— Je vous le certifie. Il y a deux autres personnes que vous, dont on reçoit les bouquets. Tenez, dit-elle, en les lui montrant, les voici.

— Je le savais, dit-il froidement.

Fleurette s'éloigna de lui, en poussant un cri d'indignation.

— Vous le savez, dit-elle, et vous continuez à venir ?

— Cela t'étonne ! répondit-il en souriant avec amertume; quelque riche que je sois, tout devient si cher maintenant, à commencer par les passions de ce quartier-ci, que ma fortune ne me permet pas d'en avoir une à moi tout seul. Tu ne me comprends peut-être pas, petite.

— Trop bien, fit la jeune fille avec dégoût.

— Et puis, ma mère, qui veut toujours me tenir en tutelle, ne permet ni de me ruiner, ni de m'afficher.

— Elle a raison, votre mère.

— Je commence à le croire. Il y a telle jeune fille inconnue, plus jeune, plus jolie que Mlle Délia, qui l'éclipserait bien vite, si on se donnait la peine de la mettre un peu en vogue.

Fleurette n'eut pas l'air de comprendre et se dirigea vers la porte d'entrée.

En ce moment, cette porte s'ouvrit et parut Mlle Délia en toilette du matin élégante.

Elle venait de faire une excursion au dehors, un déjeuner champêtre probablement, car elle avait les vives couleurs que donne l'air des bois ou des champs. Elle donnait le bras à un charmant jeune homme, qui ne faisait pas partie du triumvirat,

— Ah! s'écria Mlle Délia en apercevant Ludovic, ah! vous m'attendiez, cher! je vous demande pardon, je viens de chez ma marchande de modes, j'ai rencontré en route Saint-Estève, mon maître de chant, que je vous présente. Il m'a donné le bras jusqu'ici, parce que c'est aujourd'hui mon jour de leçon.

— Que je ne vous empêche pas de la prendre! dit Ludovic, je m'en allais... Et madame votre mère, comment se porte-t-elle?

— Comme le Pont-Neuf, mon cher; mais vous avez l'air contrarié.

— De ne pouvoir déjeuner avec vous; j'ai un rendez-vous d'affaires, c'est ce que je venais vous dire.

— Ah! s'écria Délia, comme c'est fâcheux! Je n'ai pas de chance. On vous verra du moins ce soir, je suppose.

Puis, sans attendre la réponse de Ludovic:

— Bonjour, petite, dit-elle à Fleurette; où est donc Justine? comment n'est-elle pas là, à mon arrivée?

— Elle sera allée chez votre mère, qu'elle croyait malade, s'écria Ludovic; elle est si attachée à toute la famille!

— C'est vrai, répondit naïvement Délia; je vais prendre ma leçon. Saint-Estève, venez-vous?

Et saluant Ludovic de la main:

— A ce soir, très cher.

Délia termina la scène par cette brillante sortie; elle disparut dans le salon, suivie de son maître de chant.

Quant à Ludovic, cachant de son mieux son dépit, il s'élança vers la porte de l'antichambre; mais, au moment de partir, et la main sur le bouton de cristal, il s'arrêta:

— Fleurette, s'écria-t-il avec chaleur, dis un mot, et demain, à toi la survivance de Délia, à toi ma voiture, mes chevaux, mon amour, de plus, un mobilier neuf et brillant.

Fleurette partit d'un éclat de rire.

— Qu'as-tu donc? reprit-il étonné.

— J'ai, j'ai, monsieur, que si Mlle Délia vous entend, vous allez me faire perdre la clientèle de sa maison, et j'y tiens.

— Adieu! s'écria Ludovic furieux, en se précipitant dans l'antichambre.

— Adieu, répéta Fleurette.

Elle se laissa tomber sur le canapé, y resta quelques instants plongée dans ses réflexions, puis levant la tête:

— Décidément, dit-elle, je crois que j'aimerais mieux Étienne.

X

Le lendemain était un dimanche. C'était, d'après ce qu'avait dit Guillaume, le seul jour où la caisse d'épargne fût ouverte, dans l'intérêt de l'ouvrier qui avait ainsi la semaine pour faire des économies, et le dimanche pour les placer.

Guillaume avait promis à Fleurette de la venir prendre sur le midi. Fleurette était laborieuse, par conséquent matinale: mais ce jour-là était dimanche, le jour où elle allait réaliser le fruit de ses économies et assurer le placement de sa petite fortune. C'était jour de fête.

Aussi il était près de neuf heures et Fleurette était encore dans son lit: c'était la première fois que cela lui arrivait.

Elle rêvait à sa position qui n'avait rien que de rassurant: elle rêvait aux singulières propositions qui, depuis quelques jours, lui étaient faites, et qui ne l'effrayaient pas non plus.

Les offres de Ludovic ne l'avaient pas plus éblouie que le désespoir d'Étienne ne l'avait attendrie.

Aucun des deux soupirants n'avait fait battre son cœur, aucun des deux, il faut le dire, n'avait excité son indignation, et leurs propositions n'offraient à sa moralité qu'un défaut, celui de ne pas lui plaire.

Cependant, comme nous l'avons dit à la fin du dernier chapitre, quoiqu'elle ignorât complètement ce qu'était l'amour, un instinct secret, et qui ne trompe guère, lui disait qu'Étienne l'aimait et que Ludovic ne l'aimait pas; que la tendresse jalouse et grossière de l'un avait quelque chose de flatteur, et les déclarations élégantes de l'autre quelque chose d'humiliant. Quant à Guillaume, il ne lui venait pas même à l'idée qu'il eût de l'amour pour elle et que son amitié dût jamais y ressembler.

La jeune fille retournait toutes ces idées dans son cœur, ou plutôt dans sa tête, lorsqu'elle entendit frapper à la porte de sa chambrette.

Mme Beaurin avait seule le droit de monter à son cinquième étage; elle venait rarement dans la semaine; mais, le dimanche elle apportait volontiers à Fleurette son déjeuner, composé d'un petit pain et d'une tasse de lait.

— Entrez, cria-t-elle du fond de son lit.

Ordre d'autant plus facile à exécuter que la clef était toujours à la porte, tant la maison de M. Ducresson, ou plutôt de Mme Beaurin, offrait de sécurité aux locataires, tant Fleurette avait de confiance dans ses voisins; et comme la porte ne s'ouvrait pas, elle répéta de nouveau:

— Entrez.

Un pas lourd se fit entendre; Fleurette poussa un cri. Un jeune homme était au milieu de sa chambre; ce jeune homme était Étienne.

Il avait refermé la porte derrière lui, et regardait tous les objets qui l'environnaient d'un air trouble et indécis.

— Vous, Étienne ! s'écria la jeune fille, chez moi, à cette heure ! Que me voulez-vous ?

Il ne répondit pas et porta la main à son front.

— Répondez, qu'est-ce qui vous amène ? Que venez-vous faire ?

— Je n'en sais rien, dit-il, après un instant d'hésitation.

Et puis, tournant ses yeux du côté de la jeune fille : Si, vraiment, je le sais, Mademoiselle Fleurette.

— Eh bien ! dites-le et allez vous-en.

— Le dire, c'est difficile ;... m'en aller, ça l'est encore plus, car je ne peux plus marcher, dit-il en trébuchant et en tombant sur une des deux chaises, qui formaient le mobilier de l'appartement.

Il était ivre.

Fleurette s'enveloppa dans ses couvertures et lui dit d'un air de mépris :

— Vous m'aviez juré de ne plus boire.

— C'est vrai.

— Et vous avez bu à l'instant même.

— C'est vrai... pour vous... pour vous seule... et pas encore assez... par malheur... J'ai envie d'y retourner...

— C'est ce que vous pouvez faire de mieux ; partez !

— Non pas, fit-il après un instant de réflexion ; puisque j'ai fait la faute, il faut la boire... ou plutôt, puisque je l'ai bue... il faut la... Non ! s'écria-t-il, en se reprenant, je m'embrouille, tenez, et il cherchait à rappeler ses idées ; je vais tout vous raconter, et vous verrez... vous conviendrez vous-même, car vous êtes juste et raisonnable, qu'il faut que ça soit, qu'il n'y a pas moyen.... que ça ne soit pas maintenant. Oui, morbleu ! s'écria-t-il en frappant avec force sur la table, ça sera, il y va de mon honneur, car on est honnête homme ou on ne l'est pas, et je le suis, je le suis ! répétait-t-il avec force.

Fleurette vit aisément qu'il cherchait à s'animer lui-même et à se donner ainsi une audace et un courage qu'il n'avait pas, et, dans la position difficile où elle se trouvait, elle pensa que la douceur valait peut-être mieux que la colère,

— Oui, Étienne, lui dit-elle, oui, vous êtes un honnête homme.

— N'est-ce pas ? s'écria-t-il avec chaleur.

— Vous l'avez toujours été.

— Excepté hier... mais ce n'est pas ma faute, vous le

savez, c'est Mlle Charlotte, c'est Pierre, ce sont les autres qui m'y ont poussé, ce sont des faux amis.

— Mais moi, Étienne, je suis votre véritable amie.

— Oui, vous, Fleurette, vous! continua-t-il avec attendrissement. C'est pour cela...

— Que vous allez tout me dire.

— J'ai cru que vous le saviez.

— Du tout! dit la jeune fille, reprenant un peu de confiance.

— Imaginez-vous qu'hier, est-ce hier ?... oui, en vous quittant, j'ai été à l'atelier pour voir ma sœur Michelette.

— Que vous avez vue?

— Non, elle n'y était pas; mais Charlotte, mais Pierre, mais les demoiselles de l'atelier y étaient.

— Eh bien?

— Eh bien! je ne me rappelle pas comment c'est venu, on m'appelait le fidèle berger, l'amoureux transi; enfin, on se moquait de moi..., et on n'aime pas cela. Enfin elles disaient toutes, s'écria-t-il avec un redoublement de colère, que tu ne voulais pas de moi, Fleurette, que tu n'en voudrais jamais.

— Qui sait?

— Oui, qu'en savez-vous? ai-je dit; elle sera à moi, j'en suis sûr! Alors, entends-tu les éclats de rire, car ils disaient tous en me raillant: *Quand donc? quand donc?* Ces mots-là, je les entends encore, ils retentissent toujours à mon oreille... *Quand donc?*

— Il ne fallait pas y faire attention.

— C'était plus fort que moi, ça me donnait la fièvre au cerveau et la rage au cœur. Mais j'ai trouvé bientôt le moyen de les faire taire et de les confondre à mon tour.

— Comment cela! dit Fleurette avec inquiétude.

— « Ah! vous demandez *quand donc? quand donc?* eh bien, vous n'avez plus rien à me demander, » ai-je répondu d'un air malin.

— Tu as dis cela! s'écria Fleurette avec indignation.

— Oui, oui; et j'ai bien fait! Si tu les avais vus alors

stupéfaits, renversés ! Et moi je riais à mon tour, ils m'ont voulu faire lever la main.

— Et tu l'as fait ?

— Il le fallait bien ; le moyen de reculer !

— Mais tu es un infâme !

— Est-ce que je dis le contraire ?... Fallait voir comme ils m'ont félicité, Charlotte surtout ! comme ils m'ont fait des compliments sur ce qu'ils appelaient mon triomphe.

— Mais c'est un indigne mensonge !

— Sans doute, aussi tant que ça n'en soit pas un. C'est ce que je me dis depuis ce matin, parce que je suis un honnête homme... je suis un honnête homme, répéta-t-il en cherchant à se lever, et, dès que j'ai juré, il faut... que ce soit la vérité... et il s'avança vers Fleurette.

— Étienne, s'écria la jeune fille, si tu fais un pas de plus, je ne te revois de ma vie.

— Je comprends, dit-il, en s'arrêtant, parce que je suis gris... mais il fallait... tu le comprends... jamais sans ces petits verres d'eau-de-vie, je n'aurais osé venir chez toi... ni te regarder en face... Il m'en aurait fallu quelques-uns de plus, pour me troubler encore plus la vue... et m'empêcher de te reconnaître.

— Tu me reconnais donc ? lui dit Fleurette en le regardant avec un air de fierté qui lui fit baisser les yeux. Tu reconnais celle qui t'a fait l'aumône, celle qui a partagé, avec toi, le peu qu'elle avait, et tu viens chez elle pour la voler !

— Moi ! s'écria le jeune homme avec émotion.

— Tu reconnais celle que tu avais juré de protéger et de défendre, et tu viens l'attaquer !

— Oh ! non, mam'zelle Fleurette, dit-il en tremblant.

— Tu reconnais celle qui a été ton amie, celle qui t'aimait, et tu veux lui arracher par force l'affection qu'elle te destinait peut-être de son plein gré !

— Non, non, jamais ! s'écria-t-il en baissant la tête et en étendant vers elle une main suppliante. Pardon, mam'zelle, pardon !

— Je te l'accorderai, reprit-elle avec force, si tu en es digne, si tu m'obéis.

— Toujours!

— Va donc d'abord ouvrir cette porte.

Il y alla et d'un pas assez ferme, car il était déjà à moitié dégrisé, et il se tint debout sur le seuil.

— Maintenant, lui dit-elle, va-t'en.

— Oui! Fleurette.

— Retourne chez toi.

— Oui, Fleurette.

— Tu ne chercheras pas à me voir aujourd'hui?

— Vous croyez...

— Je le veux.

— J'obéirai.

— Tu m'attendras après-demain, chez ta sœur Michelotte.

— Et là vous me pardonnerez?

— Nous verrons.

— Ah! s'écria-t-il en faisant un pas pour rentrer dans la mansarde, vous m'avez promis...

— Rien! si tu ne commences pas par obéir.

— C'est juste, dit-il en s'éloignant.

Et, un instant après, Fleurette entendit le bruit de ses pas se perdre peu à peu dans l'escalier.

La jeune fille sauta à bas de son lit, ferma sa porte au verrou et s'empressa de s'habiller.

XI

Exact au rendez-vous, Guillaume arriva à midi précis. Fleurette était prête. Ses économies, qu'elle avait comptées trois ou quatre fois, de peur de se tromper, se montaient à huit cent trente-deux francs. Tous deux se rendirent à la caisse d'épargne.

Chemin faisant, elle lui raconta ses aventures de la matinée et celles de la veille, dans leurs moindres détails et sans restrictions aucunes, lui accordant ainsi, d'elle-même et comme chose toute naturelle, ce qu'il ne lui serait jamais venu à l'idée de livrer à Ludovic ou à Étienne, son amitié, sa confiance, son âme tout entière. Elle ne s'aperçut pas que, pendant ce récit, Guillaume pâlit souvent; elle ne sentit pas que le bras, sur lequel elle s'appuyait, tressaillit plus d'une fois.

— Ce que tu me racontes là est grave, dit-il en secouant la tête.

— En quoi donc ? répondit-elle en riant, puisque Étienne a obéi, et qu'il est parti sur-le-champ.

— Oui; mais la veille, devant ces jeunes filles envieuses et bavardes, et devant leurs amants, tous ouvriers du quartier, il a dit que tu étais à lui.

— Puisque ce n'est pas vrai !

— Et si on le croit?

— Que veux-tu que j'y fasse?

— Mais, ta réputation, Fleurette...

— Ma réputation... dit-elle en haussant les épaules, à moi Fleurette, la bouquetière, la fille du peuple! Est-ce que j'en ai une seulement? Et, si j'en ai une, qui y pense ?... ou qui s'en inquiète.

— Mais, tes amis d'abord !

— Mes amis? Je n'en ai qu'un, Guillaume... c'est toi! Et comme tu sais la vérité et que tu n'en doutes pas, peu m'importe ce que penseront les autres.

— Certainement; mais un bruit comme celui-là, même mensonger, fait du tort à une jeune fille, et si tu voulais te marier...

— Moi, me marier ! fit-elle en partant d'un éclat de rire, à quoi bon?

— A quoi bon? dit Guillaume d'un air étonné. Tu es, Fleurette, une singulière fille, et tes idées sont encore plus singulières que toi.

— Mes idées, je n'en ai pas du tout, et je n'ai jamais pensé à ce dont tu me parles-là.

— Mais d'autres peuvent y penser pour toi ! un mari peut se présenter...

— Un mari ! allons donc ! qui m'épouserait ? Qui voudrait jamais m'épouser ? A moins, dit-elle, que ce ne soit pour les huit cent francs que j'ai là.

C'est vrai, dit elle, en réfléchissant, je n'y pensais pas, alors mon parti est pris ; raison de plus pour n'y jamais penser.

Guillaume qui allait parler, s'arrêta et garda le silence.

— J'ai raison, n'est-ce pas ? continua-t-elle, et tu m'approuves ?...

— Certainement, répondit froidement le brave commissionnaire.

Ils étaient arrivés à la caisse d'épargne, Fleurette déposa son argent et prit son livret ; mais, à son grand chagrin, Guillaume ne revint pas avec elle. Il avait une affaire qui l'appelait dans un autre quartier.

Elle se promena seule, sur les boulevards, regarda les belles boutiques d'étoffe et de bijouterie. Elle les contemplait d'un œil d'admiration plutôt que d'envie, car elle n'aspirait jamais qu'au possible, il ne lui venait pas à l'idée qu'elle dût jamais posséder de pareils trésors.

Elle rentra chez elle de bonne heure, et fut étonnée, après avoir, comme à l'ordinaire, allumé sa petite lampe, d'apercevoir, sur sa cheminée, un superbe bouquet dans un verre d'eau, non pas un bouquet de seconde main et de hasard, mais un bouquet tout neuf et fait exprès pour elle.

— Quelle singulière idée, pensa-t-elle, de m'envoyer un pareil cadeau, à moi, bouquetière !

Mais, en regardant de plus près, elle vit sur la cheminée une petite boîte en carton qu'elle s'empressa d'ouvrir, et qui contenait une très jolie broche en or.

Comment expliquer un pareil cadeau ? Qui le lui envoyait ? Ce ne pouvait être ni son ami Guillaume, ni son amoureux Étienne. Ils étaient, tous les deux, trop pauvres pour cela.

— Serait-ce M. Ludovic ?... Mais la conversation de la veille n'avait pas dû l'encourager ; elle n'avait pas dû lui sembler assez agréable, pour qu'il cherchât à en rappeler le souvenir.

Ne serait-ce pas plutôt quelques jeunes gens, qu'elle aurait rencontrés, le matin chez M⁽ˡˡᵉ⁾ Délia, ou dans quelques maisons élégantes du quartier.

— Attendons, dit-elle; l'amoureux mystérieux se fera connaître.

D'ici là, elle était seule, elle était chez elle, rien ne l'empêchait d'essayer la broche, devant la petite glace, à cadre doré, qui décorait le milieu de sa cheminée.

L'or et les bijoux sont si aisés à porter, qu'ils vont bien à tout le monde; il semble, quand on s'en pare pour la première fois, qu'on n'ait fait que cela toute sa vie. Fleurette fut donc charmée d'elle-même et se trouva un air de grande dame.

Elle ôta une dernière fois sa nouvelle parure, pour avoir le plaisir de la remettre, et, le lendemain matin, elle en était déjà ornée, lorsque M⁽ᵐᵉ⁾ Beaurin entra dans sa chambre, je ne sais pour quel prétexte.

Elle devait connaître l'auteur de ce brillant cadeau; bien plus, elle seule, ayant la clef de la chambre de Fleurette, avait pu y placer, pendant son absence, le bouquet et le bijou; mais elle affecta une surprise manifestée par de grandes exclamations.

— Du reste, s'écria-t-elle, je me doutais bien, mademoiselle Fleurette (c'était la première fois qu'elle l'appelait mademoiselle), que ça ne tarderait pas, par bonheur pour moi, qui n'aurai bientôt plus à monter cet éternel cinquième.

— Pourquoi cela? demanda Fleurette.

— Parce que Mademoiselle est dans l'âge et la position où chaque mois, l'on descend d'un étage, et vous serez bientôt au premier comme M⁽ˡˡᵉ⁾ Délia.

A ce nom, Fleurette rougit et, par un mouvement involontaire, elle porta vivement la main au bijou, qu'elle détacha de sa robe et qu'elle jeta sur la cheminée. M⁽ᵐᵉ⁾ Beaurin n'eut pas l'air de remarquer ce mouvement.

Fleurette descendit rapidement l'escalier et sortit. Elle

regarda de loin, au coin de la rue, et n'aperçut pas Guillaume à son poste habituel.

Ou il n'était pas encore levé à cette heure-là, ce qui était bien extraordinaire, ou bien il était déjà en courses.

Elle commença les siennes et s'occupa avec activité de ses affaires. Dans la journée, elle pensa quelquefois à Etienne, plus souvent au mystérieux amoureux, qui se plaisait à exciter ainsi sa curiosité. L'inconnu a un grand charme pour toutes les imaginations, et surtout pour celles des jeunes filles.

Le soir, en rentrant dans sa chambrette, elle voulut tout d'abord donner un coup d'œil au cadeau de la veille. Nouvelle surprise! un autre bouquet l'attendait, et, de plus, une boîte en maroquin rouge.

Elle l'ouvrit et y trouva une petite montre de femme et une chaîne d'or.

Si, la veille, Fleurette avait été heureuse d'une parure, tout à fait de luxe pour elle, quel ne fut pas son ravissement à l'aspect d'un bijou qui, outre son éclat et son élégance, était pour elle d'une absolue nécessité!

Une montre était une chose indispensable, un meuble dont, vingt fois par jour, elle avait, dans ses courses et dans ses affaires, regretté la privation.

Elle retournait et examinait celle-ci dans tous les sens, et son admiration redoubla quand elle s'aperçut qu'elle était à répétition. Jusqu'à minuit, heure à laquelle elle se décida enfin à se coucher, ce fut un carillon perpétuel dans la petite chambre de la jeune fille. Elle s'endormit en rêvant à l'auteur de ce cadeau; elle ne le devinait pas; mais bien certainement il y avait là une galanterie, un à-propos et une délicatesse qui excluaient l'idée de M. Ludovic, ce ne pouvait être lui.

Le lendemain, levée et habillée de bonne heure, elle jeta, avant de partir, un dernier regard sur sa montre. Elle ne put résister au désir de passer la chaîne autour de son cou.

Cette chaîne brillante faisait un si bon effet sur sa robe de mérinos noir, qu'il lui fut impossible de s'en détacher.

Elle la garda. Elle avait d'ailleurs tant de courses à faire dans la journée, qu'elle avait besoin de savoir l'heure.

Elle voulait d'abord raconter son aventure et montrer sa montre à Guillaume et lui demander conseil; mais, ce jour-là encore, le commissionnaire n'était pas à son poste, et Mme Jacques, la charbonnière, donna à entendre à Fleurette que Guillaume avait accepté l'entreprise de plusieurs centaines de voies de bois à scier, et que cet important travail le retiendrait quelques jours dans je ne sais quel hôtel du faubourg Saint-Germain.

Forcée jusque-là de se passer des avis d'un ami si prudent et si dévoué, Fleurette descendait lentement le faubourg Montmartre, lorsqu'elle entendit son nom prononcé par une voix jeune et vibrante qui lui était bien connue; c'était celle de Charlotte, qui venait de l'aborder sans façon.

— Te voilà ! ma chère Fleurette, que je te fasse mon compliment !

— Sur quoi ?

— Il paraît que nous nous sommes décidée à ne plus être prude, ni pie-grièche; tu as bien fait, c'était de la duperie et du temps perdu. C'est ce que tout le monde disait à l'atelier, où nous t'aimons toutes, à commencer par moi.

— Tu es bien bonne.

— Quant à celui que tu as pris, on pouvait choisir mieux; mais Étienne n'est pas mal; il t'aime depuis longtemps; c'est le frère d'une amie ! il faut bien commencer par quelqu'un, et si ce n'était les colères auxquelles il est sujet...

Tout ce petit discours avait été débité avec une volubilité si grande, que Fleurette n'avait encore pu placer un mot; elle ne vit qu'un moyen de s'opposer au torrent qui menaçait de l'envahir; elle mit sa main sur la bouche de Charlotte qui, suffoquée par le manque d'air, se mit à tousser, et Fleurette profita vivement de ce temps pour prendre la parole.

— Très bien ! chère amie, très bien ! dit-elle, je te remercie de l'intérêt que tu me portes; mais il est inutile, attendu qu'Étienne ne m'est rien, absolument rien, et qu'alors ses bonnes ou mauvaises qualités me sont tout à fait indifférentes.

— Allons donc! fit Charlotte en haussant les épaules, ne vas-tu pas nier la chose? C'est Étienne, Étienne lui-même qui nous a dit...

— Un mensonge, s'écria Fleurette, un mensonge que vous n'auriez pas dû croire et que je le défie de prouver.

— Écoute, chère amie, dit Charlotte en affectant un sang-froid superbe, ce qui est fait est fait; il n'y a pas à revenir là-dessus. Maintenant, que tu sois fâchée et que tu trouves, comme je te le disais tout à l'heure, que tu aurais pu mieux choisir, c'est vrai, c'est l'avis de tout le monde. Avec ta jeunesse, ta gentillesse et ta tournure, tu pouvais certainement trouver quelque chose de très bien, de très comme il faut, et je conçois que tu aimes autant qu'on n'en parle pas. Est-ce là ton idée? Avoue-le franchement; tu nous connais, nous serons muettes; on se doit ça entre amies, à charge de revanche.

— Eh non! s'écria Fleurette avec colère, je répète, je jure qu'Étienne n'a jamais été rien pour moi, et je te prie, toi et ces demoiselles, de le dire, comme je le dis, hautement et partout.

— Convenu, répéta Charlotte avec sang-froid, on le dira. Après cela tu pouvais bien l'avouer. Mon Dieu, tu trouveras peut-être plus mal; mais si tu as trouvé mieux, c'est tout simple.

— Moi? dit Fleurette avec indignation.

— Certainement. Et j'en vois la preuve, dit Charlotte, en attachant un regard malin sur la chaîne d'or que Fleurette portait à son cou et sur la montre passée dans sa ceinture; elle est de bon goût, riche et distinguée, j'en ai toujours rêvé une comme celle-là... et je comprends très bien, ma chère, continua-t-elle, avec un rire où perçait l'envie, que tu ne veuilles pas sacrifier ni briser, pour M. Étienne, des chaînes comme celle-ci; nous ferions toutes comme toi.

Adieu, s'écria-t-elle, en se dégageant des mains de Fleurette qui voulait la retenir et se justifier, adieu ; je n'ai pas le temps de causer plus longtemps, je serais en retard pour l'atelier. Mes compliments à ton nouveau. Tu nous le présenteras, n'est-ce pas ?

Elle avait déjà tourné le coin de la rue que Fleurette était encore immobile à la même place; mais, revenant peu à peu à elle, et reprenant son sang-froid, elle se dit:

— Ça ne se passera pas ainsi. Je tiens peu à l'opinion de ces demoiselles, mais je tiens à la vérité et on la connaîtra.

Elle avait donné, l'avant-veille, rendez-vous à Étienne chez Michelotte ; elle y courut. Mais Fleurette n'avait pas de chance ce jour-là. Michelotte, par extraordinaire, s'était levée de bonne heure et était déjà partie pour l'atelier; elle résolut d'aller l'y rejoindre.

Elle arriva rue Neuve-Coquenard, gravit l'escalier et entendit un grand bruit. La porte de l'atelier, restée entr'ouverte, laissait distinguer des voix d'hommes et des voix de femmes, et d'ailleurs on criait si fort, que, la porte même fermée, on n'aurait pas perdu un seul mot. On prononçait son nom, elle s'arrêta et écouta:

— Oui, oui, disait une de ces demoiselles, Fleurette, sans qu'il y parût, était la plus coquette de nous toutes, et ce n'est pas peu dire !

— Ce n'est pas vrai, criait Michelotte. Je m'en rapporte à Charlotte elle-même, qui n'a jamais rien pu dire sur son compte.

— Moi ! répondit Charlotte, je ne peux pas parler, parce que, depuis ce matin, je sais de Fleurette elle-même, des choses que la délicatesse me défend de révéler !

— Lesquelles ? s'écria Étienne, qui était assis auprès de sa sœur, et dont la voix retentissait au milieu de toutes les autres, car il répondait à Pierre, à Léopold et à Charlotte; quelles sont les choses que la délicatesse vous défend de révéler ?

— C'est à vous que je les dirais moins qu'à tout autre, répliqua Charlotte d'un air pincé, car vous savez mieux que personne ce qu'on doit penser de la vertu de Fleurette.

— Et si vous vous trompiez, répondit Étienne, en pâlissant et en élevant la voix, si Fleurette était toujours la plus honnête fille de vous toutes !

Un long éclat de rire répondit à cette proposition audacieuse.

— Et ce que tu nous a dit l'autre jour ! s'écria Léopold.

— Ce que tu nous a juré ! ajouta Pierre.

— Et si je m'étais vanté ! répondit Étienne, si j'avais menti !

— Toi !

— Oui, moi !

Tout le monde se récria à la fois, et Fleurette était debout en dehors, près de la porte, écoutant toujours, et son cœur battait avec force, en entendant Étienne faire, de lui-même, un pareil aveu.

— Oui, continua Étienne avec force, c'est moi qui ai inventé tout cela. Elle ne m'a rien accordé, je n'ai rien obtenu; traitez-moi comme vous voudrez; j'aime mieux attirer votre mépris sur moi que sur elle.

— Eh ! qui nous dit que tu ne mens pas encore, en ce moment ? s'écria Léopold.

— Qui vous le dit ? répondit Étienne, dont les lèvres pâlissaient de colère, qui vous le dit ? Moi, qui assommerai le premier qui doutera de ma parole, à commencer par toi, Léopold.

A ces mots, un grand tumulte éclata dans l'atelier. Léopold et Étienne voulaient sortir; les hommes qui étaient là, et les femmes elles-mêmes, à commencer par Michelotte, se jetèrent au-devant d'eux pour les retenir; et Fleurette, craignant d'être surprise épiant et écoutant aux portes, Fleurette se hâta de descendre l'escalier et de sortir de la cour sans avoir été aperçue.

XII

Jamais Fleurette n'avait ressenti, en faveur d'Étienne, ce qu'elle éprouvait pour lui en ce moment.

Quoique la délicatesse des sentiments lui fût à peu près étrangère, quoiqu'il lui fût difficile d'apprécier, par la comparaison avec tout autre espèce de courage, ce qu'il y avait d'héroïque dans celui-ci, un instinct secret lui disait que s'accuser ainsi soi-même, devant les autres, ne point reculer devant sa propre honte, braver le mépris pour rendre l'honneur à une pauvre fille, était quelque chose de beau, de sublime, qui ne pouvait venir que d'une haute vertu ou d'un ardent amour. Dans cette occasion, par malheur, un seul mobile dirigeait Étienne, celui de reconquérir l'affection de Fleurette, qu'il avait perdue. Qu'importe? C'était une belle action dont l'amour était cause et dont il fallait lui tenir compte.

Fleurette attendit le soir, et, quand elle supposa que Michelette était revenue à l'atelier, elle se rendit chez elle pour lui parler de son frère.

Elle gravit le cinquième étage de la jeune ouvrière et, au moment où elle frappait à la porte, elle entendit dans l'intérieur de la chambre un mouvement qui lui fit présumer que Michelette était en effet de retour.

Ce fut elle qui lui ouvrit, et elle avait un air de trouble et d'inquiétude qui effraya Fleurette.

— Qu'est-ce donc? qu'y a-t-il? lui demanda celle-ci, en se laissant tomber sur une chaise, dans l'espèce de palier qui précédait la chambre de Michelette.

— Il y a que mon frère s'est battu pour toi.

— Comment cela?

— C'est que tu ne sais pas ce qui s'est passé, ce matin, à l'atelier.

— Si, vraiment.

Et elle lui raconta tout ce qu'elle avait entendu et la scène dont elle avait été témoin, sans se montrer.

— Tu ne sais rien, s'écria Michelotto, tu es partie au moment où tout le monde se précipitait entre eux, pour les séparer.

— Oui, vraiment.

— Et Charlotte, pour apaiser la colère de mon frère, ou plutôt pour l'augmenter, s'écria qu'il avait grand tort de se mêler d'une querelle pareille et de s'occuper de toi; que cela ne le regardait en rien, attendu que tu ne te souciais pas de lui; que tu en aimais un autre; que tu le lui avais avoué le matin même.

— Moi ! s'écria Fleurette indignée.

— Elle avait promis, il est vrai, de garder le silence; mais dès qu'il s'agissait d'une bataille entre Étienne, mon frère, et Léopold, qui ne lui était pas indifférent, elle devait dire la vérité, pour empêcher de plus grands malheurs. Mon frère, écumant de rage, répétait : « Ce n'est pas vrai ! ce n'est pas vrai ! Fleurette n'aime personne. — Ah ! vous le croyez, continua Charlotte, et je vous dis, moi, qu'elle aime quelqu'un de très riche, qui lui fait des cadeaux magnifiques, témoin, ce matin, une montre et une chaîne en or qu'elle portait à son cou. »

— Ah ! s'écria Michelotto, au milieu de son récit, en regardant le corsage de Fleurette, elle avait raison, cette montre, cette chaîne, les voilà.

— Eh non ! répondit vivement la bouquetière, je t'expliquerai tout, achève, achève !

— Eh bien, poursuivit Michelette toute tremblante, mon frère, en entendant cela, s'élança sur Charlotte avec tant de furie qu'on a cru qu'il allait la tuer. Léopold s'est précipité au-devant d'elle; Léopold avait une canne à la main. Il y en avait là une autre, celle de l'inspecteur, qu'Étienne a saisie, et alors nous avons toutes reculé effrayées. Mon frère est très fort au bâton ; mais il était tellement hors de lui, qu'il frappait au hasard et en aveugle, et l'autre, qui avait plus de sang-froid, a paré tous ses coups et lui on a porté un au bras, qui l'a désarmé et l'a renversé ; on croit qu'il a le bras cassé.

Fleurette jeta un cri.

— Et tu l'as abandonné ? dit-e' e.

— Non, il a eu la force de venir et de monter jusqu'ici.

— Il est donc là ! s'écria Fleurette.

— Oui, dans ma chambre ; il souffre beaucoup, mais je suis seule, et n'ose le quitter pour aller chercher le chirurgien, parce que si, pendant ce temps-là, il se trouvait mal...

— Ne suis-je pas là ? dit Fleurette. Va chercher du secours ; je resterai auprès de lui aussi longtemps qu'il le faudra.

— Merci, merci, dit Michelette en s'élançant dehors, je reviens le plus vite possible.

Fleurette entra dans la chambre du malade, qui jeta un cri de joie en la voyant :

— C'est vous, Fleurette, vous que je revois !... Si vous saviez...

— Je sais tout, je sais tout ce que vous avez fait pour moi, je viens vous en remercier.

Et le voyant d'une pâleur mortelle, produite par les vives souffrances que son bras lui causait :

— Je ne suis pas ingrate, Étienne, croyez-le bien, et tout ce que je pourrai faire pour vous le prouver, je le ferai.

— Un mot seulement, un mot. Ce que disait Charlotte n'est pas vrai, n'est-ce pas ?... Vous n'en aimez pas d'autre ?

— Non, je vous le jure.

— Et jamais vous n'avez reçu ni cette montre dont elle parlait, ni cette chaîne... Ah ! fit-il, en poussant un cri, qu'est-ce que je vois là ? Vous m'avez donc trompé !

Et ses joues et ses lèvres, pâles tout à l'heure, devinrent couleur de pourpre : le sang lui porta à la tête avec tant de violence que Fleurette en fut effrayée et craignit une congestion.

Elle s'empressa de lui bassiner le front et les tempes

avec de l'eau froide, et, tout en s'occupant de ces soins, elle lui expliquait, par demi-phrases et par mots entrecoupés, comment cette parure se trouvait portée par elle.

— Quant à celui qui me l'a envoyée, je ne le connais même pas, je te le jure.

— Mais Charlotte, mais ces demoiselles ne le croiront jamais. Elles ne sont même pas persuadées... que, moi, je leur aie dit la vérité.

— N'importe, Étienne, c'est une belle action que tu as faite-là.

— J'ai eu beau m'accuser pour te justifier, elles croient, ou elles feignent toujours de croire que tu es à moi, ce qui n'est pas vrai... et c'est là ce qui m'enrage... Je suis furieux !

— Que ta générosité ait été inutile ? tu te trompes, car moi je ne l'oublierai jamais ; et tu verras, Étienne, si je t'en sais gré et si je t'en remercie.

— Ah ! si cela était, dit-il avec joie ; mais ses yeux se reportèrent de nouveau sur la chaîne, et il s'écria avec désespoir :

— Mais ce grand seigneur qui t'aime sans se nommer, et qui te fait des présents pareils, l'emportera toujours sur moi.

— Ne le crois pas.

— Le seigneur riche, dit-il en secouant la tête, sera toujours préféré à l'ouvrier pauvre.

— Pas par moi, tu ne me connais pas.

— Eh bien, prouve-moi que tu me pardonnes, en m'accordant à moi qui suis malheureux, à moi qui souffre, ce que tu as refusé à mon amour.

— Étienne, Étienne ! que me demandes-tu là ?

— Ah ! tu disais que tu étais généreuse, que tu étais reconnaissante... ce n'est pas vrai !

— Je le suis, je le suis plus que tu ne crois.

— Tu n'as pas renoncé à ton grand seigneur.

— Si, vraiment.

— Tu y penses encore... car tu as beau dire, tu le connais... tu l'as vu...

— Non, je te le jure, je t'en donnerai toutes les preuves.

— J'accepte et n'en demande qu'une, que tu ne peux me refuser, sans te jouer des douleurs que j'endure en ce moment.

— Moi ! s'écria-t-elle, jamais !

— Alors dis oui, dis-le, répéta-t-il vivement, dis-le !

Troublée, hors d'elle-même, elle ne répondait pas.

— Eh bien, continua Étienne avec chaleur, si tu ne veux pas répondre, laisse-moi ta main, laisse-moi la prendre, ce sera dire oui.

— Ah ! s'écria-t-il en la saisissant, c'est promis, c'est juré ! Et jamais, je le sais, Fleurette n'a manqué à sa parole.

La porte s'ouvrit.

Michelette rentra suivie de M. Desroches, un jeune chirurgien qui n'était guère connu que des pauvres de son quartier. En attendant la réputation, il avait du talent et prodiguait à ses malades des soins et une assiduité que, plus tard, souvent, on n'a pas le temps de leur donner, quand la vogue et la fortune sont arrivées.

Il examina attentivement le bras d'Étienne. Il reconnut qu'il n'y avait pas de fracture : le coup, qui était des plus violents, porté de bas en haut, à l'extrémité du coude, avait causé une luxation complète et, portant, une forte déviation de l'épaule.

La douleur avait été si vive que le bâton que tenait Étienne avait dû tomber à l'instant de sa main subitement paralysée.

En homme habile et qui sait son métier, M. Desroches n'hésita pas un instant. Sans consulter son malade, il saisit son bras, et avec autant d'adresse que de force, le fit rentrer dans sa cavité. La souffrance fut si forte qu'Étienne ne put retenir un ou deux cris perçants.

— Courage, lui dit Fleurette, courage !

Il se tut, dévora sa souffrance, et s'efforça même de sourire ; mais cela lui fut impossible.

— Maintenant, dit le docteur, essayez de remuer le bras.

Étienne essaya, mais s'arrêta en disant :

— Ça me fait trop mal.

— N'importe, il faut vous forcer.

Ce n'était pas l'avis d'Étienne à qui la colère donnait volontiers de la force et du courage ; mais la colère était passée, la douleur régnait seule, et, si Fleurette n'eût pas été là, il eût probablement envoyé promener le docteur.

Celui-ci, après s'être assuré, par les mouvements du convalescent, que la luxation était réduite, rendit par un bandage artistement assujetti, le bras immobile et défendit à son malade de s'en servir avant six ou sept jours.

— Rester tout ce temps-là sans remuer le bras ! s'écria Étienne, que dira mon patron ?

— Il fera comme toi, dit Michelotto, il prendra patience.

— Mais c'est à mourir d'ennui !

— Qui sait ? dit Fleurette en souriant, peut-être viendra-t-on vous voir.

Et le malade, consolé par cet espoir, se résigna à son sort.

Fleurette, en retournant chez elle, réfléchissait à la promesse qu'elle avait faite à Étienne. Elle y réfléchit bien plus encore pendant toute la nuit.

Emportée par un premier mouvement de reconnaissance et de pitié, elle avait promis, elle ne pouvait pas le nier, et ne voyait aucun moyen de revenir sur sa parole.

Quelles raisons donner à ce pauvre garçon, qui s'était presque fait tuer pour elle ? Quelles raisons se donner à elle-même ? Comment justifier, à ses propres yeux, son ingratitude et sa mauvaise foi ? Elle ne l'aimait pas, c'est vrai ; mais elle n'aimait personne, mais elle n'avait pas même l'idée qu'un autre amour lui fût possible.

Sa réputation, comme elle l'avait dit elle-même, n'était qu'un bien faible argument à faire valoir. Mlle Charlotte et ses compagnes semblaient être décidées, quoi qu'il arrivât, à en faire désormais assez bon marché.

Il n'y avait qu'une personne à qui elle eût pu raconter la situation embarrassante où elle se trouvait.

Cette personne, c'était Guillaume. Mais Mme Jacques lui avait appris que, pour sept ou huit jours, il resterait éloigné du quartier. C'était fâcheux ; et, à vrai dire pourtant, elle n'en était qu'à moitié contrariée ; elle n'aurait jamais su comment s'y prendre pour faire un pareil aveu au brave Guillaume.

La promesse ou plutôt la faute était faite, et, ne pouvant plus revenir sur ses pas, Fleurette prit le parti de se résigner, ou de s'étourdir ; elle avait quelques jours devant elle, c'était tout ce qu'il lui fallait.

Étienne, de son côté, avait peine à modérer sa joie. Il avait atteint le but de tous ses désirs ; son amour et son orgueil étaient satisfaits. Les ouvriers, ses camarades, plus beaux et mieux faits que lui, ne pourraient plus le plaisanter sur l'absence de ses bonnes fortunes ; et puis une conquête telle que celle de Fleurette, devait, par la suite, lui en amener bien d'autres.

Il n'avait du reste, aucune raison de douter de sa bonne foi, et il en fut bien plus sûr encore, quand il la vit, le lendemain, arriver à son atelier.

Elle n'était pas seule, il est vrai, et donnait le bras à Michelotte. Toutes deux venaient savoir des nouvelles du blessé ; c'était tout naturel : l'une était sa sœur, l'autre avait été défendue par lui.

Si quelqu'un avait pris part à l'accident de la veille, si quelqu'un en avait été mécontent, c'était à coup sûr le patron d'Étienne, qui se voyait ainsi privé de son ouvrier pendant quelques jours.

Malgré son caractère bourru, il était d'ordinaire assez galant envers Michelotte, et celle-ci, pour désarmer sa mauvaise humeur et pour plaider la cause de son frère, avait laissé Fleurette seule avec Étienne.

Fleurette garda un instant le silence. Puis, tremblante et les yeux baissés, elle lui dit :

— Étienne... je t'ai fait hier une promesse.

— C'est ma vie, cette promesse-là, c'est mon sang, s'écria vivement le jeune homme, plutôt mourir que d'y renoncer !

Fleurette tressaillit.

— Est-ce que par hasard tu voudrais y manquer ?

s'écria-t-il, les traits décomposés, et pâle comme un mort.

— Non, dit Fleurette, je ne manque jamais à ma parole, tu le sais, et si cela m'arrivait jamais...

— Eh bien, dit Étienne, les lèvres tremblantes d'émotion.

— Eh bien, répondit froidement la jeune fille, tu pourrais me tuer, je te le permets.

— A la bonne heure ! murmura Étienne.

— Aussi... je ne viens pas reprendre ma promesse ; mais toi, Étienne, qui es un brave et honnête garçon, je viens te prier de me la rendre.

— Moi !

— Et de vouloir bien attendre encore.

— Moi ! répéta-t-il avec une fureur qu'il s'efforçait de maîtriser.

— Si tu fais cela, je t'en aurai une reconnaissance éternelle, et tu y gagneras, peut-être, la seule chose qui te manque à mes yeux.

— Laquelle donc ?

— Mon amour.

— Tu ne m'aimes pas ? Et qui donc aimes-tu ?

— Personne plus que toi, répondit Fleurette. C'est de la bonne et sincère amitié, c'est une affection de sœur que je t'ai vouée depuis longtemps ; mais j'ai souvent entendu, à l'atelier, ces demoiselles parler de l'amour ; elles ne s'en faisaient pas faute, devant moi ; et, dans les peintures si séduisantes qu'elles en traçaient, je n'ai rien vu qui ressemblât à ce que j'éprouve pour toi.

— Ça me suffit, je m'en contente, je n'en veux pas plus. S'il n'y en a pas assez de ton côté, il y en aura trop du mien, ça rétablira l'équilibre. Je réclame donc ta promesse, tu me l'as donnée, elle est à moi, tu en es encore convenue tout à l'heure.

— C'est vrai, dit Fleurette en pâlissant, je ne dis pas non.

— C'est tout ce que je demande. Le docteur a dit que, dans huit jours, je serais guéri. Ce sera un dimanche, nous irons promener ensemble.

— Soit.

— Ou si tu préfères qu'on ne nous voie pas...

— Ça m'est égal, dit Fleurette d'un air découragé.

— Cela vaut mieux, dit Étienne en se ravisant. J'irai t'attendre à la barrière de Clichy, *au Père Lathuille*, où je commanderai notre dîner. J'y serai à quatre heures, et toi, à quatre heures et demie... n'est-ce pas ?

Elle baissa la tête et ne répondit pas.

— Étienne ! Étienne ! crièrent plusieurs ouvriers qui l'appelaient, voici le médecin, M. Desroches, qui vient te faire sa visite.

Il se retourna vers eux, fit quelques pas au-devant du docteur ; mais, auparavant, il voulut adresser un adieu à Fleurette, il ne la retrouva plus ; elle venait de s'enfuir en courant.

— C'est égal, dit-il, elle ne m'échappera pas cette fois. Elle est à moi !

XIII

Le lendemain, ni Mᵐᵉ Beaurin, ni Mˡˡᵉ Justine, ni M. Rymbaud, personne enfin de ceux avec qui Fleurette était en relations ne se serait douté de la scène qui s'était passée la veille.

Elle avait repris son sang-froid habituel et vaquait, avec son activité ordinaire, aux affaires de la journée.

Elle avait fait tout ce qui lui était raisonnablement possible pour ne pas entrer dans la voie où elle était poussée malgré elle ; en dépit de ses efforts, le sort l'y rejetait, et, soumise, comme les Orientaux, à la fatalité, elle ne la discuterait plus, elle l'acceptait, elle s'y abandonnait. C'était écrit là-haut.

Notez que, pour elle, la question n'était pas une question

– – Mais écoute alors, écoute bien ce que je vais te dire :

36ᵉ LIVR.

de principes. Était-ce bien? était-ce mal? Elle l'ignorait complétement; aussi ce n'était pas là ce qui l'avait fait hésiter. Un instinct secret, dont elle ne pouvait se rendre compte, lui disait que, contrairement à ses autres compagnes, elle ne devait se trouver ni heureuse, ni satisfaite d'elle-même, dans une existence semblable. Mais après tout, cela ne lui était pas démontré; elle n'en avait pas la preuve, et puisqu'elle avait promis et que sa résolution était prise, il ne fallait plus s'en occuper. C'est ce qu'elle fit.

Pendant les huit jours qui suivirent son entrevue avec Étienne, elle ne pensa pas plus à lui qu'à la barrière de Clichy, *au Père Lathuille* et à cette noce improvisée, qu'avant l'annexion de Paris à la banlieue, on appelait vulgairement mariage du *treizième arrondissement*.

La veille seulement, elle se rappela qu'il y avait six jours au moins qu'elle n'avait vu Michelette. C'était bien de l'indifférence pour sa future belle-sœur. Elle se dirigea vers sa mansarde.

Dans l'étroit et sombre escalier qui y conduisait, elle rencontra, au douzième étage, un homme dont l'obscurité l'empêcha de distinguer les traits. Son costume était celui d'un ouvrier; il était nu-tête et avait l'air tellement agité, qu'il manqua, en descendant l'escalier, de renverser Fleurette, et ne se retourna même pas pour lui faire des excuses.

Fleurette, qui n'était pas susceptible, ne s'en émut pas autrement; elle continua sa longue ascension et arriva au sixième étage.

Elle frappa. On fut quelque temps sans lui répondre; elle crut qu'il n'y avait personne et s'apprêtait à redescendre, quand la porte s'ouvrit.

Michelette parut, et l'air de terreur empreint sur tous ses traits se dissipa à la vue de sa jeune amie.

— Ah! que je suis heureuse de te voir! lui dit-elle en l'entraînant dans sa chambre, et Fleurette sentit que la main qui pressait la sienne était encore toute tremblante.

— Qu'as-tu donc?

— Rien... rien ; j'étais aujourd'hui un peu souffrante et je n'ai pu aller savoir des nouvelles de mon frère.

— Ni moi non plus, dit naïvement Fleurette.

— Ni même aller à l'atelier.

— Et quelle maladie as-tu ?

— Une forte migraine, répondit Michelette, sans trop penser à ce qu'elle disait.

— Ah ! mon Dieu ! s'écria Fleurette en la regardant, est-ce la migraine qui a produit cette bosse noire, que je te vois au front, et cette déchirure à la joue ?

— Tu crois ? dit Michelette en rougissant.

— Mais certainement, cela saigne.

Et elle s'empressa d'étancher, avec son mouchoir, quelques gouttes de sang qu'elle fit voir à sa compagne.

— Je ne sais pas comment cela s'est fait, balbutia Michelette : je me serai écorchée, sans m'en apercevoir.

La réponse parut singulière à Fleurette, qui n'insista pas. Elle voulut s'asseoir sur une des deux chaises qui décoraient l'appartement, et la trouva occupée par une casquette d'ouvrier, qu'on y avait, sans doute, oubliée.

Michelette s'empressa de la saisir et de la retirer. Son front et ses joues étaient pourpres, lorsque deux coups frappés à la porte d'une manière distincte et particulière la firent tressaillir.

Elle devint pâle, et, quoique se soutenant à peine, elle s'élança sur l'espèce de palier dont nous avons parlé et qui servait d'antichambre à la jeune ouvrière.

Elle referma la porte sur elle, laissant dans sa chambre à coucher Fleurette, seule et tout étonnée.

Elle entendit la porte qui donnait sur l'escalier s'ouvrir : elle entendit un pas d'homme et une voix, qui ne lui était pas inconnue, prononcer d'un ton brusque, ces mots :

— J'étais déjà dans la rue, je remonte, j'ai oublié ma casquette.

— La voici, dit Michelette à voix basse, et en lui faisant probablement signe de ne pas parler haut, car l'homme répondit :

— Pourquoi donc me gêner ? Qui donc est là ?

— Une femme.

— Ce n'est pas vrai !

On parla encore à voix basse et plus longtemps. Probablement on lui nommait Fleurette, car l'homme murmura en baissant le ton :

— C'est possible, je crois l'avoir rencontrée en montant. Mais écoute alors, écoute bien ce que je vais te dire.

Ce fut alors l'inconnu qui parla à l'oreille de Michelette, laquelle, toute tremblante, essayait de placer, de temps en temps, un mot suppliant ; mais alors il élevait la voix, et d'un ton impérieux disait : « Je le veux, je le veux ! »

— J'obéirai, murmurait Michelette.

— Et dès aujourd'hui, reprit à haute voix l'inconnu, en fermant, avec force, la porte de sortie et en s'élançant dans l'escalier.

Michelette fut un instant sans reparaître, le temps probablement d'essuyer ses yeux, car, lorsqu'elle rentra, ils étaient rouges ; il était évident qu'elle avait pleuré.

— Je te demande pardon de t'avoir laissée seule, dit Michelette en cherchant à se remettre.

— Tu ne me dois pas d'excuses, tu es maîtresse chez toi. Je m'étonne seulement... que tu ne le sois pas davantage.

— Quoi ? qu'est-ce ? qu'as-tu entendu ? s'écria Michelette toute tremblante.

— Rien ; je n'ai pu distinguer que quelques mots, c'étaient ceux-ci, dits à voix haute : *Je le veux, je le veux*.

Michelette pâlit.

— Comment quelqu'un ici, autre que toi, a-t-il le droit de dire : *Je le veux* ? Cela n'arriverait jamais dans ma mansarde, je le jure.

— Peut-être, dit Michelette en baissant les yeux, si, comme moi, tu avais eu le malheur et la honte de devenir esclave, et si dans ton esclavage, tu te trouvais sans appui.

— Ne suis-je pas là ? s'écria Fleurette.

— Ah ! tu ne peux rien, dit la pauvre fille en se jetant dans ses bras, où elle fondit en larmes.

— Pas de larmes, pas de larmes, dit Fleurette en l'essuyant. Parle, dis-moi tout, et nous verrons après ce qu'il faudra faire.

— Eh bien ! celui qui était là ; c'était Pierre l'ouvrier ébéniste.

— Celui, interrompit Fleurette, qui était de notre partie d'ânes à Montmorency ?

— Oui.

— Et que depuis j'ai vu souvent à l'atelier de la rue Neuve-Coquenard ?

— Lui-même : voilà plus de trois ans qu'il me disait que j'étais jolie, qu'il m'attendait à la sortie de l'atelier et me reconduisait le soir jusqu'à ma porte en causant.

— Oui, interrompit Fleurette, comme ton frère Étienne, quand nous revenions ensemble dans le quartier.

— Et puis, chemin faisant, il me répétait qu'il m'aimait.

— Comme ton frère Étienne.

— Moi, je ne l'aimais pas encore.

— Comme moi, se dit Fleurette.

— Mais ça a fini par venir ;… c'est tout simple ! un garçon qui toute la journée vous dit qu'il vous aime, qu'il n'aime que vous ! Quand il est là, on l'écoute ; quand il n'y est pas, on y pense. Et puis les autres jeunes filles qui vous répètent : « Es-tu bête ! à quoi te servira de faire du sentiment et de la vertu ?… qui t'en saura gré ?… fais comme nous autres, prends un amant. »

— Justement ce qu'on me disait.

— Dame ! que veux-tu ? je les ai écoutées pour mon malheur ! et, depuis ce moment-là, je n'ai pas eu un jour pour me repentir.

— Ah bah ! s'écria Fleurette avec un geste d'étonnement.

— Pas un jour sans des souffrances ou des larmes.

— Conte-moi cela, dit vivement Fleurette.

— D'abord, au bout de quelque temps, sa tendresse était déjà bien diminuée, et moins il m'aimait, plus il était jaloux, je ne pouvais parler à personne sans être battue.

— Battue ! fit Fleurette avec un cri d'indignation, battue !

— Bien souvent, aujourd'hui encore, dit-elle en montrant son front meurtri et sa joue déchirée; pour un rien, il se met en colère, car il est brutal, il est violent.

— Autant que ton frère Étienne ?

— A peu près ! Mais ce n'est rien encore... Pierre a du talent comme ouvrier; mais il est paresseux, il aime le jeu, il aime le vin; c'est ainsi qu'il dépense tout son argent, et quand il n'en a plus, il faut que je lui en prête.

— Te le rend-il, au moins ?

— Pas toujours ! Ce ne serait rien, continua Michelette avec douceur, je rattraperais cela, par quelques heures de travail le matin et le soir !... Ce ne serait rien, s'il était bon pour moi, mais il me commande si durement, des choses parfois si pénibles ! Tout à l'heure encore, en apprenant que la personne qui était là, c'était toi, Fleurette, il m'a dit à voix basse et avec colère : « Je ne veux plus qu'elle vienne ici, je ne le veux pas. — Et quel prétexte lui donner ? ai-je répondu. — Cela te regarde. — Mais c'est ma meilleure amie. — Ça m'est égal, tu ne dois avoir d'ami que moi ! Arrange-toi pour qu'elle ne remette plus les pieds ici, à dater d'aujourd'hui. »

— Eh bien, qu'as-tu répondu ?

— J'ai pleuré et j'ai baissé la tête.

— Comment, tu lui obéiras ? dit Fleurette indignée.

— Dame ! comment faire ? dit la pauvre fille en la regardant avec un sentiment de crainte et de douleur; que veux-tu ?...

— Ce que je veux ! c'est que ce soit lui que tu renvoies.

— Oh ! non, non, s'écria Michelette avec terreur; je le voudrais bien, mais c'est impossible.

— Et pourquoi ?

— Ça me fait froid seulement d'y penser, et je n'oserai jamais.

— Pourquoi ? répéta Fleurette avec force.

— Tant je suis habituée à lui obéir et à le craindre, et si je lui disais de s'en aller, il me battrait.

— C'est possible, mais il s'en irait.

— Il ne s'en irait pas, et le lendemain il recommencerait ; ce serait tous les jours de nouvelles scènes. Il vaut mieux ne rien dire et se soumettre.

— Se soumettre ? mais tu y mourras !

— J'en ai idée !... Mais, une fois liée, vois-tu bien, on ne peut plus se dégager ; il faut céder, il faut obéir, sans se plaindre surtout ! car on ne nous doit rien à nous autres, nous ne sommes pas comme celles qui ont des maris. Elles sont bien heureuses, celles-là !

— On ne les bat pas ? demanda Fleurette avec ingénuité.

— Quelquefois, mais tout le monde prend leur défense, tandis que nous, quand nous souffrons, on dit : « C'est bien fait ! »

Fleurette resta quelques instants la tête entre ses mains, puis regardant Michelette :

— Ça ne peut pas se passer ainsi, lui dit-elle, aie confiance en moi, et nous verrons.

Elle rentra chez elle, ne dormit pas de la nuit, et réfléchit.

Le docteur était venu, la veille, faire à Étienne sa visite, mais celle-là avait été la dernière. Il lui avait rendu l'usage de son bras et la liberté de sortir. Étienne sentait son cœur battre, en pensant au bonheur qui lui était promis pour le lendemain.

Discret cette fois, il n'en avait parlé à aucun de ses camarades, et pas même à sa sœur Michelette. Désirant se remettre dans les bonnes grâces de son patron qu'une semaine d'oisiveté avait mécontenté, il avait travaillé, pour deux, le samedi, et avait même fait toute la demi-journée du dimanche.

Libre alors sur les deux heures, sa seule occupation avait été de se faire beau. Il avait soigné sa toilette, qui jamais n'avait été plus élégante ; jamais aussi il n'y avait employé plus de temps, car il était quatre heures moins un quart quand il se dirigea vers la barrière de Clichy.

Sa démarche était fière et son air radieux ; quoiqu'il fût

convenu avec Fleurette que cette première entrevue serait toute mystérieuse, il n'aurait peut-être pas été fâché qu'à son insu son incognito fût trahi, et il regardait, de temps en temps, autour de lui, d'un œil curieux, s'il n'était pas rencontré par quelque camarade.

Il arriva chez le *Père Lathuille*, les *Frères Provençaux*, hors barrière, de la petite propriété.

Il obtint, au bout du jardin, un cabinet particulier, où il s'installa, commanda un dîner modeste, magnifique pour lui, puis, le cœur plein d'espoir et comptant les minutes, il attendit.

Le temps lui parut long. Il n'avait pas de montre, lui ! Personne ne paraissait. Il se promena dans le jardin, il rentra dans son salon. Il lui semblait qu'un siècle s'était déjà écoulé, et l'impatience, la colère même commençaient à le gagner, lorsque la porte s'ouvrit.

Fleurette parut en toilette simple et charmante. Il s'élança pour la recevoir en poussant un cri de joie, joie qui fut considérablement diminuée, en voyant s'avancer derrière elle, Michelette, sa sœur.

Il rougit, pâlit et parut décontenancé.

— J'étais sûre de l'effet que nous produirions sur lui, s'écria Fleurette. Oui, Étienne, c'est une fête de famille ; nous avons voulu, ta sœur et moi, fêter ta convalescence, nous t'apportons franche amitié et bon appétit. Moi, d'abord, je meurs de faim.

— Et moi aussi, dit Michelette.

— A table ! s'écria Fleurette, en voyant entrer un des garçons du restaurant.

Tout cela fut dit avec tant d'aisance et de gaieté, qu'Étienne pensa que Fleurette avait sans doute rencontré sa sœur par un hasard imprévu, qu'on lui expliquerait, ou qu'elle l'avait amenée, par un sentiment de pudeur, pour atténuer la gêne et l'embarras d'un premier rendez-vous.

Peu lui importait, du reste, puisque le soir, après avoir reconduit sa sœur, il devait, dans ses projets, ramener Fleurette chez elle.

XIV

Le dîner fut gai. Chacun était content : Étienne, toujours animé par l'espoir : Fleurette, comme soutenue par une bonne résolution, et Micheletto parce qu'elle était avec son amie et frère, et, s'il faut le dire, peut-être aussi parce que Pierre n'était pas là.

On but à la santé d'Étienne ; Fleurette but à l'amitié. Étienne, assis près d'elle et interprétant autrement ce toast, l'en remercia en rapprochant son genou du sien d'une manière expressive ; mais la jeune fille ne parut pas comprendre ; ignorance qui n'étonna pas Étienne et dont il fut charmé.

Après le dîner qu'Étienne trouva très long, on se promena hors barrière : on était en hiver, la nuit venait de bonne heure.

Étienne proposa de reconduire d'abord sa sœur, ce qui fut accepté, et quand la porte de la rue se fut fermée sur Micheletto :

— Enfin, s'écria Étienne, nous voilà seuls, ce n'est pas sans peine, j'ai tant de choses à te dire !

— Et moi aussi, répondit Fleurette.

— Je vais te reconduire chez toi ; donne-moi le bras.

— Très volontiers.

Tous les deux se mirent à marcher ; Étienne, rayonnant de joie, pressait contre son cœur le bras de la jeune fille, qui ne parut pas y faire attention et lui dit d'une voix calme :

— Parlons d'abord d'affaires de famille.

— Demain.

— Non, tout de suite. Je suis chargée par ta sœur de te faire, dès que nous serons seuls, un aveu, auquel elle ne pouvait pas assister.

— Et de quoi diable s'agit-il? s'écria Étienne avec impatience.

— Tu ne te doutes pas, dit lentement Fleurette, que ton camarade Pierre, l'ouvrier ébéniste, est l'amoureux de Michelette?

Étienne garda un instant le silence, puis répondit brusquement :

— Si.

— Et tu ne lui en as pas parlé?

— Non, parce que j'aimais autant ne pas le savoir.

— C'était donc mal? continua Fleurette en le regardant.

— Je ne dis pas cela, répondit Étienne avec embarras; Michelette est d'âge à savoir ce qu'elle fait, et, après tout, elle est l'aînée de nous deux ; elle est sa maîtresse.

— C'est parce qu'elle est sa maîtresse, qu'elle est décidée, dès demain, à rompre avec lui, et comme il est possible que cela fasse du bruit à l'atelier, elle t'en prévient d'avance, pour que cela ne t'étonne pas.

— C'est dit.

— Et pour que tu saches à quoi t'en tenir.

— Je l'en remercie. Mais qu'est-ce que cela nous fait à nous? dit Étienne en regardant tendrement la jeune fille et en la pressant sur son cœur.

— Cela fait beaucoup, dit-elle, en détachant la main qu'Étienne avait passée autour de sa taille.

— Cela ne nous empêche pas de nous aimer, poursuivit Étienne en doublant le pas, mais ce n'est pas ici que l'on peut s'expliquer, et dès que nous serons chez toi...

— A quoi bon? répondit-elle tranquillement. Dis tout de suite et dépêche-toi, car nous sommes près d'arriver.

— Qu'importe? nous causerons chez toi.

— Non, dit-elle.

Étienne s'arrêta, comme s'il avait mal entendu.

— Comment, non! s'écria-t-il : ce n'est pas possible! et pourquoi

— Parce que, répondit Fleurette lentement et en réfléchissant, parce que Pierre a battu Michelette.

— Ce n'est pas là une raison, s'écria le jeune homme avec impatience.

— Si vraiment, une très forte, car je me suis dit : jamais je ne donnerai à personne le droit de me battre et de me parler en maître.

L'argument était si imprévu et frappait si juste, qu'Étienne en parut un moment déconcerté. Il se remit cependant et reprit avec une émotion qu'il cherchait vainement à réprimer :

— Eh ! qui te dit que je te parlerai en maître; qui te dit, Fleurette, que jamais je lèverai la main sur toi ?

— Qui me le dit ? ton caractère, tes habitudes, et, dans ce moment même, la colère qui bouillonne en tes veines et qui n'attend qu'un moment pour éclater.

— Et quand ce serait ! s'écria Étienne, qui, malgré lui, sentait qu'elle avait raison, quand ce serait ! n'en aurais-je pas le droit après un trait pareil, car tu t'es jouée de moi.

— Non, j'étais de bonne foi.

— Tu m'as trompé.

— Je me suis trompée moi-même.

— Enfin, s'écria Étienne dont la sourde irritation augmentait à chaque instant, tu m'as promis, tu m'as juré...

— C'est vrai.

— Formellement juré.

— J'en conviens.

— A telles enseignes que tu as dit : Si je manque à ma parole, je te permets de me tuer.

— Et je te le permets encore, dit la jeune fille.

— Qu'oses-tu dire ?

— Que je l'aime mieux, répondit tranquillement Fleurette. On n'est tuée qu'une fois, on peut être battue tous les jours.

Ce sang-froid aurait désarmé tout autre qu'Étienne; mais il ne pouvait croire que Fleurette lui dît la vérité; elle lui paraissait trop invraisemblable. Il s'imaginait qu'un autre motif, un autre engagement, un autre amant, la faisait, de nouveau, manquer à sa parole et l'arrachait encore de ses bras.

Ils étaient arrivés à la porte de Fleurette, et cet aspect, dont s'irritaient encore plus ses espérances trompées, fit éclater l'orage trop longtemps comprimé. Hors de lui, furieux :

— Je ne me laisserai pas duper au profit d'un autre, s'écria-t-il, je te suivrai jusque chez toi, ou sinon...

En parlant ainsi, il lui serrait vivement le bras et, levant la main sur elle, il la frappa brutalement.

— Merci ! répondit avec calme Fleurette, tu me prouves que j'avais raison.

Et maintenant, continua-t-elle avec un geste plein de dignité : Va-t'en, je ne t'ai plus rien promis. Tu m'as dégagée de mon serment et même de mes remords.

La rage d'Étienne ne connut plus de bornes ; c'était un insensé, un homme en délire ; il allait se porter aux derniers excès, lorsque le bras qu'il avait levé de nouveau fut tout à coup saisi et arrêté par un poing vigoureux, qui le tint en respect et le força à rester immobile.

Fleurette jeta les yeux sur son défenseur, poussa un cri de joie et se jeta dans ses bras.

— Guillaume, lui dit-elle, Guillaume, te voilà de retour.

Mais, lui, sans lui répondre, se tournant vers Étienne :

— Je suis plus fort que toi, tu le vois.

Guillaume avait, en effet, une carrure d'hercule et des nerfs d'acier, et le bras qu'il tenait en ce moment, comme serré dans un étau, était justement celui qui avait récemment subi une luxation.

Étienne poussa un cri de douleur. Guillaume le serra moins fort, mais le retint toujours.

— Bonsoir, Fleurette, dit-il, rentre chez toi, et à demain.

— A demain, dit-elle, d'aussi bonne heure que tu voudras, je t'attendrai.

Étienne tressaillit, mais la porte venait de se refermer. Fleurette était chez elle en sûreté. Guillaume rendit alors la liberté à son prisonnier, en lui disant :

— Si tu n'es pas content, tu me trouveras toujours ; tu sais où je demeure, ajouta-t-il en lui montrant le coin de la rue.

— Au revoir donc, dit Etienne, qui disparut furieux.

Le lendemain de grand matin, Fleurette ouvrait la porte de sa chambrette à son ami Guillaume, qu'elle embrassait de nouveau, en l'accablant de remerciements, de reproches et de questions sur une si longue absence.

— Dix jours au moins ! Qu'avez-vous fait pendant ce temps ?

— Commençons par toi, dit le bon Guillaume. Que t'est-il arrivé ? demanda-t-il avec inquiétude ; d'où viennent des histoires pareilles, à commencer par celle d'hier soir ?

Elle se mit alors à tout lui raconter, n'oublia rien de ce qui s'était passé, depuis son départ, ne cacha aucun détail, ne lui laissa ignorer aucun des sentiments, bons ou mauvais, dont elle avait été agitée.

C'était sa vie, son âme tout entière qu'elle déroulait aux yeux de son ami, avec une naïveté et une candeur dont Guillaume fut profondément touché.

Il l'écoutait d'abord d'un air sévère, qui, à mesure qu'elle parlait, prenait une nuance d'indulgence et même de tendresse. Il murmurait souvent avec émotion :

— Oui... oui... ce sera une honnête fille !

— Et pourtant, lui dit-il avec un ton où perçait encore un reste de ressentiment, tu lui avais promis d'être à lui ?

— C'est vrai.

— Tu l'aimais donc un peu ?

— Pas du tout.

— Et tu lui accordais, poursuivit-il avec chaleur, ce que d'autres, qui t'aiment bien mieux, auraient été trop heureux d'obtenir au prix de leur vie.

— Que veux-tu ? je m'y croyais obligée.

— Ah ! Fleurette ! quelle tête que la tienne !

— Heureusement je suis dégagée, je suis quitte, je suis libre.

— Et il ne t'arrivera plus jamais de commettre de pareilles imprudences ?

— Jamais ! sois-en bien sûr ; car tu ne serais pas toujours là, comme hier, pour venir à mon aide. Mais toi, mon bon Guillaume, que t'est-il arrivé et qu'avais-tu à me dire ?

Le récit de Guillaume n'était pas long. Il avait trouvé de l'ouvrage à l'autre extrémité de Paris.

C'était non seulement du bois à scier, mais du vin à mettre en bouteilles, une cave immense à ranger, ouvrage de confiance qui devait, pendant quelques jours, le retenir loin de son quartier, et dans la situation d'esprit où il était (détail qu'il ne raconta pas à Fleurette), il accepta avec plaisir, pour s'éloigner d'elle.

Le riche industriel chez lequel il travaillait était un Suisse, qui lui avait donné des nouvelles de Schaffhouse. Guillaume avait appris, par lui, qu'il avait fait, dans sa famille, une petite succession, et, depuis ce moment, il n'avait plus qu'une idée.

— Laquelle ? lui demanda Fleurette.

— Celle de retourner au pays, d'y former un établissement, et pour cela, il lui fallait une femme... une bonne femme ; et ce rêve, disait-il en riant et en se frottant les mains, il fallait y regarder à deux fois avant de le réaliser.

En parlant ainsi, ses yeux se portaient tour à tour sur Fleurette et sur son humble mobilier.

Tout à coup ses regards, si heureux et si joyeux, devinrent sombres et inquiets. Il venait d'apercevoir, accrochées à la cheminée, la montre, la broche et la chaîne en or, que Fleurette tenait de la libéralité de l'inconnu.

— Qu'est-ce cela ? dit-il.

Elle lui raconta comment ces bijoux lui étaient mystérieusement arrivés.

— C'est un amant qui t'envoie cela, dit-il froidement.

— Tu crois ?

— Je n'en doute pas.

— Et ne pas savoir qui c'est ! dit Fleurette en se frappant le front. Ah ! que je voudrais le connaître ! s'écria-t-elle vivement.

— Pourquoi ?

— Pour savoir ; moi j'ai toujours été curieuse.

— Et ces bijoux, dit Guillaume sévèrement, est-ce que tu l'on es parée ?

— Certainement ; bon gré, mal gré, il le fallait bien, je ne pouvais pas les rendre.

— Tu pouvais du moins ne pas les porter.

— Quel mal y a-t-il à cela ?

— Un très grand, celui qui te les a adressées a des intentions.

— Qu'est-ce que cela me fait ? Je me moque de lui et de ses intentions.

— Il croira que tu les accueilles, s'il te voit accepter ses présents.

— Sois tranquille, s'écria-t-elle vivement, dès que je le connaîtrai, je les lui rendrai.

— Et d'ici là, continua Guillaume, tu ne les porteras plus.

— Ah ! c'est dommage, fit-elle avec une moue charmante, ils sont si jolis !

— Jolis ou non, tu ne dois plus t'en parer, ne fût-ce que pour le monde.

— Je demande ce que cela lui fait, et à toi aussi, dit-elle avec impatience.

— Moi, j'y tiens beaucoup, répondit-il gravement.

— Tu es plus difficile que moi, qui n'y tiens pas.

Guillaume la regarda d'un air triste, et lui dit en s'en allant :

— Je te laisse maîtresse, agis comme tu voudras.

— A la bonne heure, dit-elle en le voyant s'éloigner. Il devient raisonnable ; car je ne sais pas ce qu'il a aujourd'hui.

Le lendemain, comme à l'ordinaire, elle passa à son cou sa chaîne d'or, descendit le faubourg Montmartre, et, apercevant de loin Guillaume, elle lui fit de la main un geste d'amitié que celui-ci lui rendit. Mais il se détourna sans qu'elle le vît, et essuya une larme.

Le surlendemain elle ne rencontra pas Guillaume ; le jour d'après, elle ne le vit pas non plus ; et s'informa de lui, avec inquiétude, à Mme Jacques.

— Guillaume, dit la brave femme en secouant la tête, était un trop honnête homme pour ce pays-ci, il est retourné en Suisse.

— Parti ! s'écria Fleurette, parti sans me le dire, sans m'embrasser ! Il m'a donc oubliée, il ne vous a donc pas parlé de moi ?

— Quasiment toute la journée, répondit naïvement la charbonnière.

— Et ne pas me faire ses adieux... Ah ! c'est mal !

Fleurette s'éloigna toute consternée. Elle comprenait qu'elle venait de perdre son meilleur ami. Elle cacha sa tête dans ses mains et se mit à pleurer. C'était la première fois que cela lui arrivait.

XV

Le soir elle rentra chez elle, bien rêveuse et bien triste. Elle se déshabillait devant sa glace, lorsqu'elle aperçut sur le manteau de bois de sa cheminée, un bouquet et un petit carton blanc, très élégant et très coquet.

— Encore un présent de l'inconnu ! se dit-elle.

Elle ne pouvait se dissimuler que ces présents n'avaient pas eu l'approbation de Guillaume, son ami et son censeur rigide.

Un instinct secret, une idée, dont elle ne pouvait pas bien nettement se rendre compte, lui disaient que ces bijoux, auxquels elle avait paru tenir, étaient peut-être pour quelque chose dans le départ subit de Guillaume.

Aussi, en souvenir de ses recommandations, l'intention première de Fleurette était de ne pas ouvrir le mystérieux carton.

Mais à quoi servirait sa discrétion ? Qu'elle dédaignât, ou non, d'en examiner le contenu, quel avantage résulterait pour elle de son superbe dédain ? Personne n'en serait témoin; elle était seule, et puisqu'elle avait regardé les deux premiers cadeaux, elle pouvait bien regarder le troisième; elle n'en serait ni plus ni moins coupable.

Elle souleva donc, nouvelle Pandore, doucement et lentement, le couvercle du carton, non sans avoir jeté autour d'elle un regard inquiet pour s'assurer que personne ne pouvait l'épier, et elle aperçut un petit châle de cachemire bleu de ciel, le plus joli et le plus coquet qui jamais ait couvert le dos d'une grisette.

Par un premier mouvement presque indépendant de sa volonté, elle le déploya, et, un instant après, sans qu'elle y eût pensé, le châle était sur ses épaules.

Il lui allait très bien. Il était très chaud, très soyeux et d'une nuance délicieuse. Jamais Fleurette n'avait porté de cachemire; bien plus, aucune de ses compagnes n'en avait jamais porté.

Tout à coup elle poussa un cri. Elle croyait, cette fois, et avec certitude, connaître l'inconnu.

A vrai dire, elle s'en était toujours doutée, mais elle n'en avait jamais eu de preuves, et celui qu'elle soupçonnait de cette générosité, loin de chercher à en tirer parti, ne s'en était pas même vanté, réserve qui ne paraissait pas être dans son caractère.

Elle se rappela que, quelques jours auparavant, elle causait cachemire avec Justine, dans le boudoir de Mlle Délia, et M. Ludovic Durussel, assis dans une bergère, les pieds au feu et le cigare à la bouche, assistait à leur séance.

Justine était fière d'un petit châle trois-quarts, hors d'âge, dont sa maîtresse venait de lui faire cadeau. Fleurette, tout en l'admirant, avouait naïvement que, jamais encore, elle n'avait touché de cachemire, et que le rêve de sa vie serait d'en posséder un, si petit qu'il fût, rêve impossible, du reste, à réaliser.

Elle se rappela encore que Mlle Justine lui avait demandé, en riant, quelle était la couleur qu'elle préférait, et qu'elle avait répondu: « Bleu de ciel; c'est le bleu qui me va le mieux. »

Donc, il était évident que M. Ludovic qui, en fumant son cigare, semblait dormir et ne rien entendre, avait très bien entendu, et que ce petit cachemire était la suite de la mystérieuse croisade qu'il avait entreprise contre le cœur et la vertu de Mlle Fleurette, tentative que celle-ci était bien décidée à déjouer.

Cette résolution, dont, toute la nuit, elle s'occupa, fit qu'en même temps elle s'occupa de M. Ludovic, dont la première rencontre lui avait laissé, il est vrai, de fâcheux souvenirs, mais qui, depuis, il fallait bien l'avouer, s'était présenté sous un jour plus favorable.

Non que Fleurette eût été séduite par ses tendres propositions, mais elle était obligée de convenir qu'il y avait dans ses manières une élégance, et dans son ton une politesse qu'on aurait cherchées vainement chez Étienne l'ouvrier.

Elle comprenait cependant que Guillaume avait complétement raison ; que le jour où elle avait rencontré Ludovic chez Mlle Délia elle avait à son cou sa broche et sa chaîne d'or ; qu'il avait dû s'en apercevoir, et qu'accepter ses cadeaux, c'était autoriser ses poursuites, ce qu'elle n'entendait pas.

Comme ses résolutions une fois prises étaient promptement exécutées, elle se leva, s'habilla, replia le châle, le remit dans le carton, avec les deux autres bijoux, et sortit.

Elle se rappela avoir entendu prononcer plusieurs fois chez Mlle Délia l'adresse de Ludovic ; elle n'avait donc pas besoin de la demander.

Sans consulter personne (Guillaume n'était plus là), sans penser un instant que sa démarche était des plus singulières et des plus hasardées (l'intention était bonne, cela lui suffisait), elle se mit en route.

Il était à peu près dix heures, quand elle arriva à la maison habitée par Mme Durussel et par M. Ludovic son fils.

C'était un magnifique hôtel, construit dans le goût et avec le luxe modernes. L'or et le bronze, le palissandre, et le cèdre brillaient jusque dans le grand escalier. Le vestibule était pavé des marbres les plus précieux.

Fleurette, étonnée, s'arrêta devant la loge du suisse, qui était un magnifique salon, avec cheminée en marbre de Sienne, pendule dorée et piano en acajou : Mlle Paméla, la fille du concierge, était élève du Conservatoire.

— Que voulez-vous, mademoiselle ? lui demanda un monsieur à l'air paterne, habit noir, culotte noire et cravate blanche, qu'on aurait pris pour le propriétaire et qui semblait se tenir à la porte pour recevoir ses hôtes. Que voulez-vous ? que demandez-vous ?

Fleurette, intordite, resta quelques instants à répondre, et le suisse, venant à son aide, continua :

— Je comprends ! Pour madame ?

— Non, dit-elle, pour monsieur.

— M. Ludovic ! fit la concierge avec un sourire malin, c'est différent. Veuillez, mademoiselle, prendre le petit escalier à droite dans la cour, au premier étage.

Fleurette monta un petit escalier chauffé par un calorifère et dont les marches étaient couvertes d'un riche tapis d'Aubusson. A droite, s'élevait une rampe en acajou et en cristal.

Arrivée au premier, elle sonna. Un groom jeune, et à la mine spirituelle, vint ouvrir.

— Mademoiselle demande monsieur ? dit-il d'un air éveillé.

— Oui. Mais votre maître ne m'attend pas.

— Mademoiselle est toujours de celles qu'il attend. Qui annoncerai-je ?

— Mademoiselle Fleurette.

Un instant après, elle entendit des pas précipités. C'était Ludovic lui-même qui accourait au-devant d'elle. Il était en tenue du matin, robe de chambre magnifique.

— C'est vous, ma chère enfant, s'écria-t-il, vous qui daignez me faire visite ! Lorsque Gabriel vous a annoncée, je ne pouvais croire à un tel bonheur. Entrez donc, entrez de grâce, vous êtes chez vous.

Fleurette, sans se faire prier et sans cérémonie aucune,

entra dans un délicieux boudoir, où brillaient toutes les recherches du luxe et du confortable. Jamais elle n'avait vu rien de pareil, pas même chez Dôlia, qui tenait le dé parmi les princesses de la dynastie Brôda.

Il y avait autant de richesse que chez elle, et, de plus, le bon goût et le comme « il faut », qu'on y aurait vainement cherchés.

Mme Durussel s'était plu elle-même à arranger l'appartement de son fils; et il était réellement remarquable par le choix des étoffes et l'élégance des meubles, autant que par les tableaux et les objets d'art dont il était décoré.

Ludovic était ravi d'une visite, ou plutôt d'une bonne fortune aussi imprévue; son teint était animé, ses yeux brillaient, le cœur lui battait.

— Asseyez-vous, lui dit-il en lui montrant un canapé au coin de la cheminée, asseyez-vous là.

— Et vous là, dit-elle en lui montrant, loin d'elle, une bergère en face.

Il y avait dans le geste de la jeune fille quelque chose de si candide et en même temps de si absolu, que Ludovic ne pensa à faire aucune objection, et se trouva assis en face d'elle, presque sans s'en douter.

— Je viens, monsieur, lui dit-elle, pour une affaire importante et grave.

— Vous ! s'écria-t-il, venir ici pour traiter avec moi une affaire grave?

— Vous n'en avez pas l'habitude, ni moi non plus. Que voulez-vous? dit-elle en souriant, nous y mettrons chacun du nôtre et nous nous en tirerons comme nous pourrons.

— C'est donc vrai? dit Ludovic étonné.

— Parfaitement vrai, reprit-elle du plus grand sang-froid.

Elle tira de dessous sa mante le petit carton qu'elle avait apporté, et s'apprêtait à commencer la conversation.

Ludovic, effrayé du tour qu'elle prenait, ne savait comment la rompre, lorsque Gabriel, le petit groom, rentra, apportant le déjeuner de Monsieur. Gabriel était curieux, et n'était pas fâché de donner son avis sur le nouveau choix de son maître, sa future maîtresse, à lui.

Fleurette se tut lorsqu'il entra. Le petit groom disposa le thé sur un guéridon, qu'il approcha du feu. Ludovic, levant alors les yeux vers Fleurette, lui dit gracieusement :

— Je suis sûr que vous n'avez pas déjeuné.

— C'est vrai, dit étourdiment la jeune fille, sans penser à ce qu'elle disait.

— Gabriel ! une tasse, un couvert ! s'écria Ludovic.

— Non, dit Fleurette, je ne le veux pas, je ne suis pas venue pour cela.

— N'importe ! il est tard, très tard, votre santé avant tout, et je n'écouterai ni ne traiterai aucune affaire, importante ou non, que vous n'ayez d'abord déjeuné.

— Soit ! dit Fleurette, qui, après tout, avait faim, et qui était curieuse de savoir à quoi servaient tous les riches ustensiles d'argent ciselé, mat ou bruni, étalés sur le plateau du guéridon, tels que la théière, le sucrier et surtout la fontaine à thé, machine à vapeur dont le bruit et la fumée intriguaient beaucoup la jeune fille.

Ludovic s'empressa de servir sa jeune hôtesse, avec les soins et les attentions les plus délicates.

Il n'était occupé que d'elle. Craignant que le thé ne fût pas tout à fait de son goût, il avait fait un geste à Gabriel, et celui-ci, descendu près de M. le chef, avait à l'instant rapporté des cuisines quelques mets fins et recherchés, dont Fleurette ne soupçonnait même pas l'existence, mais dont elle appréciait très bien le mérite.

Sans le vouloir, elle comparait ce repas à celui qu'elle avait fait dernièrement avec Étienne *au Père Lathuile.* Ces cristaux, cette vaisselle plate, ce linge damassé de Saxe, cette porcelaine de Sèvres, lui paraissaient de la magie, de la féerie. Elle se croyait en plein conte des *Mille et une Nuits.* Le cadre faisait tellement valoir le tableau, que Ludovic, avec son entourage, lui semblait un tout autre homme.

Comment donc se défendre du prestige et de la séduction qui entourent le luxe, puisque Fleurette elle-même, jusque-là si raisonnable et si positive, avait peine, en ce moment, à y résister? Tout la transportait dans un monde nouveau, jusqu'au patchouli dont l'air était imprégné, parfum distingué, odeur si suave et si légère, que ses sens en étaient charmés, comme à son insu.

Ludovic venait de lui offrir, à la fin du déjeuner, une tasse de thé, bien chaud, qu'elle avait acceptée, comme le reste, par curiosité autant que par gourmandise.

Enfoncée dans une bonne causeuse, elle savourait le liquide sucré, avec lequel elle faisait connaissance; elle le savourait lentement, en s'abandonnant aux douces rêveries, qui suivent d'ordinaire un bon repas.

Ludovic prit de ses mains la tasse vide, et la jeune fille resta silencieuse, plongée dans ses réflexions.

Ludovic fit un signe à Gabriel d'emporter le plateau et de s'éloigner, ce que fit celui-ci, en garçon habitué à de pareils ordres; c'est-à-dire que les tapis moelleux restèrent muets sous ses pas, et que la porte du boudoir n'éveilla, en se refermant, aucun écho indiscret.

Ludovic était au coin de la cheminée; Fleurette à l'extrémité opposée, les pieds appuyés sur des chenets dorés, la tête renversée sur le dos de son siège, regardant, souriante et les lèvres entr'ouvertes, le plafond du boudoir, représentant des amours jouant au milieu des roses.

Le jeune homme admira, un instant, cette pose gracieuse, puis murmura à demi-voix:

— Fleurette, à quoi penses-tu?

Fleurette leva vivement la tête, se frotta les yeux, comme si elle sortait d'un rêve, et, secouant avec résolution la torpeur qui semblait alanguir ses membres:

— Je pensais, dit-elle en souriant, je pensais à notre première rencontre, et je me disais qu'on avait tort de vous en vouloir, à vous autres riches ou grands seigneurs, d'être tant soit peu fats et impertinents.

— Comment? s'écria Ludovic étonné.

— Sans doute, il est aisé, poursuivit-elle en se carrant dans le fauteuil, de se laisser enivrer par des douceurs et le bien-être, que je comprends qu'il y ait tant de gens, à commencer par moi, qui oublient bien des choses.

— Que veux-tu dire ? s'écria le jeune homme avec joie.

— Cela veut dire, répondit tranquillement Fleurette qui avait repris tout son sang-froid, que j'étais venue ici pour une import...te affaire, et voilà que je n'y pensais plus. Parlons-en maintenant.

— Soit, dit Ludovic, un peu troublé du calme de la jeune fille.

Fleurette prit sur la cheminée le carton qu'elle avait apporté, le mit sur ses genoux, s'enfonça dans le siège confortable qu'elle occupait, et regardant Ludovic bien en face :

— Voici, monsieur, de fort jolies choses qui ne m'appartiennent pas, des présents que j'aurais voulu depuis longtemps rendre à celui qui me les avait offerts ; mais je ne le connaissais pas ; c'est depuis hier seulement que j'ai cru deviner quelle était cette personne, et, je viens, comme une honnête fille que je suis, lui dire : « Je ne veux, ni ne peux garder ces cadeaux. »

Elle avait ouvert le carton, Ludovic l'arrêta de la main en lui disant gravement :

— Je ne comprends rien, mademoiselle, à ce que vous me faites l'honneur de me dire.

— Comment, monsieur, s'écria-t-elle, stupéfaite, ce n'est pas vous qui avez séduit Mme Beaurin, ma portière ?

— D'abord, mademoiselle, je ne séduis personne, et dans ce cas-là, ce n'est pas à Mme Beaurin, que je me serais adressé.

Fleurette ne revenait pas de sa surprise.

— Comment, monsieur, ce n'est pas vous qui avez fait remettre sur ma cheminée ces bouquets, cette chaîne, cette montre ?

— Je voudrais avoir eu cette idée, mais j'avoue qu'elle ne m'est pas venue.

— Mais ce châle ? dit-elle en le déployant, ce châle de cachemire bleu, dont je parlais l'autre jour avec Justine dans le boudoir de Mme Délia, pendant que vous faisiez semblant de dormir et que vous nous écoutiez !

— Si je me reconnais coupable, mademoiselle, dit-il avec la même gravité, c'est d'avoir dormi pendant que vous causiez ; mais le fait est que, dormant, je n'ai rien entendu.

— Et cependant, dit-elle avec impatience, ce châle, entièrement semblable à celui que j'avais rêvé, est arrivé chez moi le lendemain. Qui donc me l'a envoyé ?

Ludovic regarda en souriant la jeune fille, et lui répondit gaiement :

— Tu me demandes qui t'a envoyé ce châle ?... Ce n'est pas à moi qu'il faut adresser cette question, c'est à Mlle Justine. N'a-t-elle pas d'autres amis que moi à qui elle a pu raconter votre conversation ? Suis-je le seul jeune homme qui soit reçu chez Mme Délia, le seul qui te trouve charmante ? Et cependant à peine si j'ai osé te le dire quelquefois en passant, car tu es très sévère, sans qu'il paraisse.

— Moi !

— Toi-même ! Nous autres jeunes gens à la mode, qui avons de l'amour-propre, nous tenons à notre réputation, nous tenons à ne pas éprouver un échec, et à ne nous faire connaître, que quand nous sommes sûrs du succès.

— Ah ! c'est là le motif ?...

— Probablement, si tu tiens absolument à découvrir cet amant mystérieux...

— Beaucoup.

— J'irai aux informations, et, pour m'aider dans mes recherches, permets-moi d'abord de voir ces présents merveilleux.

— Voilà, dit-elle.

Et elle les lui montra.

— Oh ! oh ! dit-il en les examinant avec dédain, voilà une broche de bien peu de valeur.

— La valeur n'y fait rien, monsieur.

— La façon du moins y fait quelque chose, elle est de bien mauvais goût.

— Vous croyez ? dit-elle avec étonnement. Je la trouvais charmante.

— Tu es bien bonne ; je sais que, moi, je ne me serais jamais permis de t'offrir un cadeau aussi mesquin et aussi peu digne de toi. C'est comme cette montre, c'est tout ce qu'il y a de plus commun, une montre de pacotille ! Et ce petit cachemire, essaie-le donc, de grâce !

Elle le mit sur ses épaules.

— Ah ! moi, s'écria-t-il, je n'aurais pas jeté sur ces épaules de princesse un châle de grisette, je ne les aurais pas exposées à s'enrhumer, sous un vêtement qui les couvre à peine ; enfin, je n'aurais consenti à cacher cette taille si élégante et si fine que sous les tissus le plus précieux.

— Avec tout cela, monsieur, dit Fleurette, impatientée de ces compliments, je reste avec ce châle sur les bras ; qu'en faire ?

— Le garder ! répondit-il en riant, jusqu'à ce que nous ayons découvert celui de qui il vient.

— Et vous êtes bien sûr, monsieur, reprit-elle, en attachant sur lui un regard attentif, qu'il ne vient pas de vous ?

— La preuve, dit-il, en faisant le geste de le jeter au feu, c'est que j'aspire à le brûler, pour avoir le droit de t'en donner un autre.

— Non, je ne veux pas qu'on le brûle, mais qu'on le rende, à *lui*, quel qu'il soit, et qu'il sache bien que je ne veux rien de lui, et qu'il n'a rien à attendre de moi.

Ces paroles furent prononcées d'un ton si ferme, que Ludovic comprit bien qu'il n'y avait rien à faire, en ce moment du moins, et qu'il fallait temporiser pour ne pas tout perdre.

— Je comprends que tu ne veuilles pas de ces présents ; mais, pour les rendre au niais qui te les a envoyés, il faut d'abord le connaître. Je vais y employer tous mes soins.

— A la bonne heure ! dit Fleurette avec satisfaction.

— Et dès que je serai sur sa trace, dès que j'aurai quelques soupçons, je t'en ferai part.

— Comment cela? dit-elle vivement.

— J'irai te le dire chez toi.

Il avait hasardé cette phrase avec quelque timidité, et Fleurette, sans défiance aucune, répondit franchement:

— Chez moi? non, je n'y suis jamais.

— Alors, viens ici, comme aujourd'hui, le matin en passant.

— Le matin, dit-elle naïvement, en réfléchissant à ses courses de la matinée, ce sera difficile!

— As-tu peur de moi? fit Ludovic avec un sourire mélancolique et avantageux.

— Pourquoi donc? reprit-elle en levant la tête, avec un étonnement qui dut peu flatter l'amour-propre du jeune homme. Que je vienne, ou que je ne vienne pas, continua-t-elle froidement, vous savez très bien que c'est la même chose.

— Alors, répondit vivement Ludovic, viens.

Elle regarda autour d'elle, comme pour s'assurer que tout ce luxe qui l'avait d'abord surprise et séduite, était déjà presque sans danger pour elle, et elle répondit tranquillement:

— Pourquoi pas? Mais vous me promettez de m'apprendre qui m'a envoyé ces cadeaux!

— Je te le jure. Et toi, en revanche, dit-il, en retenant, par la main, la jeune fille qui s'était levée pour partir, tu me diras pourquoi tu ne m'aimes pas.

— Je vous le jure, si je le découvre.

— Il faut qu'il y ait une raison, dit-il, en insistant.

— Il y en a peut-être beaucoup, répondit-elle en riant, et je suis pressée.

— Mais enfin, dis-m'en une... une seule.

En ce moment entra le groom, qui remit un billet sans orthographe, sur papier satiné, en disant:

— De la part de Mlle Délia.

— Ah! dit Fleurette gaiement, vous demandez des raisons, en voici une peut-être!

— C'est vrai, dit Ludovic en rougissant et en essayant

de sourire, je me souviens qu'à propos de cette passion en commandite... tu m'avais déjà conseillé de la rompre !

— Pour vous ! s'écria-t-elle, pas pour moi !

Elle s'élança hors du boudoir, descendit le petit escalier dérobé, traversa la grande cour, et, en sortant de la porte du somptueux hôtel, elle rencontra, dans la rue, Étienne qui s'en allait à l'ouvrage par son chemin ordinaire, c'est-à-dire par le plus long.

Étienne et Fleurette ne s'étaient pas revus depuis la scène où Guillaume avait joué le rôle de libérateur.

Étienne, dont l'amour avait été blessé autant que l'amour-propre, Étienne, honteux de sa conduite, n'avait raconté à personne son échec et avait juré, non seulement d'oublier Fleurette, mais de ne plus jamais lui adresser la parole.

L'apercevant tout à coup leste, pimpante et plus jolie que jamais, il avait senti son amour renaître, et, la voyant sortir, à cette heure-là, d'un superbe hôtel, le serpent de la jalousie le piqua de nouveau au cœur.

Il voulait d'abord passer sans l'apercevoir, et ses yeux ne pouvaient se détacher d'elle. Il voulait, du moins, ne pas l'aborder, et il se trouva vis-à-vis de Fleurette incertain encore s'il lui parlerait.

Ce fut elle qui rompit le silence.

— Bonjour, Étienne ! lui dit-elle sans embarras aucun et comme si rien ne s'était passé entre eux, comment te portes-tu ?

— Mal, répondit l'ouvrier.

Puis, ne pouvant contenir plus longtemps la souffrance qui le torturait, il lui dit d'une voix étouffée :

— D'où viens-tu ?

Fleurette le regarda avec étonnement et ne lui répondit pas.

— D'où viens-tu, répéta-t-il avec colère, dans cette toilette, à cette heure, et sortant de ce bel hôtel ?

— Qu'est-ce que cela te fait ? lui dit lentement Fleurette, et en quoi cela te regarde-t-il ?

— Cela me regarde, dit-il hors de lui, cela me regarde, parce que je t'aime.

En parlant ainsi, il avait les larmes aux yeux.

— Tu m'aimes, et tu m'as battue !

— Je t'ai battue... parce que je t'aimais !

Ce raisonnement ne fut pas sans quelque valeur aux yeux de Fleurette, qui avait toujours eu de l'affection pour son ancien camarade, malgré son mauvais caractère.

— Écoute, lui dit-elle avec douleur, persuade-toi bien que tu n'as aucun droit sur moi, que tu n'as aucun compte à me demander et que je suis ma maîtresse à moi, à moi seule ; en es-tu bien convaincu ?

— Oui, dit-il en baissant la tête.

— Cela une fois convenu entre nous, je veux bien t'apprendre que je viens de l'hôtel de M. Ludovic Durussel, parce que j'avais à lui parler, à lui-même.

— Pourquoi ? dit-il en pâlissant.

— Pour des affaires qui me concernent.

— Lesquelles ? dis-les moi ?

— Je te les dirais franchement et comme à un ami, si ce ne n'était tes lèvres pâles et tremblantes de colère ; je ne te reconnais pas le droit de pâlir, en m'interrogeant.

— C'est-à-dire, s'écria-t-il en éclatant, que tu avoues !

— Je n'avoue rien ! mais si cela me plaisait, j'avouerais ! En attendant, calme-toi, et nous nous reverrons, quand tu seras raisonnable.

Elle s'éloigna rapidement, laissant Étienne debout, immobile, devant l'hôtel Durussel.

— Ah ! ce M. Ludovic, dit-il en serrant les poings d'un air menaçant, je ne le perdrai pas de vue.

XVI

Le dimanche d'après, Fleurette, en faisant sa visite du matin à son amie, Mlle Justine, la trouva dans une agitation extrême.

— Eh ! mon Dieu, qu'y a-t-il donc ?
— De grandes affaires, ma chère petite !
— Des affaires d'État ? dit Fleurette en souriant.
— Précisément, répondit la femme de chambre d'un air grave, et secouant la tête en prévision de grands malheurs, il y avait trop longtemps que cela allait bien ! Oh ! les révolutions ! les révolutions, je les déteste ! Je croyais que, depuis le Mexique, nous n'en aurions plus, et en voici une nouvelle.

— En vérité ? s'écria Fleurette avec curiosité, qu'est-ce donc ?

Justine baissa la voix et dit :

— M. Ludovic Durussol a rompu, définitivement rompu, avec Mme Délia, ma maîtresse ; c'est hier seulement qu'il le lui a déclaré ; mais je voyais bien, depuis quelques jours qu'il nous préparait ce trait-là. D'où ça part-il ? Je l'ignore, mais ça ne vient pas de lui. M. Ludovic est d'un caractère trop indécis pour jamais prendre, de lui-même, une pareille résolution.

Fleurette n'entendit pas ces paroles sans une certaine émotion. La veille encore elle avait vu Ludovic, dont les intentions avaient été bien plus claires et les hommages plus pressants, mais il ne lui avait rien dit de ses projets d'abdication à l'égard de Délia. Elle voyait là une délicatesse qui la flattait, non pas qu'elle désirât enlever Ludovic à son tiers de passion, mais, pour tout au monde, et surtout pour une femme, il y a, dans la moindre domination exercée, une satisfaction d'amour-propre, dont on est bien près d'avoir de la reconnaissance.

Ma maîtresse, continua la femme de chambre, est contrariée au dernier point.

— Elle l'aimait donc beaucoup ? dit Fleurette.

— Pas le moins du monde, continua Justine, pas plus que les autres. Elle est trop honnête femme, pour avoir aucune préférence. Mais c'est désolant et embarrassant, comme affaire d'administration. M. Ludovic se retirant, ses deux associés ne sont pas assez pour conserver la position à eux deux seulement. Et ni madame, ni ces messieurs n'ont pu encore s'entendre sur le choix d'un tiers successeur, ce qui, après tout, est très délicat.

— Je comprends.

— Et faute de pouvoir tomber d'accord, il y aura forcément dissolution, liquidation. C'est toute une commandite à reconstituer, ce qui m'effraie beaucoup... pour mes intérêts particuliers.

— Vous, mademoiselle Justine ?

— Je dis comme ma maîtresse : on sait ce qu'on a, on ne sait pas ce qu'on aura. Mais, ajouta-t-elle, en portant la main à son front, comme pour chasser les préoccupations de la femme d'État, ne songeons qu'au plaisir, à la joie et à Saint-Cloud. Vous savez que c'est aujourd'hui la fête ?

— Mon Dieu, non !

— Le temps est superbe, et, pour se distraire un peu, ma pauvre maîtresse, qui est bien triste, est partie, avec ces deux messieurs seulement, dans la grande calèche, nous laissant libres pour toute la soirée. Il y a bal à Saint-Cloud, il y a illuminations dans le parc, il y a les boutiques et les mirlitons ; que sais-je ? Larose m'a proposé de me donner le bras ; sans cela je t'emmènerais avec moi, chère petite.

— Ne vous inquiétez pas de moi, mademoiselle.

— Tu as quelqu'un ? dit Justine avec intérêt.

— Oh ! mon Dieu ! non, mais je trouverai quelque compagne.

Elle pensait à Michelette, qu'elle savait seule en ce moment chez elle.

Michelette, animée par l'énergie de Fleurette et soutenue par ses conseils, était parvenue, non sans peine, à rompre avec Pierre.

Il avait cru pouvoir, comme autrefois, attendrir la jeune fille par ses prières, ou l'effrayer par ses menaces. Elle avait résisté aux unes, elle avait bravé les autres.

Tout l'argent qu'elle gagnait était confié à Fleurette, dépositaire inexorable ; et la première fois que Pierre voulut battre Michelette, celle-ci eut l'audace de ne pas le laisser faire, de crier et de lui défendre la porte et sa mansarde.

Il brava sa défense et revint; il ne trouva plus personne. Micheletto s'était réfugiée près de son amie, près de sa protectrice, Fleurette, chez qui Pierre n'osa pas la poursuivre, car elle l'avait menacé de révéler, aux yeux de tous, la lâcheté de sa conduite.

Micheletto, désormais tranquille, était retournée depuis quelques jours à son logis, où elle s'ennuyait bien un peu, quand elle vit arriver Fleurette, qui lui dit gaiement :

— C'est jour de fête ! je t'emmène à Saint-Cloud, fais-toi belle et partons.

— Et des cavaliers ?

— Nous nous en passerons; je te conduis, je te régale. Il y a si longtemps que tu t'ennuies, ma pauvre Michelotto, il faut que tu t'amuses et nous n'avons, grâce au ciel, aujourd'hui dimanche, de permission à demander à personne.

La toilette de Micheletto fut bientôt terminée. Les deux jeunes amies partirent ensemble, bras dessus, bras dessous, riant, babillant, parlant l'une après l'autre, et souvent en même temps.

Le chemin de fer de Saint-Cloud les conduisit en quelques minutes, et à un prix modeste, à l'entrée du parc, où la foule des promeneurs, l'éclat des boutiques, le bruit des mirlitons les étourdirent et les charmèrent.

Leur jolie taille et leur gentille tournure leur valurent des compliments, qu'elles n'avaient pas l'air d'entendre, mais dont elles ne perdaient pas un mot.

Au bout d'une heure de promenade, elles cherchèrent à se reposer; elles virent dans la grande allée, d'où l'on aperçoit la route, deux places vacantes sur un des bancs en pierre, places gratis, dont elles coururent s'emparer.

Mais, en regardant les personnes déjà installées et près desquelles elles venaient de s'asseoir, elles se trouvèrent, à leur grande surprise, en pays de connaissance; c'étaient Mlle Charlotte et une partie des demoiselles de l'atelier Coquenard.

Tout Paris élégant s'était, ce jour-là, donné rendez-vous à Saint-Cloud.

Les places occupées sur la terrasse par M⁽ˡˡᵉ⁾ Charlotte et ses jeunes compagnes étaient les meilleures pour examiner, de près, les toilettes des belles dames qui se promenaient dans la grande allée, et pour contempler, de loin, les nombreux équipages qui passaient sur la route du bord de l'eau, de Sèvres à Saint-Cloud, et qu'on apercevait par-dessus les larges sauts-de-loup, qui, de ce côté-là, servent de clôture au parc.

Nos jeunes ouvrières se connaissaient en belles robes; elles en voyaient souvent, et celles qui passaient en ce moment, devant elles, attiraient moins leur attention que les calèches, les landaus, les clarons, les tilburys qui filaient sous leurs yeux comme dans une promenade de Longchamps.

Chacune de ces riches ou élégantes voitures excitait les éloges ou l'envie des jeunes spectatrices.

— Oh! la belle calèche, disait l'une, c'est presque un canapé; comme on y serait couchée à son aise!

— Oh! le joli tilbury, disait l'autre, comme on y serait gentiment gêné!

— Et celle-ci, mesdemoiselles! s'écriait Charlotte. Oh! le charmant coupé, il doit être de chez Ehrler.

— Du tout, répondit la première, il est de chez Binder; je le reconnais à sa coupe.

— N'importe de chez qui il sorte, il est ravissant.

— Et ce landau découvert, s'écria tout le monde en chœur, c'est la plus belle voiture, sans contredit; la voiture, les chevaux, la livrée, comme c'est assorti! c'est admirable!

— Ah! dit Charlotte, si jamais j'avais une voiture pareille, je mourrais de joie en y montant.

— Et moi avant d'y monter, dit Paméla (une petite blonde, assise à côté de Charlotte), mais je ne suis pas assez heureuse pour cela.

— Ah! s'écria une autre avec indignation, voyez donc,

Elle tomba à genoux et saisit les mains de Clotilde qu'elle couvrit
de baisers et de pleurs.

37ᵉ LIVR.

mesdemoiselles : ce landau délicieux et à quatre places est occupé par un jeune homme seul... tout seul.

— Quel égoïsme ! dit Charlotte.

En ce moment, le landau, objet de tant d'observations et de désirs, défilait sur la route, et un embarras de voitures le fit arrêter un instant de l'autre côté du saut-de-loup, presque en face du banc de famille, où dix ou douze de ces demoiselles étaient assises et causaient.

Le jeune homme aperçut les personnes qui occupaient le banc ; il s'inclina respectueusement, et, avec une intention bien marquée, à laquelle il était impossible de se méprendre, il salua.

Charlotte poussa un cri de suprise et de joie :

— Mesdemoiselles, il m'a saluée.

— Non pas, dit Paméla, c'est vers moi qu'il s'est incliné.

— C'est vers moi, s'écrièrent toutes les autres, j'en suis certaine ; j'ai vu distinctement ses yeux rencontrer les miens et s'arrêter.

— Ce n'est pas vrai, répétait Charlotte avec une intrépidité de conviction si grande, qu'il n'y avait plus moyen de discuter. C'est moi qu'il a saluée, c'est moi, je m'en rapporte à Fleurette, qui n'a encore rien dit.

— Je crois, mesdemoiselles, dit celle-ci en riant, qu'il nous a toutes regardées et saluées à la fois.

Ce moyen terme, qui aurait dû satisfaire tous les amours-propres, ne contenta personne, et les réclamations devinrent plus vives que jamais.

— Arrangez-vous alors comme vous voudrez, s'écria Fleurette, puisque vous êtes si obstinées ; il ne tiendrait qu'à moi de vous mettre toutes d'accord, en vous disant la vérité ; mais je ne vous la dirai pas.

— Dis-la ! dis-la ! s'écrièrent-elles toutes ensemble.

— Vous y tenez donc ?

— Oui ! oui ! répétèrent toutes les voix.

— Eh bien ! mesdemoiselles, dit froidement Fleurette, la personne qu'on a saluée, c'est moi.

Charlotte poussa un immense éclat de rire, suivi de

celui de toutes ses compagnes, et, pendant un quart d'heure, les railleries n'épargnèrent point l'orgueil démesuré de Fleurette, qui, sans se déconcerter le moins du monde, répétait tranquillement :

— Comme vous voudrez ; chacune de vous méritait d'être admirée ; mais c'est moi seule qu'on a regardée.

— Et qui te le fait croire ?

— Je ne veux pas le dire.

Alors les plaisanteries de redoubler avec accompagnement de mirlitons.

Tout à coup on entendit, dans le lointain, un air de polka annonçant que le bal venait de s'ouvrir.

Chacun se leva, s'élança dans cette direction et tout fut oublié, excepté la danse et le plaisir.

Nous n'essaierons pas de peindre le mouvement, le bruit, la gaieté de ces bals champêtres qui ne réunissent qu'une population parisienne, population dansante et joyeuse de jeunes gens, sans souci de la journée, et de jeunes filles, sans crainte du lendemain, lesquelles ont souvent placé, ce soir-là, toute leur fortune dans leur toilette, et comme tel sage de la Grèce, portent tout avec elles.

Mlle Charlotte avait manqué peu de valses ou de polkas; mais Fleurette avait eu les plus grands succès.

On dit avec raison qu'il n'y a que le premier pas qui coûte : une fois la première contredanse commencée, tous les regards s'étaient tournés vers elle, tous les danseurs l'avaient entourée et invitée.

On se disputait sa main, et comme on s'était promptement aperçu qu'elle était au bal sans cavalier, sans maître, elle jouissait de tous les avantages de la jeunesse et de la beauté, joints à ceux de l'indépendance, avantages qui rejaillissaient aussi sur Michelette ; et celle-ci qui n'était plus, depuis longtemps, habituée à la liberté, la saluait, comme on salue son retour, avec enthousiasme.

Plus d'une fois Fleurette lui avait dit tout bas :

— Je crois que voici bientôt l'heure du chemin de fer; allons-nous-en.

— Non, non, répondait Michelette, dont les joues, d'ordinaire si pâles, brillaient en ce moment de splendides couleurs; non, non, je suis encore invitée pour trois valses, et puis il y a un dernier convoi du chemin de fer à dix heures.

— Tu crois?

— J'en suis sûre. Demande plutôt. N'est-ce pas, monsieur, dit-elle à son cavalier, que le dernier convoi est à dix heures?

— Oui, mademoiselle, répondit celui-ci, en passant son bras autour de la taille de la jeune fille et en disparaissant avec elle dans les tourbillons d'une valse effrénée.

Il disait vrai.

Le dernier convoi avait toujours lieu à dix heures, mais ce que n'avouait pas *le cavalier trompeur et léger*, comme dit la romance, c'est que les dix heures venaient de sonner et que les jeunes filles valsaient encore.

Onze heures retentirent et l'on valsait toujours, et la soirée était belle, les étoiles brillaient au ciel, le gaz dans les bosquets du bal, et l'orchestre envoyait au loin ses fanfares harmonieuses.

Mais tout à coup l'orchestre se tut. Les échos devinrent muets, le gaz s'éteignit : le bal était fermé.

— Déjà! s'écrièrent les jeunes filles. Ce fut leur première pensée. La seconde fut celle-ci : Quelle heure est-il? Et quand elles apprirent que onze heures étaient depuis longtemps sonnées, qu'il n'y avait plus de chemin de fer à espérer, et qu'elles étaient à une lieue et demie de Paris, le deuil succéda à la joie.

Quelques-unes, plus philosophes ou moins fatiguées que les autres, conclurent gaiement à faire la route à pied : la proposition fut médiocrement accueillie et peu appuyée.

On se porta en foule, par la grille du parc, sur la grande place de Saint-Cloud, entre les hôtels de Legriel et de la Tête-Noire. C'est là que les cochers et les valets de bonne maison attendent leurs maîtres et les cochers de fiacres leurs pratiques. C'était là un dernier espoir.

Mais, vu l'heure avancée, et surtout le peu de concurrence, les cochers de remise qu'on interrogeait étaient tous retenus ou demandaient des sommes folles, pour transiger avec leur conscience et manquer à leurs engagements.

Combien on regrettait, en ce moment, les anciens landaus de la bourgeoisie, le modeste coucou qui était toujours sûr, sinon d'arriver, du moins de partir à toute heure et à tout prix! Hélas! l'omnibus l'a écrasé, la vapeur en a chassé les débris devant elle, et notre génération ingrate en a conservé à peine le souvenir.

Comme pour narguer les jeunes pèlerines éplorées, plusieurs riches équipages stationnaient à la porte de la Tête-Noire, pendant que les maîtres, assis au premier, dans des salons resplendissants de lumières, prenaient des glaces, du punch ou des sorbets, avant de retourner à Paris.

Comme par fatalité, le délicieux landau qui avait excité tant de transports était là; seulement, et par prévision de la fraîcheur de la nuit, la capote avait été relevée, et le landau était devenu une berline.

Les chevaux piaffaient d'impatience, le cocher, sur son siège, et le groom, debout près de la portière, attendaient que Monsieur descendît.

Charlotte prenant à partie le maître d'hôtel de la Tête-Noire, lui demandait comment Saint-Cloud, ville impériale, était à ce point privée de véhicules, que les Parisiens, qui lui faisaient l'honneur de venir à ses bals, fussent, après trois ou quatre heures de valses et de polkas, obligés de revenir à pied.

— Permettez, reprit le maître de l'auberge que la tirade de Mlle Charotte avait d'abord étourdi, permettez!... nous avons les gondoles de Sèvres.

— Les gondoles! s'écrièrent toutes les jeunes filles, se rattachant à cette dernière ancre de salut. Partons! Dites-nous le chemin.

— Tout le long de la rivière jusqu'à Sèvres, vous ne pouvez vous tromper. Là, vous montrez la grande rue jusqu'après l'ancienne poste.

— Mais c'est une heure de chemin ! s'écria Charlotte avec colère.

— Non ! trois quarts d'heure seulement, en allant bon pas.

Les lamentations recommencèrent ; mais bon gré, mal gré, il fallait se résigner.

— Viens, partons, dit Fleurette, en prenant le bras de sa compagne Michelette.

Toutes les deux allaient se mettre en route, et le reste de la caravane s'apprêtait à les suivre, quand un jeune homme descendit les marches du grand escalier. A sa vue, le groom, qui était devant l'hôtel, quitta la portière de la voiture et s'élança au-devant de son maître, pour lui porter son paletot d'été.

C'était le maître du délicieux landau.

— Ah ! murmurèrent en ricanant Charlotte et Paméla, puisque Fleurette le connaît et prétend avoir été saluée par lui, voilà une occasion de lui demander sa voiture.

— Eh mon Dieu ! dit le jeune homme au maître de l'auberge, pendant que son domestique l'aidait à passer son pardessus, tant de monde, à cette heure, à l'entrée de votre hôtel, et tant de joli monde. Est-ce un bal ?

— Non, monsieur, c'est une émeute, une douzaine de jeunes demoiselles...

— Charmantes, dit-il en les regardant.

— Qui demandent comment retourner ce soir à Paris, et je leur apprends qu'il n'y a pas d'autre moyen de transport que les gondoles de Sèvres, qu'il faut par malheur aller chercher à pied.

Le jeune homme aperçut alors Fleurette qui, son bras passé sous celui de Michelette, se trouvait avec Charlotte et Paméla en tête de la colonne ; il inclina légèrement la tête.

Toutes les demoiselles lui rendirent une révérence. Mais quelle fut la stupéfaction générale, lorsqu'on vit l'inconnu s'avancer vers Fleurette !

Charlotte en pâlit et en rougit tour à tour ; mais ce n'était rien encore, et elle pensa se trouver mal de dépit, lorsque le beau jeune homme, saluant profondément la bouquetière, lui dit d'un air de galanterie et de respect :

— Mademoiselle Fleurette veut-elle me permettre de la reconduire à Paris ainsi que sa compagne ? et il salua Michelotto.

Ce fut comme un coup de théâtre. Un murmure de surprise et d'envie dans tous les rangs. Fleurette, quoique modeste dans son triomphe, ne put s'empêcher de jeter un petit regard détourné sur Charlotte, puis, s'adressant à Ludovic, car c'était lui :

— Si mon amie, Mlle Michelotto, consent à m'accompagner, dit-elle avec un sourire gracieux, j'accepterai avec grand plaisir, monsieur, l'honneur de votre invitation.

Ludovic fit un signe à Gabriel, son groom, qui avait depuis longtemps reconnu la jeune fille, mais qui n'avait l'habitude de reconnaître que quand son maître le lui permettait.

Il courut à la portière qu'il ouvrit et abaissa le marche-pied.

Ludovic fit monter Fleurette; puis Michelotto s'élança après elle, et la portière se referma rapidement, mais pas assez cependant pour que Charlotte, Paméla et ces demoiselles n'eussent eu le temps de voir les deux jeunes filles installées dans les deux places du fond et mollement assises sur les coussins du landau.

La voiture avait disparu, que Charlotte et ses compagnes étaient encore immobiles devant la porte de l'hôtel de la Tête-Noire.

Michelotto ne respirait pas de surprise et de joie. Quant à Fleurette, quoique, depuis sa visite à l'hôtel, elle fût un peu plus habituée aux manières du grand monde, elle ne laissait pas que d'être émerveillée. Jamais elle n'était montée dans un aussi bon et aussi beau carrosse.

L'or, l'ivoire, les glaces et la soie y brillaient de toutes parts. Des ressorts doux et liants la balançaient mollement, comme en un palanquin, et interceptaient le contact du pavé, ou les cahots de la route.

Le ciel était magnifique, l'air était chaud, mais rafraîchi

et renouvelé par la rapidité de la course ; une brise légère soulevait, sur le front des jeunes filles, les boucles de leurs cheveux, et Ludovic, assis en face de Fleurette, la regardait et ne s'occupait que d'elle.

Ses deux compagnes de voyage, revenues de leur premier étonnement, se livraient franchement à leur joie, à leur babil et à leurs souvenirs du bal. Le chemin ne parut long à personne ; avant minuit on était à Paris.

Ludovic avait mis dans ses projets de reconduire d'abord Michelette chez elle.

— Maintenant, dit-il à son cocher, rue de Navarin.

Il se trouvait seul dans sa voiture avec Fleurette.

XVII

En se voyant ainsi dans ce beau landau, en tête à tête avec Ludovic, Fleurette ne ressentait ni défiance, ni crainte.

Tout ce qui lui était arrivé dans la soirée lui avait paru tout naturel, et, si quelque chose l'étonnait, c'était l'espèce d'embarras que semblait éprouver son compagnon de voyage.

Ludovic, sans trop se rendre compte de ses sentiments, commençait à aimer sérieusement la jeune fille. Cet amour se trahissait par sa timidité même, et, si Fleurette avait eu plus d'expérience, elle s'en serait aisément aperçue.

— C'est heureux, lui dit-elle, que vous vous soyez ainsi trouvé à Saint-Cloud, par hasard.

— Je m'y suis trouvé exprès.

— Ah bah ! dit Fleurette, étonnée, comment cela ?

— Mme Beaurin, chez qui j'étais passé dans l'après-midi, m'avait parlé de vos projets de Saint-Cloud, avec Mlle Michelette.

— Vous parlez donc de moi avec Mme Beaurin ?

— Tous les jours.

— Elle ne m'en a jamais rien dit, ni vous, non plus, et quand je me rappelle mes premiers soupçons... dit-elle d'un air rêveur.

— Soupçonne tout ce que tu voudras, Fleurette; je n'ai plus le courage d'avoir des secrets pour toi.

Il lui avoua alors que ces bijoux, qui ne valaient pas la peine de lui être offerts, venaient de lui.

Il lui avoua que, pour continuer à la voir et ne pas être congédié par elle, il n'avait pas voulu se faire connaître.

Il lui avoua enfin que, pour elle, il avait renoncé à Délia, et, libre désormais, il lui offrait, avec sa tendresse, l'existence la plus riante et la plus douce, tous les plaisirs que dans une ville comme Paris, l'amour et l'opulence peuvent donner à la beauté et à la jeunesse.

Haletant, impatient, il se tut, attendant une réponse, qu'à coup sûr il croyait devoir être favorable.

Fleurette garda quelques instants le silence et lui dit lentement :

— J'ai bien écouté ce que vous venez de me dire, monsieur ; cela m'a beaucoup étonnée et beaucoup intéressée.

— Il est donc vrai, s'écria-t-il avec joie, tu acceptes ?

— Non, dit-elle avec le calme d'une personne qui vient de réfléchir.

— Ah ! tu es un cœur dur et insensible qui n'éprouvera jamais rien, s'écria Ludovic hors de lui.

— Vous vous trompez, ce que vous avez fait pour moi, depuis quelques jours, m'a touchée ; je connaissais déjà votre séparation d'avec Mlle Délia.

— Et tu ne m'en sais pas gré, tu n'en es pas reconnaissante ?

— Si vraiment ! Mais pas assez pour ce que vous me demandez.

— Quoi, reprit-il avec chaleur, ce luxe, cette opulence dont je veux t'entourer, tout cela ne peut te plaire ni te séduire ?

— Vraiment si, reprit-elle avec franchise. J'ai rêvé plus d'une fois aux magnificences que j'ai peut-être eu le tort d'admirer chez vous. Cette belle voiture, où nous sommes si bien en ce moment, me plaît beaucoup, et il me conviendrait fort de la garder.

— Parle, elle est à toi, s'écria le jeune homme en la pressant dans ses bras.

— Oui, oui, dit-elle en souriant, je comprends très bien à quel prix vous m'offrez tout cela, et vous allez me trouver bien vaniteuse, mais quelque belles et riches que soient toutes ces choses, il me semble que, dans un marché pareil, c'est moi qui donnerais le plus.

— Sans contredit ! s'écria amoureusement Ludovic, et à mes yeux ton amour est sans prix.

— C'est pour cela, dit-elle d'un air triste, qu'il ne faudrait pas le payer. Il m'est venu depuis quelques jours une idée, que je n'avais pas encore eue, et qui va vous paraître bien absurde, à vous et à celles qui m'entourent.

— Laquelle ?

— C'est de n'appartenir qu'à quelqu'un qui aurait ma tendresse.

— Ah ! si je pouvais l'obtenir !

— Je ne vous empêche pas d'essayer.

— Et si tu ne m'aimes pas, si tu ne m'aimes jamais ?

— Pourquoi cela ? La première fois que je vous ai vu, je vous trouvais très déplaisant. Il est vrai qu'alors vous me trouviez les mains noires.

Elle s'arrêta, jeta sur sa main un regard coquet et continua en disant :

— Vous voyez bien que tout le monde peut se tromper, à commencer par moi; car, au fait, vous n'êtes pas plus mal qu'un autre, vous êtes mieux même, dit-elle en le regardant.

— Ah ! s'écria-t-il avec joie, tu le vois bien, cela viendra, c'est déjà venu, tu m'aimes ! tu m'aimes !

— Non, dit-elle avec douceur et regret.

Il y avait sans doute dans l'inflexion de sa voix une consolation, ou un espoir, qui ranima le courage de Ludovic, car il redoubla d'efforts et employa, pour la décider, tout ce que la passion put lui inspirer de plus tendre et de plus persuasif.

Je ne dis pas qu'il y réussit, je ne dis pas qu'il eût gagné sa cause; mais il était évident que Fleurette, jusque-là si insensible, éprouvait, en l'écoutant, une émotion, ou du moins un sentiment de pitié inconnus à elle jusqu'alors.

— Taisez-vous, lui dit-elle, nous voici chez moi.

La voiture était en effet arrivée devant la maison de Mᵐᵉ Beaurin; le groom avait frappé, on avait tiré le cordon, le groom était revenu ouvrir la portière de la voiture, et Fleurette ne descendait pas. Ludovic la retenait par la main.

— Tu ne me quitteras pas ainsi et sans me promettre de me revoir; ne me refuse pas. Écoute, lui dit-il vivement, mercredi soir, mercredi prochain, ma mère part pour la campagne, je serai seul, seul dans cet immense hôtel, tu sais que tu peux y venir sans crainte et sans danger, tu le sais !

— Certainement, dit Fleurette en cherchant à se dégager.

— Alors, tu viendras, n'est-ce pas ? tu viendras ?

— C'est possible : je ne dis pas non.

— J'attendrai donc.

— Je ne dis pas oui ! je verrai; mais laissez-moi...

Ludovic quitta sa main.

Fleurette sauta à bas du landau, et la portière en se refermant, lui laissa voir Étienne, qui, abrité et caché par la voiture, avait entendu toute la fin de la conversation.

— Je sais tout, lui dit-il d'une voix sombre et concentrée. Mais je t'empêcherai d'être à lui.

— Toi, s'écria Fleurette avec colère, toi m'épier et me parler en maître ?

Elle se retourna vivement vers la voiture qui partait, et pendant que le groom remontait sur le siège, elle cria à Ludovic par la portière :

— Je dis oui ! je consens !

Le landau était parti, Fleurette s'élança sous la porte

cochère qui était restée ouverte et qui se referma sur Étienne, furieux et désespéré.

Ce jour-là, par malheur pour lui, Étienne avait voulu, pour s'étourdir, passer la soirée du dimanche à la barrière.

Il était resté tard, très tard, dans un cabaret des Batignolles; il avait joué, il avait bu avec des ouvriers, il leur avait raconté ses amours avec Fleurette.

Le vin rend expansif et tendre. Ses amis avaient pris part à ses peines, et, le vin aidant, lui avaient monté la tête et démontré qu'il n'avait pas de cœur, si Fleurette ne finissait pas par être sa maîtresse.

C'était l'heure où les cabarets se ferment, chacun rentrait chez soi. Étienne dit bonsoir à ses amis et partit en trébuchant pour la conquête de Fleurette. Peu à peu cependant ses esprits se calmèrent, les fumées du vin s'apaisèrent, et il était presque dégrisé ou plutôt il n'était plus que fortement ému quand il arriva rue de Navarin.

Il était alors minuit. Il réfléchit que tout le quartier était couché et Fleurette aussi, et que ce qu'il avait de mieux à faire était de rentrer tranquillement chez lui; parti qu'il allait prendre, lorsque dans la rue Navarin, en ce moment solitaire, retentit le bruit d'une voiture, landau élégant, deux chevaux, un cocher, un groom, et ce landau s'arrêtait juste à la porte de Fleurette.

Les glaces de la voiture étaient baissées; il s'approcha, et à sa grande surprise, entendit une voix qui ne lui était que trop connue; celle qu'il avait tant aimée, qu'il aimait encore, dans un superbe équipage, à une pareille heure, en tête à tête avec quelque riche seigneur, ce M. Ludovic sans doute, dont elle lui avait déjà parlé, et qui, dans ce moment, la suppliait de lui accorder pour le mercredi suivant un rendez-vous, que la coquette ne refusait pas, ou refusait bien faiblement.

Il ne fut pas maître de sa colère, il s'élança vers elle, et l'on a vu ce que son intervention inopportune avait produit de désastreux pour lui et pour Fleurette.

Honteuse de se voir ainsi épiée et surprise, humiliée que quelqu'un pût se croire le droit de lui donner des ordres, elle n'avait écouté qu'un premier mouvement de fierté et de colère ; elle avait promis, elle s'était engagée.

Quant à Étienne, il était rentré chez lui furieux, n'avait pas dormi de la nuit ; mais, après s'être répété que Fleurette était une fille indigne de lui, après avoir juré de l'oublier, de ne plus jamais en parler et de ne plus prononcer son nom, il s'était levé, il avait été trouver Charlotte et il lui avait tout raconté, la scène de la veille, la nouvelle intrigue de Fleurette et le rendez-vous du mercredi suivant, du mercredi soir, à l'hôtel de M. Ludovic, en l'absence de sa mère.

Et Charlotte, indignée, s'était écriée :

— Quelle immoralité ! Une jeune fille que nous avions admise dans notre société, et dont j'avais fait mon amie ! Je n'ai qu'un conseil à vous donner, Étienne, c'est de faire comme moi, de ne plus la voir.

— J'y suis bien décidé, s'écria Étienne, et je n'y pense plus.

Tous les jours il y pensa.

Il eut beau, pour chasser son souvenir, travailler du matin au soir, l'idée de Fleurette arrivant à ce rendez-vous l'exaspérait, le rendait fou ; pendant les trois premiers jours de la semaine, il n'avait pas quitté l'atelier, il s'était bien promis de ne pas sortir, et, le mercredi soir, sans comprendre comment la chose était arrivée, sans pouvoir se l'expliquer à lui-même, il se trouvait dans la rue où demeurait Ludovic, se promenant devant son hôtel et attendant, à la nuit tombante, — qui ? il n'osait se l'avouer.

Quel était son dessein ? Lui reprocher sa perfidie, l'accabler de reproches, et puis... et puis la tuer.

Le transport qui lui montait au cerveau se dissipa un instant. Il eut honte de lui-même et de son projet. De peur d'y céder, il abandonna la place, il s'enfuit ; mais, à peine était-il au bout de la rue, que la jalousie lui fit rebrousser chemin.

Pendant le temps qu'il venait de s'éloigner, peut-être était-elle arrivée, et il ne l'avait pu arrêter ! Peut-être, en ce moment, était-elle auprès de M. Ludovic... Il s'élança, courut à perte d'haleine, et au moment où il apercevait de loin la porte de l'hôtel, une jeune fille venait d'entrer.

Il frappa, voulut parler à M. Ludovic; on lui dit qu'il n'y était pas, qu'il était à la campagne avec Mme sa mère. Il voulut voir la jeune fille qui venait à l'instant même de pénétrer dans l'hôtel; on lui répondit que personne n'y avait mis les pieds.

Furieux, il voulait rester; trois ou quatre grands laquais le mirent à la porte, le menaçant du commissaire de police, et le pauvre Étienne tomba à la porte de l'hôtel, épuisé de fatigue et de rage. Fleurette était à jamais perdue pour lui.

Le lendemain de la fête de Saint-Cloud, de cette soirée signalée par tant d'évènements, Michelette, avant de se rendre à l'atelier, avait couru rue de Navarin pour causer, avec son amie, de leurs succès de la veille.

Elle comptait la trouver radieuse. Elle la trouva triste, et, ce qui n'arrivait jamais à Fleurette, accablée et découragée. Elle l'interrogea, et Fleurette, d'ordinaire si franche, si expansive, garda le silence. Elle éprouvait une répugnance invincible à parler de ce qui était arrivé, des instances de Ludovic, de la promesse involontaire et imprudente qu'elle lui avait faite, de ses regrets à cette heure et de la position fausse et embarrassante où elle se trouvait!...

— Et puis, se disait-elle, en regardant Michelette, à quoi bon lui raconter tout cela? elle ne me comprendrait pas.

Elle avait raison; Michelette n'aurait vu là-dedans que l'évènement le plus heureux, le plus glorieux pour son amie, et, comme elle était la meilleure fille du monde, elle s'en serait sincèrement réjouie et n'aurait jamais supposé que l'on pût trouver, dans une fortune aussi inespérée, un sujet de chagrin ou de regret.

Fleurette ne pensait pas ainsi. Elle sentait qu'elle s'était follement engagée envers un jeune homme qui l'aimait réellement, qui n'avait eu que de bons procédés pour elle, et dont, après tout, elle n'avait pas le droit de se jouer.

Elle ne l'aimait pas, il est vrai, mais elle n'en aimait pas d'autre ; elle l'aimait mieux qu'un autre, mieux qu'Etienne, par exemple.

Ludovic, du moins, ne la battrait pas.

Elle passa toute la journée du lundi dans une grande perplexité et sans prendre aucun parti. Le mardi fut bien plus terrible encore, car c'était le lendemain que Ludovic l'attendait. Et même en admettant qu'elle fût décidée à manquer à sa parole, comment le lui déclarer, comment lui expliquer ses raisons ?

Nous avons dit que Fleurette ne savait pas écrire, et aller elle-même chez Ludovic, pour lui dire qu'elle n'irait pas, était un parti aussi absurde que dangereux.

Le mardi s'écoula encore, sans qu'elle eût pris de résolution.

Le mercredi se leva ; jour fatal : il n'y avait plus moyen de se soustraire à sa destinée !

Il était trop tard maintenant pour se rétracter ou se dédire. Incertaine, découragée, oubliant son énergie ordinaire, elle baissa la tête et désespéra d'elle-même.

C'en était fait, cette fois, de la pauvre Fleurette.

Elle sortit, et descendit lentement la rue des Martyrs. Elle qui, d'ordinaire, était si gaie, si vive, triste en ce moment et mécontente d'elle-même, n'avait plus cœur à rien ; elle restait insensible à la belle matinée qui se préparait et au soleil joyeux qui déjà l'inondait de ses rayons.

Arrêtée par un embarras de voitures, elle monta sur les marches de l'église de Notre-Dame de Lorette, et attendit un instant.

L'idée de la prière, l'idée d'un Dieu qu'elle ne connaissait pas, ne s'offrit point à elle, et cependant, comme si, dans notre nature égoïste, la peine, plus que la joie, nous révélait l'existence de la divinité, elle sentait un vague besoin de s'adresser à un être supérieur à elle, de lui confier ses souffrances et de lui demander aide et consolation.

En ce moment, une voiture de forme antique s'arrêtait au bas du perron. On vit sortir de cette voiture une dame grande et vêtue de noir, aux formes anguleuses, à l'air noble, digne et sévère. Sa présence répandait autour d'elle le froid et le respect.

Derrière elle, s'avançait une jeune fille à la démarche légère et à la taille majestueuse. Rien de plus simple et de plus élégant que sa mise ; rien de plus gracieux et de plus distingué que ses manières, et c'était un éclat de jeunesse et de beauté, des lignes si pures et si parfaites, que le peu de personnes qui descendaient en ce moment les marches de l'église s'arrêtèrent pour la regarder et murmurèrent à demi-voix :

— Qu'elle est belle !

Sa vieille et noble compagne fit en ce moment un faux pas ; elle s'empressa de la soutenir, la rassura, la força de s'appuyer sur son bras, et tout cela avec tant de bonté et de prévenance et un sourire si angélique, que ceux qui l'admiraient tout à l'heure se dirent avec émotion et presque avec affection :

— Quelle charmante personne !

Mais pendant que les deux dames montaient lentement les degrés du parvis, Fleurette avait tout à coup pâli ; ses lèvres étaient devenues tremblantes, son cœur battait avec force, ses jambes fléchissaient tellement, qu'elle fut obligée de s'appuyer contre une des colonnes.

La vieille dame âgée et la jeune fille inconnue venaient de passer près d'elle, puis elles étaient entrées dans l'église. Alors Fleurette, revenant à elle et rassemblant toutes ses forces, s'élança sur leurs traces et s'écria :

— Ah ! ma marraine !

XVIII

Il était de bonne heure. Il n'y avait presque personne encore dans l'église.

Il fut facile à Fleurette d'apercevoir Clotilde, c'était la

nom de sa marraine ; ce nom, elle l'avait répété trop de fois pour l'avoir oublié.

Les deux dames causaient avec un prêtre à cheveux blancs, qui se dirigea vers un confessionnal, placé dans une des chapelles des bas-côtés. La vieille dame le suivit, et la jeune, restant à la place où elle était, se courba sur une chaise et pria.

Fleurette, déjà tremblante et effrayée du silence de l'église, s'avança doucement, craignant de troubler, par le bruit de ses pas, le recueillement de sa marraine.

Arrivée près d'elle, elle voulut parler, les expressions lui manquèrent. Elle tomba à genoux et saisit la main de Clotilde qu'elle couvrit de baisers et de pleurs.

— Que voulez-vous ? Qui êtes-vous ? s'écria la jeune fille étonnée.

— Qui je suis ? une pauvre fille qui vous doit tout et qui ne l'a jamais oublié, Fleurette la bouquetière... Fleurette, ma marraine, à qui vous avez donné un nom... et votre or... cette pièce d'or que depuis près de quatre ans, j'ai toujours gardée. Ah ! mon Dieu, dit-elle avec douleur... vous ne vous rappelez plus !

— Si... si, mon enfant, dit la jeune fille d'une voix émue ; mais parle plus bas... relève-toi d'abord ; on ne se met ici à genoux que devant Dieu. Assieds-toi là près de moi.

Obéissant à son ordre, Fleurette s'était déjà assise à côté de sa marraine, dont elle n'avait pas quitté la main.

— Je vous vois donc enfin ! dit-elle en la regardant avec une adoration mêlée de respect. Enfin vous voilà ! vous m'avez entendue ! Je vous ai appelée tant de fois et je vous attends depuis si longtemps !... Ma marraine, ma marraine, soyez bénie !

Il y avait dans ses yeux, dans sa voix, dans l'expression de ses traits, une telle effusion de tendresse et de reconnaissance, cette reconnaissance était si vive et si vraie, qu'il était impossible de n'y pas croire, et Clotilde se sentit touchée jusqu'au fond du cœur.

— C'est à vous, ma marraine, que je dois ma vie, que je dois ma fortune.

— Tu es donc bien riche ? fit Clotilde en souriant.

— Oh ! bien riche ! et bien malheureuse ! Non, dit-elle en se reprenant... bien heureuse, car vous voilà, ma marraine, vous voilà à Paris.

— Jusqu'à demain.

Fleurette poussa un cri de regret et de douleur.

— Oui, continua Clotilde, avec Mme de Kérouallo, ma cousine, qui, souffrante, était venue consulter un célèbre médecin, et toutes deux, ce matin, nous venions à confesse.

Puis regardant Fleurette, elle ajouta :

— Et toi aussi, je suppose ?

— Moi ! dit Fleurette naïvement, jamais !

— Jamais ? dit Clotilde étonnée.

— Je ne sais pas même ce que c'est, ma marraine.

— Et qui t'a donc élevée, mon enfant ?

— Personne que moi-même.

— Et comment as-tu vécu ?

— Comme j'ai pu.

— Et jamais, dit Clotilde en lui montrant l'image du Christ placée devant elles, il ne t'est venu à la pensée de prier Dieu ?

— Je ne priais que vous, ma marraine, et vous ne me répondiez pas. Aussi, aujourd'hui, je le sens bien, c'était fait de moi. Mais vous voilà, vous me venez en aide, je suis sauvée !

— Oui, oui, mon enfant, s'écria Clotilde avec un accent qui partait du cœur, et qui dut être entendu de l'Éternel. oui, ce n'est pas sans dessein que Dieu t'a mise sur mon passage ! Je te protégerai, je te sauverai ! Ce nom de marraine que tu m'as donné, je l'accepte devant Dieu, et j'en remplirai les devoirs.

Et Clotilde jurait tout bas, pauvre fille elle-même, sans protecteur et sans ami, de sauvegarder cette autre jeune fille, plus misérable qu'elle, que Dieu lui envoyait.

Fleurette, de son côté, jurait de ne plus vivre que pour sa bienfaitrice.

Les deux serments s'élevèrent ensemble jusqu'au ciel, où les anges les reçurent.

— Parle vite maintenant, dit Clotilde, en regardant du côté du confessionnal, où était sa cousine ; je n'ai que quelques minutes à te donner.

Fleurette lui raconta alors, à voix basse et en peu de mots, toute son existence jusqu'à ce jour, récit que parfois Clotilde eut peine à comprendre, et qui souvent la fit rougir. Plus d'une fois même la jeune fille lui mit sa main sur la bouche, en lui disant :

— Tais-toi ! tais-toi !

— Pourquoi ? demandait ingénument Fleurette, qui, dans ce récit, ne se serait fait qu'un reproche, celui de cacher la vérité et de ne pas tout dire à sa marraine.

Et Clotilde, comprenant que sa naïveté même était sa justification, et qu'il fallait accuser son ignorance et non son cœur, se reprenait et lui disait avec bonté :

— Rien, rien ; continue, mon enfant.

Mais lorsque Fleurette arriva à ses rencontres avec M. Ludovic Durussel, à la promesse qu'elle lui avait faite, à ses hésitations, à ses regrets, à ses remords, à l'impossibilité de manquer à un pareil engagement :

— Quand on s'engage à commettre une mauvaise action, s'écria Clotilde avec indignation, le parjure est une vertu.

— Que voulez-vous dire, ma marraine ? répondit Fleurette étonnée.

— Je n'ai pas le temps de discuter ici avec toi ; mais écoute-moi bien. L'honneur doit être notre première loi, à nous autres jeunes filles ; pour lui, nous devons tout sacrifier, même la vie. Me comprends-tu ?

— Oui, ma marraine, dit Fleurette avec énergie.

— Ainsi donc, tu n'iras pas ce soir chez M. Ludovic. Je te le défends.

— Oui, ma marraine.

— Plutôt que d'y aller, continua Clotilde en lui serrant la main avec force, tu mourras, n'est-ce pas !

— Oui, ma marraine.

Fleurette prononça ce mot avec un tel sang-froid, que Clotilde comprit qu'il y avait là une volonté de fer que rien ne pouvait briser.

— Bien, ma filleule, dit-elle en la regardant, tu as du cœur, tu seras une honnête fille.

— Je serai tout ce que vous me ferez, ma marraine, tout ce que vous m'ordonnerez d'être.

— Voici ma cousine qui sort du confessionnal, dit vivement Clotilde... laisse-moi.

— Et vous partez demain, et je ne vous verrai plus !... s'écria Fleurette avec désespoir.

— Non, vraiment ; je n'abandonne pas ainsi l'âme qui s'est donnée à moi et qui m'est confiée. Viens aujourd'hui, à quatre heures, rue de Varennes, à l'hôtel Kéroualle.

— Oui, ma marraine.

— Je me serai occupée de toi et je te parlerai. Tu me demandais tout à l'heure, ce qu'était la confession : tu viens de me faire la tienne.

— Et depuis que vous m'avez dit : Bien, ma filleule ! je me sens tout autre : j'étais découragée et je ne le suis plus ; j'étais sans espoir, et j'en ai maintenant.

— Eh bien ! dit Clotilde avec un sourire triste, laisse-moi, à mon tour, demander à Dieu ce que je t'ai donné : la force et le courage.

Et elle se dirigea vers le confessionnal.

Fleurette sortit lentement de l'église, retournant à chaque instant la tête pour apercevoir encore sa marraine.

Les derniers mots qu'elle venait d'entendre avaient emporté une partie de sa joie. Sa marraine souffrait donc, sa marraine était malheureuse ; ses chagrins, qu'elle ne connaissait pas encore, étaient déjà son plus grand chagrin ; ce n'était plus à elle qu'elle pensait, c'était à sa marraine.

Pour tenir la promesse qu'elle lui avait faite, elle résolut d'abord de réunir dans un seul paquet la montre, la chaîne, la broche et le châle qu'elle avait reçus de Ludovic.

Elle ne voyait pas trop encore comment les lui renvoyer

et comment lui faire connaître le changement survenu dans ses résolutions, mais elle avait, pour en trouver le moyen, toute la journée devant elle.

Au moment où elle rentrait, Mᵐᵉ Beaurin accourut joyeuse à sa rencontre. Un coffre venait d'arriver pour elle, coffre précieux sans doute.

— Ah! se dit Fleurette avec un sentiment pénible, un nouveau présent de Ludovic; je ne le recevrai pas.

Puis elle pensa que c'était là le moyen qu'elle cherchait de lui renvoyer, en même temps, ses autres cadeaux.

— La personne qui a apporté ce coffre est-elle là? demanda-t-elle à Mᵐᵉ Beaurin.

— Oui, ma chère enfant.

— C'est sans doute le domestique de M. Ludovic?

— Non, mon enfant; un employé du chemin de fer de Strasbourg qui t'attend pour te faire émarger, comme il dit... c'est-à-dire signer.

— Je ne sais pas écrire, monsieur, dit Fleurette.

— C'est égal, mademoiselle, dit l'employé, vous ferez votre croix.

— Et le port?

— Il est payé; cela vous est adressé *franco* de Suisse.

— De Suisse! s'écria Fleurette avec joie. Oh! plus de doute, c'est de Guillaume, de mon ami Guillaume. Tous mes amis s'entendent aujourd'hui pour me venir en aide.

C'était une petite malle en bois et d'un poids très léger; elle l'emporta, monta vite et vite son escalier, s'enferma chez elle, et, le cœur battant d'émotion, elle s'empressa d'ouvrir ce coffret.

Il contenait d'abord une lettre.

— Ah! quel ennui de ne pas savoir lire! dit-elle.

N'importe, elle aimait mieux attendre que d'en confier le contenu, quel qu'il fût, à Mᵐᵉ Beaurin.

Elle passa à l'examen intérieur du coffre.

Il ne renfermait qu'une magnifique touffe de fleurs d'un rouge sanguin, un peu semblable à la fleur du grenadier. Les feuilles en étaient d'un vert persistant et vivace; car, bien qu'ayant fait un long voyage, elles étaient aussi fraîches que si elles venaient d'être cueillies.

L'aspect de ce beau bouquet produisit sur Fleurette un effet singulier. Elle n'en avait jamais vu de semblables à Paris, ces fleurs y étant complètement inconnues, et cependant elles éveillaient en elle des sensations inexplicables qui ressemblaient à des souvenirs.

Il lui semblait, en les regardant et en les touchant, qu'elle entendait souffler la bise et qu'elle éprouvait un froid aigu. La mémoire lui revint enfin, et elle s'écria d'une voix joyeuse :

— Oui, oui, l'étoile des Alpes, ces fleurs rouges, que dans mon enfance, je courais cueillir sur la neige.

Plus d'une fois, en effet, elle en avait causé avec Guillaume, et celui-ci, à peine de retour dans ses montagnes, lui envoyait ce souvenir de la patrie absente.

La vue de ces fleurs, cette nouvelle preuve de l'amitié de Guillaume, la position où elle se trouvait en ce moment, tout cela la fit tomber en de profondes et graves réflexions.

Non pas qu'elle hésitât sur le parti à prendre; elle avait promis à sa marraine de ne pas voir Ludovic; c'était un point arrêté. Mais comment, sans le voir et sans lui écrire, lui faire part du changement survenu dans ses idées? C'était impossible.

D'un autre côté, ne pas le prévenir, le laisser toute la soirée dans l'espoir, l'attente et l'inquiétude, c'était mal; elle le sentait bien... et pourtant il fallait s'y résoudre.

Pendant ce flux et reflux de réflexions, le temps s'écoulait.

Il y avait loin de la rue de Navarin à la rue de Varennes, et elle craignit de se trouver trop tard au rendez-vous donné par sa marraine. Elle se hâta de sortir et marcha d'un bon pas, mais il lui semblait qu'à pied elle n'arriverait jamais.

Un omnibus passait, elle y monta et elle alla s'asseoir à l'extrémité du long véhicule, pour y être moins dérangée et pouvoir y rêver à son aise. Une fois assise et installée, elle leva les yeux sur sa voisine : c'était sa grande amie Mlle Charlotte.

— Ah ! que te voilà pimpante et joyeuse ! s'écria celle-ci, tu es en beauté, Fleurette, cela ne m'étonne pas : un jour de conquête !

— Que veux-tu dire ? demanda Fleurette.

— Oh ! maintenant que te voilà grande dame, tu ne voudras plus reconnaître tes anciennes amies.

— Moi, grande dame ? dit-elle en haussant les épaules.

— Eh ! mon Dieu ! oui, je sais tout.

Elle lui raconta alors, avec un sentiment d'envie et de méchanceté, tout ce que, dans son dépit, Etienne lui avait confié, la scène du landau et les propositions de Ludovic.

— Tout cela est vrai, dit froidement Fleurette.

— Je comprends maintenant, continua Charlotte, et d'après la colère d'Étienne, que rien ne s'était réellement passé entre toi et lui. Je le disais bien aussi : Fleurette est trop adroite et trop fière pour ne pas mieux choisir, et je le vois par la promesse que tu as faite à M. Ludovic, de te rendre aujourd'hui même, à la nuit tombante, à son hôtel, en l'absence de sa mère.

— Tout cela est vrai, dit Fleurette en souriant, et cependant rien de tout cela n'arrivera.

— Allons donc ! me feras-tu accroire que l'on dédaigne ou que l'on refuse une position pareille !

— Mais oui !... Et je t'en donnerai la preuve évidente si tu le veux.

— Comment cela ? dit Charlotte avec une ardente curiosité.

Fleurette la regarda bien en face et lui dit lentement :

— Veux-tu, Charlotte, aller ce soir à ma place près de M. Ludovic ?

Charlotte crut que sa compagne se moquait d'elle, et s'écria avec indignation :

— Moi ! Et sous quel prétexte, pour quel motif ?

— Pour me rendre un service, un service d'amie.

— Lequel ?

— Pour lui dire que je ne suis point ingrate, que je ne méprise pas son affection, mais qu'il m'est impossible d'y répondre ; que je lui demande pardon de lui manquer de parole, mais que je ne puis ce soir me rendre à son hôtel.

— En vérité ! s'écria Charlotte sur laquelle le sang-froid de Fleurette commençait à faire impression, et pour quelles raisons ?

— Tu ne peux les connaître.

— Moi, mais lui ?

— Eh bien ! tu lui diras... qu'une personne qu'il connaît bien, ma marraine, me le défend.

— Ce n'est pas là une raison.

— C'en est une pour moi. — Et puis, dit-elle en tirant un paquet de sa poche, tu lui remettras ces bijoux et ce châle, qu'en bonne justice je ne peux plus garder.

— Je comprends, dit Charlotte, en prenant le paquet d'un air préoccupé.

— Ainsi donc, continua Fleurette, tu me promets que, ce soir, ma commission sera faite et que ce paquet lui sera rendu.

— Je te le promets, répondit lentement Charlotte, sous l'impression d'une idée qui l'absorbait en ce moment ; tu es une drôle de fille, murmura-t-elle ; mais après tout, tu es une bonne enfant.

— Et toi aussi, Charlotte ; je suis sûre qu'en ce moment tu es fâchée de m'avoir mal jugée et que désormais tu prendras mon parti.

— Certainement, dit Charlotte d'un ton ferme et comme une personne dont la résolution est bien prise. Compte sur moi.

Elle fit un signe au conducteur qui arrêta l'omnibus. Elle descendit, et Fleurette continua sa route.

Charlotte expédia promptement les affaires qui l'appelaient en ce quartier pour le compte de l'atelier.

Il lui semblait qu'en ce moment s'offrait à elle un coup hardi, une occasion de fortune, comme il s'en présente une fois dans la vie, et dont il faut savoir profiter.

Elle rentra chez elle, combina une toilette, où la simplicité la plus recherchée était unie à la coquetterie la plus séduisante, et quand son miroir lui eut dit qu'elle était aussi belle que possible, elle s'enveloppa de sa mante et sortit.

A neuf heures du soir elle frappait à l'hôtel Durussel; elle demandait M. Ludovic, et sur l'indication du concierge, traversait la cour, montait un escalier dérobé, franchissait une porte mystérieuse, que venait de lui ouvrir un beau jeune homme, qui l'attendait depuis une heure, le cœur battant d'amour et d'espérance.

— Fleurette! s'écria-t-il avec transport, en s'avançant vers elle.

— Il n'y faut plus penser, répondit froidement Charlotte; elle vous abandonne à jamais, et m'a chargée de vous remettre toutes ces preuves d'amour que vous lui avez prodiguées.

Je renonce à exprimer la surprise, la douleur, la colère qui, tour à tour, se succédèrent sur les traits bouleversés de Ludovic.

Il était tombé anéanti sur une chaise du boudoir; devant lui, la jeune messagère était debout, lui présentant toujours le paquet fatal.

La mante de Charlotte venait de glisser à ses pieds, et laissait voir une taille jeune, svelte et opulente; la chaleur de la température permettait à ses épaules d'être légèrement découvertes. Le bras qu'elle étendait vers Ludovic était superbe, et elle avait l'air tellement touchée de sa douleur, elle le contemplait avec des yeux si beaux et si pleins de compassion, qu'il ne put s'empêcher de remarquer que des larmes, ou plutôt des perles roulaient dans ses prunelles.

Charlotte voulait se retirer. Il s'y opposa. C'était tout simple, il lui fallait savoir tous les détails d'une trahison, qu'elle n'atténua point, il s'en faut.

On ne sait jusqu'où peut aller l'émotion qui suit les grandes douleurs et où peuvent conduire les idées de vengeance; peut-être Charlotte y avait-elle compté.

XIX

Le lendemain, un fait des plus extraordinaires défrayait toutes les conversations de l'atelier de la rue Neuve-Coquenard.

Mlle Charlotte avait paru avec une montre en or, avec des bijoux et une bague en turquoises ; mais ce qui compensait grandement, et à son désavantage, cette magnificence, c'est qu'un de ses beaux yeux, horriblement gonflé, disparaissait sous un cercle violet ; c'est qu'une bosse énorme s'élevait sur son joli front ; c'est que son nez, chef-d'œuvre de mutinerie, avait été outrageusement contusionné et meurtri.

Quel était le sujet, quel était l'auteur de ce drame ? On se perdit en suppositions et en conjectures, la vérité ne fut jamais complètement expliquée.

Un bruit mensonger, sans doute, circula cependant, que Charlotte, en sortant assez tard d'un hôtel, où elle avait passé la soirée, avait été assaillie par un forcené qui voulait tout uniment la tuer : un amant furieux qui l'avait prise pour une infidèle et qui n'avait reconnu l'erreur de sa jalousie que quand il était trop tard pour en arrêter les effets et pour en effacer les traces.

Fleurette, cependant, que nous avons laissée en omnibus, était arrivée à la rue de Varennes ; une femme de chambre, qui l'attendait, l'avait conduite à la chambre bien modeste, à l'espèce de cellule, que Clotilde habitait dans l'hôtel de sa fière et noble cousine, Mme la marquise de Kéroualle.

Fleurette contempla, avec émotion et respect, ce lieu, où tout respirait l'ordre, la simplicité, la piété et l'étude.

Ce Christ en ivoire, placé au fond de l'alcove de sa marraine, ce métier à tapisserie, ces pinceaux, ce piano, ces livres, toutes choses dont elle ignorait presque l'usage, attiraient ses regards, lorsque Clotilde parut. Elle voulut se jeter aux pieds de sa marraine. Celle-ci l'embrassa avec tendresse.

— Viens, ma pauvre enfant abandonnée, lui dit-elle, tu m'as raconté toutes tes fautes...

— Et vous ne m'aimez plus...

— Et je t'aime et je t'estime, car, où d'autres auraient succombé, tu t'es vaillamment défendue et tu es sortie victorieuse. Parmi nous, qui n'avons jamais eu à combattre, quelle est celle qui oserait te jeter la pierre ? Mets-toi là, mon enfant, ma sœur, dit-elle en la faisant asseoir à côté d'elle, et dis-moi ce que tu as fait depuis ce matin.

— J'ai renvoyé à M. Ludovic, par une de mes amies, tous les présents qu'il m'avait adressés et je lui ai fait dire qu'il ne m'attendit ni ce soir, ni jamais.

— C'est bien. Maintenant, écoute-moi. C'est par ignorance seulement que tu as été sur le point de faillir. Il ne faut plus t'y exposer. Je pars demain, par malheur; je retourne en Bretagne avec ma cousine. Voici une lettre que tu porteras, de ma part, à une digne femme, supérieure d'un couvent.

Fleurette fit un mouvement d'effroi.

— Que ce mot ne t'effraie pas, ma filleule; on ne t'y retiendra pas prisonnière.

— A la bonne heure, ma marraine : car, habituée au grand air et à la liberté, je mourrais s'il fallait y renoncer.

— Je le conçois, dit Clotilde en soupirant ; mais rassure-toi, tu iras là, une ou deux heures tous les jours, on t'y apprendra à lire et à écrire.

— Je n'apprendrai jamais, ma marraine ; c'est trop long, trop difficile.

— C'est cependant le seul moyen, répondit doucement Clotilde, de continuer à se parler, malgré l'absence, et d'être toujours ensemble.

— Ah ! s'écria vivement Fleurette, je le saurai bientôt, dussé-je y employer mes nuits et mes jours !

Clotilde lui tendit sa main, en lui disant :

— C'est bien. Mais ce n'est pas tout encore.

— Tout ce que vous voudrez ; ordonnez, dit Fleurette, en pressant la main de sa marraine sur ses lèvres et sur son cœur.

— Tu as vécu jusqu'ici comme une païenne, comme une bohémienne.

— Vous en êtes sûre ? demanda-t-elle naïvement.

— N'ayant d'autre culte...

— Que vous, ma marraine.

— Et ne croyant enfin...

— Qu'à vous, ma marraine.

— Ce n'est pas assez, dit Clotilde en riant malgré elle, et en lui fermant la bouche. Il faut que tu t'instruises comme chrétienne.

— Vous croyez ?...

— Que tu suives pour cela les leçons nécessaires et d'abord le catéchisme.

— Ah bah ! s'écria Fleurette avec un sentiment de terreur.

— Il le faut, je le veux, répondit Clotilde d'un ton ferme.

— Alors c'est fait, c'est convenu, s'écria Fleurette comme une personne qui vient de prendre un parti désespéré ; pour vous, ma marraine, je suis capable de tout.

— C'est bien, dit Clotilde d'un air de satisfaction.

— Et maintenant, ma marraine, quand reviendrez-vous à Paris ?

— Je ne sais, répondit tristement la jeune fille.

— Pour être témoin de mes progrès, pour jouir de votre ouvrage.

Clotilde ne répondit pas, mais une larme roula le long de sa joue.

— Ma marraine, ma marraine ! s'écria Fleurette en se jetant à ses genoux, je suis bien peu de chose auprès de vous ; mais si vous attachez quelque prix au dévouement et à l'affection...

— Ah ! murmura Clotilde avec un accent de douleur, c'est là ce qui manque à ma vie. Je suis seule au monde !

— Vous ne l'êtes plus, ma marraine : il y a quelqu'un

qui ne vivra désormais que de votre existence, me voici. Parlez, parlez, m'est avis que le malheur, avec vous, me serait plus doux que le bonheur à moi toute seule.

Devant ce cri du cœur, devant cet élan de tendresse, il n'y eut plus de rang, plus de distance, et la noble jeune fille se trouva, presque sans le vouloir, amenée à confier ses peines à un cœur qui les comprenait si bien.

Il est de profondes misères que le monde ne soupçonne pas; misères d'autant plus cruelles que le rang, la position, l'éducation ne semblent les rendre ni possibles, ni permises. Il est telles hautes sociétés, tels salons blasonnés et dorés où l'on n'a pas le droit de paraître malheureux; à peine même vous accorde-t-on celui de l'être.

Clotilde était dans ce cas.

Au dehors, objet des hommages que sa beauté lui attirait; au logis, en butte à toutes les humiliations; reine dans le monde, esclave dans son intérieur, élevée par la dure pitié de sa cousine, Mᵐᵉ la marquise de Kéroualle, Clotilde cachait aux yeux de tous l'espèce de servitude où elle vivait; servitude dont on aurait été fort étonné qu'elle ne se montrât pas reconnaissante.

Le comte de Kéroualle, père de Clotilde, nous l'avons dit plus haut, était mort ruiné.

Toute sa famille se composait, au moment de son décès, d'un fils, Jean de Kéroualle, assez mauvais sujet, cause en partie de la ruine de son père. Jean de Kéroualle, pour réparer ses désordres, s'était lancé, en aventurier, dans des expéditions hasardeuses et lointaines, où il avait rencontré, non la fortune, mais la mort.

C'était depuis son départ que Clotilde était née, et elle s'était trouvée, quand elle perdit son père, seule, à cinq ans, avec une vieille tante qui l'avait élevée et qui l'aimait tendrement.

Mais cette tante, Mˡˡᵉ Béatrix de Kéroualle, avait pour toute fortune six cents livres de rentes, avec lesquelles il lui était impossible de subsister, elle et sa nièce Clotilde, et de subvenir aux frais de l'éducation de celle-ci.

Il lui fallut donc, à son grand désespoir, accepter les

offres généreuses du marquis de Kérouallé, chef de la branche aînée, qui proposait de prendre avec lui sa petite cousine.

Mais le marquis ne se chargeait que de sa jeune parente, et la pauvre tante Béatrix, forcée de se séparer de son enfant chérie, avait trouvé, aux environs de Nancy, une communauté religieuse, qui, moyennant ses six cents livres de rentes, l'avait prise en pension.

A peine, une fois par an, la tante trouvait-elle, pour voir sa nièce, le moyen de faire le voyage de Nancy à Paris ou en Bretagne, mais toutes les semaines, du moins, elles s'écrivaient.

A l'une, âgée et malade, il fallait des soins; à l'autre, jeune et déjà malheureuse, des consolations; et leur lettres étaient le seul remède aux souffrances de l'une et aux chagrins de l'autre.

Environnée, comme elle l'était, de cœurs égoïstes et envieux, qui la détestaient, en famille, et qui envisageaient comme autant de mortelles injures ses charmes et ses succès, Clotilde, bonne, tendre et expansive, était obligée de refouler en elle-même tous les nobles élans, tous les sentiments généreux, qu'elle eût voulu répandre autour d'elle.

Ses succès même, loin de la rendre vaine, l'avaient parfois profondément affligée et humiliée.

Tel jeune homme, attiré dans le monde par sa rare beauté, lui avait souvent prodigué d'ostensibles hommages, qu'il s'était hâté de retirer en apprenant qu'elle était sans fortune.

Aussi sa fierté se révoltait parfois contre les éloges dont on l'accablait, et, pour diminuer le nombre ou les exagérations de ses adorateurs, elle se hâtait de jeter en avant, avec un gai sourire, quelques phrases généreuses, qui les avertissaient du danger, quelque allusion indirecte à sa pauvreté, moyen qui ne manquait presque jamais son effet.

Aux yeux de bien des gens, la manière dont on leur rend un service les dispense plus ou moins de reconnaissance. Clotilde n'était point de ces personnes-là.

Elle n'avait jamais oublié que le marquis de Kéroualle, et après lui, sa veuve, avaient offert à son enfance un asile et un appui. Aussi ni la sécheresse du cœur, ni le manque d'égards, ni le reproche même des bienfaits, le plus sensible des outrages, rien n'aurait pu, à ses propres yeux, justifier l'ingratitude.

Une seule compensation à ses chagrins s'était offerte à elle depuis quelque temps; c'était la possibilité de s'acquitter, indirectement, des services qu'on lui avait rendus jusqu'alors.

La marquise de Kéroualle, nous l'avons dit, avait trois filles.

Élodie, beaucoup plus âgée que les autres et qui venait de se marier, avait eu, sinon beaucoup d'éducation, du moins beaucoup de maîtres. On lui en avait donné de toutes sortes. Éducation à peu près inutile qui cependant n'avait pas été tout à fait perdue.

Quelqu'un en avait profité.

C'était Clotilde, qui avait étudié avec un zèle et une ardeur au-dessus de son âge.

Elle allait moins dans le monde que ses cousines, ou, pour mieux dire, elle ne sortait presque pas, et le temps passé à la maison était consacré à un travail devenu pour elle une consolation. Elle avait fait des progrès rapides et étonnants, dont nul n'avait été le témoin et dont personne ne l'avait jamais complimentée.

Après le mariage d'Élodie qu'il avait fallu doter, Mme la marquise de Kéroualle ne cacha pas l'intention où elle était d'augmenter encore, s'il était possible, l'économie qui régnait déjà dans sa maison. Clotilde lui proposa hardiment de remplacer, auprès de ses jeunes cousines, les maîtresses de piano, de dessin, d'histoire, de langues anglaise et italienne, etc., etc., fonctions qu'à la surprise générale elle remplit à merveille, et qui épargnaient à la marquise plus de deux mille francs par an.

Ainsi Clotilde, qui était déjà d'âme de compagnie et presque femme de chambre de la marquise, se trouvait l'institutrice de ses deux filles, lesquelles, au lieu de lui en savoir gré, la détesteront dès ce jour, comme cousine et comme gouvernante.

On se doute bien que ce récit, ou plutôt ces confidences, avait été souvent interrompu par les exclamations de Fleurette; mais ici son indignation ne connut plus de bornes:

— Vous, ma marraine, qui mériteriez tant de respects et d'adorations, vivre ici, dans un état d'esclavage! Mais moi, pauvre fille, je suis plus heureuse que vous, je suis libre.

— C'est vrai! mais rassure-toi, cela ne durera pas.

— Vous avez un projet? dit vivement Fleurette.

— Oui, dès que ma tâche sera terminée, dès que mes cousines seront mariées.

— Elles ne le seront jamais!... qu'ont-elles pour qu'on les épouse?

— Leur dot! Enfin, dès que ma dette sera payée, dès que j'aurai fait, du moins, tous mes efforts pour l'acquitter, voici le dessein que j'ai formé depuis longtemps avec ma tante Béatrix.

Fleurette redoubla d'attention.

— Il y a en Bretagne, où je suis née et où j'ai presque toujours habité, un endroit nommé Saint-Gildas, situé au bord de la mer, au milieu des rochers, et qui domine l'Océan. Là, on respire un air pur et libre. Là, se sont réunies de pieuses sœurs, qui se sont consacrées à l'éducation de l'enfance et au soulagement de la vieillesse. J'ai, de ma mère, des dentelles et une bague que j'ai précieusement conservées. Tout cela, dit-on, vaut près de mille écus. Grâce à cette somme, les sœurs de Saint-Gildas consentiront à me recevoir parmi elles.

— Vous! religieuse!

— Avec ma tante Béatrix, qu'on me permettra de garder près de moi.

— Vous religieuse! répéta Fleurette avec un accent de douleur.

— Oui, répondit Clotilde avec exaltation, j'entrerai en religion; mais une religion active, utile, qui ne se contente

Il entrait au moment où Ludovic examinait attentivement la fleur,
à feuilles pourpres que Fleurette venait de lui donner.

pas de prier, qui agit, qui sert Dieu en secourant son prochain ; qui s'occupe du passé et de l'avenir, de la vieillesse et de l'enfance ; qui tend la main au vieillard chancelant et à la jeune fille, comme toi, près de tomber. Ah ! ce sera une belle et noble tâche !

— Mais enfin, s'écria Fleurette désolée, ce sera un couvent ! Voyons, ma marraine, vous détestez donc le monde !

— Non pas, dit Clotilde en souriant, et ce monde, qui s'ouvrait pour moi, m'offrait, au printemps de la vie, bien des espérances et bien des charmes.

Que de rêves, dont je m'étais déjà bercée ! que de joies m'enivraient de leurs illusions ! combien de devoirs même, pour lesquels mon cœur me semblait né, et qui devenaient des plaisirs ! Un ménage à soigner, un mari à aimer, des enfants à élever, enfants qui m'entoureraient de leurs caresses. Ah ! ce n'est pas sans regrets que l'on renonce à de tels bonheurs et même à de tels rêves ! Mais quand la raison parle, mon enfant, il faut se soumettre ; quand le devoir commande, il faut obéir.

— Et renoncer à tout cela, s'écria Fleurette avec colère, faute d'une dot ! faute d'argent ! quand tout le monde en gagne autour de vous. Pourquoi, ma marraine, les hommes seuls ont-ils ce privilège ?

— Pourquoi ? dit Clotilde, en secouant la tête, ce serait trop long à t'expliquer.

— Est-ce que nous n'avons pas, nous autres, autant d'intelligence et d'esprit que les hommes ! Quant à moi, dans mon état de bouquetière et dans le peu que j'ai vu, il m'a semblé qu'ils n'étaient pas déjà si forts et si habiles ! Voyez-vous, ma marraine, on ne m'ôtera pas de l'idée que j'ai là, et elle se frappait le front, assez d'intelligence, de finesse, de combinaisons et d'activité, pour faire une fortune... et je dis une belle fortune.

— C'est possible, dit gaiement Clotilde.

— Pourquoi donc alors, vous qui m'êtes si supérieure de toutes les manières, vous qui savez tout, quand je ne sais rien, n'arriveriez-vous pas aussi ?

— Toi, dit Clotilde en l'interrompant, c'est possible...
mais moi, jamais!

— Comment cela?

Sa marraine lui fit comprendre alors, non sans peine, que son nom, son rang et sa naissance la condamnaient à ne rien faire; que la femme du peuple pouvait se suffire à elle-même et arriver, dans de certaines limites, à la fortune, mais que, pour la grande dame, tombée dans la misère, c'était bien différent, et que, plus elle avait reçu de sa noble famille une position et une éducation élevées, et moins elle avait le droit de se livrer à un travail, quel qu'il fût.

Fleurette, désolée, mais non convaincue, baissa la tête en silence, et se dit en elle-même :

— S'il en est ainsi, je ferai fortune pour nous deux.

Le lendemain Clotilde et la marquise partaient pour la Bretagne, et Fleurette, docile aux ordres de sa marraine, allait prendre sa première leçon de lecture et de catéchisme.

DEUXIÈME PARTIE

I

Plus de deux mois s'étaient écoulés depuis le départ de Clotilde, et, si le lecteur veut bien nous suivre, nous lui demanderons la permission de le conduire dans le passage de l'Opéra, non pas à son entrée sur le boulevard, mais du côté qui donne sur les couloirs du théâtre.

Nous le prierons de s'arrêter un instant devant une petite boutique de fleurs, propre, élégante et même assez coquette, mais bien exiguë, car elle se compose d'une seule pièce, contenant à peine deux ou trois mètres carrés.

Dans le passage de l'Opéra les loyers sont chers.

Une jeune fille est assise dans le comptoir, au milieu des fleurs; sa physionomie sérieuse, et même un peu triste, contraste avec son riant entourage. Pour la première fois, le sourire ne court point sur ses lèvres vermeilles; quelques plis même rident son front, d'ordinaire si blanc et si pur.

La joue appuyée sur sa main et le coude placé sur le comptoir, elle lit et relit attentivement une lettre ouverte devant elle, car Fleurette, — c'est elle, — Fleurette sait lire maintenant. Bien plus, elle sait écrire, avec moins de perfection, il est vrai.

Ses caractères, grandement dessinés, conservent encore la physionomie de la page d'écriture, et se renfermeraient difficilement dans les dimensions du billet doux; mais enfin ils se font lire.

Il faut convenir aussi que, depuis plus de deux mois, elle a travaillé comme elle se l'était promis, jour et nuit, avec une assiduité et une persévérance qui n'appartenait qu'à elle.

Elle a cessé de voir Michelette et ses compagnes de l'atelier; plus de parties de plaisir, plus de promenades, même le dimanche.

Les commencements ont été rudes, puis le travail est devenu plus facile, puis, le progrès aidant, il s'est changé en plaisir. Elle comprend déjà que l'obligation qui lui a été imposée par Clotilde est un moyen de réussite et de fortune, et cette fortune, qu'elle rêve maintenant, non plus pour elle, mais pour sa marraine, est le but constant de tous ses désirs, ambition extravagante si l'on veut, mais excusable, car celle-là vient du cœur.

Dès que Fleurette a pu déchiffrer l'écriture, elle s'est empressée de lire, de lire elle-même (c'était un grand bonheur) la lettre d'un ami, celle de Guillaume, qu'elle n'avait voulu confier à personne, et elle avait bien fait.

Cette lettre, qu'elle croyait une simple lettre d'envoi, ou d'avis, était plus importante; c'était elle qu'elle relisait encore dans ce moment; la voici textuellement:

« Mademoiselle Fleurette,

« Je suis arrivé au pays en bonne santé, et, dès ma pre-
« mière promenade, j'ai rencontré sous mes pieds, dans
« la neige, les fleurs rouges que vous aimiez tant, et dont
« nous avons causé à Paris si souvent, chez vous et chez
« moi, au coin de la rue de Navarin.

« Je ne vous dirai pas que ça me fait penser à vous,
« parce que j'y pense toujours; mais ça m'a donné l'idée
« de vous les envoyer, croyant que ça vous ferait plaisir,
« venant du pays, et peut-être aussi venant de moi...
« Peut-être que je me trompe; vous me le direz.

« J'ai consulté sur cette fleur notre curé, qui m'a dit
« son nom et qui me l'a écrit lui-même, car je n'aurais
« jamais pu me le rappeler: c'est l'*alpestris stella*, de la
« famille des *rhododendrum ferrugineum*, que nous appe-
« lions tout uniment: *l'étoile* ou *la rose des Alpes*. Ça ne
« croît, dit-il, qu'au milieu des neiges, à quatre ou cinq
« mille pieds au-dessus du niveau de la mer.

« Ça se conserve l'hiver; aussi, mademoiselle, je vous
« en enverrai tant que vous voudrez par le chemin de fer
« de Bâle et de Strasbourg, ça arrive le surlendemain, et,
« quant au port, laissez-moi vous faire ce cadeau.

« J'ai fait une succession de mon oncle, qui m'a laissé
« une métairie, et je suis riche: je le suis même plus
« que vous, ce qui, avant mon départ, m'avait enhardi à
« monter chez vous, pour vous dire que je vous aimais et
« vous demander si vous vouliez de moi pour mari; ce
« dont je n'aurais voulu qu'autant qu'il y aurait du réci-
« proque de votre côté, et je ne le crois pas.

« Vous êtes trop jeune, ce n'est pas votre faute; je ne
« le suis pas assez, ce n'est pas la mienne.

« Vous avez déjà, sans le vouloir, deux amoureux.

« Jugez si vous le vouliez! Vous êtes sage, je le sais,

« mais ça ne dure pas longtemps, quand on a autant de
« plaisir que vous en aviez à regarder les chaînes d'or et
« les bijoux.

« C'est ce qui m'a fait peur : je ne peux pas vous en
« donner. Vous ne trouverez ici qu'un pauvre garçon, qui
« vous aime depuis longtemps, et un bon mari qui vous
« aimera toujours. Si ça vous suffit, venez, je vous attends.
« Si ça ne vous suffit pas, ne venez pas : nous serions
« malheureux tous deux. Vaut mieux qu'il n'y en ait
« qu'un. »

Cette lettre, si pleine de raison, qui arrivait à Fleurette
après sa conversation avec Clotilde, lui faisait envisager la
vie sous un aspect bien différent. C'était un mari qui se
présentait, un honnête et brave garçon que sa marraine
lui aurait conseillé d'accepter.

Mais, tout en appréciant les bonnes qualités de Guillaume, elle ne l'aimait pas, et puis, dans ce moment, nous
l'avons dit, d'autres idées l'absorbaient tout entière, des
idées de fortune et d'ambition.

Elle avait répondu à Guillaume une lettre aussi brève
que possible et qui lui avait cependant coûté deux ou trois
jours de composition, en voici le sens :

« Une affaire d'où dépend mon sort m'occupe en ce mo-
« ment, mon bon Guillaume ; accordez-moi, pour la ter-
« miner, deux années encore. Si alors vous me jugez
« digne de vous, je crois bien que je vous prendrai pour
« mari.

« D'ici là, envoyez-moi toutes les semaines, par le
« chemin de fer, une caisse de ces fleurs que votre curé
« appelle *alpestris stella*, à condition, bien entendu, que
» cette caisse, je la payerai ; sinon, je refuse. »

Fleurette, on le sait déjà, était économe et active, prudente et hardie à la fois ; c'est-à-dire qu'elle avait tout ce
qu'il fallait pour réussir dans le commerce, surtout dans
celui des fleurs, qu'elle entendait maintenant à merveille.

Elle savait combien la futilité, la mode, le caprice y

jouent un grand rôle. Elle avait vu la vogue s'éloigner de telle boutique, sous le prétexte le plus frivole, et s'attacher tout à coup à telle autre, pour une cause plus futile encore.

En lisant la lettre de Guillaume, une pensée soudaine lui était venue. Elle s'était dit que si, l'hiver prochain, la mode, c'est-à-dire la société parisienne, pouvait prendre sous sa protection ces fleurs des Alpes, à peu près inconnues à Paris, il y avait là, pour elle, une fortune.

Sous l'empire de cette idée, elle employa toutes ses économies, placées à la caisse d'épargne, à louer et à orner une petite boutique dans le passage de l'Opéra.

M. Rymbaud, son ancien protecteur, vint à son aide : il garnit sa boutique des premières plantes de serre qui lui étaient indispensables. Quant à l'*alpestris stella*, de la famille des *Rhododendrum ferrugineum*, ce fut Guillaume qui prit soin de l'en approvisionner.

Mais la rose ou l'étoile des Alpes, malgré ses belles couleurs de pourpre, excitait peu la curiosité.

En vain la boutique était fraîche et attrayante, et la marchande encore plus, elle n'était pas connue, on ne venait pas chez elle exprès, et ceux qui passaient devant ses vitraux ne s'y arrêtaient pas. Son loyer, qui était considérable, durait toute l'année, et les fleurs, qu'on les vendît ou non, ne duraient qu'un jour, excepté l'étoile des Alpes, fille du froid et de la solitude, qui continuait à y vivre et se trouvait dans son élément.

Loin de marcher à la fortune, Fleurette avait fait une mauvaise spéculation, et voyait peu à peu disparaître ses capitaux.

C'étaient là les réflexions auxquelles elle se livrait, quand nous l'avons vue, au commencement de ce chapitre, la joue appuyée sur sa main, et relisant la lettre de Guillaume.

De tous ses créanciers, c'était le moins redoutable ; d'abord, elle ne s'était pas beaucoup engagée avec lui, et elle avait deux ans pour s'acquitter. Mais son propriétaire, mais M. Rymbaud, il fallait les payer à la fin du mois !... Comment faire ?

Fleurette ne manquait ni d'esprit, ni d'imagination, ni de finesse, et l'espèce d'éducation qu'elle avait reçue depuis quelques mois, les journaux et les affiches, qu'elle pouvait lire maintenant, l'avaient mise un peu au courant des annonces, des réclames, des moyens enfin par lesquels on achète à bon marché, de nos jours, le mérite et la réputation; mais quelque réduits qu'en soient les prix, ils sont toujours chers, pour qui n'a rien, et Fleurette en était là; la caisse de son comptoir était vide.

Aucun acheteur ne s'était présenté dans la journée, l'horloge du passage de l'Opéra venait de sonner minuit, cette heure, qui d'ordinaire est celle du repos, se trouvait ce jour-là l'heure la plus bruyante.

On était dans le carnaval, une foule inusitée de masques et de dominos se pressait dans les deux passages, et, excepté les magasins de costumes, de bonbons et de pâtisseries, toutes les boutiques, y compris celle de Fleurette, étaient déjà fermées. Il lui fallut, triste et découragée, songer à rentrer chez elle, car elle n'habitait sa boutique que pendant le jour et demeurait toujours rue de Navarin.

Elle médita vingt projets plus ingénieux et plus inexécutables les uns que les autres, pour sauver sa maison de commerce et son crédit menacés, et cette nuit fut pour elle la plus agitée qu'elle eût encore passée.

Le jour commençait à paraître quand elle rentra à sa boutique, et elle paraissait aussi fatiguée que si elle fût revenue du bal de l'Opéra.

Le bruit et la circulation s'établissent vite dans tous les quartiers de la grande ville; déjà les voitures roulaient sur le boulevard, les magasins et les cafés s'ouvraient, les marchands étaient à leur comptoir, et les gens qui achètent, qui déjeunent ou qui flânent, étaient déjà à leur poste.

Il n'était pas loin de midi, quand Fleurette, qui, inquiète, attendait vainement les clients, vit entrer un petit jeune homme élégant, tenue du matin, l'air dégagé, le bon ton de la finance; c'était un quart d'agent de change.

— Mademoiselle, je voudrais des fleurs... des fleurs...

— Lesquelles, monsieur?

— Je ne sais plus le nom. Une espèce de fleur... scientifique... que les savants seuls devraient porter à leur boutonnière, et que je tiens à mettre à la mienne.

— Une nouvelle espèce de rhododendron, l'*alpestris stella?*

— Précisément, mademoiselle.

— Une fleur qu'on ne trouve qu'ici, dit Fleurette.

— C'est ce qu'on prétend.

— La voilà, monsieur.

— Je la reconnais. Une fleur rouge, d'un rouge superbe, belle couleur... et pas d'odeur, dit-il en la respirant, c'est étonnant !

— Elle est comme cela, monsieur.

— Je ne dis pas non, mais c'est étonnant. Combien, mademoiselle?

— Cinquante francs, monsieur, dit timidement Fleurette.

— Ah bah! fit le jeune homme, étonné.

— Songez donc, monsieur, qu'on la fait venir exprès des montagnes de Suisse, du Righi, où on l'a cueillie avant-hier.

— Je comprends... d'autant mieux que je connais la Suisse, le Righi.

— Vous êtes allé en Suisse, monsieur?

— Non, mais j'ai un frère qui a bien manqué y aller... beau pays!... belles fleurs!... mais cinquante francs!... c'est un prix fabuleux... sans compter, fit-il en la respirant encore, qu'elle n'a pas d'odeur. Je vais déjeuner au café Riche : je verrai, en repassant, si l'*alpestris stella* est en baisse.

Fleurette, restée seule, réfléchit.

— Cinquante francs, dit-elle, j'ai eu tort. C'est trop bon marché, le grand monde ne m'achètera pas.

Un instant après, parut un gentleman, l'air grave, distingué, trente-six ans à peu près. Il avait évidemment laissé sa voiture sur le boulevard, à l'entrée du passage, car il était suivi d'un domestique, en grande livrée, qui resta à la porte de la boutique; lui et sa livrée n'y auraient pu tenir.

— Mademoiselle, je voudrais un nouveau genre de rhododendron, l'*alpestris stella.*

— Voici, milord.

— Combien, mademoiselle ?

Fleurette n'hésita pas, et répondit hardiment :

— Cent francs, milord.

Le gentleman mit froidement les cent francs sur le comptoir, attacha le rhododendron à sa boutonnière, et sortit gravement, suivi de son domestique.

— J'avais raison, dit Fleurette, c'était le taux véritable.

Un jeune homme, venu du faubourg Saint-Germain et se rendant au bois de Boulogne, descendit à l'entrée du passage, laissant son cheval aux mains de son jockey, il entra dans la boutique d'un air affairé ; il voulait à tout prix une certaine fleur, qu'il lui fallait pour le matin même, et qu'il acheta sans marchander.

Un instant après, un jeune attaché d'ambassade demandait aussi une étoile des Alpes, qui lui était indispensable pour sa promenade au bois de Boulogne ; fleur admirable, disait-il, qu'il ne regarda même pas et qu'il emporta d'un air rêveur.

Fleurette, les yeux rayonnants de joie, serrait son trésor dans sa caisse ; mais tout à coup elle devint grave et sa physionomie prit une expression sérieuse, à l'aspect de la personne qui entrait en ce moment dans sa boutique.

C'était Ludovic Durussel, qui lui-même pâlit en l'apercevant. Il ne l'avait pas vue depuis l'aventure de Charlotte, et, quelque froissé que fût son amour-propre, il n'en voulut rien laisser paraître, et affectant une grande gaieté :

— Est-il possible ! s'écria-t-il ; toi, Fleurette, maîtresse de cette modeste et charmante boutique ! J'y venais pour chercher une fleur inconnue et j'en trouve une de ma connaissance, car nous sommes toujours amis, n'est-ce pas ? continua-t-il d'un air qu'il s'efforçait de rendre léger ; moi, j'ai un bon caractère.

J'ai été enchanté de ta trahison, qui m'a causé une surprise charmante, dont j'ai profité. Cette petite Charlotte;

ton amie, que tu avais envoyée pour te remplacer, s'est acquittée, à merveille, de ta commission.

J'ai du bonheur depuis quelques jours; cette nuit encore, au bal de l'Opéra, continua-t-il avec une nuance de fatuité plus prononcée, j'ai été intrigué par un domino délicieux, une jeune comtesse, que j'ai parfaitement reconnue; elle me donne rendez-vous aujourd'hui au bois de Boulogne, à deux heures. Elle me permet d'accompagner sa calèche, d'être son chevalier et même de porter ses couleurs... une fleur étrangère qui brillait sur son domino, l'étoile des Alpes, merveille qu'on ne trouve, dit-elle, que dans cette boutique, est-ce vrai ?

— Oui, monsieur... dit Fleurette un peu troublée.

Dans ce moment, entra dans la boutique un jeune seigneur de vingt à vingt-cinq ans ; je dis un jeune seigneur, parce que ce devait être là le type du vrai gentilhomme, comme l'entendaient nos pères ; la taille élégante et élevée ; les yeux doux et fiers ; la physionomie gracieuse et avenante ; la mise riche et pourtant d'un goût parfait ; enfin, dans toute sa personne régnait cette distinction de manières qui faisait dire autrefois des ducs de Guise : Auprès d'eux, tous les autres *princes* ont l'air *peuple*.

Il entrait au moment où Ludovic examinait attentivement la fleur, à feuilles pourpres, que Fleurette venait de lui donner.

— C'est la dernière étoile des Alpes, lui disait Fleurette. Je n'en aurai pas d'autre avant demain.

— Je la prends, s'écria vivement le jeune inconnu.

— Permettez, monsieur, dit Ludovic, je l'examinais.

— Vous ne l'aviez pas encore achetée, monsieur, dit l'inconnu en souriant.

— Mais je pouvais l'acheter, dit sèchement Ludovic. Je venais même pour cela.

— Et moi aussi, répondit l'autre acquéreur. Le moyen le plus simple et le plus loyal est donc de la mettre aux enchères.

Parut à la porte de la boutique, le cure-dent à la main, le jeune quart d'agent de change, qui avait fait, au café

Riche, un excellent déjeuner et qui venait savoir si l'*alpestris stella* était en baisse.

— Soit, monsieur, répondit Ludovic, au plus offrant et dernier enchérisseur, comme on dit dans *la Dame Blanche*.

— Combien cette fleur? demanda-t-il à Fleurette en se tournant vers elle, de l'air d'un homme décidé à acheter.

— Mettez vous-même le prix, ma belle enfant, dit gracieusement l'étranger.

— Malgré le nombre des demandes, répondit Fleurette en faisant valoir sa marchandise, nous avons fixé irrévocablement le prix à cent francs.

— Cinquante pour cent de hausse, depuis ce matin, dit le jeune quart d'agent de change, étonné, et qui, par un mouvement machinal, avait tiré son carnet de sa poche.

— Cent francs! dit Ludovic en faisant la grimace, c'est cher; mais n'importe.

— J'en donne deux cents, dit négligemment l'inconnu.

— Y pensez-vous? s'écria Ludovic. Puis, se reprenant, il ajouta d'un air de mauvaise humeur: Je mets cinq francs de plus.

— Cinq cents francs, dit lentement l'inconnu.

Voyant le silence causé par l'étonnement général, l'inconnu s'écria:

— Personne ne dit mot, adjugé!

Il présenta le billet de banque de cinq cents francs à Fleurette.

— Qu'est-ce que ceci? dit-elle, le repoussant de la main.

— Ce que je vous dois, le prix offert.

— Par vous, répondit la bouquetière, mais non par moi. Il n'y a ici qu'un prix, celui que je fais; je n'en reconnais pas d'autre.

Monsieur, dit-elle en montrant le jeune quart d'agent de change, n'a pas voulu ce matin me donner assez, et vous voulez maintenant me donner trop; je n'entends pas qu'on me marchande ni en moins ni en plus. C'est *cent francs*.

— Voilà une marchande singulière, dit l'inconnu en la

regardant attentivement, et, de plus, une jolie marchande! Voyons, dit-il en souriant et roulant le billet entre ses doigts, n'y aurait-il pas moyen d'arranger cette affaire-là?

— Non, dit Fleurette d'un ton sec. Cent francs! c'est à prendre ou à laisser.

— Je prends donc, s'écria l'inconnu en s'emparant de la fleur qu'il attacha à sa boutonnière; et je te prie de m'envoyer chaque matin, chez moi, une de ces fleurs.

— Où cela? dit vivement Fleurette.

Si les deux autres spectateurs de cette scène ne prononcèrent pas le même mot, ils firent, malgré eux, un même mouvement interrogatif.

L'étranger tira de sa poche une carte de visite, qu'il déposa sur le comptoir de Fleurette et s'éloigna, après avoir fait aux deux jeunes gens un gracieux salut.

Heureuse de savoir lire, Fleurette s'empressa de saisir la carte, et au-dessous d'un écusson et d'une devise espagnole qu'elle ne comprit pas, elle vit ces mots:

Duc d'Olona, faubourg Saint-Honoré.

— Duc d'Olona! s'écria l'agent de change en herbe, ça ne m'étonne plus.

— Fernand d'Olona? dit Ludovic, je crois bien! c'est dix mille francs qu'il aurait dû te donner!

— Pourquoi? demanda Fleurette avec curiosité.

— Pourquoi? dit l'agent de change en haussant les épaules.

— Pourquoi? répéta Ludovic avec mauvaise humeur, tout le monde te le dira.

Tous les deux sortirent de la boutique.

Depuis ce jour, il fut convenu et établi à la Bourse, au Conseil d'État, dans le corps diplomatique, enfin dans le monde élégant, que l'*alpestris stella* était hors de prix et qu'on ne la trouvait qu'au passage de l'Opéra, chez Fleurette, la bouquetière.

II

Le duc d'Olona, père du jeune duc actuel, était un ami du marquis de la Romana, de Riego, de ces nobles et vaillants Espagnols qui avaient défendu, au prix de leurs biens et de leur sang, l'indépendance du pays et les droits du souverain.

Aussi, au retour de ce roi, qui avait refusé de tenir les engagements qu'ils avaient pris en son nom, furent-ils tous condamnés, exécutés ou exilés, et Ferdinand VII, dont ils avaient conservé la couronne, leur prouva sa reconnaissance en confisquant leurs biens.

Entièrement ruiné, car il s'était trop occupé de son pays pour s'occuper de sa fortune, le duc d'Olona alla chercher un refuge dans l'Amérique du Sud, dans les colonies espagnoles qui commençaient à se détacher de la métropole.

Il rencontra là un exilé comme lui, un Français, un général célèbre dans les guerres de l'Empire, qui, proscrit par une des amnisties de Louis XVIII, n'avait d'autre moyen de vivre que son travail, d'autre consolation que sa fille, l'ange de son exil.

Le duc d'Olona ne put la voir sans l'aimer.

Il n'avait à lui offrir ni titres, ni fortune, mais une vie de misères et de souffrances ; elle l'accepta et partagea, avec un dévouement héroïque, toutes les chances de sa destinée, l'exil, la fuite, la prison, et même la guerre, car plus d'une fois elle le suivit jusque sur les champs de bataille.

La lutte fut longue ; mais, après le triomphe, les républiques du Nouveau-Monde, moins ingrates que les rois, récompensèrent dignement le général auquel elles devaient leur liberté. Non seulement on lui prodigua les commandements et les honneurs ; non seulement on le nomma plusieurs fois président; mais à lui et à sa veuve on décerna des récompenses nationales.

On leur accorda des terres d'une immense étendue, tout un pays, des prairies, des forêts, des montagnes où, plus tard, on découvrit des mines d'or, qu'exploita une habile industrie.

Mᵐᵉ d'Olona n'avait eu qu'un enfant, un fils, et c'était dans les dernières années de son mariage; aussi, après la mort de son mari, elle se consacra entièrement à l'éducation de Fernand, désormais son seul amour.

Mᵐᵉ d'Olona était Française et n'avait jamais oublié son pays.

Elle avait donné à son fils une éducation toute française, éducation qu'elle n'avait jamais cessé de surveiller; des maîtres habiles s'étaient chargés de cultiver son intelligence et d'orner son esprit; elle seule s'était occupée de son cœur, et s'était efforcée de lui transmettre toutes les nobles qualités dont le sien était doué.

Lasse des discordes de la guerre, dégoûtée de l'ambition, fatiguée des orages, elle voulait que la carrière de son fils fût paisible et heureuse. Pour cela, elle lui avait inspiré l'amour de l'étude et des arts, les goûts qui élèvent l'âme et l'ennoblissent.

Elle avait surtout cherché à lui inspirer un sentiment, en honneur chez nos pères et bien rare de nos jours, le respect pour les femmes; elle avait réussi sans peine; Fernand n'avait eu qu'à regarder sa mère et à penser à toutes les vertus dont elle était le modèle.

Mᵐᵉ d'Olona ne parlait à Fernand que de la France; d'importantes affaires, des raisons de haute convenance la retenaient encore en Amérique, mais elle disait souvent :

— Si nous ne pouvons revoir ensemble les lieux où je suis née, promets-moi, mon fils, que tu y retourneras après moi, que tu y porteras cette fortune que ton père a conquise par ses travaux et payée de son sang. C'est là, promets-le moi, que tu choisiras ta femme; c'est là que, plus heureux que moi, tu finiras tes jours.

Fernand l'interrompait en l'embrassant et lui disait :

— Rassurez-vous, ma mère, nous y retournerons ensemble.

Il n'eut pas ce bonheur.

Un fléau qui sévissait alors, la fièvre jaune, lui enleva sa mère, et longtemps ses jours, à lui-même, furent en danger, par suite des soins qu'il lui avait prodigués.

Rien ne le retenait plus dans ce lieu fatal. Chaque pas, au contraire, lui rappelait un cruel et douloureux souvenir. Obéir fidèlement à sa mère, alors même qu'elle n'était plus, lui semblait son premier devoir.

Il réalisa en partie l'immense fortune dont il était maintenant le seul propriétaire. Des lettres, qu'il avait reçues d'Espagne, lui apprenaient qu'on venait de lui rendre les titres et les biens de son père.

Il était trop riche.

Fils de l'ancien président d'une république, il était duc et grand d'Espagne. Il était mieux que tout cela : il était jeune, et la vie s'ouvrait pour lui avec toutes ses illusions.

Le respect que sa mère lui avait inspiré pour les femmes avait été si bien compris par lui, que, du respect à l'adoration, la transition avait été plus facile qu'il ne le croyait. Il avait pour elles un culte profond et sérieux, joint à une galanterie chevaleresque et passionnée.

En Espagne, où il avait débarqué d'abord à Madrid, à la cour de la reine, le jeune duc Fernand d'Olona avait obtenu les plus grands succès, et à Paris, où il était arrivé depuis six mois, c'était le héros des salons, le roi de la mode.

On s'extasiait sur la beauté de ses chevaux et de ses équipages, sur le luxe royal de son hôtel du faubourg Saint-Honoré, sur la magnificence de ses jardins et de ses serres, sur la richesse et le bon goût de ses ameublements, mais il avait surtout une galerie de tableaux que peu de gens étaient admis à voir, et dont tout le monde disait merveille.

Cette galerie ne contenait que des portraits, des bustes ou des statues de femmes, des groupes antiques, des marbres de Canova, des toiles du Titien, du Tintoret, du Corrège, de Raphaël; une collection complète de celles de Greuze, et chaque jour il l'augmentait de nouveaux chefs-d'œuvre anciens ou modernes, achetés à tout prix.

Ami de la beauté dans les arts, et surtout dans les femmes, il s'arrêtait devant les lignes d'un profil régulier, d'un ovale gracieux, ou d'un cou bien attaché; devant une taille souple, élégante, devant une main blanche aux doigts roses et effilés, comme il se serait arrêté devant un beau tableau ou une belle statue; ce n'était pas de l'amour; c'était, comme nous l'avons dit, le culte, l'adoration du beau!

Du reste, ses bizarreries ne blessaient personne, et la manie qu'il avait d'admirer les jolies femmes ne lui avait fait encore aucune ennemie.

La maréchale de Boufflers disait à son fils : « Voulez-vous réussir dans le monde, mon fils, soyez amoureux de toutes les femmes. »

Fernand avait, sans y penser, mis en pratique ce système.

Dans un salon, il était aimable et galant avec toutes : la jeune femme, la jeune fille et même la grand'mère semblaient avoir un droit égal à ses hommages; il disait comme dans ces jolis vers de Demoustier :

> L'une plaît, l'autre a plu; l'autre commence à plaire;
> Son cœur, ivre d'amour, d'espoir, de souvenir,
> Adorait le présent, le passé, l'avenir.

On juge si, avec un caractère pareil, sans parler de son nom, de sa figure et de ses immenses richesses, les bonnes fortunes durent lui manquer.

Et pourtant on ne lui connaissait encore aucune passion sérieuse. Nouveau mérite : il était discret; ou, peut-être, il adorait trop toutes les femmes pour en aimer véritablement une seule.

L'Opéra, cela va sans dire, avait dirigé contre lui toutes ses batteries; plus d'une jeune nymphe l'avait quelque temps enchaîné, aimé et même trahi.

Le trahir, lui! direz-vous? Eh! mon Dieu! oui! lui-même! comme tout le monde. Il avait accepté ses triomphes comme ses revers, en parfait gentilhomme. En la quittant, il comblait de ses généreux souvenirs l'ingrate même qui l'avait trompé, et, résigné à son sort, il s'éloignait en répétant :

— Qui plaît est roi ! Qui ne plaît plus n'est rien !

Un soir, à l'époque où nous sommes arrivés, c'était l'époque du carnaval, on avait vanté, devant lui, les bals masqués de l'Opéra et ses célèbres saturnales dont chacun parlait alors, mais que, dans le monde comme il faut, personne n'avouait avoir vues.

Dans une ville telle que Paris, un étranger, un jeune homme tient à tout connaître par lui-même. Fernand ne communiqua son projet à personne, s'enveloppa d'un grand domino noir et se rendit incognito et seul au bal.

Il n'y était pas depuis plus d'un quart d'heure, que déjà le dégoût s'était emparé de lui. Il était l'homme auquel un tel spectacle pouvait le moins convenir.

Las de ces ignobles orgies où la jeunesse française allait chercher alors les leçons d'élégance, de politesse et de bon goût qu'elle a portées, depuis, dans la littérature et dans la société, le duc d'Olona s'était réfugié dans le foyer.

Là seulement pouvaient s'offrir à lui quelques traces des anciens bals de l'Opéra, tels que les aimaient nos aïeux. Chaque siècle a son goût.

Alors point de cris, de vociférations, de femmes éhontées ni de danses échevelées, pas même de danses; c'était peut-être bizarre dans un bal; mais celui-là se recommandait par d'autres mérites.

C'était un vaste salon de conversation, où ceux et celles qui avaient de l'esprit pouvaient le dépenser. Rien ne les en empêchait. La liberté du masque ajoutait un charme de plus à la vivacité des attaques et des reparties.

Là se nouaient mille piquantes intrigues qui, même après le carnaval, se prolongeaient et se dénouaient dans nos salons. Souvenirs joyeux qui tempéraient, pour nos grand'mères, la sévérité du carême.

Bals, l'effroi des jaloux ! bals favorables aux amours,

arsenal d'épigrammes et de bons mots où se recrutait l'esprit français et où la gaieté du moins ne coûtait rien au bon goût et à la décence.

En ce moment ce n'était pas tout à fait cela.

On apercevait dans ce vaste foyer une foule considérable de femmes en dominos noirs, et de jeunes gens en costume de ville. L'élégance de certains dominos, la fraîcheur des rubans, la richesse des dentelles trahissaient la femme du monde qui par curiosité avait voulu voir, et qui disait comme Athalie : « J'ai vu. »

Trouvant même qu'elles avaient trop vu, plus d'une avait quitté la salle du spectacle, où se déroulait la ronde infernale, et était venue comme Fernand, chercher un refuge au foyer.

Nous avons dit que Fernand était masqué complètement. Sans cela ces dames l'auraient reconnu et intrigué. Plusieurs jeunes gens déjà, poursuivis par leurs légères épigrammes, se creusaient la tête à deviner le nom de leurs malignes adversaires.

Ludovic était un de ceux-là ; un petit domino, qui venait de lui échapper et de se perdre dans la foule, lui avait dit à l'oreille tel secret, qu'il croyait que personne ne dût savoir.

Ce même domino apparut un instant après, à l'extrémité du foyer, entouré de trois ou quatre jeunes gens attachés à ses pas.

— Laissez-moi, laissez-moi, disait l'inconnue en s'enfuyant.

— Beau masque, où te reverrai-je ? lui disait l'un, en la pressant avec instance.

— Demain, au bois de Boulogne. J'y vais tous les jours.

— A quoi te reconnaîtrai-je ?

— A cette fleur que je porte là à ma ceinture.

— Je n'en ai jamais vu de pareille.

— C'est que tu vas plus souvent au bal qu'au jardin des Plantes.

— Tu as raison, beau masque, je ne suis pas savant.

— Il faut le devenir, ne fût-ce que pour connaître les fleurs.

— En attendant que je le devienne, dis-moi le nom de celle-ci.

— L'*alpestris stella*.

— Une fleur de prix ?

— Oui.

— A laquelle tu tiens, beau masque ?

— Oui.

— Elle te vient d'un amoureux ?

— Tu te trompes, je l'ai achetée tout uniment au passage de l'Opéra, chez Mlle Fleurotte, bouquetière ; je ne t'empêche pas d'en faire autant et de paraître demain au bois de Boulogne...

— Paré de tes couleurs ?

— Oui.

— A côté de ta calèche ?

— Oui.

— Et je te saluerai... je te parlerai ?

— On ne me parle pas.

— Tu es en puissance de mari, beau masque ?

— Peut-être.

— Quand donc te reverrai-je ?

— Ici, dans huit jours. Maintenant laisse-moi.

Le petit domino avait disparu ; mais, un instant après, la jeune femme, rattrapée par un autre cavalier, avait avec lui exactement le même dialogue, à quelques mots près, et puis lui échappait pour se perdre dans la foule.

Fatigué de cette longue et joyeuse promenade, le petit domino, pour jouir d'un instant de repos, venait de se jeter, non loin de la cheminée, sur un divan où était déjà assis un autre domino.

Sous ce masque (cela était facile à reconnaître) il y avait un cavalier qui prenait peu de part aux plaisirs du bal. Il avait l'air endormi ou plutôt ennuyé. Pourquoi ne s'en allait-il pas ? Nous l'ignorons.

Mais il regardait souvent la pendule placée sur la cheminée du foyer, comme un homme qui aurait donné rendez-vous à une maîtresse, à un ami, ou à sa voiture, à trois heures du matin, par exemple, et qui constaterait avec regret qu'il n'en est encore que deux.

L'inconnu ne disait mot; le petit domino gardait le silence.

Trois beaux jeunes gens qui causaient ensemble s'approchèrent de la cheminée, et, tout en se chauffant, continuèrent leur conversation.

On parlait d'une jeune cantatrice qui venait de débuter aux Italiens avec un immense succès. On vantait sa beauté, son talent, sa vertu.

— Le duc d'Olona, dit l'un des jeunes gens, avec qui j'ai dîné aujourd'hui, en a été ravi.

— Il en est amoureux? dit l'autre.

— Non; c'est mon ami, reprit le premier; il n'a rien de caché pour moi. Il m'a montré une lettre qu'il écrivait et qu'il lui enverra demain, une lettre originale.

— En vérité! dirent les deux autres.

— Une lettre charmante, délicieuse et digne de lui.

— Vous la rappelez-vous?

— En voici à peu près le sens : il la complimente d'abord sur sa voix et surtout sur sa sagesse. Il l'engage à y persévérer, lui offrant trente mille francs, si elle continue à être sage; soixante si elle cesse de l'être; et, dans ce cas, lui demande galamment la préférence.

— C'est parfait, s'écrièrent les deux autres jeunes gens; cela seul le peint tout entier.

— Cela seul, répéta à haute voix le petit domino noir, m'en donnerait bien mauvaise opinion.

Cette phrase, lancée par une petite voix claire, au milieu de ce concert d'éloges, produisit un singulier effet. Les trois jeunes gens se récrièrent, le cavalier en domino noir fit un mouvement, mais il se rassit et garda le silence. Quant aux trois jeunes gens, interpellant vivement le petit masque :

— Comment, beau masque, une telle générosité excite-t-elle ton indignation? On a des raisons, on les donne.

— J'en ai, et je ne les donnerai pas.

— Pourquoi ? pourquoi !

— D'abord, parce que je ne le veux pas, répondit gravement le petit masque, et puis parce que j'ai l'idée que vous ne les comprendriez pas.

C'est plus commode, s'écrièrent les jeunes gens.

Et ils s'éloignèrent en riant.

Le petit domino voulut se lever. Le grand domino le retint par la main.

— Pourquoi, beau masque, lui demanda Fernand, car c'était lui, as-tu si mauvaise opinion du duc d'Olona ? Tu le connais ?

— Non.

— Tu l'as vu ?

— Jamais.

— Tu en as entendu parler ?

— Voici la première fois.

Fernand éprouva un léger mouvement de dépit, qu'il eut soin de ne pas faire paraître, et reprit gaiement :

— Comment te le représentes-tu ?

— Vieux et laid.

Fernand partit d'un éclat de rire.

— Vieux et laid... Qui te le fait croire ainsi ?

— Puisque auprès des jeunes filles il a besoin d'argent pour se faire aimer.

Fernand se mordit les lèvres, et, sans son masque, on eût vu la rougeur lui monter au front. Il se rapprocha du petit domino et lui dit :

— Tu es original, beau masque ; mais si tu es juste, tu conviendras, au moins, qu'en cette occasion, les intentions de M. d'Olona sont bonnes et généreuses.

— Ni bonnes, ni généreuses.

— Si tu peux me prouver cela !... dit-il vivement.

— Y tiens-tu ? dit-elle négligemment.

— Beaucoup.

— Eh bien, lui offrir trente mille francs pour rester sage, et soixante pour ne plus l'être, c'est la tenter, c'est l'engager évidemment à choisir ce dernier parti... ce que fera probablement la pauvre enfant.

— Tu crois ? dit Fernand avec émotion.

— C'est toujours ainsi, dit le petit domino avec un soupir ; et qui sera le plus coupable ? Elle ? ou lui ? La jeune fille sans expérience, ou le vieux monsieur ?

— Tu le crois donc toujours vieux ? s'écria Fernand avec impatience.

— Eh mais ! je te l'ai prouvé, j'espère, répondit-elle, et maintenant, beau masque, je suis sûre que toi-même tu n'en doutes pas.

Fernand ne répondit pas et baissa la tête.

— Il est donc vieux, répéta la jeune inconnue d'un ton affirmatif. Pour généreux, c'est autre chose.

Fernand releva la tête.

— Il ne l'est pas du tout, dit-elle en riant. Il ne donne pas, il achète, et peut-être même au dessous de la valeur. Oui, s'écria-t-elle, avec chaleur, qui sait s'il n'y avait pas chez cette jeune fille, comme chez bien d'autres, tels bons et nobles sentiments, bientôt étouffés, qui valaient mieux, peut-être, que tout l'argent de M. d'Olona.

Fernand voulut se récrier ; elle ne lui en laissa pas le temps.

— Enfin, continua-t-elle sur un ton moins sérieux, appelles-tu générosité celle que l'on publie d'avance, ou qu'on fait publier par ses amis, qui n'a pour but que de faire parler de soi et de faire du bruit dans le monde ? Tiens, beau masque, ce ne sont, après tout, que des éloges qu'on se paye à soi-même, et, si on les paye cher, c'est qu'on a beaucoup d'or ou beaucoup d'amour-propre.

Fernand ne trouvait plus un mot à répondre ; mais comme il avait plus de raison que de vanité, il se disait en lui-même : « Je ne suis pas fâché que mes amis ne soient plus là, car le petit masque n'a pas tort. »

— Je suis de ton avis, beau masque, dit-il enfin à voix haute, d'Olona ne vaut pas grand'chose !

— N'est-ce pas ? dit le domino d'un air de conviction ; et si j'avais été ce vieux duc si riche, voici ce que j'aurais fait.

— Voyons, dit vivement Fernand, qu'aurais-tu fait ?

— Sans chercher à produire de l'effet et à faire parler de moi, j'aurais écrit tout uniment : « Je vous donne trente mille francs pour vous aider à être sage, ou soixante, pour vous aider à choisir un mari. »

— Ah ! s'écria Fernand avec un élan qui venait du cœur, cela valait mieux ! Heureusement la lettre n'est pas envoyée. Oui, continua-t-il en se reprenant, on disait, je crois, tout à l'heure, que la lettre n'était pas encore partie. Écoute, beau masque, je connais d'Olona. Je le verrai demain, et j'espère lui faire accepter ton idée.

— Tant mieux pour lui !

— Mais, dit-il en hésitant un peu, si j'y parviens, je tiendrai, beau masque, à te faire connaître le succès de ma démarche. Comment faire pour cela ?

Le masque ne répondit pas.

— Où puis-je te rencontrer, te voir ?

— Ici... dans huit jours, au prochain bal, à deux heures, au coin de cette cheminée.

— C'est bien, j'y serai. Mais attendre huit jours, c'est bien long.

— Cela passera vite.

— Pas pour moi, qui te trouve charmante.

— Qu'en sais-tu ? tu ne connais ni mes traits, ni mon âge.

— Si vraiment... Si j'en crois ta raison, tu es d'un âge mûr.

— Moi ! dit le domino indigné.

— Pourquoi pas ? dit Fernand en riant, tu trouves bien que d'Olona est vieux ! Laisse-moi achever. Si j'en crois le son de ta voix pure et fraîche, tu es jeune ; si j'en crois tes paroles, tu as de l'esprit, si j'en crois ta main, dit-il, en la retenant dans les siennes et en l'examinant en connaisseur, tu es d'un genre de beauté fine et distinguée ; voilà pourquoi je tiens à te voir.

A travers les yeux du masque, brilla un éclair de joie et de coquetterie.

— C'est-à-dire que maintenant tu ne parles plus pour d'Olona, mais pour ton compte.

— Oui, répondit-il gaiement.

— A la bonne heure ! Eh bien, dans huit jours.

— Et d'ici-là, dit-il avec regret, pas moyen de te rencontrer ? Vas-tu, demain soir, chez la marquise d'Eqvilly.

Elle sourit et dit :

— Je ne crois pas.

— Et jeudi, à l'ambassade d'Espagne ?

— C'est possible. Mais cela m'étonnerait bien.

— N'importe, s'écria Fernand, j'irai. Et le matin, ne vas-tu pas au bois ?

— De temps en temps. Demain, peut-être !

— J'irai tous les jours ; mais dans quelle allée te trouver ?

— Cherche.

— Comment te reconnaître ?

Le petit domino garda un instant le silence, sourit et recommença le dialogue que nous avons déjà entendu :

— Tu me reconnaîtras à cette fleur que je porte là à ma ceinture.

— Ah ! fit le duc en l'examinant, elle n'est pas de ces climats, c'est une plante alpestre.

— Tu es savant, toi, dit-elle en le regardant avec un air de considération. Oui, c'est le *rhododendrum ferrugineum*, qu'on appelle *alpestris stella*.

— Ah ! tu sais tout, dit Fernand étonné, même la botanique. J'ai une grâce, beau masque, à te demander.

— Une grâce, à moi ? dit-elle en souriant. Parle.

— Eh bien, par amour pour la science, ou plutôt, dit-il d'une voix tendre, par amour pour toi, laisse-moi te demander cette fleur que tu as portée toute la soirée ?

— Non vraiment, ce serait me compromettre.

— Je devine, dit-il avec tristesse, elle te vient d'une main qui t'est chère.

— Elle me vient, dit le petit domino riant, du passage de l'Opéra, de chez Mlle Fleurette, bouquetière, à qui je l'ai achetée. Je ne t'empêche pas, beau masque, d'en faire autant, et de paraître au bois de Boulogne, paré de mes couleurs.

— J'y serai demain, tous les jours ! s'écria Fernand. Tu

me permets de me montrer à cheval, à la portière de ta voiture ?

— Permis à toi, si tu la trouves.

— Je la trouverai, reprit le jeune homme avec feu.

— En tous cas, lui dit-elle, ici, dans huit jours.

Elle s'était levée, et malgré tous les efforts de Fernand pour la retenir, elle disparut dans la foule. Fernand regarda la pendule, il était quatre heures du matin. Il avait causé pendant deux heures avec le petit masque.

III

Revenons un instant sur nos pas, à la soirée où Fleurette, triste et découragée, désespérait presque de sa fortune commerciale.

Nous l'avons laissée fermant sa boutique, au moment où s'ouvrait le bal de l'Opéra. Elle retournait lentement chez elle, rêvant aux moyens de faire une réputation à ses rhododendrons et de les signaler à l'attention publique.

Il était plus de minuit, et les seuls magasins à peu près ouverts, à cette heure, étaient les magasins de masques.

Dans l'un des plus brillants, elle aperçut Mlle Justine et M. Larose, choisissant des costumes. On consulta son goût, et, pendant qu'elle donnait son avis, plusieurs élégantes voitures s'arrêtèrent à la porte du magasin.

C'étaient des jeunes gens du grand monde, qui, sortant du spectacle, conduisaient de petites lorettes au bal masqué. Ces dames entrèrent dans un boudoir essayer des costumes.

Les jeunes gens restèrent assis dans le salon, livrés aux charmes du cigare, et, sans s'inquiéter si Fleurette, assise dans un coin, à l'écart pouvait ou non les entendre, ils causèrent avec une désinvolture admirable de leurs amours, de leurs affaires et de leurs secrets les plus intimes.

Fleurette, qui attendait pour s'éloigner que la toilette de Mlle Justine fût complètement terminée, écouta d'abord, comme une femme écoute, par curiosité et pour le simple plaisir d'écouter. Puis, une idée qui tout à coup s'offrit à elle, une idée sublime et victorieuse, la fit écouter par spéculation.

Il lui sembla qu'elle trouvait, en un instant, et le plus simplement du monde, le moyen de résoudre le problème, qui, depuis quelques jours, l'occupait.

En tous cas, que risquait-elle ? La perte de quelques heures de sa nuit et l'achat d'un domino.

Elle laissa partir Justine ; regarda bien attentivement les beaux dandys, les jeunes fashionables qui venaient de poser devant elle ; nota bien, dans sa mémoire, leurs noms et les principales anecdotes dues à leur indiscrétion, et, une heure après, vêtue d'un gentil domino, élégamment chaussée et finement gantée, portant à sa ceinture une belle étoile des Alpes, elle était au milieu du foyer de l'opéra.

Elle intriguait tous ces jeunes fats, à mesure qu'elle les rencontrait et les reconnaissait (Ludovic qui avait été un des premiers), piquant leur amour-propre ou flattant leur orgueil, excitant leur curiosité sans jamais la satisfaire, et s'occupant surtout des intérêts de la bouquetière, à qui elle préparait ainsi une nombreuse et riche clientèle.

Tous ceux qu'elle avait intrigués étaient partis ravis de leur soirée et charmés du délicieux petit domino noir ; chacun avait cru deviner en lui une personne de sa connaissance : l'un, une comtesse ; l'autre, une marquise ; tous, une belle inhumaine qui, lasse de ses rigueurs, avait profité de la liberté du masque pour se montrer moins sévère et pour nouer une intrigue, dont cette fleur n'était que le moyen ou le prétexte.

Tous n'y voyaient que l'accessoire du roman. Fleurette y voyait le principal.

Le succès avait répondu à ses calculs et à ses espérances. Dès le lendemain, chacun s'était empressé de venir conquérir, à prix d'or, la fleur enchantée, le talisman magique qui devait le signaler aux yeux de la mystérieuse beauté de la veille.

Cette beauté, tous l'avaient cherchée au bois de Boulogne. Aucun ne l'avait trouvée; beaucoup avaient cru la reconnaître; plusieurs, s'abusant eux-mêmes, avaient salué avec un regard passionné et un air d'intelligence, telle grande dame qui, dans une complète innocence, avait répondu à leur salut.

Ceux qui, moins heureux, n'avaient rien aperçu, se persuadaient qu'un oncle, un frère, un mari jaloux, avaient obligé la pauvre victime à tenir ses yeux baissés, ou l'avaient même empêchée de venir au bois, ce jour-là.

Ils y retournaient le lendemain.

C'étaient les meilleures pratiques pour Fleurette: la boutique n'était pas encore bien connue et la clientèle bien nombreuse, mais elle était solide, riche et distinguée. Des voitures s'arrêtaient, pour elle, à l'entrée du passage. Des domestiques en livrée, entre autres ceux du duc d'Olona, venaient chaque matin prendre des bouquets.

Fleurette, modeste et gardant le silence, ne se vantait à personne de sa prospérité, mais encaissait, chaque soir, les opulentes recettes de la journée.

D'Olona, cependant, était sorti tous les jours de la semaine, monté sur ses plus beaux chevaux. On le voyait parcourir toutes les allées du bois de Boulogne et interroger d'un œil curieux toutes les calèches.

On se demandait quelle était cette fleur étrangère qu'il portait constamment à sa boutonnière et, comme plusieurs autres jeunes gens, parés de la même fleur, avaient été vus de distance en distance, dans la grande allée, les dandys commençaient à s'inquiéter et à s'informer si ce n'était pas une mode nouvelle, et s'il ne vaudrait pas mieux, sans y rien comprendre, être des premiers à la propager, pour ne pas avoir l'air, plus tard, de la suivre.

Fernand n'avait plus entendu parler du mystérieux domino. Peut-être, s'il l'eût revu, l'eût-il déjà oublié. Mais le désappointement même qu'il éprouvait, l'avait forcé de s'en occuper et depuis huit jours il y pensait.

Aussi, le samedi suivant, il était, à deux heures du matin, au foyer de l'Opéra, assis près de la cheminée. Fleurette n'était pas encore au rendez-vous.

Il fut obligé d'attendre, ce qui lui arrivait rarement.

Fleurette, il faut l'avouer, était depuis longtemps arrivée au bal de l'Opéra; mais, occupée de ses affaires personnelles, elle avait d'abord donné audience à ses clients qui la poursuivaient, la pressaient, l'accablaient de reproches et de demandes.

Fleurette n'était nullement embarrassée pour se défendre des uns ou pour répondre aux autres. Nous avons dit qu'il y avait deux choses innées en elle, l'esprit et la coquetterie : ce que nous appellerons son éducation n'avait fait que développer ses qualités naturelles.

Toute une journée passée dans une boutique est souvent bien longue: Fleurette avait su l'abréger et en faire une journée de plaisir.

Depuis qu'elle savait lire, elle avait toujours devant elle, sur son comptoir, un livre qu'elle abandonnait pour répondre aux pratiques, et auquel elle revenait comme à un ami de tous les instants, un ami fidèle, que l'on retrouve toujours.

Ce goût de la lecture s'était développé en elle avec tant d'ardeur, que c'était, à vrai dire, sa seule passion, et c'était quelque chose de fabuleux que le nombre des volumes dévorés par elle, depuis quelques mois, volumes empruntés au cabinet littéraire du passage de l'Opéra, lequel, par une rare exception et un grand bonheur pour Fleurette, contenait plus de livres sérieux et utiles que de romans. Du reste, elle avait tout lu! le côté sérieux de son esprit lui avait fait apprécier les premiers, et la gaieté de son caractère lui avait fait lire sans danger les seconds.

Elle avait d'ailleurs assez d'expérience déjà pour savoir à quoi s'en tenir sur l'amour et sur les amoureux.

En fait d'amoureux, ceux qui l'entouraient en ce moment ne pouvaient guère troubler son cœur ni sa tête, et, en se défendant de leurs attaques ou en y répondant, une seule idée la préoccupait: celle de conserver et d'augmenter sa clientèle.

Elle avait lu dans les journaux que, le jeudi suivant, le ministre des affaires étrangères donnait un grand bal, un bal masqué. Sur cette seule annonce, elle avait bâti tout son plan de campagne.

Ludovic fut le premier qui aperçut le petit domino noir, avec la rose des Alpes à sa ceinture. Il s'écria en lui prenant le bras:

— Ah! beau masque, masque trompeur, je suis allé cinq ou six fois au bois de Boulogne, et tu n'y es pas venue.

— Tu as mal cherché.

— Je ne t'ai pas vue.

— J'ai été plus heureuse, moi, je t'ai aperçu!

— Pourquoi ne portais-tu pas le signal convenu?

— Tu es bien curieux.

— Pourquoi ne m'as-tu pas averti de ta présence, par un signe quelconque?

— Qui sait? peut-être pour ne pas exciter de soupçons, peut-être pour qu'on me permette de venir ici ce soir.

— Ah! tu es charmante!

Alors les instances de redoubler et les coquetteries aussi.

— Je veux savoir qui tu es, dis-le moi.

— Jamais.

— Quoi? tu ne te feras pas connaître?

— Peut-être! Vas-tu, jeudi prochain, au bal masqué du ministre?

— Oui, je suis invité... Mais comment se retrouver dans une foule masquée.

— Comment? Grâce à la rose des Alpes, cette fleur que nous porterons tous les deux.

— A merveille, et comme, au souper, tout le monde se démasque... Je comprends.

— Alors, va-t'en et laisse-moi.

Le petit domino disparaissait et retrouvait, à trente pas

de là, un autre soupirant qui lui tenait le même discours, et à qui elle faisait à peu près la même réponse.

Elle avait déjà placé pour le jeudi suivant une douzaine d'étoiles des Alpes, quand deux heures sonnèrent. Elle vit qu'il lui faudrait trop de temps pour traverser le foyer dans toute sa longueur, arrêtée, comme elle l'était, presque à chaque pas, par des cavaliers importuns et curieux qui la retenaient.

Elle détacha la fleur qu'elle portait à sa ceinture, et pouvant, grâce à cette précaution, voyager désormais incognito, elle arriva en peu d'instants à l'autre extrémité.

Elle y aperçut un domino dont il lui fut facile de reconnaître la taille et la tournure, le dos appuyé contre la cheminée, battant la mesure sur le parquet, avec son pied, et sur le marbre, avec ses doigts ; il était d'une impatience et d'une humeur qui la charmèrent. Il était évident qu'il pensait à elle et qu'il l'attendait.

Pour s'en assurer, elle vint se placer en face de lui : il ne la regarda même pas. Elle tira de sa poche une certaine fleur qu'elle attacha lentement à sa ceinture. Il l'aperçut, poussa un cri, s'empara de sa main, et la forçant, comme à leur dernière entrevue, de s'asseoir près de lui sur un canapé :

— Méchant petit domino, lui dit-il, tu t'es moqué de moi.

— Cela n'en a pas l'air, puisque me voilà. Si cependant tu veux te fâcher... je te le permets.

Cette permission fit tomber toute la colère de Fernand, qui lui adressa quelques reproches, il est vrai, mais d'un ton si doux, qu'on aurait pu les prendre pour des tendresses.

— Dès le lendemain j'ai couru au bois de Boulogne, pour te voir.

— Et dès le lendemain, répondit Fleurette, je t'y ai vu.

— J'en doute, beau masque.

— Contre l'ordinaire des masques, je ne mens pas.

— Eh bien, dit-il, croyant la confondre, comment étais-je habillé ?

Fleurette lui détailla le costume qu'il avait le jour où il était venu, au passage de l'Opéra, acheter la première étoile des Alpes.

— C'est vrai, dit-il : comment alors ne m'as-tu pas adressé la parole ?

— Parce que, si l'on peut, sans se compromettre, causer avec un domino inconnu, il y a peut-être plus de danger avec M. le duc d'Olona.

— Ah ! s'écria Fernand stupéfait, tu me connais ?

— Rassure-toi, dit-elle en riant, cela n'ôte rien à la bonne opinion que m'a donnée de toi notre dernière conversation.

— Cette nuit, s'écria-t-il vivement, où tu m'avais donné une si bonne idée, qui dès le lendemain a été mise à exécution, et je te cherchais pour te l'apprendre.

— Ah ! dit Fleurette, ne pouvant se défendre d'une certaine émotion, je le savais... Je sais tout, continua-t-elle en souriant, et je suis fâchée, maintenant, d'avoir été avec toi si méchante.

— Cela ne m'empêche pas de t'aimer, beau masque, dit Fernand, et cela prouve...

— Cela prouve que tu as bon caractère, voilà tout.

— Ah ! ne vous jouez pas de moi plus longtemps ! s'écria-t-il à demi-voix. Duchesse de Medina, c'est vous, je vous ai reconnue ; rappelez-vous qu'en m'abandonnant votre main, vous m'avez dit hier...

— Une belle occasion de savoir un secret, dit Fleurette en l'interrompant : mais taisez-vous, car je ne suis pas la duchesse.

— C'est impossible ? c'est toi... c'est vous.

— S'il te faut des preuves, regarde plutôt, dit-elle en défaisant son gant, cette main, dont tu parlais tout à l'heure.

Fernand la saisit et s'écria avec surprise :

— Ah ! elle est plus jolie encore !

— Ce n'est pas ma faute, dit Fleurette avec une modestie coquette.

— Oui, oui, dit Fernand, je l'avoue, ce n'est pas elle ;

— Beau masque, qui t'a donné cette fleur ?
— Un beau cavalier dont je suis fière.

39ᵉ LIVR.

mais tu ne sais donc pas qu'il suffit d'une main pareille pour me rendre amoureux, et que pour elle je ferais des folies ?

— Cela commence déjà !

— Écoute, qui que tu sois, écoute-moi !

Et Fernand, se laissant entraîner par son imagination, devint si animé, si ardent, si pressant, que Fleurette qui n'était pas faite à un pareil langage, qui n'avait jamais entendu des aveux si doux, exprimés par une voix si tendre, sentit sinon son cœur, du moins sa tête se troubler aux accents de cette enivrante harmonie.

Heureusement une pensée lui vint en aide et dissipa son rêve.

— Ah ! s'écria-t-elle lentement, en le voyant presque à ses pieds... ah ! je n'aurais qu'un mot à dire, et à l'instant...

— Achève... achève... dit le duc avec amour.

Fleurette garda le silence ; mais elle acheva sa phrase en elle-même : « Je n'aurais qu'à dire : Je suis la marchande du passage de l'Opéra, Fleurette la bouquetière, et à l'instant je verrais ce grand seigneur se relever avec indignation, et, jetant sur moi un regard de mépris, me demander compte des tendresses qu'il m'a prodiguées et que je dérobais à quelque grande dame. »

Cette idée seule lui rendit toute sa fierté et lui rappela le rôle qu'elle était venu jouer ; elle devint de nouveau impitoyable, et dit froidement au duc :

— Allez-vous jeudi au bal du ministre ?

— Oui, certainement... un bal masqué.

— Portez-y une fleur pareille à celle-ci. Nous nous y rencontrerons, et je vous parlerai.

En achevant ces mots elle s'éloigna, laissant le duc plus surpris que jamais de la bizarrerie du petit domino, mais intrigué, mais curieux et, presque amoureux, car il dit tout haut en partant :

— Oui, morbleu ! j'irai.

IV

C'était une grande affaire que ce bal ! Fleurette, qui, étourdiment peut-être, s'était décidée à intriguer tant de monde, ne laissait pas d'être un peu inquiète des suites de son audace.

Pendant les trois ou quatre jours qui suivirent les scènes dont nous venons de parler, on arriva en foule chez la bouquetière.

Fleurette voyait sa caisse se remplir et ne pouvait suffire aux demandes ; aussi avait-elle écrit à son ami Guillaume de multiplier et de presser les envois de ces fleurs qu'elle achetait si bon marché et qu'elle vendait si cher.

Mais en y réfléchissant bien, elle commença à s'effrayer, non pas qu'elle craignît d'être découverte ; ni le duc d'Olona, ni les autres n'entendraient plus parler d'elle, et jamais ne se douteraient que l'histoire du domino mystérieux était tout uniment une spéculation de Fleurette la bouquetière.

Mais, dans l'origine, qu'avait-elle voulu ? Attirer sur elle l'attention et la vogue ; se créer surtout une clientèle durable, et les douze ou quinze jeunes gens fashionnables ou les personnes du grand monde qu'elle avait tous mystifiés, conserveraient-ils, de cette aventure, un souvenir assez agréable, pour être tentés de revenir souvent à la maison Fleurette et Cie ?

Quant aux rhododendrons, les rêves qu'elle avait faits pour leur prospérité allaient se dissiper ; le bal de jeudi prochain verrait leur dernier triomphe, et les salons du ministère seraient probablement leur tombeau.

Il aurait fallu, elle le sentait bien, que ce ne fût pas une simple mystification sans but et sans souvenir, il aurait fallu qu'on ne sût jamais au juste le vrai mot de l'énigme, mais que l'aventure ne cessât pas d'exciter la curiosité générale, et tînt longtemps encore les spectateurs en suspens ; oh! alors son succès eût été assuré.

Rien n'éteint l'intérêt comme un dénoûment connu.

Paris se passionne pour un procès, tant qu'au Palais le jugement n'est pas prononcé, et, s'il ne l'était jamais, on en parlerait toujours.

Voilà ce qu'il aurait fallu pour prolonger la vogue de *l'alpestris stella;* mais Fleurette n'avait rien trouvé, et le jour du bal approchait.

Un valet de pied, à la livrée d'Olona, était venu le matin faire une commande de fleurs pour l'hôtel, mais de fleurs ordinaires; car nous avons oublié de mentionner que, depuis le jour où Fernand avait offert, pour un seul rhododendron, cinq cents francs, que Fleurette avait refusés, celle-ci avait acquis à jamais la pratique du duc d'Olona, ce qui excitait déjà l'envie de quelques confrères et même de M. Rymbaud.

Le valet de pied ne resta qu'un instant ; il était très pressé, il avait des courses et des visites à faire, visites nombreuses, s'il fallait en juger par les trois ou quatre paquets de cartes qu'il avait sur lui.

Un quart d'heure après son départ, Fleurette, en tournant dans sa boutique, rencontra un petit paquet sous ses pieds. C'étaient des cartes armoriées, semblables à celle que le duc lui avait donnée, le jour de sa première visite ; seulement sur celles-ci, au-dessous des mots gravés : *duc d'Olona*, étaient écrits de la main sans doute de Fernand, pour *madame la marquise d'Equilly*, pour *madame de Rinsberg*, pour *la duchesse de Medina*, etc., etc.

Il y en avait une quinzaine soigneusement enveloppées et que le valet de pied avait probablement laissées échapper du milieu de ses autres paquets.

— Ah! dit Fleurette en soupirant, la trouvaille n'est pas grande. Ce n'est pas là ce qui me viendra en aide et qui me sauvera.

Le lendemain, les salons du ministère étaient splendidement éclairés. Après le palais de l'Hôtel-de-Ville, le palais des Affaires étrangères est, sans contredit, l'endroit de Paris le mieux disposé pour donner une fête, sans en excepter même les Tuileries, où la circulation est loin d'être aussi facile.

Des masques nombreux erraient sans obstacle et sans foule dans ces élégants et vastes appartements qui, de tous côtés, communiquent entre eux, et qui, à la richesse de l'ameublement, à la splendeur des décors, joignent deux avantages précieux et bien rares de nos jours, dans les salons de Paris : l'air et l'espace.

Le duc d'Olona était, contre son ordinaire, arrivé des premiers. Masqué ainsi que tous les invités, il portait un habit espagnol qui lui allait à merveille et faisait ressortir l'élégance de sa taille.

Au milieu des diamants, dont sa poitrine était couverte, on voyait briller une fleur d'un beau rouge pourpre qui attirait tous les regards.

Le noble Espagnol s'occupait beaucoup des dames et de leurs costumes. Après avoir parcouru tous les salons, paraissant chercher une beauté que ses yeux ne rencontraient pas, il s'était installé dans la première pièce, et là il examinait attentivement toutes les dames qui entraient, reine ou bergère, Italienne, Allemande ou Polonaise.

Quant aux hommes, il ne les regardait même pas, quelque éclatant ou quelque original que fût leur costume.

Fernand qui, nous le savons, n'était pas patient, attendait déjà depuis longtemps et ne voyait apparaître aucune dame parée de l'étoile des Alpes, objet de ses désirs. En revanche, et quoiqu'il ne fît guère attention aux hommes, il fut salué par un chevalier moyen âge décoré de cette fleur. Un instant après entra un riche costume Louis XIII orné de la même fleur ; puis un Circassien avec la susdite fleur ; et enfin un Chinois, un mandarin, portant à sa coiffure, au lieu du bouton d'or, toujours la même fleur.

Étonné de cette abondance de fleurs des Alpes, il abandonna son poste, fit quelques pas dans l'intérieur du bal et en aperçut bien d'autres. L'année avait été bonne pour l'*alpestris stella*, car il en était entouré. Le plus singulier, c'est que ceux qui portaient cette fleur, paraissaient tous chercher, comme lui, un objet absent, invisible, que nul ne rencontrait.

Il y eut un moment où, dans un salon écarté, et attirées sans doute par la solitude du lieu, une vingtaine d'étoiles se trouvèrent tout à coup réunies, comme si elles s'étaient donné rendez-vous. Un étonnement général se manifesta ; il semblait qu'on le lisait sur toutes les physionomies, bien qu'elles fussent couvertes d'un masque.

— Pardon, monsieur, dit d'Olona à son plus proche voisin, qui était un Indien, ne cherchez-vous pas un petit domino portant une étoile pareille à la vôtre ?

— Oui, seigneur hidalgo, répondit le prince indien qui n'était autre que Ludovic.

— Et nous aussi, répétèrent successivement, comme un écho attristé, le jeune diplomate, le jeune quart d'agent de change, le jeune gentleman et les autres masques, tous en brillants costumes, et qui en étaient pour leurs frais de toilette.

— On m'avait pourtant promis qu'on y serait.

— Et à moi aussi, murmura un autre.

— Je devais compter sur sa parole.

— Sur sa fidélité.

— Chacun de nous n'avait droit qu'à un vingtième, à ce que je vois, dit Fernand en comptant ses rivaux ; mais enfin, nous y avions droit.

— Et ne pas apparaître ! reprit Ludovic.

— Ne pas même se montrer ! C'est indigne.

— C'est un manque de procédés...

— Que la plus coquette ne se permettrait pas.

— Ah ! s'écria le mandarin, en jetant un regard dans le salon voisin, elle vient se livrer elle-même à nos justes reproches ; car je l'aperçois enfin.

Tous s'élancèrent et virent, en effet, une charmante petite marquise Pompadour, portant, à son corsage de soie bleue, une belle fleur rouge étoilée.

D'Olona, furieux, allait lui adresser la parole, lorsque, d'un autre salon, il vit sortir deux Napolitaines, se donnant le bras et tenant à la main un bouquet des mêmes fleurs.

Plus loin, une paysanne du canton d'Appenzell en avait une à sa ceinture, et une Mauresque en portait une touffe dans ses cheveux.

En s'avançant dans le bal, le duc et ses compagnons d'infortune durent se trouver trop heureux, car, au lieu d'une belle qu'ils espéraient, une quinzaine s'offraient à leurs yeux.

Mais, parmi ces beautés de tous les pays, laquelle était le petit domino noir ? et, dans l'embarras des richesses, comment deviner, comment choisir ?

D'Olona s'était emparé de la marquise Pompadour ; mais au bout de quelques minutes de conversation, il s'aperçut bien vite de son erreur.

— Beau masque, qui t'a donné cette fleur ?
— Un beau cavalier dont je suis fière.
— Crains-tu de le nommer ?
— Non, vraiment.
— Quel est-il ?
— Le duc d'Olona qui vient de me l'envoyer, au moment où j'allais partir pour le bal.
— Ah ! dit Fernand, quittant brusquement son bras, nouvelle mystification.

Il s'adressa à la Mauresque ; mais, à la seule inspection de sa main, il s'aperçut bien vite qu'il se trompait. N'importe !

— De qui te viennent, dit-il, beau masque, les fleurs qui brillent dans tes cheveux ?
— D'un galant gentilhomme, longtemps l'ennemi de mon pays ; mais les Maures et les Espagnols sont réconciliés, à ce qu'il paraît, car je tiens ce bouquet du duc d'Olona.
— En es-tu sûre, beau masque ? dit-il en insistant, il te l'a envoyé ?
— Avec un mot de sa main.
— C'est trop fort, se dit d'Olona ; et quand cela ?
— Ce soir, quand je m'apprêtais à venir au bal.

— Décidément, se dit d'Olona, qui sentait le sang lui monter à la tête, c'est un complot organisé contre moi.

Il se trouvait en ce moment devant un canapé, sur lequel étaient assises les deux belles Napolitaines. Il les regarda un instant : l'une était plus grande que le petit domino ; mais l'autre avait un si joli pied et une si jolie main, qu'il crut, en la prenant, toucher enfin à sa vengeance.

— Et toi aussi, beau masque, dit-il, avec un accent de colère qu'il s'efforçait de cacher sous un air enjoué, tu as reçu, n'est-ce pas, du duc d'Olona, ce bouquet ?

— A l'instant même, répondit le petit masque ; il me l'a envoyé, avec sa carte, que j'ai gardée.

— Et moi de même, dit l'autre Napolitaine en riant, comme autographe.

Fernand, dans son impatience, fit un mouvement si brusque que son masque se dérangea un instant.

— C'est lui, se dirent les deux dames.

— Ah ! s'écria Fernand, qui avait toutes les peines du monde à ne pas éclater, une carte écrite de sa main, je voudrais bien la voir.

— La voici, dirent les deux Napolitaines, en la lui présentant.

Fernand les saisit. C'était bien, en effet, deux cartes à lui ; on y voyait son nom et ses armes, et au-dessous, écrit de sa propre main, sur l'une : *Pour la marquise d'Equilly*, et sur l'autre : *Pour la duchesse de Medina*.

— Ah ! duchesse, s'écria-t-il dans le plus grand trouble, ah ! marquise, expliquez-moi de grâce...

— Qu'avez-vous donc ?

— Ne battez pas un homme à terre. Je me reconnais vaincu ; mais daignez m'expliquer enfin ce que cela signifie.

— Que voulez-vous dire ?

— D'où viennent réellement ces bouquets, ces cartes ?

— Nous vous le demandons.

— Eh ! morbleu ! je n'en sais rien, je n'y comprends rien, c'est à perdre la tête.

— Pour si peu? dit gaiement la duchesse; gardez-vous-en-bien. Il y a tant d'autres occasions meilleures.

L'aventure se compliqua bien plus encore, lorsque les autres étoiles des deux sexes, qu'ils rencontrèrent dans le bal, racontèrent les détails de leur odyssée.

Tous les cavaliers avaient reçu un rendez-vous du petit domino noir.

Toutes les dames avaient reçu ce riche bouquet de bal du duc d'Olona.

Celui-ci ci était furieux d'être, sans y rien comprendre, le prétexte d'une intrigue : les dames étaient indignées de s'y trouver mêlées, seulement pour un bouquet, et les hommes, pour rien.

Tout le monde tomba d'accord qu'il y avait là-dessous une affaire plus grave et plus importante que l'on ne pensait, un complot qu'il fallait avant tout éclaircir ; le moment n'était pas favorable dans un bal ; mais on convint que, le lendemain, il se tiendrait à cet effet, chez la duchesse de Medina, une assemblée générale d'actionnaires des étoiles des Alpes, hommes et femmes.

On convint aussi, pour ne pas donner l'éveil aux auteurs du complot, de ne rien ébruiter et de garder le silence le plus absolu sur cette affaire.

Ce qui fut cause, sans doute, que le soir on ne parla que de cela dans le bal, et le lendemain dans tout Paris.

V

Personne ne manqua à l'assemblée, elle était au grand complet. Elle fut orageuse. On eut beaucoup de peine à s'entendre : d'abord, sur la nature même du complot. Quel en était le but? Qui avait-on voulu mystifier ?

Dans tous les cas, ces fleurs, de l'avis de tous les cavaliers, coûtaient à peu près, chacune, une centaine de francs, et une mystification aussi chère ne pouvait venir d'une personne ordinaire.

On en chercha donc l'auteur dans les rangs les plus élevés.

Les soupçons se portèrent d'abord sur une princesse russe, célèbre par ses excentricités, la princesse Lazowkoff. Mais dans quelle intention aurait-elle envoyé, un jour de bal, un charmant bouquet aux plus jolies femmes de Paris ?

— Supposition d'autant plus invraisemblable, dit Mᵐᵉ d'Eqvilly, qu'elle n'est plus belle, qu'elle commence à vieillir.

— Qu'elle est envieuse et méchante, dit Mᵐᵉ de Rinsberg.

— Et enfin, s'écria la duchesse de Medina, je suis son ennemie mortelle, depuis le soir où j'ai valsé avec le comte de Zouboff.

— Et moi avec son petit chambellan saxon, dit la baronne de Norval ; elle ne m'enverrait donc pas des bouquets, lorsqu'au contraire elle a juré de se venger de moi.

— Je le sais, dit la duchesse : elle a répété partout qu'elle se vengerait de nous deux.

— Ah ! mon Dieu ! dit la duchesse en pâlissant, si nous étions sur la trace...

— Qu'est-ce donc ? s'écrièrent toutes les femmes en s'empressant autour d'elle et lui faisant respirer leurs flacons.

— Si c'était une vengeance... si ces fleurs étaient empoisonnées ?

Toutes les femmes poussèrent un cri d'effroi et les hommes un éclat de rire.

— Quelle idée ! s'écria Ludovic.

— Mais oui, monsieur, répéta vivement la baronne de Norval, voyez plutôt le cinquième acte d'*Adrienne Lecouvreur*, on empoisonne très bien avec des fleurs. Et dans leurs projets de vengeance, les dames du Nord sont capables de tout.

— Mais, grâce au ciel ! dit le duc d'Olona, ces dames se portent à merveille.

— Ce matin ! s'écria Mᵐᵉ de Medina ; mais si c'est un poison lent, qui vous enlève, peu à peu, la fraîcheur et la beauté...

L'effroi redoubla parmi les dames.

— Et si on ne doit en subir les effets, continua la duchesse peu rassurée, que dans un mois... dans trois mois !...

— Dans dix ans, s'écria Fernand en riant.

Mais sa plaisanterie fut très mal accueillie. Les craintes devenaient d'autant plus vives qu'on avait fait observer, et les femmes mêmes en étaient convenues, que les dames qui avaient reçu des bouquets étaient toutes réellement très jolies, observation qui excitait encore plus leur terreur qu'elle ne flattait leur amour-propre.

En vain Fernand leur rappelait, pour les rassurer, que le complot remontait à une époque bien plus éloignée ; qu'il avait été dirigé d'abord contre les hommes ; que les premières tentatives dataient du bal de l'Opéra et du domino noir ; que ce domino était petit ; que la princesse russe était grande ; et qu'avant (ainsi que ces dames y paraissaient disposées) de porter plainte au procureur général, il fallait s'assurer, par soi-même, de la vérité des faits et de l'identité des personnes.

Ces paroles ramenèrent un peu de calme dans l'assemblée.

Il fut décidé qu'avant de prendre un parti extrême, on procéderait à une enquête ; que chacun des intéressés des deux sexes irait, dans son cercle et dans ses relations, aux informations les plus minutieuses, et qu'on se réunirait après, pour entendre les différents rapports desquels jaillirait sans doute la lumière. La réunion fut fixée au jeudi de la mi-carême, chez la duchesse de Medina, où les conjurés devaient passer la soirée.

La séance fut levée.

L'assemblée se sépara dans une grande agitation et en proie, surtout du côté des dames, à la plus vive curiosité.

Cette curiosité ne fit que s'accroître, car tout l'irritait et rien ne venait la satisfaire.

Informations prises du côté de la princesse Lazowkoff, il fut prouvé que, quinze jours avant le bal du ministre des Affaires étrangères, elle avait quitté Paris, sans faire ses visites d'adieu, obligée, ainsi que son mari, de retourner sur-le-champ à Saint-Pétersbourg, par ordre de son souverain.

Il était peu probable qu'elle eût laissé en partant, une procuration pour intriguer ces messieurs au bal de l'Opéra et des bouquets, pour attenter aux jours de ces dames.

Celles-ci commencèrent donc à se rassurer quant au poison, mais elles ne s'en portèrent guère mieux, car elles avaient une fièvre ardente et continue, celle de la curiosité non satisfaite.

Presque toutes s'étaient rendues séparément chez Fleurette, qu'elles avaient interrogée dans les plus grands détails, et Fleurette, avec une grande naïveté, avait répondu que, le jour même du bal, une dame fort jolie, fort distinguée, à l'œil vif et malin, était venue lui demander quinze bouquets d'*alpestris stella*, en mettant sur son comptoir quinze cents francs en billets de banque.

Et les dames de s'exclamer, de s'étonner et de lui dire :

— L'aviez-vous vue auparavant?

— Jamais!

— La reconnaîtriez-vous, si elle s'offrait à vous de nouveau?

— Très bien.

— Et ces fleurs, qui les a portées à sa voiture?

— Moi.

— Quelle était la couleur de cette voiture, de ses chevaux, de sa livrée?

— C'était un coupé de remise.

— Ah! s'écrièrent les dames, toutes les précautions étaient prises.

Cette petite histoire, répétée par Fleurette deux ou trois fois par jour, rapportait un peu de profit à ces dames et beaucoup à la bouquetière.

Elle faisait ainsi connaissance avec des duchesses et des

marquises, qu'elle amusait par son babil, qu'elle flattait par ses compliments, qu'elle intéressait par sa gentillesse ; aucune ne s'éloignait sans lui avoir fait quelques commandes et sans lui avoir promis sa clientèle pour l'avenir.

— Prends seulement, lui disaient-elles, une boutique plus convenable, plus en vue, plus confortable.

— Oh ! pour avoir l'honneur de vous recevoir, madame, disait-elle à chacune d'elles avec une gracieuse révérence, on n'hésiterait pas... même à se ruiner.

Les cavaliers, de leur côté, ne quittaient pas la boutique de Fleurette ; c'était à qui la questionnerait sur la dame au domino. De ce côté-là, ses renseignements étaient plus vagues ; mais il y avait bien du malheur, quand, au bout de quelques minutes, on ne laissait pas de côté le domino noir pour ne lui parler que d'elle.

Ainsi, loin de nuire à ses affaires, cette aventure l'avait mise en relation avec tout ce qu'il y avait de mieux et de plus influent dans la société parisienne. Au lieu de lui créer des ennemis, elle lui avait amené et lui amenait chaque jour des amis.

L'histoire des *étoiles* avait fait un bruit immense, surtout depuis que les frayeurs de ces dames et la malignité publique avaient cru y voir une menace et un commencement de procès criminel.

Cette espérance s'était par malheur évanouie ; mais, comme l'avait prévu Fleurette, l'intérêt de curiosité subsistait toujours, car le dénoûment n'était pas encore connu.

En attendant, on racontait l'anecdote dans tous ses détails : le nom de Fleurette s'y trouvait mêlé, incidemment il est vrai, et bien secondairement. N'importe ! ce nom était prononcé, le monde le connaissait, le répétait, et, peu à peu, la vogue lui arrivait.

Quant à l'affaire des bouquets, ce qu'elle deviendrait était complètement indifférent à Fleurette. L'effet était produit, et, certaine désormais que personne ne trahirait un secret qu'elle seule possédait, elle s'inquiétait peu du reste.

Il n'en était pas de même des grandes dames qui s'étaient fait comme un point d'honneur de la découverte de ce secret. Elles y attachèrent d'autant plus d'importance, qu'il devenait chaque jour plus inexplicable ; aussi il fallait voir l'air de consternation qui s'emparait successivement de tous les groupes réunis le jeudi de la mi-carême dans le salon de la duchesse de Medina, lorsque, après le rapport de chaque associé, il fut à peu près évident qu'on n'avait rien découvert et que probablement on ne découvrirait rien.

Il fallait voir avec quelle irritation et quelle mauvaise humeur les dames accueillaient les raisonnements tendant à leur prouver qu'il fallait renoncer à de nouvelles recherches.

— Y renoncer, jamais ! disaient-elles.

Et dans leur colère, elles accusaient tout haut le zèle et l'intelligence de leurs amis, et tout bas le dévouement de leurs amants, qui n'avaient pas su leur donner la satisfaction qu'elles exigeaient.

Enfin, dans son impatience, dans son désir de succès, la duchesse de Medina s'écriait :

— N'est-il donc plus de chevaliers ? Qu'il s'en présente un, qu'il triomphe, et j'octroie, en récompense, le prix par lui demandé.

— Même un baiser ? s'écria Fernand.

— Même deux ! répondit la duchesse.

Cette perspective ranima les courages et enflamma tous les cœurs.

— Voici mon plan, dit le duc d'Olona. Le petit domino noir qui nous a tous intrigués, messieurs, et j'ajouterai même mystifiés...

Tous les hommes saluèrent.

— A échappé jusqu'à présent à nos recherches, mais je ne désespère pas encore de le découvrir.

Un murmure approbateur circula dans le rang des dames.

— Qui sait ? C'est aujourd'hui le jeudi de la mi-carême,

le dernier bal masqué de l'année, le dernier jour où il pourra jouir par lui-même de notre désappointement et de son triomphe ; et, malgré la prudence qui lui ordonne de nous éviter, il aura peut-être grand'peine à résister à la tentation de nous suivre et de nous écouter.

S'il nous rencontre, à coup sûr, il ne portera pas le signal ordinaire, il a trop d'esprit pour cela ; mais un geste, une maladresse, un hasard peut le trahir, le signaler à nos yeux, et alors...

— Que prétendez-vous faire ? s'écria la duchesse.

— Nous l'entourons, nous ne le quittons plus, dussions-nous, toute la nuit, le suivre comme son ombre ; il faudra bien, n'importe à quelle heure, qu'il sorte de l'Opéra, et au moment où il mettra le pied dans la rue, nous l'enlevons !

— Bravo ! s'écrièrent les dames.

— Avec tous les égards dus à une dame enlevée ; mais, continua-t-il d'un ton chevaleresque, quels que soient ses défenseurs, je l'enlève, je le jure. Et dans mon hôtel, où cette nuit vous acceptez tous à souper, on conduira la belle inconnue...

— Bravo ! répétèrent toutes les dames.

— Et au dessert le dénoûment de l'aventure.

Les bravos redoublèrent.

— Ainsi donc, dit Fernand, à cinq heures du matin, à souper chez moi, vous me le promettez ?

Toutes les dames étendirent la main.

— Je reçois vos serments, continua Fernand ; et maintenant, messieurs, partons, car il est déjà tard, et, ne voyant pas arriver ses victimes, le petit domino noir est capable de quitter la place.

Chacun se rendit à l'Opéra de son côté. Le duc prit avec lui Morillo, son valet de chambre, domestique brésilien, intelligent et adroit.

Il lui donna en route ses instructions.

Les prévisions de Fernand n'étaient pas tout à fait dénuées de justesse. Les grandes dames n'ont pas seules le privilège d'être curieuses, Fleurette l'était aussi. Elle aurait voulu, pour beaucoup, savoir ce que pensait d'elle et de cette aventure, le duc d'Olona, qu'elle n'avait pas vu depuis longtemps.

Était-elle oubliée ou détestée par lui ? Peut-être eût-elle préféré cette dernière hypothèse, quoique, à vrai dire, son amitié et son estime ne lui fussent pas indifférentes et, qu'elle ne se rappelât pas sans plaisir tout ce qu'il lui avait dit et surtout ce qu'il avait fait pour elle.

— Le jeudi de la mi-carême, se répéta-t-elle dans la journée, il doit aller au bal de l'Opéra, c'est le dernier bal; il ira ! Si j'y allais aussi !

Elle s'arrêta en disant : « Ce serait absurde, n'y pensons plus ! »

Et elle y pensa.

Les raisonnements commencèrent.

— Où est le danger ! J'irai en simple domino noir... il y en a tant ! on ne me reconnaîtra pas. Je ne mettrai pas à ma ceinture la fleur qu'il connaît si bien, et, s'il le faut même, je ne lui parlerai pas ; mais, si je le vois, je le suivrai, je l'écouterai ; il n'a pas le défaut d'être discret, et je saurai tout ce qu'il pense.

Elle se fit encore quelques objections ; se livra encore à elle-même quelques combats, pour avoir l'air de se défendre, car dès ce moment elle était décidée.

Et, après quelques dernières capitulations de conscience, elle ne s'occupa plus que de sa toilette.

A une heure du matin, elle était au bal de l'Opéra.

Pendant une heure elle ne vit paraître personne ; mais un secret pressentiment lui disait que le duc viendrait à l'heure et à l'endroit ordinaires, comme si un instinct magnétique eût dû l'avertir qu'il y était attendu.

Elle ne se trompait pas.

VI

A deux heures un quart, Fernand descendait de sa voiture de place, et, suivi de Morillo, auquel il n'adressait pas la parole et qui n'avait pas l'air de le connaître, il monta le grand escalier, traversa le foyer, arriva à la cheminée. La demie sonnait à la pendule.

Plusieurs masques étaient assis. Un seul tressaillit à sa vue ; Fernand le remarqua, et, d'un geste muet, le fit remarquer à Morillo, qui, selon ses instructions, alla se placer derrière le petit masque.

Fernand se dirigea vers la cheminée, et, debout, ayant l'air de se chauffer les pieds, il regarda attentivement dans la glace le petit domino noir auquel il tournait le dos.

Il était ce soir-là en habit de ville et sans masque, et fut abordé par un ami qui n'était pas du complot, puissance neutre qui devait inspirer moins de défiance.

— Vous au bal de l'Opéra, mon cher duc ! Je comprends : vous y venez pour la belle inconnue dont vous m'avez parlé.

— Non, vraiment, dit-il en riant, il n'est plus question d'elle.

Il regardait toujours dans la glace et crut voir faire au petit domino un mouvement presque imperceptible.

— Ah ! c'est dommage ! d'après ce que vous m'avez dit, cette belle inconnue avait tant d'esprit !

— C'est vrai... mais elle avait raison de porter un masque.

Le mouvement devint plus marqué.

— Pourquoi ? continua l'interlocuteur.

— Pourquoi ? pour une excellente raison, reprit le duc en regardant avec plus d'attention : c'est qu'elle est horriblement laide.

Un mouvement d'indignation manqua d'éclater, mais fut à l'instant réprimé.

— Ah ! elle est laide ! répéta son ami. Je comprends que cela change la thèse ; et comment le savez-vous ?

— Parce que je l'ai vue comme je vous vois.

— Ce n'est pas vrai ! s'écria une petite voix claire et vibrante, avec un accent involontairement énergique.

Le duc se retourna, mais le petit domino, comprenant son imprudence, s'était déjà lancé dans la foule, et, en un instant, avait disparu à ses yeux.

Le beau masque se croyait sauvé : il ne l'était pas.

Morillo, debout derrière lui, avait tracé avec de la craie une marque blanche sur l'épaule du domino noir, et s'était précipité sur ses traces.

Malgré la foule qui souvent les séparait, il ne perdait pas de vue la fugitive ou la retrouvait toujours, grâce au signe délateur qu'elle emportait avec elle, et qui partout révélait sa présence.

Fleurette, pensant bien que le duc d'Olona la suivrait, s'était hâtée de quitter le foyer ; mais vainement se lançait-elle dans le bal, au plus fort de la mêlée et au milieu des groupes de danseurs les plus épais ; vainement disparaissait-elle dans les couloirs et corridors sombres, rien ne décourageait la poursuite incessante et acharnée de son ennemi.

Une fois elle se jeta dans une loge des premières et attendit, il attendit aussi ; et, dès qu'elle se hasarda à sortir, il reprit sa course.

En ce moment, et descendant derrière elle l'escalier des premières loges, il rencontra Fernand et quelques-uns de ses amis.

— Retournez à l'hôtel, dit-il rapidement et à voix basse à son maître en passant près de lui ; maintenant, monseigneur, je vous réponds du succès.

Et, ardent chasseur, il s'élança de nouveau sur les traces de la biche effrayée qu'il poursuivait.

Il était tard. Fleurette, qui, depuis une longue demi-heure, s'était blottie dans une stalle, derrière laquelle

Morillo était assis et feignait de dormir. Fleurette leva la tête, jeta autour d'elle un regard rapide, et, n'apercevant aucun visage de sa connaissance, ni aucune tournure suspecte, elle se décida enfin au départ.

La foule était encore immense, et elle eut peine à se frayer un passage jusqu'à l'escalier de sortie, circonstance qui servait ses projets et ceux de Morillo, car il la suivait de si près que ses mains touchaient presque son domino, et que son souffle effleurait le taffetas de son capuchon.

Fleurette arriva enfin sous le grand vestibule; Morillo avait calculé qu'un des gens de la grande dame viendrait au-devant d'elle et ferait avancer sa voiture, derrière laquelle il espérait monter; ou, si cela n'était pas possible, il comptait sur ses jambes brésiliennes pour suivre ou devancer les meilleurs chevaux.

Mais Fleurette n'avait point d'équipage, Fleurette n'avait pas de chevaux.

Il faisait un temps affreux.

La pluie, qui tombait par torrents, avait succédé à la neige; impossible à un pied féminin de se hasarder dans la rue sans enfoncer dans la boue, et le petit domino noir, sans hésiter, sans s'effrayer, avait quitté en courant le vestibule et tourné à gauche vers le couloir vitré qui conduit à couvert du vestibule du théâtre à la rue Drouot, couloir estimé des piétons, et par lequel les gens qui n'ont ni laquais ni voitures vont chercher eux-mêmes ou attendre un fiacre.

C'est ce que fit bravement Fleurette, au grand étonnement de son fidèle satellite, qui arriva en même temps qu'elle à l'extrémité du passage, sans être remarqué ni même aperçu, vu la foule énorme de masques et de dominos qui, tenant à rentrer chez eux sans être mouillés, criaient, appelaient des fiacres et se disputaient tous ceux qui successivement, apparaissaient à l'entrée du passage.

Au milieu de la pluie, des cris, des disputes, la voix de la pauvre Fleurette avait grand'peine à se faire entendre.

En vain, à chaque voiture qui se présentait, elle s'écriait : « A moi, cocher, à moi, c'est mon tour ! »

D'autres compétiteurs, à la voix plus sonore, à la poigne plus forte, arrêtaient le conducteur, ouvraient la portière du fiacre, entassaient les dames ou les demoiselles dont ils étaient les cavaliers, et, quand il n'y avait plus de place, s'élançaient eux-mêmes, malgré la pluie, à côté du cocher, qui les emmenait comme il pouvait, c'était l'affaire des chevaux.

Un coupé de place venait de s'arrêter à la porte du passage ; cinq ou six concurrents se le disputaient déjà, et Fleurette n'aurait eu encore cette fois aucune chance ni aucun espoir de l'emporter sur ses rivaux, si un monsieur de petite taille, mais fort et vigoureux, qui était près d'elle, un monsieur aux manières polies et à l'air honnête — c'était Morillo — n'eût écarté rudement les aspirants en s'écriant :

— La voiture est retenue par madame, qui attend depuis longtemps.

— Oh ! monsieur, combien je vous remercie ! dit Fleurette d'une voix reconnaissante.

— Montez, madame, montez vite ! dit le monsieur en ouvrant la portière.

Et, sans se faire prier, Fleurette s'élança rapidement dans le coupé numéroté.

— Où faut-il vous conduire, madame ? dit avec curiosité le Brésilien, tenant entr'ouverte la portière de la voiture.

— Sur le boulevard à droite, répondit prudemment Fleurette ; j'arrêterai le cocher quand il le faudra. — Merci, monsieur.

Et la portière se referma.

Enfin, après une soirée si orageuse et semée de tant d'incidents, Fleurette se trouvait seule, elle pouvait respirer et réfléchir.

Accablée de fatigue, elle s'était laissée tomber dans le fond de la voiture, et n'avait pas même remarqué que le monsieur à l'air honnête s'était lestement placé sur le siège, à côté du cocher, auquel il parlait vivement et à demi-voix.

Elle ne fut tirée de sa rêverie que par un fait inusité :

le cheval de louage qui la conduisait allait tellement vite, qu'il dépassait à la course toutes les voitures de maîtres qui le précédaient. Elle baissa la glace et cria au cocher :

— Où allez-vous ?

Le cocher ne répondit pas et fouetta son cheval.

— Arrêtez ! ce n'est pas le chemin !

Même silence et redoublement de coups de fouet.

Fleurette s'aperçut alors que le cocher n'était pas seul sur son siége. Loin de s'en effrayer, elle n'y vit qu'un motif de sécurité ; car si ce cocher était ivre, comme tout le lui faisait supposer, elle aurait quelqu'un pour la défendre.

Ce fut donc à ce protecteur qu'elle s'adressa, le priant de vouloir bien faire arrêter.

Celui-ci, qui lui tournait le dos, n'entendit pas ou n'eut pas l'air entendre ; il semblait, au contraire, activer du geste la course déjà rapide du cheval, lancé en dehors de toutes ses habitudes.

Fleurette ne s'effrayait pas aisément ; mais cette persistance à ne pas lui répondre commença à l'inquiéter.

La pluie tombait comme jamais elle n'était tombée, et le boulevard offrait, comme toujours, un lac d'une boue jaune et épaisse, effroi des piétons. Impossible d'ailleurs, vu la rapidité de la voiture, de songer à s'élancer au dehors sans se briser.

Elle regarda par la portière : elle était en plein boulevard et déjà à la hauteur de la Madeleine ; le coupé venait de tourner à droite et de prendre le faubourg Saint-Honoré, sillonné en ce moment, malgré l'heure avancée de la nuit, par de nombreux équipages.

A droite et à gauche de la chaussée, de brillants hôtels, dont les portes cochères étaient ouvertes, laissaient apercevoir tout un monde de concierges et de valets en livrées.

Fleurette, mettant la tête à la portière, allait réclamer du secours, lorsque le coupé, quittant le milieu du pavé, tourna tout à coup à gauche, et si brusquement, qu'il manqua verser. Il n'en fut rien.

Il entra au grand galop dans la cour d'un magnifique

hôtel, dont les portes se fermèrent soudain. La voiture s'arrêta ; Fleurette s'élança et se trouva face à face avec le monsieur honnête dont la protection lui avait procuré ce coupé.

Il la salua avec respect et lui offrit la main, qu'elle repoussa.

— Monsieur, qu'est-ce que cela signifie ? qu'est-ce que c'est qu'un pareil procédé ?

— Tout uniment, madame, une invitation à souper.

— Répondez-moi, monsieur, dit-elle avec colère : où suis-je ?

— Chez une personne qui vous attend à souper, et qui se fait une grande fête de vous présenter à ses nombreux convives.

— Il y a erreur, je ne suis attendue nulle part, dit-elle vivement ; laissez-moi sortir.

— Impossible avant le souper ! Après, je ne dis pas : cela dépendra de mon maître.

— Ah ! vous avez un maître ! Je veux lui parler, s'écria-t-elle vivement, et à l'instant !

— A vos ordres, madame, répondit en s'inclinant le serviteur. Je vais avoir l'honneur de vous conduire près de lui.

Il marcha devant elle et lui fit traverser des appartements déjà splendidement éclairés, des galeries, des salons, des boudoirs où brillaient toutes les merveilles du luxe et des arts.

Mais elle ne fit attention ni aux riches tapis qu'elle foulait aux pieds, ni aux murs resplendissants d'or et de marbre, ni aux trésors de sculpture et de peinture qui, de tous côtés, s'offraient à ses yeux ; elle ne voyait rien, tant étaient grandes son impatience et sa colère.

Enfin Morillo s'arrêta devant une porte, qu'il ouvrit après y avoir frappé discrètement. Il fit entrer Fleurette dans une chambre à coucher délicatement meublée. Cette pièce, qui était située à l'extrémité de l'hôtel, et qui donnait sur des jardins, n'était éclairée que par une seule lampe placée sur une table.

Près de cette table, au coin de la cheminée, était assis un homme tournant le dos à la porte d'entrée et lisant attentivement.

— Monsieur le duc, dit le Brésilien d'un ton respectueux, voici la captive que je vous avais promise.

Le duc se leva vivement ; Fleurette poussa un cri, et, chancelante, s'appuya sur un meuble : elle venait de reconnaître M. d'Olona.

VII

Sur un geste de son maître, le serviteur s'était retiré. Fernand s'avança vers la dame au domino noir, la contempla un instant en silence ; mais, la voyant tremblante et se soutenant à peine, le plaisir de la vengeance qu'il se promettait se dissipa en partie.

Il lui offrit la main qu'elle accepta sans proférer une parole, la conduisit au coin de la cheminée, l'installa dans le meilleur fauteuil, et, se tenant debout vis-à-vis d'elle, il lui dit lentement :

— Quelque désir que j'aie de connaître la personne qui nous a joués tous avec tant de malice et de persévérance, le respect que je dois à une femme, même mon ennemie, m'empêche de chercher à soulever ce masque ; veuillez donc, madame, le détacher vous-même et me montrer vos traits.

Le petit domino, comme accablé de confusion, baissa la tête et ne répondit pas.

— J'ignore, madame, qui vous êtes, continua le duc ; mais l'état où je vous vois en ce moment, la terreur que vous éprouvez à vos faire connaître me dit assez que votre nom et votre rang sont de ceux que l'on ne compromet pas impunément. Veuillez donc m'écouter.

Vous avez gravement offensé, dans quel but ? nous le

saurons tout à l'heure, des jeunes gens, de jeunes amours-propres qui ne pardonnent guère, et surtout de grandes dames, vos rivales ou vos amies, qui ne pardonnent pas.

Elles seront toutes ici dans une heure, continua-t-il en regardant la pendule; elles viennent souper chez moi, comptant vous y trouver, car je leur ai promis de vous livrer ce soir à leurs regards, et je tiens toujours mes promesses. Votre sort sera donc tout à l'heure dans leurs mains : il n'est encore que dans les miennes.

Voyez, réfléchissez, dit-il d'une voix qui, malgré lui, devenait plus douce; c'est moi que vous avez le plus cruellement offensé; c'est moi, beau masque, dont vous vous êtes joué le plus indignement, et cependant j'ai idée que vous auriez plus d'avantages à vous confier à ma rigueur qu'à la clémence de ces dames. Choisissez cependant.

Le domino gardait toujours le silence, mais on voyait qu'il hésitait et qu'un combat se livrait en lui.

— J'ai peur, continua le duc en souriant, que mes clientes ne soient impitoyables, et elles ont bien, en effet, quelques comptes à vous demander; moi qui ai au cœur moins de vengeance et même d'amour-propre, je sens, pour ma part, vos anciennes offenses expiées et au delà... par vos angoisses de ce moment.

Je ne me pardonnerai jamais, dit-il en voyant les battements précipités de sa poitrine qui soulevaient le taffetas de son domino, d'avoir fait trembler une femme, bien plus de l'avoir vue tremblante sans chercher à la rassurer.

Voyons, continua-t-il avec une bonté ineffable, dites-moi si, sans trahir les intérêts de mes clientes, je ne puis pas servir les vôtres, et si, grâce à moi, ce souper, qui a commencé par une déclaration de guerre, ne peut pas finir par un traité de paix. Confiez-vous à moi, dictez-moi ce que je peux dire, ce que je peux faire pour sauver une grande dame telle que vous, pour atténuer, pour justifier ses torts, et vous verrez qu'au lieu d'un ennemi vous n'aurez plus qu'un défenseur.

Fleurette arracha son masque et se précipita aux pieds du duc.

Il s'empressa de la relever, et, contemplant quelques instants ses traits à la clarté de la lampe:

— Fleurette! s'écria le duc; Fleurette la bouquetière! répéta-t-il, avec un éclat de rire. Et vraiment oui, c'est bien elle! je la reconnais. Oh! la plaisante aventure, et le charmant souper que nous allons faire.

— Comment! monsieur, dit Fleurette interdite, que prétendez-vous?

— Eh! parbleu! répondit-il gaiement, livrer la coupable à ses juges, je l'ai juré, et dès que ce n'est plus une grande dame, dès que l'aventure ne compromet plus personne...

— Et moi, monsieur? s'écria Fleurette, désolée.

— Toi, mon enfant? Tu l'as voulu, tu l'as mérité. T'aviser de mystifier des gens qui ne t'ont rien fait, et prendre, pour but d'une plaisanterie de carnaval, tout ce qu'il y a de plus haut placé dans Paris, quand tu aurais pour châtiment un peu de confusion, il n'y aurait pas grand mal.

— C'est vrai, c'est vrai, je mérite d'être punie; mais, si je suis perdue, perdue à jamais! La punition ne sera-t-elle pas bien au-dessus de la faute?

Elle lui raconta alors comment, seule au monde, pauvre, sans ressources, elle avait eu l'idée de faire connaître et d'achalander sa boutique de fleurs.

Elle avoua que la ruse employée par elle, venant d'une jeune fille, pouvait paraître risquée et audacieuse; mais elle n'avait fait cependant, comme tant d'autres, que spéculer sur la vanité humaine, sur l'amour-propre de beaux jeunes gens, qui se flattaient de trouver en elle une conquête, et la conquête d'une grande dame.

Quant à ses fleurs, elle ne forçait personne à les acheter, et elle refusait, il le savait par lui-même et par Ludovic, le prix exagéré que voulait souvent y mettre l'amour, la curiosité ou l'orgueil.

— J'ai eu tort, continua-t-elle, je ne pensais pas aux suites d'une pareille ruse; je ne me doutais pas qu'elle dût, à ce point, exciter votre indignation, monsieur le duc, ni celle des nobles dames à la vengeance desquelles vous avez juré de m'abandonner. Faites-le donc, vous en avez le droit et le pouvoir; mais si le bonheur d'une pauvre fille vous est nécessaire pour égayer votre souper, si, en leur livrant mon secret, vous me livrez aux railleries de tous; si, bien plus encore, le ridicule et l'éclat de cette scène éloignent de moi ces grandes dames et me retirent, pour toujours, la riche clientèle qu'elles commençaient à me donner; si enfin c'en est fait à jamais de mon humble fortune et de mon avenir, n'aurez-vous rien à vous reprocher, monsieur le duc?

— Moi? répondit Fernand avec hauteur et, malgré lui, cependant un peu ému.

— Quelles chances restent donc, continua-t-elle, je ne dis pas pour s'enrichir, mais pour gagner sa vie, à la pauvre fille qui veut vivre honnête? Et cependant ces élégants jeunes gens, aujourd'hui si impitoyables, me blâment d'avoir été coquette avec eux; ils me blâmeraient moins, peut-être, si je l'avais été plus.

Ils me font un crime des fleurs que je leur ai vendues, ils ne me reprocheraient rien, s'écria-t-elle avec énergie, ils m'approuveraient, peut-être si je m'étais vendue moi-même!

Pendant qu'elle parlait ainsi, le camail de son domino s'était renversé, les longues tresses de ses cheveux s'étaient détachées et tombaient sur ses épaules : elle avait la voix haute, le geste noble, l'œil animé, elle était belle!

Le duc avait écouté avec étonnement, non seulement la chaleur de son plaidoyer, mais encore l'art et l'adresse avec lesquels elle avait su présenter et déployer tous ses moyens de défense.

— Fleurette, lui dit-il, tu es un bon avocat, mais tu as une mauvaise cause. Tu as depuis un mois intrigué tous nos salons, tourné toutes les têtes, éveillé toutes leurs curiosités avec un talent que je reconnais, avec une adresse que je ne blâme pas, mais qui a stimulé la nôtre.

C'était un défi, une lutte, toi, pour garder ton secret, nous, pour le découvrir. Longtemps victorieuse, tu es aujourd'hui vaincue. C'est la chance de la guerre.

Le prix du combat pour ces dames, c'est le mot de l'énigme, c'est ton secret, pas autre chose; mais elles l'exigent d'abord et avant tout.

— C'est là ce qui me perd, s'écria-t-elle vivement, et, ce secret, vous ne le livrerez pas.

— Le moyen de faire autrement?

— Vous le garderez pour vous seul, c'est à vous seul que je l'aurai confié.

— Et ma réputation, à moi, dit le duc en souriant, ma réputation d'adresse et d'esprit. Je me suis hautement vanté d'arriver à la découverte de ce secret. Il faudra donc avouer que j'ai complètement échoué, aveu toujours pénible pour l'amour-propre d'un jeune homme... Et si l'amour-propre de ce jeune homme n'était pas seul en jeu, s'il s'agissait, pour lui, d'immenses, de cruels sacrifices...

— Qu'est-ce donc? demanda Fleurette avec inquiétude.

— Eh! oui, vraiment, reprit le duc en s'asseyant près d'elle, tu ne penses qu'à toi, Fleurette; et si je te disais que, dans le cas où je parviendrais à pénétrer ce secret, objet de tant de désirs, une grande dame m'avait promis, à moi, un baiser, deux baisers, même! et si cette grande dame était celle que j'aime, ou du moins à qui je fais depuis longtemps une cour assidue, de quel droit viendrais-tu, quand je suis près de voir combler tous mes vœux, en exiger le sacrifice et me forcer à renoncer à mes plus chères espérances?

Fleurette baissa la tête.

— Qu'as-tu fait pour moi? continua-t-il; tu m'as joué, raillé, bafoué! En échange de mon affection et de ma soumission à tes ordres, que m'as-tu donné, que m'as-tu promis? Rien! et tu demandes!... Voyons, Fleurette, dit-il d'une voix douce et comme suppliante, est-ce juste?

Une vive rougeur couvrit le front de la jeune fille.

Comme pour chercher à la cacher, elle s'efforçait de relever le camail tombé sur ses épaules.

Le duc l'en empêcha en s'emparant de sa main.

— Réponds-moi, lui disait-il; me promets-tu du moins de me dédommager de ce que je perds?

Il était presque à genoux ; une de ses mains tenait celle de Fleurette, l'autre entourait sa taille, et avec un accent auquel il était bien difficile de résister :

— Parle, Fleurette, et je te croirai ! Parle, et je t'obéirai ! Un mot seulement : l'amour d'une grande dame... me le rendras-tu ?

Fleurette se leva vivement. Ses joues et ses lèvres étaient pâles, son cœur battait avec violence, était-ce d'indignation seulement ? on n'eût pu le dire ; mais elle dégagea sa main de celle de Fernand, releva fièrement la tête et s'écria avec force :

— Non, non, si je ne peux obtenir grâce qu'à ce prix, je ne demande plus rien. J'avais cru le duc d'Olona assez généreux pour me pardonner sans condition, je me suis trompée encore. Livrez-moi donc à cette grande dame, monsieur le duc, que ma perte vous serve à payer son amour ; elle en a bien peu, si vous ne l'achetez qu'à ce prix et si c'est un caprice seul qui vous le donne.

Il y avait dans sa voix un accent de colère, d'ironie, presque de jalousie.

— Que veux-tu dire ? s'écria Fernand en la regardan avec autant de surprise que d'émotion.

— Je dis, monsieur le duc, continua-t-elle avec amertume, qu'un amour ainsi offert ne vaut pas, selon moi, l'amitié d'une pauvre fille, si humble et si misérable qu'elle soit, une amitié comme la mienne ! Ah ! s'écria-t-elle avec un accent du cœur, si vous me connaissiez, vous sauriez ce qu'il y a en moi de reconnaissance pour un service et de dévouement pour un bienfait. Ce dévouement, monsieur le duc, vous pouvez l'acquérir en ce moment et à jamais. Les soupers joyeux où les belles maîtresses ne vous manqueront pas, votre or vous les donnera toujours ; mais un cœur dévoué, Dieu seul l'envoie, et quand il se présente, ne le dédaignez pas.

Il y avait dans sa voix un mélange de fermeté, de résignation et de tendresse, qui alla droit au cœur de Fernand. Quand elle cessa de parler, il ne répondit point, mais sa résolution était prise.

— Remets ton masque, dit-il.

Fleurette se hâta d'obéir. Fernand sonna. Morillo parut :

— Tu vas reconduire Mme la marquise jusqu'à la première voiture.

— Oui, monseigneur.

— On sait comment elle est arrivée ici ?

— Oui, monseigneur.

— Que personne ne sache jamais comment elle en est sortie. Cela te regarde.

— Oui, monseigneur.

Fernand ouvrit une porte cachée par une tapisserie. Elle donnait sur une serre, qui elle-même avait une porte sur la rue.

Le Brésilien passa le premier pour guider Fleurette. Celle-ci, restée seule un instant avec Fernand, saisit sa main qu'elle porta à ses lèvres :

— Ah! c'est une noble action, monsieur, dit-elle à voix basse, et Fleurette, la pauvre bouquetière, ne l'oubliera jamais.

Et elle disparut.

Cinq heures sonnaient à la pendule du cabinet ; de nombreuses voitures entraient dans la grande cour de l'hôtel, et Fernand, le cœur plein d'un contentement inexprimable, se disant en se frottant les mains : « Je me rappellera le jeudi de la mi-carême. Jamais, je crois, je ne me suis senti aussi heureux. »

Les conjurés, cependant, hommes et femmes, fidèles au rendez-vous, arrivaient en masse et se répandaient déjà dans les salons.

La joie était grande et les nouvelles excellentes, car Ludovic et les jeunes gens revenus de l'Opéra avaient annoncé que le succès était certain, que Morillo en répondait, et les gens de la maison, interrogés par les dames, avaient assuré qu'un petit domino noir, amené en voiture par Morillo, avait été conduit par lui, dans le cabinet de monseigneur.

— Victoire! s'écria la partie féminine de l'assemblée.

— Victoire! répétèrent tous les invités.

Les convives étaient réunis, le souper était prêt, on n'attendait plus pour servir que le maître de la maison. Lui seul était en retard, lui seul manquait au rendez-vous.

Une porte s'ouvre. C'est lui enfin! Des vivats accueillent sa présence, cris de joie prématurés, chants de triomphe comprimés tout à coup par l'air morne du triomphateur.

— Qu'est-ce donc? qu'y a-t-il? s'écrient les dames qui, de tous côtés, entourent Fernand comme autant de points d'interrogation. Est-ce que notre ennemie n'a pas été enlevée?

— Si vraiment, mesdames.

— Est-ce qu'elle n'a pas été conduite dans votre hôtel?

— Si vraiment.

— Eh bien! qui est-elle? son nom? Vous le savez.

— Non, mesdames, pas encore.

— Alors, qu'elle vienne, qu'elle paraisse, disent les hommes.

— Que nous arrachions son masque! s'écrient les femmes.

— Impossible, mesdames, dit avec tristesse d'Olona; il nous arrive en ce moment l'aventure la plus inconcevable, la plus incroyable, la plus prodigieuse! c'est de la magie, de la sorcellerie.

— Au fait! au fait! crient les dames avec impatience. Monsieur le duc a la parole.

— Vous savez, madame, dit Fernand en s'adressant à la belle duchesse, que Morillo, mon serviteur dévoué, était parvenu, avec une adresse que je ne pourrai jamais assez récompenser, à enlever, de la salle de l'Opéra, le domino magique et à l'amener jusqu'ici.

Il conduit son prisonnier à mon cabinet où il l'enferme et dont il vient me remettre la clef.

J'y entre le cœur palpitant de joie, pour vous, duchesse, et surtout pour moi, en pensant à la récompense que vous m'avez solennellement promise. Je n'aperçois rien, je cherche partout, pas la moindre trace de prisonnier, disparu, évanoui!

— Ce n'est pas possible!

— C'est comme je vous le dis; et le plus extraordinaire, aucune effraction; portes et croisées fermées avec des barres de fer qu'on a trouvées à leurs places et parfaitement intactes.

Les domestiques qui occupaient l'antichambre n'ont entendu aucun bruit. Le concierge n'a vu personne à pied ou en voiture sortir de l'hôtel, dont on avait depuis l'arrivée du domino soigneusement fermé les portes. Enfin, et si ce n'était le progrès des lumières qui nous défend la seule explication possible, j'attesterais que notre ennemie est décidément sorcière.

— Vous croyez? diront les dames effrayées.

— Cela en a tous les caractères, voyez plutôt par vous-mêmes, mesdames.

Dames et cavaliers, armés de flambeaux, se précipitèrent dans le cabinet du duc d'Olona; tout fut examiné, bouleversé, les armoires, les corps même de bibliothèque; l'invasion ne produisit rien, qu'un désordre général qu'on fut deux jours à réparer.

Le souper fut excellent, mais triste. Les bouchons de champagne et les éclats de rire ne partaient qu'à regret.

On ne dit pas si la duchesse de Medina fut généreuse et si elle accorda, comme consolation de la défaite, ce qu'elle avait promis comme récompense du triomphe.

Il fallait désormais renoncer à découvrir la mystérieuse inconnue; on en parla longtemps encore, longtemps le soir dans les salons, chacun et le duc d'Olona, tout le premier, se perdit en conjectures plus romanesques et plus ingénieuses les unes que les autres; et en définitive, l'anecdote du *rhododendrum ferrugineum* resta, comme l'histoire du *masque de fer*, au nombre des faits historiques, non encore éclaircis.

Le lendemain, sur les midi, le duc était déjà sorti de son hôtel, à pied. Il marchait, en rêvant, croyant se promener dans l'avenue des Champs-Élysées, et il se trouva, sans s'en douter, vis-à-vis du passage de l'Opéra.

VIII

Quelques semaines après les graves événements que nous venons de raconter, s'élevait, sur le boulevard de la Madeleine, une boutique ou plutôt une serre élégante, devant laquelle stationnaient les passants et où entraient tous les jeunes gens et toutes les jeunes dames du beau monde.

Elle était à la mode. C'était une grande raison, mais il y en avait d'autres encore.

D'abord elle était située dans un quartier neuf, élevé comme par enchantement, sur les jardins de l'ancien hôtel des Affaires étrangères; quartier superbe qui était presque le commencement des Champs-Élysées, et toutes les calèches qui, du boulevard, allaient au bois de Boulogne, s'arrêtaient devant la boutique de Fleurette la bouquetière, qui avait, non sans de profonds et intelligents calculs, choisi un pareil emplacement.

Ensuite la serre était décorée avec un goût exquis, et toujours garnie des fleurs les plus belles et les plus rares; de petites fontaines jaillissantes y entretenaient une continuelle fraicheur.

Des tapis de verdure y réjouissaient la vue; des glaces, disposées avec art le long des murailles et à moitié cachées par le feuillage, produisaient des effets imprévus et charmants.

Elles permettaient aux dames de contempler, en achetant des bouquets, leur toilette et leur figure, vingt fois répétées au milieu des fleurs, attention à laquelle aucune n'était insensible.

Au fond de la serre était un petit salon avec une cheminée en marbre blanc, une pendule, des meubles commodes et confortables, un tapis épais et chaud.

— D'abord, dit le duc lentement et en la regardant, tu as un très joli pied et une très jolie jambe.
— Qu'est-ce que cela prouve ?

40ᵉ LIVR.

C'était là le salon de Fleurette ; dans la première pièce elle recevait les acheteurs, dans celle-ci elle ne recevait que ses amis, et elle en avait beaucoup. Elle avait su les conquérir, et, ce qui est plus difficile encore, les conserver.

À côté d'elle, au comptoir, ou l'occupant en son absence, on voyait ordinairement assise une jeune fille de vingt-cinq ans à peu près, autrefois belle et qui semblait recommencer une nouvelle beauté et une nouvelle jeunesse. C'était Michelette, son ancienne compagne et la sœur d'Étienne. Fleurette ne l'avait pas oubliée, et, dès qu'elle avait pu la prendre avec elle, elle l'avait appelée ; elle lui avait donné ce que la pauvre fille n'avait jamais connu : l'aisance, le contentement et le bonheur.

Le duc d'Olona avait tenu fidèlement sa parole. Il n'avait fait connaître à personne, pas même à la duchesse, le secret de Fleurette ; il ne le trahit jamais, et, en parfait gentilhomme qu'il était, jamais il ne laissa soupçonner qu'il connût la vérité.

Fleurette alors, qui se trouvait riche et qui, chaque jour, le devenait davantage, crut enfin le moment favorable pour réaliser le projet qu'elle avait depuis si longtemps médité. Elle s'établit à son compte, devint une des premières marchandes de fleurs de Paris, et dès lors commença la nouvelle et généreuse entreprise, qui devint le rêve de sa vie.

— Tout m'a réussi jusqu'à présent, se disait-elle, quand il ne s'agissait que de mon bien-être à moi. Pourquoi le bon Dieu, que je connais maintenant, ne me protégerait-il pas, quand il s'agit d'un devoir sacré ?

Et tous les soirs, en faisant sa caisse avec Michelette, elle prélevait sur ses bénéfices, qui étaient considérables, une moitié qu'elle mettait à part, bien précieusement.

— Pourquoi ? lui demandait Michelette.

Fleurette ne répondait jamais.

— L'autre moitié, continuait Michelette en l'embrassant, est un peu pour moi, je le sais, et pour toi, et puis pour les frais du commerce ; mais celle-ci... à quoi bon l'enfermer ainsi ?

— Pour payer mes dettes.

— Tu n'en as pas.

— Si vraiment, disait-elle en riant, de bien grandes!

— Puis elle renfermait son or sous clef, en disant en elle-même :

— O ma marraine, c'est votre part!

Elle avait réellement conçu le projet de faire une dot à sa noble marraine, Clotilde de Kérouallé, dot bien modeste sans doute, mais qui enfin lui permettrait de ne pas entrer au couvent.

Ce projet, on s'en doute bien, elle ne l'avait confié à personne; ce projet, malgré ou peut-être même à cause de son invraisemblance, était une source de jouissances qu'elle gardait pour elle seule, et qu'elle seule, en effet, pouvait comprendre; tous les dimanches, par exemple, elle s'enfermait aux verrous, dans sa chambre, pour compter la fortune de sa marraine.

Étienne, sous prétexte de faire visite à sa sœur, venait parfois voir Fleurette qu'il aimait toujours, mais depuis qu'elle habitait un palais de fleurs, il sentait bien que ce n'était plus une maîtresse pour lui : il ne pouvait plus la battre.

Par bonheur, il pouvait encore se griser, et, sous prétexte d'oublier son amour, il se livrait à sa passion pour le vin, dont les conseils de sa sœur et de Fleurette avaient grand'peine à le détourner.

Au nombre des jeunes gens à la mode, des clients de Fleurette, on distinguait Ludovic, qui, malgré lui, avait repris ses premières chaînes, et qui, tout en regardant cet amour comme au-dessous de lui, s'y livrait tout entier et avec un entraînement qui commençait à inquiéter l'ancienne bijoutière de la Cour, Mme Durussel, sa mère.

La passion de Ludovic avait surtout redoublé et tournait à la frénésie, depuis la présence assidue du duc d'Olona, qui, presque tous les jours, faisait arrêter sa voiture devant la porte de Fleurette, et descendait, achetait un bouquet et repartait, après être resté deux ou trois minutes.

Bientôt il en resta cinq, puis dix, puis un quart d'heure.

Il prenait un grand intérêt à la conversation de la jeune fille, qui recevait sans étonnement, comme sans embarras, l'honneur qu'il lui faisait, et dont toute autre aurait été fière ; elle le traitait comme ses autres pratiques, avec moins de cérémonie peut-être ; nuance qui n'était pas sans charme ; les autres étaient des acheteurs, et lui, un ami !

Coquette avec ceux-là, elle ne l'était pas avec lui, c'eût été lui faire injure.

Il méritait mieux que cela. Simple et franche, elle l'accueillait avec joie, ne lui cachait pas le plaisir qu'elle avait à le voir, et ne cherchait point à le retenir ; c'eût été le gêner.

Aussi, il ne s'éloignait jamais qu'à regret, charmé par sa gaieté, son babil, son esprit, et surtout par l'expression muette d'un sentiment vrai, que lui seul comprenait et qui, dans ses manières, dans ses yeux, dans ses moindres gestes semblait dire :

— J'ai promis amitié, je tiens parole.

Tout d'abord, et voyant les visites fréquentes du duc d'Olona, Ludovic et tous les jeunes élégants du club avaient dit : « Fleurette est sa maîtresse » ; mais, dans le ton léger, amical et presque intime qu'il prenait avec elle, le duc avait conservé une nuance d'estime et de respect si marquée qu'il fallait renoncer à cette idée, et l'on ne savait qu'en penser.

Il n'était pas douteux que Fleurette ne lui plût infiniment, et qu'il ne la trouvât charmante ; il le proclamait partout, et alors, comme personne encore ne lui avait résisté et que Fleurette n'avait pas l'air assez farouche pour vouloir prendre cette initiative, il était évident que le jeune duc n'avait qu'à parler. C'est ce que tout le monde disait, et tout le monde se trompait.

Fleurette, par sa simplicité coquette ou par un don inné, avait l'art indéfinissable d'attirer la confiance.

Elle ne demandait jamais, on lui racontait toujours.

Nous avons dit que le duc restait parfois dix minutes ou un quart d'heure avec elle ; et ce jour-là, une demi-heure s'était écoulée sans qu'il pensât au départ ; sa voiture, ses chevaux et ses gens l'attendaient en plein boulevard devant la boutique de Fleurette.

— Je vais te compromettre, dit-il en souriant.

— C'est vrai ! je n'y pensais pas.

— Ah ! s'écria-t-il avec joie, voilà un mot qui m'empêchera de m'en aller.

— Au contraire, monsieur le duc ; car maintenant que vous m'y avez fait penser, il faut vous en aller.

Le duc partit en retournant plusieurs fois la tête.

Il avait remarqué que, dans le milieu de la journée, il y avait toujours beaucoup de monde, beaucoup de dames, chez Fleurette ; mais que, sur les cinq ou six heures, on revenait de la promenade, on rentrait à l'hôtel, on s'occupait d'une grande affaire, de sa toilette, et personne ne songeait plus à la bouquetière, dont la boutique, à cette heure de la journée, n'était pas encore éclairée.

Depuis quelques jours, la voiture du duc arrivait régulièrement entre cinq et six heures.

Saluant Micheletto qui occupait le comptoir, Fernand entrait dans le petit salon du fond où Fleurette se tenait volontiers à cette heure-là, se reposant, en rêvant, des fatigues de la journée.

Tous les deux, assis devant la cheminée, causaient alors, et, par suite de l'influence secrète dont nous parlions tout à l'heure, ou par tout autre cause non encore expliquée, c'était le grand seigneur qui racontait ses affaires à la petite marchande.

Et celle-ci parfois, sans qu'on le lui demandât, se permettait de donner son avis, que l'on suivait presque toujours.

Avec sa position, son rang et sa fortune, le duc était le point de mire de bien des grandes coquettes, qui se le disputaient par orgueil, par ambition, par rivalité, intrigues amoureuses où il se trouvait de tout, excepté de l'amour.

Nous avons dit qu'il aimait les femmes avec passion, adoration, et avant tout ; c'était la seule occupation de sa vie. On comprendra alors comment il n'avait ni le courage, ni la force de refuser des avances, dont son amour-propre, plus que son cœur, était touché, et, dans ce moment, il se trouvait mener de front trois ou quatre intrigues, dont aucune le charmait réellement.

En revanche, il n'y en avait pas une qui ne fût pour lui une source d'embarras, de mensonges obligés, d'ennuis ou de regrets; pas une qui ne donnât lieu à des scènes de reproches, de larmes, de jalousie; pour lui, enfin, ni repos, ni liberté.

Esclavage doré, chaînes de fleurs qu'il s'indignait de porter, et que l'honneur, les procédés ou plutôt la beauté de ses maîtresses et sa propre faiblesse l'empêchaient de rompre.

Voilà quelle était sa vie: souvent Fleurette le plaignait; plus souvent encore elle riait.

— Ah! tu ris! s'écria-t-il avec indignation.

— D'un malheur qui n'a rien de réel, et si, après tout, ce malheur-là vous amuse...

— Non, disait-il avec impatience, il m'ennuie à périr.

Et Fleurette riait encore plus fort.

— Oui, continuait-il avec dépit, avec ces idoles de la mode, c'est l'insignifiance, c'est la futilité même. Pas deux idées de suite, impossible de causer avec elles: ce n'est pas comme avec toi.

— Moi, monsieur le duc! j'écoute, voilà tout! et un plaisir... n'est pas un mérite.

— Non, non, flatteuse que tu es, tu as de l'esprit, toi! tu le sais bien! et de plus, du bon sens, et une raison, s'écria-t-il avec force, une raison effrayante!

— Ah bah! s'écria-t-elle, étonnée.

Il la regarda un instant en silence et puis lui dit en souriant:

— Tu ne t'es pas encore aperçue, Fleurette, de l'ascendant que tu exerces sur moi?

— Non, mais je vous remercie de m'en prévenir, j'en userai.

— Tu as parbleu bien commencé déjà. Tu t'es moquée vingt fois de ma livrée, que tu trouvais trop dorée, trop éclatante...

— Et de mauvais goût. Quand on est riche comme vous, il y a de la coquetterie à être simple.

— C'est dit, c'est compris, répondit-il brusquement. Quand tu regarderas à ta porte, tu verras que j'ai changé ma livrée.

— C'est bien, dit tranquillement Fleurette.

— Et Campéador, mon beau cheval qui a gagné tant de paris ! celui que je montais toujours, si impétueux, si élégant, si fringant, mon cheval favori, il ne te plaisait pas...

— Il vous aurait cassé le cou.

— Tu l'avais pris en antipathie, tu le détestais, tu le trouvais affreux, et moi, qui y tenais tant, je ne sais pas comment cela s'est fait. je m'en suis peu à peu dégoûté et j'ai fini, ce matin, par m'en défaire.

Fleurette poussa un cri de joie, et, par un mouvement aussi rapide que la pensée, elle tendit la main au duc, comme pour le remercier.

Fernand ne put s'empêcher d'être ému de cette affection si sincère et si désintéressée. Il pressa la main qu'elle lui avait offerte.

— Eh bien, dit Fleurette, sans chercher à retirer cette main, ce que vous avez fait de votre cheval favori...

Elle s'arrêta en souriant.

— Eh bien ?... achève.

— Il faut le faire... de toutes *vos favorites !* Voilà mon conseil.

— Certainement, répondit Fernand en s'enfonçant dans son fauteuil, je le suivrais, si j'en avais le courage ; ou plutôt si quelqu'un que je connais me donnait ce courage, en me donnant mieux que des conseils, toi, par exemple !

— Bah ! répondit Fleurette en s'enfonçant aussi dans son fauteuil, je croyais, monsieur le duc, que nous avions renoncé à ces idées-là ?

— Toi sans doute, mais moi jamais ! Plus je te regarde, plus elles me sourient.

— Ce n'est pas possible, dit-elle gaiement. Vous aimez les beautés régulières, les beautés grecques, et je n'ai qu'un minois chiffonné et une figure parisienne. Vous aimez les profils antiques et j'ai un nez retroussé, qui est jeune il est vrai, c'est son seul mérite ; à cela près, je n'ai rien, absolument rien.

En parlant ainsi, étendue dans son fauteuil, elle se chauffait les pieds, avec la négligence et le sans façon d'une personne qui est chez elle.

— D'abord, dit le duc lentement et en la regardant, tu as un très joli pied et une très jolie jambe.

— Qu'est-ce que cela prouve ? dit-elle d'un air indifférent.

— Cela prouve, s'écria-t-il avec vivacité, que tu es charmante, et si tu voulais m'aimer, Fleurette, cela changerait toute mon existence, cela donnerait à ma vie...

— Un embarras de plus, et vous en avez déjà tant ! C'est à mon amitié de les diminuer et non de les augmenter.

Tenez, monseigneur, dit-elle avec émotion, et en prenant un ton sérieux, ne parlons pas de cela, n'en parlons jamais.

— Soit, dit froidement le duc. Une question seulement : Aimes-tu quelqu'un ?

— Je n'en sais rien, répondit-elle brusquement ; pourquoi me demandez-vous cela ?

— Parce que celui-là, quel qu'il soit, je veux le rendre, non pas heureux dit-il en la regardant, il l'est déjà, mais assez riche pour qu'à l'instant tu puisses l'épouser et trouver avec lui le bonheur que tu me refuses, à moi.

Fleurette le remercia d'un sourire reconnaissant et répondit :

— Gardez votre or, monsieur le duc, car je n'aime personne !

— Tu as donc alors pour moi, lui dit-il en riant, la même antipathie que pour mon cheval Campéador, antipathie innée !

— Vous ne le croyez pas ! dit-elle d'un air de reproche. De tous ceux que j'ai vus, vous êtes celui qui me paraît le moins mal.

Et elle continua en levant les yeux sur lui, comme si elle faisait son signalement :

— Pas fat, pas fier, pas de prétentions ! On oublie souvent, en vous regardant, que vous êtes un beau garçon, et, en vous écoutant... que vous êtes grand seigneur.

— Mais alors, s'écria Fernand, sans penser à la remercier du compliment, que me reproches-tu ?

— Bien des choses. D'abord vous êtes trop riche.

— Que t'importe ?

— On croirait que je me suis donnée à vous pour vos trésors ; que je vous dois ma fortune, et je ne veux la devoir qu'à moi-même, dit-elle avec fierté.

— Eh bien, s'écria le duc gaiement, je ne te donnerai jamais rien, je te le jure ! rien ! Et il ajouta d'une voix tendre et sérieuse :

— Je t'aimerai assez pour cela !

Fleurette ne put s'empêcher de sourire et dit :

— C'est déjà quelque chose !

— C'est beaucoup ! s'écria-t-il vivement. Alors le monde n'aura plus rien à dire, ni toi non plus ; ainsi tu es persuadée, tu consens ?

— Pas encore.

— As-tu d'autres raisons ? Quelles sont-elles ?

— Je vous les dirai peut-être plus tard, mais fit-elle en se levant, vous n'avez pas pitié de vos gens, qui depuis une heure sont devant ma porte.

— N'aie pas peur, s'écria-t-il, on ne les remarquera pas, on ne les verra même pas. Grâce à toi, maintenant, ma livrée est si simple.

Il s'élança hors de la boutique, et Fleurette resta longtemps plongée dans ses réflexions.

— C'est singulier, se dit-elle en elle-même, en souriant tristement, il prétend qu'il m'aime et il ne m'aime pas ! tandis que moi...

Elle n'acheva pas, mais le sourire expira sur ses lèvres et une larme roula dans ses yeux.

IX

Le soir, la boutique était illuminée. Fleurette était au comptoir, entourée d'acheteurs ou plutôt d'adorateurs, y compris Ludovic, dont elle écoutait peu la conversation. Elle pensait peut-être à celle de la matinée, ou aux affaires de son commerce. C'était le samedi, le jour où elle comptait ses bénéfices et où elle faisait la part, non pas du bon Dieu, mais des anges. Un facteur entre, lui remet une lettre qu'elle ouvre d'un air distrait ; mais, aux premiers mots, elle pâlit ; sa main tremble, elle court à la signature, pousse un cri et s'élance dans son petit salon pour la lire seule à son aise.

— Ma marraine ! dit-elle en portant la lettre à ses lèvres et son cœur, ma marraine ! C'était en effet Clotilde de Kéroualle qui écrivait à sa filleule, et celle-ci, voyant son nom, avait tout oublié. Elle n'avait pas même songé à dissuader Ludovic, convaincu, dans ce moment, qu'elle venait de recevoir l'épître du plus adoré des amants. Que lui importait ? Nous avons dit que Fleurette tenait peu à l'opinion des indifférents. Clotilde lui écrivait qu'elle arrivait à Paris pour un mois ; qu'elle l'attendrait, dès le lendemain dimanche, après la messe, car elle tenait à la voir et à l'embrasser le plus tôt possible... enfin, une lettre bonne et tendre, où, en quelques lignes, sa marraine se peignait tout entière.

Fleurette ne dormit pas de la nuit, et, si elle avait osé, elle aurait frappé, dès le point du jour, à la porte de l'hôtel de la rue de Varennes. Enfin, à l'heure dite, elle arrivait.

Elle avait tant de choses à raconter à sa marraine, tant de choses à lui demander, que les mots se pressaient en foule sur ses lèvres ; elle ne pouvait rien dire, elle ne pouvait que l'embrasser. Quand elle l'eût bien embrassée, elle la regarda et resta quelques instants immobile et comme en extase.

Clotilde était alors dans tout l'éclat de sa beauté, beauté admirable à laquelle se joignaient la grâce la plus exquise et un charme indéfinissable qui régnait dans toute sa personne. Sa bonté attentive s'informait des progrès de sa filleule, de ses études, de ses affaires.

Fleurette, de son côté, ne s'inquiétait que de sa marraine, de son voyage, de sa position. Cette position n'était pas changée. C'était toujours une vie de dépendance et d'humiliation. C'étaient les devoirs de l'institutrice ordinaire, moins les appointements et les égards. Sa jeune cousine ne voyait dans les leçons qu'elle lui donnait si généreusement, qu'un ennui de chaque jour qui la dispensait de toute reconnaissance. Quant à Mme de Kéroualle, c'était la même sécheresse de cœur et de manières. Elle avait si bien pris l'habitude de ne voir dans Clotilde que sa demoiselle de compagnie et de la traiter comme telle, que Clotilde elle-même, finissant par oublier qu'elle était de la famille, ne l'appelait plus jamais : ma cousine, ce que Mme de Kéroualle prenait pour une marque de déférence et de respect, dont elle lui savait gré.

Mme de Kéroualle qui, l'année dernière, avait marié sa fille aînée, avait encore cette année, le bonheur de se défaire de la seconde. Un noble de sa province, M. de Kervalec, qui venait d'être appelé à une recette générale, avait demandé en mariage sa fille Géraldine, dont la dot devait servir à payer son cautionnement. Pour arranger définitivement cette affaire et quelques autres qui exigeaient la présence de la famille de Kéroualle à Paris, il avait été décidé qu'on y célébrerait le mariage, et voilà comment Mme de Kéroualle, son gendre, ses filles et sa cousine Clotilde se trouvaient habiter, pour un mois ou deux, l'hôtel de la rue de Varennes.

Il était en ce moment moins ennuyeux qu'à l'ordinaire : le futur mariage donnait lieu à quelques dîners, à quelques réceptions, et même quelques bals où Clotilde dansait peu, mais faisait danser ses cousines, car c'était elle qui tenait le piano, avec un talent si remarquable que plus d'un danseur oubliait la contredanse pour écouter l'orchestre. On avait accordé à M. de Kervalec, le futur gendre le droit de venir faire sa cour à Mme de Kérouallo et à sa fille, sa prétendue, ce qui promettait à Clotilde une suite de soirées assez peu amusantes.

Le lendemain, cependant, qui était un lundi, M. de Kervalec avait, pour leur arrivée à Paris, la galanterie de conduire ces dames à l'Opéra. Il avait loué aux grandes premières une loge de six places ; une de ces places, dont on ne savait que faire, avait été accordée par grâce, ou comme cadeau de noce, à Clotilde qui adorait la musique, et qui était enchantée d'aller à l'Opéra.

— Dans ce moment, disait-elle à Fleurette, je m'occupe, tu le vois, de ma toilette.

En effet, elle travaillait elle-même à une robe de gaze blanche, la plus jolie, la plus fraîche et la plus simple que l'on pût voir.

— Ah ! ma marraine ! s'écria Fleurette, laissez-moi vous donner le bouquet que vous mettrez dans vos cheveux et à votre ceinture. N'ayez pas peur : les dames les plus élégantes de Paris se fournissent chez moi, et vous aurez les plus belles fleurs de ma boutique.

— Non, répondit Clotilde, je ne le veux pas, ce serait trop cher.

— Y pensez-vous, ma marraine ! la boutique est à vous, et moi aussi, vous le savez bien. Ne me privez pas de ce plaisir.

C'en était un en effet si grand pour Fleurette que Clotilde n'osa pas lui faire le chagrin de la refuser.

Le lendemain elle vit arriver la bouquetière avec un air de contentement et de triomphe, et avec une corbeille d'étoiles des Alpes et de camélias blancs qu'elle mit aux pieds de sa marraine.

— Ah ! c'est trop beau pour moi, mille fois trop beau, s'écria Clotilde, moins charmée encore de la beauté du présent, qu'émue des transports de Fleurette dont les yeux rayonnaient de joie, et dont les mains la couvraient de fleurs.

La pauvre enfant espérait bien prolonger sa visite et causer plus longtemps que la veille, où elle n'avait eu le temps de rien dire à sa marraine, mais on entendit dans la première pièce la voix haute et aigre de Mme de Kéroualle.

— Va-t'en, lui dit Clotilde.

— Et comment vous reverrais-je, ma marraine?

— Je ne sais; car, dans le milieu de la journée, nous irons au bois de Boulogne.

— Vous passerez devant ma boutique; si vous pouviez vous y arrêter un instant... pour m'acheter des fleurs, je vous verrais.

— Je tâcherai de mettre cette idée-là dans la tête de Géraldine.

La porte s'ouvrit; parut Mme de Kéroualle, qui, sèche, froide et glaciale, semblait, au milieu des fleurs, comme l'hiver au milieu du printemps. Son œil dédaigneux, arrêté sur la bouquetière, semblait demander : Comment cette fille est-elle ici? Aussi Fleurette s'empressa de s'éloigner sans oser jeter à sa marraine un regard d'adieu. Mais celle-ci ne put se décider à la laisser partir ainsi, et, courageusement, elle lui tendit la main.

— Ah! dit Fleurette en s'en allant, est-elle brave, ma marraine! C'est une scène qu'elle va avoir pour moi. Et elle revint chez elle en pensant à Clotilde.

— Non, se disait-elle, ma marraine ne restera pas dans cette antique maison; elle y mourrait de chagrin. Non, elle n'entrera pas au couvent; elle y mourrait d'ennui, et je ne veux pas qu'elle meure; je veux qu'elle reste dans le monde, au milieu des plaisirs qui sont de son âge, et des grandes dames dont elle sera la meilleure et la plus belle.

En rentrant chez elle, elle trouva une visite, sur laquelle elle n'avait aucune raison de compter, et qui cependant ne la surprit pas. C'était le duc d'Olona. Apprenant par Michelette qu'elle était sortie, il était entré dans le petit salon, où il s'était permis de l'attendre.

— Ah ! monsieur le duc, dit-elle en le menaçant du doigt, voilà une audace...

— Dont tu vas te fâcher ?

— Dont je vous remercie, dit-elle en lui tendant la main.

— Ah ! s'écria-t-il en la portant respectueusement à ses lèvres, que tu le veuilles ou non, Fleurette, il faut que tu me pardonnes, il faut que tu me subisses. Hier, dimanche tu as été exemptée de ma visite, mais ce n'est pas tous les jours fête. Quant à moi, deux jours sans te voir, c'est trop long, et me voilà.

Il s'assit près d'elle, et alors tout ce que, dans un langage charmant, l'amour, pour ne pas dire le désir, peut inspirer de tendre, de galant, d'entraînant, fut exprimé par lui, par ce jeune et beau seigneur auquel jusqu'alors aucune grande dame n'avait résisté.

Fleurette sentait bien que, dans ce qu'il disait, il n'y avait tout au plus que la moitié de vrai, mais cette moitié là était si douce, et l'autre, fût-ce un mensonge, était encore si séduisante, qu'elle avait grand'peine à trouver de bons arguments pour se défendre, ou plutôt son esprit troublé n'en trouvait plus. En vain appelait-elle à son aide sa raison qui l'abandonnait ; elle était entraînée, sinon persuadée, et son cœur même, complice de ses sens, allait peut-être la trahir, quand, tout à coup, lui apparut, pour la protéger, l'image de sa marraine, qu'elle venait de quitter, sa marraine, son bon ange, son ange gardien ! Elle se leva, s'arracha des bras de Fernand. Le charme se dissipa, la raison lui revint, le calme aussi. A l'instant, avec la rapidité de l'éclair, et comme si les anges ne pouvaient inspirer que de nobles et généreux dévouements, le plus grand, le plus sublime de tous, s'offrit soudain à son cœur et à sa pensée. Elle passa sa main sur son front et sur ses yeux, puis regarda Fernand avec un sourire pur, tranquille et candide.

— Ma cause est perdue, se dit tout bas celui-ci.

— C'est donc bien vrai, lui demanda-t-elle avec un accent plein de douceur, c'est votre bonheur que vous me demandez ?

— Oui, dit-il avec passion, mon bonheur qui dépend de toi.

— C'est possible, en effet, dit-elle en secouant la tête; oui, je veux bien croire, je crois qu'il dépend de moi de vous rendre heureux, à jamais heureux ! Elle s'arrêta un instant, et dit en souriant : Eh bien ! soit.

— Ma cause est gagnée, se dit tout bas d'Olona.

— Mais réfléchissez bien, continua Fleurette.

— Aye ! murmura le duc, si nous réfléchissons, tout est encore remis en question.

— Songez bien, répéta gaiement Fleurette, que se charger comme vous le dites de vous rendre heureux, à jamais heureux, c'est prendre une responsabilité bien grande et, pour l'accepter, je demande qu'à dater de ce moment vous m'obéissiez en tout.

— Je le promets, s'écria le duc avec joie.

— Je demande que vous cédiez à toutes mes fantaisies, à tous mes caprices.

— Je le jure.

— Et s'ils vous paraissent un peu bizarres...

— Tant mieux.

— Même extravagants...

— C'est ce que je désire.

— Vous ne m'en demanderez pas compte.

— Cela va sans dire.

— Eh bien ! monsieur, pour vous prouver mon estime, j'ai d'abord un grand secret à vous confier, et puis à vous, mon ami, car je commence un peu à vous regarder comme tel, j'ai un grand service, un immense service à vous demander.

— Merci, s'écria-t-il avec joie; parle, me voici.

— Ah ! ah ! dit-elle en le regardant, vous êtes brave, vous ne tremblez pas. Je commence. Que faites-vous ce soir ?

— Je dîne chez la duchesse de Medina.

— Vous vous dégagerez, vous n'irez pas.

— Accordé !

— Vous irez à l'Opéra.

— Avec toi ?

— Non, tout seul. Vous vous placerez au balcon.

— C'est dit.

— Armé de votre lorgnette, vous parcourrez comme à l'ordinaire toute la salle pour découvrir les plus jolies femmes. Vous comprenez ?

— Parfaitement. Jusque-là ce n'est pas bien difficile.

— Vous regarderez surtout du côté des grandes premières.

— Pourquoi ?

— Vous y apercevrez une jeune fille charmante, vêtue d'une robe de gaze blanche, et pour que vous ne la confondiez pas avec d'autres, je vous préviens d'avance qu'elle portera dans ses cheveux et à sa ceinture des touffes d'étoiles des Alpes, notre ancien signal, que vous connaissez si bien.

— Je comprends, dit le duc en souriant, une surprise charmante que tu me ménages. Ce sera toi.

— A peu près. Ce sera du moins une autre que moi-même, ou peut-être moi, dit-elle en riant, qui aurai pris cette forme nouvelle pour changer. Vous aimez la variété.

— Que veux-tu dire ?

— Là, dit-elle sérieusement, est le grand secret que j'ai à vous confier et l'immense service que je dois vous demander.

— Mais, dit le duc un peu intrigué, qu'attends-tu de moi... et que dois-je faire ce soir ?

— Rien, que de regarder bien attentivement cette jeune fille et de venir me dire demain franchement et sans flatterie si les roses des Alpes que je lui ai vendues lui vont bien.

— Fleurette se moque de moi, dit le duc d'un air moitié badin et moitié sérieux.

— Comment, monsieur, s'écria-t-elle avec indignation, vous jurez d'obéir à tous mes ordres, à tous mes caprices quels qu'ils soient, et le premier que je vous impose...

— Tu as raison, dit-il.

— Vous ne devez pas même examiner si j'ai raison.

— C'est vrai. Ne te fâche pas, Fleurette, j'irai ce soir à l'Opéra.

— Et vous ferez bien.

Elle le regarda sortir et monter en voiture, le suivit quelque temps des yeux, et, en le voyant s'éloigner, elle se dit, en regardant le ciel.

— A la grâce de Dieu !

X

La salle de l'Opéra était, ce soir-là, resplendissante de lumières, de belles toilettes et de beau monde ; on donnait, par extraordinaire, une pièce nouvelle, une pièce d'un auteur et d'un compositeur français ; une pièce qui ne venait ni de l'Italie, ni de l'Allemagne ; car l'Opéra de Paris, autrefois le premier théâtre du monde et une de nos gloires nationales, ne peut plus donner aujourd'hui que des traductions ou des ouvrages de grands seigneurs italiens ou allemands.

Ce jour-là, on sortait d'Italie, on rentrait en France ; il y avait foule.

La famille de Kéroualle avait pris place aux premières loges de face. Géraldine, la future mariée, était de droit sur le devant, en toilette splendide ; derrière elle se tenait son futur, à qui le caractère facile de sa fiancée promettait, dans son ménage, un règne absolu et sans opposition.

On se rappelle que Géraldine était toujours de l'avis de celui ou de celle qui venait de parler.

Près d'elle, également au premier rang, était sa sœur cadette, Corentine, l'élève de Clotilde, qui, sous la direction de sa nouvelle maîtresse, avait conservé l'habitude, prise dès son enfance, de rire sans cesse ; gaieté monotone et insupportable qui ne prouvait rien, pas même l'amabilité de son caractère, franchement faux et envieux.

De l'autre côté s'était assise Mᵐᵉ la marquise de Kéroualle, de sorte que la mère et les deux filles étaient sur le devant et Clotilde derrière Corentine.

Mais Corentine était si petite, et Clotilde si majestueuse, si belle, qu'elle la dépassait de la moitié de la taille, et que, même au second rang, elle avait l'air d'être au premier.

Il y avait encore dans la loge une sixième place, qui devait rester inoccupée ; mais Ludovic Durussel, qui était avec sa mère dans une autre loge, avait aperçu ces dames, était venu les saluer et adresser ses compliments à la marquise, à sa fille et à son gendre.

Pendant tout le premier acte, il était demeuré avec eux, leur servant de cicerone, leur indiquant, à mesure qu'elles apparaissaient, toutes les célébrités du jour, hommes et femmes.

Il leur avait déjà signalé quelques illustrations de ce genre, lorsqu'on crut remarquer un grand mouvement dans la salle. Les lorgnettes de toutes les dames se dirigeaient, non plus vers le ténor qui chantait alors son grand air, mais un jeune homme d'une taille et d'une figure charmantes, qui venait de paraître au balcon des premières loges.

— Ah ! le superbe cavalier ! s'écria la marquise. Il ressemble au roi d'Angleterre Charles II, dont le portrait est dans notre château de Kéroualle, en Bretagne.

— C'est vrai, répondit Géraldine, qui n'avait jamais contrarié personne, c'est évident.

— C'est lui-même vivant, dit Corentine, avec un grand éclat de rire qui attira les murmures de ses voisins.

— Certainement, dit la marquise en le lorgnant et persistant dans son opinion, c'est le plus beau cavalier que j'aie jamais vu.

— Le plus beau, répéta Géraldine sans penser que son futur était-là.

Corentine se mit de nouveau à rire, à la grande contrariété de ses voisins, qu'elle empêchait d'entendre un point d'orgue.

En ce moment, plusieurs dames des premières loges s'inclinèrent, entre autres une princesse, et rendirent au beau jeune homme le salut qu'il leur adressait.

— Qu'est-ce donc que ce jeune gentilhomme ? demanda la marquise à Ludovic.

— C'est mon intime ami, répondit Ludovic en baissant les yeux par modestie, le duc Fernand d'Olona, le jeune homme à la mode, un grand d'Espagne dont le père a été président de la République américaine... de... je ne peux jamais prononcer ce nom-là ; mais ce qui vaut mieux encore, il a dans ce pays-là des mines d'or et de diamants ; enfin, il ne connaît pas lui-même sa fortune.

Il nous a donné le mois dernier, dans son hôtel de la rue Saint-Honoré, un souper délicieux à propos d'une aventure... que je raconterais à Mme la marquise et à M. de Kervalec, si ces demoiselles n'étaient pas là... parce que le duc, voyez-vous, adore les femmes, surtout quand elles sont belles.

— Monsieur Ludovic, dit la marquise en agitant son éventail avec pudeur, prenez garde ! Ah ! mon Dieu ! s'écria-t-elle en s'interrompant, il m'a semblé que le duc d'Olona me lorgnait.

— Mais oui, ma mère, répéta Géraldine, il nous lorgne, c'est évident.

— C'est vrai, dit Corentine avec un éclat de rire, qui cette fois indisposa sérieusement les dilettanti de l'amphithéâtre.

La marquise lui fit signe de se taire et s'écria :

— Mais voyez donc, mon gendre, voyez donc, Monsieur Ludovic : la lorgnette de M. le duc est constamment dirigée de ce côté. Je ne comprends pas, dit-elle en souriant, une insistance pareille, car c'est décidément moi qu'il lorgne.

— C'est moi, dit Géraldine.

— C'est moi, dit Corentine.

Il était évident que l'attention du duc était en ce moment concentrée tout entière sur la loge de ces dames. Il avait d'abord cherché et aperçu la coiffure et le bouquet d'étoiles des Alpes que Fleurette lui avait signalés le matin, puis il avait remarqué avec admiration la jeune personne qui les portait, et, plus il la contemplait, plus il s'extasiait sur la régularité de ses traits, sur la coupe de sa figure, sur la beauté de sa taille, enfin sur cet ensemble à la fois si gracieux et si charmant, dont il ne pouvait détacher ses yeux.

Le duc se demandait comment une semblable merveille avait jusqu'ici échappé à ses regards. Il interrogea un vieux monsieur de ses voisins sur les personnes qui occupaient cette loge.

— Attendez, lui dit celui-ci en lorgnant à son tour, je crois reconnaître une dame avec qui j'ai dansé dans ma jeunesse, la marquise de Kéroualle. Ce sont probablement ses filles que j'aperçois en première ligne, car il y a un air de ressemblance, un air de famille.

— Oui, dit Fernand, mais je vous parle de la jeune personne qui est au second rang ; il est inouï qu'elle ne soit pas au premier et se tienne ainsi à l'écart.

— Elle est en effet parfaitement belle, s'écria le vieux monsieur, qui continuait à lorgner. Elle a tourné les yeux de notre côté ; quels yeux admirables ! quel teint éclatant ! quel air distingué ! c'est une véritable perfection, mais je ne la connais pas et ne puis vous dire qui elle est.

Heureusement le duc, dont la lorgnette plongeait en ce moment jusque dans le fond de la loge, avait cru distinguer les traits de Ludovic Durussel. Il avait donc désormais l'espoir de renseignements certains, et dans l'entr'acte, il se dirigea vers le foyer, où il était à peu près sûr de rencontrer Ludovic. Il ne se trompait pas. Il le prit par le bras, honneur dont Ludovic se trouva si flatté qu'en ce moment peut-être il lui pardonnait presque sa concurrence auprès de Fleurette.

— Vous connaissez donc Mme la marquise de Kéroualle ? lui dit-il.

— Beaucoup, mon cher duc, beaucoup ! C'est une amie intime de ma mère, qui voulait même me faire épouser une de ses filles. La première par bonheur est mariée, la seconde va l'être : la troisième n'est pas encore à craindre, on peut donc, sans danger, se lancer dans la famille. Voilà pourquoi vous m'y avez vu ce soir.

— Et cette belle jeune personne, la troisième, quelle est-elle ?

— Elle est aussi de la famille, une orpheline, une petite cousine ; c'est tout ce que j'en sais. Quant à la marquise...

— J'en ai beaucoup entendu parler, dit le duc, et je désirais depuis longtemps lui être présenté. Voudriez-vous, mon cher Ludovic, me rendre ce service ?

— Comment donc ! s'écria Ludovic, enchanté de l'importance que cela lui donnait.

Il s'empressa de conduire le duc près de ces dames, en leur disant que M. d'Olona, son meilleur ami, avait sollicité de lui l'honneur de leur être présenté.

La vieille marquise dont l'accueil fut des plus gracieux, fit tous les frais de la conversation avec le duc qui l'écoutait à peine. Pendant que la marquise causait, il regardait, immobile d'admiration, Clotilde, qui baissait les yeux et gardait le silence. Le duc ne parla guère plus qu'elle, ce qui n'empêcha pas que, quand le second acte commença et qu'il prit congé de ces dames, la marquise et ses filles s'écrièrent en chœur après son départ : « Qu'il est aimable ! qu'il est charmant ! »

Le duc rentra chez lui préoccupé. Il n'avait dans sa galerie aucun tableau, aucune statue, qui fût comparable à Mlle de Kéroualle. Admirateur enthousiaste de la beauté, il n'avait jamais rien vu de plus beau, comme objet d'art. Comme femme, il ne pouvait pas en juger : elle n'avait pas dit un mot, elle n'avait pas ouvert la bouche. Elle était toujours restée à l'état de statue. Il pensa cependant à elle et encore plus à Fleurette.

Quel secret peut-elle avoir à lui confier au sujet de cette jeune personne ? Quel service à lui demander ? En tout cas, quelle bizarre et singulière fille que cette Fleurette ! se disait-il. Au moment où elle ne repousse plus mes vœux, où elle consent même à les accepter, offrir à mes yeux une beauté pareille, une beauté extraordinaire, idéale, le type de la perfection ! Pourtant Fleurette a de l'esprit, Fleurette connaît mon imagination ardente, mon goût passionné pour tout ce qui est beau ; quelle maladresse à elle ! Enfin, maladroite ou non, Fleurette avait habituellement l'art et le talent de l'intriguer et, cette fois encore, elle avait complètement réussi, car toute la nuit il ne rêva qu'à cette nouvelle aventure, à Fleurette, à la belle statue et au mot de l'énigme.

Des visites importantes l'empêchèrent de courir avant midi chez la bouquetière. Il la trouva prête à sortir.

— Comment, Fleurette, tu t'en vas ?

— Eh ! oui, vraiment. Une affaire importante...

— Mais j'ai à te parler ; j'ai mille choses à te dire. J'ai été hier à l'Opéra.

— Je le sais.

— Et comment ?

— Par la famille de Kéroualle, qui s'est arrêtée tout à l'heure un instant pour m'acheter des fleurs. Ces dames allaient dans leur vieille calèche au bois de Boulogne ; tous les jours de la semaine à peu près, elles ont l'habitude d'y aller.

— Il ne s'agit pas de cela, mais de ma rencontre d'hier soir, lui dit-il vivement.

— Eh bien, les bouquets d'étoiles des Alpes faisaient-ils bon effet ? lui demanda-t-elle avec intérêt.

— Oui, vraiment.

— Faisaient-ils réellement bon effet ?

— Un effet charmant, dit-il avec impatience.

— J'en suis ravie ! c'est tout ce que je voulais.

— Oui ; mais le secret... le service que tu m'as promis de me demander, dis-le-moi vite.

— Pas aujourd'hui, monsieur le duc... Je vais à une vente importante, chez le plus célèbre jardinier fleuriste de Paris dont on vend aujourd'hui les serres, Lemiche, qui demeure rue des Trois-Couronnes.

— Et quand seras-tu de retour ?

— Je ne sais : cette vente-là durera aujourd'hui et demain, peut-être même plus longtemps encore.

— Ce n'est pas possible, tu n'iras pas.

— Mon état avant tout, monsieur le duc. Je vous ai dit que je voulais faire ma fortune moi-même, il faut donc que vous me laissiez faire.

— Et moi qui voulais avoir avec toi une très longue conversation ?

— Pour cela il faut du temps, et je n'en ai pas aujourd'hui.

— Tiens, Fleurette, tu es insupportable !

— Je n'ai pas dit que cela ne m'arriverait pas quelquefois ; mais vous vous êtes engagé à me prendre avec tous mes défauts, et j'y tiens, attendu que c'est la plus grande partie de moi-même.

— C'est dit, s'écria le duc avec impatience, on se conformera à ton bon plaisir ; mais, moi, que vais-je devenir ?

— Il fait un temps superbe : vous monterez à cheval, vous irez au bois de Boulogne, vous rencontrerez ces dames qui embaument les airs avec les violettes de Parme que je viens de leur vendre.

Et elle s'élança dans l'omnibus qui devait la conduire, en lui criant :

— Bonne promenade !

Le duc, pour passer son temps, fut donc obligé de monter à cheval. Son cheval le conduisit au bois de Boulogne où, par hasard, comme Fleurette l'avait prévu, il rencontra la marquise et sa suite. Clotilde lui parut au grand jour d'une beauté plus admirable encore que la veille. Il salua les dames en passant près de leur vieille calèche ; il lut aisément dans leurs yeux et devina dans ceux de Clotilde qu'on parlait de sa prestance et de sa tournure à cheval. La marquise, qui goûtait fort sa conversation ou plutôt son silence, le retint à la portière pour causer avec lui. Il ne l'interrompit pas. C'était le genre de dialogue qu'elle préférait et le plus sûr moyen de lui faire la cour. Il regardait Clotilde à laquelle il se hasarda une ou deux fois d'adresser la parole et qui lui répondit avec une voix suave et délicieuse, quelques mots simples, naturels, pleins de tact et de convenance, pendant que Géraldine le fatiguait de ses phrases monotones et Corentine de ses éclats de rire.

XI

Le lendemain, comme par un fait exprès, Fleurette passa encore toute la journée à la vente du faubourg Saint-Antoine et le duc au bois de Boulogne.

Ce jour-là le soleil était magnifique, les dames descendirent de leur calèche et s'assirent au bord du lac. Le duc, qui était également descendu de cheval, les rencontra, s'assit près d'elles et continua avec la marquise la conversation de la veille, sauf quelques mots qu'il prononçait de temps en temps pour s'attirer une réponse de Clotilde, dont les lèvres fraîches et vermeilles, en s'entr'ouvrant pour parler ou pour sourire, laissaient voir les plus admirables dents du monde. Et puis, en répondant au duc, elle était obligée de lever sur lui ses yeux presque toujours baissés, ses yeux aux longs cils noirs, dont rien n'égalait la douceur et l'éclat. On regagna la calèche. Fernand offrit son bras à Mme de Kéroualle, galanterie obligée, dont l'amour le récompensa, car devant lui, et donnant le bras à Géraldine, marchait lentement Clotilde, dont la taille élégante lui donna des distractions et l'empêcha d'entendre les compliments de la vieille marquise.

Enfin, le jour suivant, la vente de fleurs était terminée. La bouquetière avait fait les achats les plus avantageux. Elle était chez elle ; on pouvait causer. Déjà le duc était assis dans son petit salon. A peine arrivé, il ne lui parlait que de Clotilde :

— Comment la connais-tu ? Comment savais-tu que l'autre soir elle irait à l'Opéra ? Et mille autres questions.

— Monseigneur, dit froidement Fleurette, avez-vous une demi-heure à me donner ?

— Une demi-heure ! Mais j'ai toute ma journée, j'ai toute ma vie ! Tu le sais bien, parle, je n'ai pas d'autre bonheur que de t'écouter.

— Vous le croyez? fit-elle avec un sourire de doute et de satisfaction.

— Certainement, s'écria le duc de la meilleure foi du monde.

— Écoutez-moi donc.

Alors, avec une franchise et une confiance qu'elle accordait, non plus au duc d'Olona, mais à son ami, à son meilleur ami, elle lui raconta sa vie entière ; elle lui raconta comment, pauvre fille du peuple, vagabonde, bohémienne, presque sans pain et sans vêtements, elle avait eu pour première protectrice une noble jeune fille à peu près de son âge ; comment cette jeune fille avait été sa marraine, son ange gardien et son guide sur la terre et dans le ciel ; comment elle avait dû à sa générosité sa modeste fortune, et à ses conseils la connaissance de Dieu, de l'honneur, du devoir, le développement enfin de tous les bons sentiments qui maintenant respiraient en elle.

Elle passa rapidement sur ce qui concernait Fleurette la bouquetière ; mais, avec la chaleur de la reconnaissance et l'enthousiasme de l'amitié, elle peignit les vertus de sa marraine, sa noble pauvreté, sa résignation, son courage.

Elle retraça avec indignation sa position précaire et dépendante, ou plutôt son esclavage.

Fernand s'attendrissait et s'indignait avec Fleurette. Jamais avocat plus habile, plus éloquent, plus dévoué, n'aurait pu plaider sa cause devant un juge mieux disposé.

Enfin elle arriva au projet de Clotilde d'entrer au couvent dès que l'éducation de sa plus jeune cousine serait terminée. Fernand tressaillit, et Fleurette lui dit, en lui prenant la main :

— Voici maintenant le secret que j'ai promis de vous confier. Et elle lui raconta à voix basse les moyens qu'elle comptait prendre et qu'elle avait déjà pris pour faire une dot à sa marraine.

— Ah ! s'écria Fernand avec émotion et les larmes aux

yeux, tu es une brave fille, Fleurette, une fille que j'aime de tout mon cœur et que j'aimerai toujours!

— Je l'espère bien, dit-elle.

— Mais, ma pauvre enfant, toi qui as d'ordinaire tant de raison, tu es absurde en ce moment.

— J'en ai peur, dit-elle. J'ai commencé à comprendre que j'aurai beau faire, je n'arriverai jamais au but, ou qu'il me faudra travailler si longtemps que je serai bien vieille et ma marraine aussi. Mais, pour me venir en aide, j'ai pensé à vous. Si je ne demande pas pour moi, je ne rougis pas de demander pour mes amis et à mes amis. Voilà, dit-elle en le regardant, le service que j'attends de vous.

Fernand l'embrassa avec reconnaissance.

— Parle... dispose de ma fortune... elle est à toi.

— C'est ce que je me suis dit, répondit-elle avec naïveté. Une dot pas trop forte, continua-t-elle vivement, pour que ma marraine puisse croire que cela vient de mon commerce et de mes économies.

— Hélas! ma chère enfant, dit Fernand en la regardant tristement, tu t'abuses encore. Jamais Mlle de Kérouaille, telle que tu viens de me la dépeindre, ne recevra de sa filleule cette modeste fortune, fruit de son travail; jamais, quoi que tu fasses, elle n'acceptera rien de toi, et encore moins de tout autre.

— C'est possible, dit Fleurette.

Puis, après un instant de réflexion, elle dit en soupirant:

— C'est vrai. Comment donc faire?

— Rassure-toi, dit Fernand; il est à croire qu'avec sa naissance, son nom, et belle comme elle l'est, Mlle Clotilde de Kérouaille trouvera d'honorables partis; et dès qu'on l'aura vue...

— Eh! qui la verra? s'écria Fleurette. Elle part dans quelques jours pour s'ensevelir à jamais au fond de la Bretagne; et puis vous oubliez qu'elle n'a pas de dot, qu'elle est pauvre, aussi pauvre que possible.

— Elle! dit Fernand avec enthousiasme, qui a des trésors de jeunesse, de vertus et de beauté!

— Pour se contenter de ces trésors-là, répondit Fleurette en secouant la tête, il faudrait quelqu'un qui eût de la fortune, du cœur et du bon sens; quelqu'un enfin qui comprît que c'est faire une bonne affaire que d'acheter du bonheur pour son argent ; mais où en trouver, de nos jours, parmi nos millionnaires ?

— Et puis, dit froidement Fernand, quand même il s'en présenterait, l'accepterait-elle ?

— Vous avez raison. Je crois qu'elle est difficile, et que la fortune seule ne la décidera jamais.

— Il y a un dernier moyen ! s'écria le duc.

— Lequel ? demanda vivement Fleurette.

— De la placer comme demoiselle d'honneur à la Cour d'une reine ou d'une princesse. Je m'en occuperai, sois-en sûre.

Il lui serra la main et sortit rêveur.

— Ah ! dit Fleurette en portant la main à son cœur, j'ai fait ce que je pouvais, ce que je devais : je n'ose tenter davantage. Attendons.

Elle attendit en effet.

Quelques jours se passèrent sans qu'elle vit le duc.

Elle ne pouvait trop se rendre compte de ce que cette absence lui faisait éprouver : elle en était fâchée pour elle et contente pour ses projets ; les instants que Fernand lui enlevait étaient sans doute donnés à sa marraine. C'était donc un espoir à côté d'un regret ; et puis Fleurette était une fille de cœur et de raison, qui ne s'abusait ni sur elle-même, ni sur le caractère du duc d'Olona. Un amour d'un jour, bientôt suivi de l'abandon, valait-il sa propre estime, celle de sa marraine, la perte d'un ami, de deux amis peut-être ! Aussi, plus elle réfléchissait, et plus elle désirait ardemment la réussite d'un rêve qui, en renversant de folles espérances, assurait le bonheur de deux personnes qu'elle aimait le plus au monde.

Le duc revint au bout de quelques jours. Il était changé. Il avait, disait-il, été malade. Ce qui était évident, du moins, c'est qu'il avait souffert. Fleurette lui en sut gré et fut tentée de l'en remercier ; elle n'était pas exigeante. Ces regrets seuls étaient non pas un triomphe, mais une consolation qui suffisait à son amitié.

— Fleurette, lui dit-il, ma bonne Fleurette, toi qui es une si charmante et si brave fille, je vais perdre beaucoup dans ton estime, et c'est là ce qui me désole et me tourmente.

— Qu'est-ce donc? dit Fleurette en souriant et en pâlissant un peu.

— Vois-tu, dit-il à la jeune fille en prenant sa main, qu'il pressait affectueusement sur son cœur, je t'aime toujours.

— Et vous avez bien raison.

— Ce qu'il y a même de singulier, c'est que je t'aime plus encore, d'un amour plus franc, plus sincère que jamais.

— Le vôtre ne l'était-il donc pas tout à fait!

— Si vraiment, et pour te donner une preuve de ma franchise, je voudrais, continua-t-il avec embarras, et je ne sais comment te dire qu'il me semble, en ce moment, que j'en aime une autre.

Elle le regarda quelques instants de l'air pur et radieux que donne un sacrifice ou un devoir accompli, et lui dit en lui tendant la main :

— Si c'est ma marraine, monsieur le duc, je vous pardonne.

Il poussa un cri de surprise.

— Mais si ce n'est pas elle, s'écria-t-il gaiement, je vous garde, je ne vous cède à personne.

— Quoi! vraiment, Fleurette, tu ne m'en veux pas de mon inconstance?

— C'est ma faute, j'en suis cause.

— Et cet amour si prompt, si subit, tu ne me le reproches pas?

— Je l'ai désiré, je l'ai fait naître. Ne vous rappelez-vous plus, monsieur le duc, que, dans mon imprudence, j'avais juré de vous rendre heureux, à jamais heureux? Promesse téméraire et au-dessus de mes forces. J'ai choisi ma marraine pour la tenir.

— Ah! tu es généreuse! dit le duc en la regardant avec reconnaissance; tu veux me dégager même des remords, car j'en avais. Il me semblait que c'était une trahison, que c'était t'enlever un ami.

— C'est m'en donner un, au contraire, car maintenant j'en ai deux, vous et elle.

Puis elle lui demanda en souriant :

— Avez-vous fait votre déclaration?

— Pas encore. Mais, lui dit-il avec crainte, crois-tu qu'elle voudra de moi?

— Vous l'aimez bien, monseigneur; vous n'étiez pas avec moi si timide et si modeste. Mais que vous dirais-je? on ne sait jamais la vraie pensée des jeunes filles; avec elles, on ne peut répondre de rien.

— Ah! s'écria-t-il en pâlissant, tu m'effraies.

— Non, répondit-elle en riant; je me venge. Voyez d'ailleurs ma marraine, et demandez-lui vous-même ce qui en est.

— Eh! non, dit-il avec impatience. Il faut, dans l'ordre ordinaire et dans les convenances, que je fasse d'abord ma demande à la vieille marquise.

— Et vous n'y êtes pas encore allé?

— J'y vais, dit-il.

Et il s'élança dans sa voiture.

XII

La marquise était revenue de bonne heure de la promenade. Il y avait ce jour-là à l'hôtel un dîner de cérémonie. On recevait des personnes influentes et haut placées, deux conseillers d'État, un directeur général, et même un ministre, protecteur de son gendre futur. La marquise avait ordonné à ses filles et à Clotilde d'être prêtes de bonne heure ; aussi ces trois demoiselles venaient de descendre au salon, en grande toilette, et bien avant qu'aucun des convives fût encore arrivé. Toutes les trois étaient assises et ne disaient rien. Clotilde, plus triste que jamais, pensait peut-être, sans se l'avouer, à un jeune et beau cavalier qui, depuis huit jours, s'offrait sans cesse à ses yeux. Géraldine, selon son ordinaire, ne pensait à rien ; et Corentine pensait à la robe de Clotilde, qui, quoique bien simple, était charmante et bien plus belle, ou, pour vrai dire, plus gracieusement et plus élégamment portée que la sienne.

Tout à coup s'ouvre la porte qui donnait sur les appartements de la marquise et paraît la marquise elle-même, déjà habillée pour sa réception, mais dans un état de trouble et d'animation extraordinaire et agitant violemment l'éventail qu'elle tenait à la main, pour tempérer, autant que possible, la chaleur qui lui montait au visage et qui trahissait son émotion.

— Qu'est-ce donc, ma mère ? Qu'y a-t-il ? s'écria nonchalamment Géraldine.

— Ce qu'il y a !... dit la marquise. Elle essaya vainement de cacher sa colère sous un sourire ironique. Mais elle prit le parti d'y renoncer, et profita du moment où il n'y avait encore personne, pour donner un libre cours à sa mauvaise humeur.

— Ce qu'il y a, mesdemoiselles ? Je viens de recevoir une visite à laquelle je ne m'attendais pas, ni vous non plus.

— Vraiment ! dit Corentine en riant, et laquelle ?

— Celle de M. le duc d'Olona, grand d'Espagne et l'un des plus riches seigneurs de l'Europe, dit-elle avec amertume, et il venait, vous ne le croiriez pas... moi, qui l'ai entendu, je ne le crois pas encore... pour la chose la plus inouïe, la plus imprévue, la plus singulière, la plus étourdissante. Elle allait réciter en entier, et sans y penser, la fameuse lettre de Mme de Sévigné, si ce n'eût été l'impatience de ses deux filles qui s'écriaient :

— Quoi donc ? quoi donc ?

— Eh bien ! dit la marquise en élevant la voix, il venait pour me demander en mariage...

— Vous, ma mère? s'écria naïvement Géraldine, en croisant les mains de surprise.

— Eh non, dit la marquise en lui lançant un regard foudroyant, il venait me demander en mariage votre cousine Clotilde.

Géraldine fit une grande exclamation. Clotilde devint pâle comme une morte, et appuya la main sur son cœur, qu'elle sentait battre à se briser ; mais elle ne prononça pas une parole. Corentine poussa un éclat de rire.

— Petite sotte, s'écria la marquise avec colère, de quoi riez-vous?

— De ce mariage, dit Corentine, qui n'est pas possible et qui ne se fera pas.

— C'est qu'alors, dit la marquise en regardant Clotilde, mademoiselle ne le voudra pas, car M. le duc d'Olona est venu me demander formellement mon consentement à ce mariage et, pour obtenir celui de ma nièce, la permission d'être admis à l'honneur de lui faire sa cour. Voilà ses propres expressions. Et, regardant Clotilde, elle ajoua sèchement : — J'ai tout dit.

Ce qu'elle ne disait pas, c'est la révolution que lui avait causée cette demande imprévue, c'est le mouvement de dépit qu'elle avait éprouvé, en voyant cet honneur imprévu et cette immense fortune arriver à une parente qui lui était antipathique et qu'elle avait regardée jusqu'alors comme occupant le dernier rang dans la famille. Elle s'était dit que puisque M. le duc avait un si grand désir de s'allier à leur illustre maison, il aurait bien pu attendre un an ou deux, et demander Corentine en mariage. Dès maintenant même et quoiqu'elle n'eût que seize ans, cette alliance n'était pas impossible. Elle s'était dit enfin tout ce que se disent les mères qui ont des filles à marier et qui en voient demander d'autres en mariage.

Dans sa colère, elle avait eu un instant la pensée de ne point accorder le consentement qu'on lui demandait. Mais comment justifier ce refus? Il paraîtrait odieux et, plus encore, il deviendrait inutile, devant l'acceptation probable de Clotilde, car celle-ci, après tout, n'était sa parente qu'à un degré éloigné, et ne dépendait pas d'elle. D'un autre côté, et à part son dépit, elle avait promptement saisi tous les avantages qui pouvaient résulter, pour elle, de cette union. L'éclat qu'elle faisait rejaillir sur leur maison, le puissant et riche protecteur qu'elle donnait à la famille, et les chances que cela lui assurait pour le mariage de sa troisième fille, la dernière et la plus difficile de toutes à placer.

— Eh bien! ma chère cousine, dit-elle à Clotilde, et il y avait longtemps qu'elle ne lui avait donné ce nom, il semble que vous ne compreniez pas ce dont il s'agit, et que vous soyez insensible à tout ce que je viens de faire pour vous.

— Non, ma cousine, dit doucement Clotilde qui, au milieu de cette fortune subite et inespérée, dont tout autre eût été éblouie, conservait, au grand étonnement de la marquise, son calme et sa dignité; je vous remercie de l'approbation que vous avez bien voulu accorder à la demande de M. le duc.

— Mais c'est votre consentement à vous, mademoiselle, c'est le vôtre dont il s'agit.

— Demain, madame, si vous le permettez, je dirai à M. le duc ce que je pense de l'honneur qu'il me fait. D'ici là, veuillez me laisser cette soirée, pour me recueillir et pour réfléchir.

— Je comprends, vous demandez à ne pas honorer notre dîner de votre présence.

— Je n'ai pas dit cela.

— J'accorde, à condition que l'on vous verra ce soir.

— Je vous le promets, madame, dit Clotilde, en faisant une profonde révérence.

Et elle se retira dans sa modeste chambre. Au moment où elle disparaissait, la marquise lui cria majestueusement:

— A ce soir, duchesse!

— Duchesse! cria Corentine que ce mot fit bondir sur

La porte s'ouvrit; parut Mme de Kéroualle qui sèche, froide et glaciale,
semblait au milieu des fleurs, comme l'hiver au milieu du printemps.

41ᵉ LIVR.

sa chaise. Elle va donc être duchesse? On l'appellera duchesse, on annoncera M⁽ᵐᵉ⁾ la duchesse?

— Eh oui, vraiment!

— Si ce mariage se fait, dit-elle en secouant la tête ; mais je le répète, il ne se fera pas.

— Pourquoi?

— C'est mon idée, dit-elle avec un éclat de rire.

Cette discussion de famille fut interrompue par l'arrivée successive de tous les convives. La marquise, quoiqu'elle eût résolu de garder le silence et quoique la nouvelle ne fût pas encore officielle, ne put résister à l'orgueil d'en faire part à chacun en particulier. On lui fit, de tous les côtés, de tels compliments, qu'elle commença à craindre d'avoir marié trop tôt sa seconde fille, et se reprocha son nouveau gendre, le receveur général, persuadée qu'elle était de trouver mieux maintenant.

Le soir, pour obéir à sa cousine, Clotilde, au moment du thé, descendit au salon. Sa présence qui, la veille, aurait été inaperçue, produisit en ce moment un effet général. Elle fut l'objet de tant de considération et d'hommages indirects et détournés, adressés d'avance à la nouvelle duchesse, que, peu habituée à tant d'honneurs, elle en fut presque déconcertée.

Quant à Corentine, elle ne riait plus; elle ne dormit presque pas dans la nuit, et le peu d'instants où elle ferma les yeux, elle rêva, avec joie, que le mariage était manqué.

Le lendemain, au milieu de la journée, on annonça M. le duc d'Olona. Il fut reçu dans le grand salon par M⁽ᵐᵉ⁾ la marquise de Kéroualle, son gendre, ses filles et Clotilde en grande toilette. Il salua et cinq profondes révérences répondirent à son salut. Ce cérémonial, réglé du reste par la marquise, ne laissa pas d'embarrasser Fernand; on peut juger alors de l'effet qu'il produisit sur la pauvre Clotilde.

Le duc se remit promptement, et, attachant sur sa fiancée des regards pleins d'admiration et d'amour, il lui exprima, en quelques phrases franches et simples, l'estime qu'il avait conçue pour elle et le désir qu'il avait de voir sa recherche agréée ; connu d'elle à peine, il n'avait pas la prétention de lui plaire, mais il lui demandait la permission de s'efforcer d'y parvenir. Clotilde, troublée de cette déclaration solennelle, devant tant de témoins, lui répondit en baissant les yeux et en balbutiant, qu'elle était, ainsi que sa famille, honorée de sa demande, et se trouverait bien flattée de ses visites. Pendant ces cérémonieuses et froides paroles qui glaçaient le cœur de Fernand, celui de Clotilde battait avec violence.

Ah ! s'il eût été donné au jeune prétendant de lire dans ce cœur ému et attendri, dans ce cœur si plein d'estime et de reconnaissance, il y aurait vu que, de tous les trésors qu'il apportait à la pauvre orpheline, le plus précieux de tous était son amour, cet amour qu'elle partageait en secret, cet amour qui était son bonheur et qui allait devenir son devoir.

Voilà ce qui déjà était gravé dans le cœur de Clotilde, et voilà, par malheur, ce que Fernand ne pouvait deviner.

Il espérait qu'après la présentation on le laisserait seul, avec sa prétendue, ou qu'au moins on lui permettrait de lui parler à mi-voix ; mais la marquise ou ses filles ne quittaient pas Clotilde, et l'une des trois avait toujours, par respect des convenances, le soin de se placer entre elle et le duc.

Épris de la beauté et de la grâce de Clotilde, fasciné par le charme qu'elle répandait autour d'elle, il ne la perdait pas de vue, et la jeune fille embarrassée ou tremblante sous ce regard ardent, passionné, qui la brûlait, tenait ses yeux presque constamment baissés.

— Ah ! se disait Fernand avec désespoir, elle m'accepte, mais elle ne m'aime pas.

Tous les matins cependant il envoyait à l'hôtel de Kéroualle son bouquet de prétendant ; ce bouquet, je n'ai pas besoin de dire chez qui il le faisait prendre. Fleurette avait, de droit, la clientèle de l'hôtel d'Olona.

Tous les soirs le duc allait faire assidûment sa cour et, quoique le grand salon de Mme de Kéroualle fût parfaitement ennuyeux, il avait délaissé, pour lui, tous ceux dont il était naguère l'ornement et le héros. Il avait rompu avec la belle duchesse et avec bien d'autres. Il n'allait plus à l'Opéra. Il arrivait chez sa prétendue régulièrement à neuf heures du soir, y restait jusqu'à onze, trouvait ces quatre dames travaillant autour d'une table, écoutait les récits de M°°° la marquise sur la noblesse de Bretagne, les observations sur les finances de M. de Kervalec, le receveur général, les niaiseries de Géraldine et les éclats de rire de Corentine. Il regardait sa fiancée, qui gardait presque toujours le silence et dont il connaissait à peine la voix, la contemplait toute la soirée avec admiration, et rentrait chez lui se coucher.

C'était là sa vie depuis quinze jours, et il fallait que son amour fût bien grand pour y résister. Heureusement il était arrivé à la moitié de ses épreuves; le mariage devait avoir lieu à deux semaines de là. Il avait été fixé à la fin du mois.

Le seul plaisir de Fernand, le seul dédommagement à ses ennuis, c'était d'aller voir Fleurette. Il trouvait toujours en elle l'amie sincère et dévouée qu'elle lui avait promise; toujours prête à écouter ses peines et à le consoler, quand il lui parlait de l'indifférence de sa fiancée.

— De quoi vous plaignez-vous? lui disait-elle; de ce que la mariée est trop belle, trop décente, trop convenable. Est-ce qu'une noble demoiselle peut agir comme une grisette, telle que moi, par exemple? Est-ce que, dès le premier jour, elle peut vous dire : « Je vous aime »?... C'était bon pour moi. Mais elle, ce n'est pas possible; ne vous inquiétez donc pas. Tout ce qu'elle amasse pour vous, dans ce moment, d'amour au fond du cœur, vous le toucherez un jour, avec les intérêts.

Puis elle courait chez sa marraine pour la sermonner à son tour. On se doute bien que Fleurette n'avait pas dit un mot à la noble demoiselle de la part immense qu'elle avait prise à son mariage; c'eût été détruire tout le prix du bienfait. Aussi avait-elle exprimé une grande surprise quand sa marraine le lui avait appris; car dès le lendemain de la demande du duc d'Olona, Clotilde avait appelé près d'elle Fleurette, et s'était empressée d'écrire à Nancy, à sa tante Béatrix, sa seconde mère. Fleurette et Béatrix, ses seules amies, sa vraie famille!

La pauvre tante Béatrix avait manqué d'en mourir de joie; elle en avait fait part à tout son couvent; sa santé, par malheur, l'empêcherait d'assister, à Paris, à la noce; mais elle espérait qu'aussitôt le mariage fait, M. le duc et M°'° la duchesse viendraient la voir à Nancy; ce qui lui avait été formellement promis.

Quant à Fleurette, elle n'eut pas besoin d'affecter une joie qu'elle éprouvait bien sincèrement. Sans en rien dire à personne, elle était fière de son ouvrage; fière d'avoir enfin donné à sa marraine une dot plus belle encore que celle qu'elle avait rêvée et commencée pour elle. Elle était heureuse de ce mariage, combiné par son adresse, préparé par ses soins, et qui aurait lieu, elle en était certaine, malgré les sinistres prédictions de M°'° Corentine. Aussi reprochait-elle à sa marraine sa froideur pour son fiancé.

— Vous ne l'aimez donc pas? lui disait-elle.

Clotilde rougissait et ne répondait pas.

— Mais c'est indigne! Il vous aime tant! il vous en donne tant de preuves!

— Crois-tu donc, dit Clotilde, que je n'apprécie pas tout ce qu'il a fait pour moi, et que je n'y sois pas sensible?

— Alors on le dit.

— Et la marquise, et mes cousines, répondait Clotilde en riant, et les convenances!

— Mais à moi, ma marraine, qui, grâce au ciel, ne suis ni la marquise, ni votre cousine, à moi qui n'ai rien à démêler avec les convenances, vous pouvez bien me confier ce qui en est.

— Non, jamais.

— Vous ne pouvez pas, je le comprends, l'adorer encore; mais, entre nous, vous l'aimez bien un peu, si peu que ce soit?

Clotilde regarda autour d'elle, comme pour s'assurer que personne ne pouvait l'entendre; puis, se penchant vers l'oreille de Fleurette, et avec une énergie que celle-ci ne lui aurait jamais supposée, elle lui dit à voix basse :

— Je ne pense qu'à lui, je l'aime d'un amour exclusif, insensé, qui doit offenser le ciel, d'un amour qui m'effraie et que Dieu punira.

— A la bonne heure ! s'écria Fleurette en battant des mains, je cours le lui dire.

— Non, dit-elle, en la retenant avec force, je te le défends, je ne survivrais pas à cette honte.

— Je ne vous trahirai pas, ma marraine, je vous le jure, mais il faut pourtant bien qu'il le sache, que quelqu'un le lui dise.

— Sois tranquille, répondit-elle en rougissant, je le lui dirai bien moi-même, mais plus tard.

Dès ce moment, Fleurette fut tranquille. Elle garda fidèlement le secret de sa marraine ; mais, dès que le duc se plaignait, elle haussait les épaules et disait :

— Il n'y a rien de tendre, pour ne pas dire plus, comme le cœur d'une honnête femme. Vous le verrez bien, monsieur le duc.

XIII

Quelques jours avant son mariage, le duc qui, depuis trois semaines, faisait tous les soirs sa visite à l'hôtel de Kéroualle, sollicita et obtint enfin, non sans peine, la permission de recevoir chez lui sa fiancée et sa famille.

Inutile de dire que, ce jour-là, l'hôtel d'Olona était magnifique de splendeur. Tout Paris se pressait dans ses salons pour contempler et admirer la jeune épouse. L'éclat des lumières, des cristaux et des dorures, les murs de marbre et de porphyre, les statues et les tableaux des grands maîtres, les objets d'art de toute sorte, excitaient dans la foule un murmure d'admiration, et chez Corentine un tel éblouissement d'envie, qu'elle faillit se trouver mal.

Chacun s'empressait autour de Clotilde, reine de la fête, et qui, en toilette de bal, les épaules et les bras nus, eût été reine du monde entier, si l'on eût consulté, ce soir-là, le suffrage universel.

La marquise, qui ne quittait plus sa jeune parente, pour recueillir ainsi une partie des compliments qui lui étaient adressés, la marquise s'étonnait de son calme et presque de son indifférence, à la vue de ce palais, de ces merveilles et de tous ces trésors qui allaient devenir les siens !

— Est-il possible, s'écria-t-elle, de posséder rien de plus précieux !

— Oui, murmura Clotilde, en s'appuyant doucement sur le bras que Fernand lui avait offert, mais d'une voix que lui seul entendit.

Fernand étouffa un cri de joie. C'était la première parole de tendresse qui s'échappait des lèvres de sa fiancée. Il pressa ce bras charmant contre son cœur, en s'écriant :

— Clotilde, ma bien-aimée Clotilde, toutes mes richesses ne valent pas ce mot-là.

Un regard de la marquise l'arrêta, et il se contenta de murmurer :

— Trois jours ! trois jours encore !

C'était l'époque fixée pour leur mariage.

A six heures du matin, la marquise et ses filles rentrèrent chez elles, bien fatiguées, et Clotilde bien heureuse. Le concierge remit à la jeune fiancée une lettre d'écriture inconnue, et dont Mme de Kéroualle s'empara. Clotilde n'était pas encore mariée et n'avait pas le droit de lire ses lettres. Celle-ci était timbrée de Nancy. Elle était écrite par la supérieure du couvent où s'était retirée Béatrix de Kéroualle, et ne contenait que ces mots :

« Mademoiselle,

« Votre tante a été subitement atteinte d'une maladie que
« le médecin de notre couvent ne s'explique pas ; mais il

« paraît fort inquiet, et votre tante, qui désire ardemment
« vous voir, vous appelle à chaque instant.

« Mère ROSALIE, supérieure. »

Clotilde ne se coucha pas. Elle ôta sa robe de bal pour prendre des habits de voyage.

— Que voulez-vous faire ? s'écria la marquise.

— Partir à l'instant. Ma tante Béatrix, c'est ma mère, ma seconde mère ; j'arriverai pour l'embrasser, pour la soigner, pour la sauver peut-être !

— Mais, c'est impossible ! Personne de nous ne peut vous accompagner, et vous ne sauriez partir seule.

— Je ne partirai pas seule.

Clotilde, dès qu'il s'agissait d'un devoir à remplir, n'était plus la jeune fille timide que l'on supposait ; elle puisait dans ce devoir une énergie de résolution dont on ne l'aurait pas crue capable.

Le jour venait de se lever ; elle envoya chez Fleurette et chez le duc d'Olona.

— Pourquoi faire ? lui disait la marquise.

Clotilde, préoccupée, ne lui répondait pas. Sans perdre de temps, elle faisait toutes ses dispositions de voyage ; ce ne fut pas long. Fleurette accourut. Clotilde lui montra la lettre de la supérieure.

— Je comprends, dit Fleurette. Je pars, ma marraine, je pars avec vous.

— J'y comptais. dit Clotilde, en l'embrassant.

— Et vous aviez raison. A vous corps et âme ! Me voici, partons.

— Ah ! mon Dieu ! s'écria Clotilde, et tes affaires, et ta boutique ?

— Nous passerons devant, c'est notre chemin pour aller à la gare de Strasbourg ; je donnerai mes ordres à Michelette, ma demoiselle de comptoir, qui m'est presque aussi dévouée que si elle était ma filleule.

On entendit une voiture entrer dans la cour. C'était celle du duc d'Olona. Il n'était pas encore couché quand le message de sa fiancée lui était arrivé. Il accourait tout effrayé

— Monsieur, lui dit Clotilde, en le remerciant de son empressement avec un regard plein de reconnaissance, encore quelques jours et vous serez mon mari ; à mes yeux vous l'êtes déjà et je vous demande la permission d'aller loin d'ici, sauver ou assister, dans ses derniers moments, celle qui m'a servi de mère.

Le duc pâlit, et Clotilde vit, avec amour, la douleur peinte dans ses yeux. Elle lui tendit la main pour le remercier.

— Ou je vous connais mal, monsieur le duc, lui dit-elle, ou dès qu'il s'agit d'un devoir sacré, c'est vous-même qui me direz : « Partez, partez à l'instant. »

— Oui, oui, s'écria-t-il vivement, à la condition que je vous suivrai.

La marquise jeta un cri d'indignation.

— Vous, monsieur le duc ?

— Oh ! dit Fleurette en souriant, nous serions trop de monde, car je pars déjà avec ma marraine.

— Toi, Fleurette, dit le duc d'un air plus rassuré, c'est différent ; je consens, mais tu me réponds d'elle.

— Tutoyer cette jeune fille ! s'écria la marquise d'un air scandalisé.

— C'est l'usage en Espagne, dit gaiement Fleurette, l'usage des grands seigneurs.

— Oui, dit le duc, la reine tutoie tout le monde. Vous me permettrez, du moins, continua-t-il, en s'adressant à Mᵐᵉ de Kéroualle, de conduire ma fiancée jusqu'au chemin de fer.

— Non, dit l'impitoyable marquise.

— De mettre au moins à ses ordres ma voiture, qui est la sienne.

— C'est différent, je permets.

Les voyageuses étaient prêtes. Pendant qu'on portait à la voiture la malle de Clotilde, celle-ci embrassait la marquise et Géraldine et Corentine qui, les yeux brillants de joie, murmurait en elle-même :

— Je disais bien que le mariage n'était pas encore fait, le voilà déjà retardé.

La marquise et ses filles accompagnèrent Clotilde et Fleurette jusqu'au haut du grand escalier de l'hôtel le duc donna le bras à sa fiancée jusqu'à la dernière marche, et s'adressant au cocher et au domestique :

— Vous êtes aux ordres de M˙˙˙ de Kéroualle, ne l'oubliez pas.

Puis se tournant vers celle-ci, au moment où elle allait monter en voiture, il passa à son doigt une bague qui venait de sa mère, relique précieuse en laquelle il avait grande confiance.

— Et maintenant, s'écria-t-il, quand vous reverrai-je ?

— Je ne sais, répondit-elle tristement.

— Et vous vous éloignez, disait-il en tendant vers elle ses bras suppliants... sans dire adieu à votre fiancé, à votre mari !

Elle baissa les yeux et ne répondit pas.

— Il ne demande pourtant, au départ et en échange de son anneau, qu'un souvenir, un baiser !

— Je le défends ! s'écria la marquise, du haut de l'escalier.

— Et moi, je le permets, dit Fleurette en jetant sa marraine dans les bras de Fernand, dont le trouble fut si grand, qu'en pressant sa fiancée contre son cœur, ses lèvres rencontrèrent les siennes, et, dans sa joie, il murmura en lui-même :

— Merci, Fleurette !

Les deux jeunes filles étaient montées en voiture. La portière s'était refermée ; les chevaux avaient disparu.

XIV

Ainsi qu'il était convenu, on s'arrêta un instant au boulevard de la Madeleine. Fleurette donna ses instructions à Micheletto pour le temps de son absence qui, pour elle, ne devait pas être long, et, un quart d'heure après, au trot de deux vigoureux chevaux, on arrivait à la gare du chemin de fer de l'Est. Les deux jeunes filles montaient en wagon et s'élançaient vers Nancy.

Le soir du même jour, elles y faisaient leur entrée, après avoir parlé, pendant toute la route, craintes et espérances, amour et amitié, c'est-à-dire que la conversation avait roulé tout le temps sur la tante Béatrix et sur Fernand d'Olona.

Le couvent des sœurs Sainte-Marie, où Béatrix vivait comme dame pensionnaire, était un pieux asile habité par de saintes filles et dirigé par une femme d'un mérite supérieur. Elle avait prodigué à la malade les soins les plus attentifs et les plus intelligents, et elle accueillit sa nièce avec une bonté toute maternelle.

Clotilde demanda d'abord à voir sa tante. Rien de plus touchant que cette entrevue : Béatrix fut si heureuse en entendant la voix de sa nièce, en pressant sa main dans les siennes, en recevant ses baisers, que l'on craignit pour elle l'émotion et les suites de cette visite. Elle pouvait lui être fatale. Au contraire, il sembla qu'elle lui eût fait du bien ; la nuit qui suivit fut meilleure, le lendemain le mieux continua, ou, du moins, la fièvre ardente, qui avait failli emporter la malade, diminua un peu d'intensité ; espoir bien faible sans doute, mais, ce qui valait mieux, c'était la confiance que l'arrivée de Clotilde lui avait donnée. Elle était certaine de vivre maintenant ; elle était sauvée ! sa nièce chérie était près d'elle. Aussi, dès ce moment, et quelle que fût l'issue de cette lutte terrible entre la vie et la mort, Clotilde avait compris que sa place était au chevet de la malade ; mais elle eut grand'peine à faire comprendre à Fleurette que sa présence, à elle, était maintenant inutile et qu'il fallait qu'elle retournât à Paris, pour veiller à ses propres affaires.

— Mais vous souffrez, ma marraine, je dois être là.

— Et lui, répondait Clotilde avec tendresse, il souffre aussi, sans doute. Retourne à Paris, pour qu'il ait de mes nouvelles. Je ne peux lui écrire, ce n'est pas convenable, ce n'est pas possible; mais à toi, c'est différent; je te dirai, jour par jour, ce qui m'arrivera ici, le rétablissement de ma tante, sa convalescence, mon prochain retour, afin que vous puissiez d'après cela...

— Fixer de nouveau le jour du mariage, dit Fleurette en souriant. Vous me donnerez de si bonnes raisons, que je n'aurai plus rien à répondre. J'obéis. Je reprends le chemin de fer.

Elle allait s'éloigner, elle revint :

— Mais vous comptez toujours sur moi, n'est-ce pas, ma marraine? Et, au moindre danger, au moindre chagrin, vous me rappellerez?

— Je te le promets, dit elle en l'embrassant.

Fleurette partit. Clotilde retourna près de sa tante et s'établit dans sa chambre, qu'elle ne quitta plus ni le jour ni la nuit.

Le jour du départ de Fleurette, le mieux fut sensible. Béatrix avait recouvré un peu de force, elle pouvait parler.

— Oh! ma chère duchesse, disait-elle à Clotilde en lui tendant la main, cette maladie est venue bien mal à propos pour ton mariage.

— Il n'est que différé, ma tante; bientôt vous y assisterez, et si ce n'est que cela qui vous inquiète...

— Une autre chose encore; car moi, dont la vie est si tranquille depuis longtemps, je viens de recevoir, coup sur coup, deux secousses: c'est peut-être cela qui a causé ma maladie... Deux événements si imprévus!

— Lesquels donc, ma bonne tante?

— Ton mariage d'abord, et puis une autre nouvelle qui m'a toute bouleversée.

— Dites-la-moi vite, si toutefois cela ne vous fatigue pas trop.

— Oh! non, cela me fait du bien, d'autant plus que c'est notre plus cher intérêt de famille et que je ne puis en parler qu'à toi.

Elle se recueillit un instant, et, tenant toujours dans sa main la main de la jeune fille, elle continua:

— Je t'ai toujours bien aimée, ma chère Clotilde, mais il y a quelqu'un que j'ai aimé presque autant que toi : c'était le plus mauvais sujet de la famille, mon bon neveu, Jean de Kéroualle, ton frère, bien plus âgé que toi.

— Mais il est mort, s'écria Clotilde, et depuis bien longtemps.

Béatrix, dont l'émotion était visible, fit de la tête un geste négatif ; elle voulut continuer, ses larmes l'en empêchèrent.

Sa nièce lui mit la main sur la bouche et s'opposa à ce qu'elle prononçât une parole de plus.

Béatrix lui fit signe alors, de la main, d'ouvrir le tiroir d'un petit meuble placé près de son lit.

Clotilde y trouva une lettre, portant le timbre de la Nouvelle-Orléans. Elle l'apporta à sa tante, qui, lui montrant la date de l'arrivée, lui indiquait que, depuis quelques jours seulement, cette lettre lui était parvenue. Elle lui fit signe de la lire. Clotilde obéit.

Elle était ainsi conçue :

« Ma tante chérie et vénérée,

« Que la signature mise au bas de cette lettre ne vous
« fasse pas croire aux revenants. Votre neveu Jean, qui
« vous a causé tant de chagrins et dont vous preniez tou-
« jours la défense, votre neveu Jean de Kéroualle, que
« vous aimiez tant, existe encore. Vous allez dire : ce
« n'est rien... ce n'est qu'un garnement de plus. Non, ma
« tante, le temps, les fatigues, la vie errante et des tra-
« vaux incessants l'ont changé totalement. Vous ne le re-
« connaîtriez plus, qu'en un point seulement : il vous
« aime toujours ! Oui, ma tante, d'un grand seigneur mau-
« vais sujet, j'ai fait un bon et honnête négociant. Depuis
« peu enfin, et non sans peine, ma fortune est solidement
« établie ; mais je suis bien vieilli, bien accablé de goutte
« et de douleurs qui m'ont cloué en ce maudit pays ; sans
« cela, je serais allé à vous. Venez donc à moi, ma bonne
« tante ; que mon âge mûr puisse vous rendre le bonheur
« et les soins que vous avez prodigués à mon enfance.

« Amenez-moi ma sœur, car je dois en avoir une bien
« jeune, m'a-t-on dit, qui est venue, après mon départ,
« apporter la consolation et la joie à la maison paternelle,
« où je n'avais laissé que la tristesse et la ruine. Le sort
« est-il pour vous moins rigoureux, ma bonne tante ? je
« n'ose l'espérer ; en tout cas, et pour que vous puissiez
« venir me rejoindre le plus tôt possible, je vous envoie à
« vous et ma sœur, la traite ci-incluse, que vous ne refu-
« serez pas de votre neveu Jean.

« P.-S. — Jean d'Auray et C°, à la Nouvelle-Orléans :
« c'est à ce nom et à cette adresse qu'il faut m'écrire ; nul
« ne connaît ici M. de Kéroualic le gentilhomme, on n'y
« connaît que Jean d'Auray le négociant. »

A cette lettre était jointe une traite de trente mille francs sur un des premiers banquiers de Paris.

Clotilde fut aussi émue que l'avait été sa tante, en apprenant, par une lettre si tendre et si dévouée, l'existence d'un frère qu'elle croyait à jamais perdu pour elle. Elle s'étonnait de la bizarrerie et des caprices de la fortune, qui, après l'avoir laissée longtemps sans ressources, l'accablait ainsi de ses faveurs et lui envoyait dans son frère un second protecteur, quand déjà elle en avait trouvé un dans le duc d'Olona, son mari.

Cette traite qui était à huit jours de vue, inquiétait beaucoup Béatrix.

— Soyez tranquille, ma tante, lui dit Clotilde, je la ferai toucher à Paris par une personne intelligente et sûre, dont je vous réponds comme de moi-même.

Elle l'envoya à Fleurette.

— Tu me promets, dit Béatrix, que, si je ne relève pas de cette maladie, tu iras, avec ton mari, voir ton frère, mon pauvre neveu Jean.

— Quelle idée, ma tante ! vous y viendrez avec nous.

— Dieu le veuille ! Mais, enfin, si je ne le pouvais pas, tu me jures de lui porter mes derniers adieux et ma bénédiction ? Je le connais, mon pauvre Jean, cela lui fera plus de plaisir que toutes ses nouvelles richesses; aussi, tu me le jures et devant Dieu ?

— Oui, ma tante; mais vous causez trop. Silence! nous parlerons de lui dans quelques jours, quand vous serez tout à fait rétablie.

Le ciel ne devait pas réaliser ces espérances. Dès le second jour, les crises qui avaient tant effrayé le médecin reprirent une nouvelle intensité. Une éruption dangereuse et mortelle éclata, éruption extraordinaire et bien rare à l'âge de la tante Béatrix. Dans son enfance, elle n'avait pas été inoculée; et depuis, dans la famille de Kéroualle, on avait toujours professé, comme, du reste, dans presque toute la Bretagne, une invincible répulsion contre la vaccine, et, en général, contre toutes les nouvelles découvertes. Il n'y avait plus à s'y méprendre, ni moyen d'en douter : la petite vérole sévissait avec la dernière violence, et Clotilde redoubla de soins auprès de sa pauvre vieille tante, dont la perte était désormais certaine; elle ne voulut perdre aucun des derniers instants qui lui restaient à la voir, et ne la quitta plus.

Vainement le médecin chercha à l'effrayer sur les dangers qui la menaçaient; vainement la supérieure du couvent joignit ses instances à celles du docteur, et voulut l'arracher de force de la chambre de la malade; elle déclara que là était sa place; que sa tante n'avait pas d'autre famille; que c'était à elle à fermer ses yeux, et que ce devoir sacré, rien ne l'empêcherait de le remplir. Elle tint parole.

Béatrix, abattue par la force du mal, ne connut pas le dévouement de sa nièce, dévouement qu'elle n'eût pas souffert. Elle mourut en tenant sa main dans les siennes, en murmurant les noms de Clotilde, sa nièce bien-aimée, et de son pauvre neveu Jean.

Quant aux derniers devoirs, Clotilde voulut que personne ne s'exposât pour les lui rendre. Ce fut elle seule qui s'en chargea; elle pria, toute la nuit, près d'elle, elle l'ensevelit de ses propres mains, et donna des ordres pour qu'un monument lui fût élevé dans l'intérieur du couvent où elle avait si longtemps vécu et prié. Elle se confia, pour ces soins, à l'intelligente amitié de la supérieure, se réservant, dès son mariage célébré, de venir, avec son mari, s'agenouiller sur la tombe de sa tante Béatrix, et lui demander de bénir leur union.

XV

Son cœur et toutes ses pensées rappelaient Clotilde à Paris. Elle se hâta de partir, sans en avoir prévenu Fleurette, qu'elle ne voulait pas déranger de nouveau de ses affaires, pensant bien qu'il n'y avait aucun inconvénient pour elle à faire seule, en plein jour et en chemin de fer, le voyage de Nancy à Paris. Aussi, à la station de Vitry-le-François, où le convoi s'était arrêté, quel fut son étonnement d'entendre prononcer son nom. Elle leva les yeux, et, dans un convoi en face d'elle qui était également arrêté et qui venait de Paris, elle reconnut, à la portière d'un wagon, une jeune fille qui étendait les bras vers elle.

— Ouvrez, ouvrez, monsieur! dit Clotilde à un employé, le seul qui se trouvât sur le chemin de fer en ce moment.

Les deux jeunes filles se jetèrent dans les bras l'une de l'autre.

— Vous, ma marraine!
— Toi, Fleurette!
— Sans doute. Je me défiais de vous, ma marraine, et j'avais raison. Aussi, j'avais supplié, en partant, la sœur supérieure de m'écrire tout de suite, tout de suite, s'il arrivait un malheur, afin que j'accourusse près de vous en prendre la moitié, et j'arrive trop tard; mais vous voilà, j'ai quitté mon wagon, je vais remonter dans le vôtre, et je retournerai avec vous à Paris.

Tout cela avait été débité avec la vivacité ordinaire de Fleurette; et sa marraine lui demandait des nouvelles du duc d'Olona, et Fleurette lui répondait; et toutes deux, retirées dans un coin de la gare et absorbées par l'intérêt de leur conversation, ne s'étaient pas aperçues que les deux convois, qui n'attendaient personne, s'étaient remis en marche depuis quelques secondes, l'un pour Nancy, l'autre pour Paris, et qu'elles restaient seules dans la gare.

— Ah! mon Dieu! s'écria Clotilde effrayée, qu'allons-nous devenir?

— Nous repartirons par le premier convoi, dit tranquillement Fleurette.

On s'informa à un employé du chemin de fer. Le premier train pour Paris ne passait plus maintenant qu'à neuf heures du soir.

— Que faire d'ici là? demanda Clotilde.

— Nous causerons.

— Oui, dit tristement Clotilde, mais cela nous fera arriver huit heures plus tard. C'est bien long!

— Rassurez-vous, ma marraine, nous causerons de lui; le temps passera bien vite; mais ne restons pas ici.

— Où aller? Tu ne connais personne à Vitry-le-François?

— Non, mais allons à l'auberge... Monsieur, dit-elle à l'employé du chemin de fer, la meilleure auberge de la ville?

— *La Cloche-d'Or*, mademoiselle. Et il lui indiqua où elle était située.

Les deux jeunes filles se mirent en marche en se donnant le bras.

— Ces dames n'ont pas de bagages? dit un commissionnaire du chemin de fer avec une curiosité intéressée.

— J'en avais, dit Clotilde en regardant autour d'elle.

Elle s'aperçut alors que sa malle, portant son nom et son adresse, était restée dans le train de Nancy et avait continué, sans elle, sa route vers Paris.

— Et de l'argent? dit-elle. Je n'en ai pas.

— J'en ai, ma marraine, dit Fleurette; j'ai trente mille francs sur moi, en billets de banque, que je portais à votre pauvre tante.

— Ah! la traite de mon frère Jean, que tu as touchée...

— Et qui vous appartient maintenant!

Elles arrivèrent à *la Cloche-d'Or*, où on leur donna la plus belle chambre de la maison. L'hôtesse était curieuse de savoir quelles étaient ces deux jeunes femmes, si gracieuses; elle leur apporta le livre des voyageurs pour qu'elles y inscrivissent leur nom.

— 'y vais mettre le mien seulement, dit tout bas Fleurette à sa compagne. Il est inutile que l'on sache que Mme la duchesse a passé sept ou huit heures à l'auberge.

Depuis une heure à peine elles étaient installées, quand Clotilde sentit des pesanteurs de tête, puis des fatigues dans tous les membres, puis le frisson, puis une fièvre ardente qui se déclara avec une effrayante rapidité. Clotilde pouvait se soutenir à peine; Fleurette la déshabilla, la mit au lit et envoya chercher le meilleur médecin de la ville, un vieux praticien qui se trouva, par hasard, un homme de talent. Il ne voulut rien hasarder, rien compromettre; il déclara franchement qu'il ignorait quelle maladie allait se déclarer, qu'il n'y comprenait rien encore, mais qu'elle menaçait d'être grave et qu'il ne fallait pas que ces dames pensassent à continuer leur voyage. Nouvelle qui désola Clotilde et augmenta encore la violence de son mal.

La nuit fut mauvaise. Fleurette la passa auprès de sa marraine, qui eut le transport au cerveau et le délire. Elle prononçait sans cesse un nom que Fleurette connaissait trop bien, puis elle appelait sa tante, puis son frère Jean, puis Fleurette.

— Ah! disait celle-ci, elle rassemble autour d'elle tous ceux qu'elle aime et moi seule je réponds à l'appel.

Le lendemain matin, le délire durait encore, quand arriva le docteur, qui prit le bras de Clotilde pour lui tâter le pouls et recula effrayé.

— Qu'est-ce donc? dit Fleurette en l'interrogeant d'un regard tremblant.

— Ne voyez-vous pas? répondit-il en lui montrant les mains, le cou, le visage de Clotilde : la petite vérole!

Fleurette poussa un cri déchirant.

— Ce n'est pas possible !

— Si vraiment, et de l'espèce la plus dangereuse ; aussi je vous engage, mademoiselle, à ne pas rester ici.

— Pourquoi donc ? dit-elle d'un air étonné.

— Parce qu'il y va pour vous, mademoiselle, de la santé, de la vie, ou du moins vous pouvez être défigurée.

— Qu'importe ! s'écria-t-elle, est-ce que j'ai besoin d'être jolie, moi ! Mais elle !... se dit-elle tout bas avec douleur

Pendant trois jours Clotilde fut entre la vie et la mort et dans un délire continuel, n'ayant conscience ni de sa maladie, ni de son état, ni de son danger. Tout le dévouement qu'elle avait prodigué à sa tante, le ciel le lui avait rendu en lui envoyant Fleurette, et de l'aveu du médecin, les soins infatigables de celle-ci, ses soins, jeunes, actifs, intelligents, contribuèrent à sauver la malade.

Quand Clotilde revint à elle, elle se trouva dans une chambre dont les rideaux étaient exactement fermés, et où l'on avait, autant que possible, intercepté la lumière. Elle en demanda la cause.

— Rassurez-vous, ma marraine ; c'était pour ménager votre vue qui est très faible en ce moment ; ne parlez pas, soyez docile ; encore quelques jours et nous pourrons retourner à Paris. D'ici là ne songeons à rien qu'à vous guérir.

— Mais ma famille, mais nos amis ! Les as-tu prévenus de l'accident qui nous est arrivé ?

— Oui, ma marraine, répondit Fleurette, qui n'avait écrit à personne, trouvant qu'on pouvait toujours assez tôt annoncer une mauvaise nouvelle, et puis craignant, avec raison, de causer trop de joie à la famille de sa marraine et trop de douleur à son pauvre prétendu.

Le docteur entra. Il avait suivi attentivement, jour par jour et presque heure par heure, la marche de la maladie. A chaque visite, son air grave et silencieux était loin de rassurer la pauvre Fleurette, qui osait à peine l'interroger. Cette fois, un rayon d'espérance brilla sur ses traits, et lorsque Fleurette le reconduisit jusqu'à la porte de l'antichambre, il lui dit à demi-voix :

— Je réponds de la malade.

Fleurette poussa un cri, que le docteur s'empressa de réprimer.

— Silence! il ne faut pas qu'elle devine à votre joie le danger auquel elle vient d'échapper et que l'émotion pourrait ramener.

— Je me tairai, docteur, je me tairai!

— Pour nous réjouir en toute sécurité, attendons le neuvième jour, qui n'est pas loin.

— Deux jours encore! Mais, dit-elle au docteur qu'elle retenait toujours par la manche de son habit, vous me répondez de sa vie?

— Oui, mon enfant.

— Et, continua Fleurette d'une voix émue, me répondez-vous aussi d'un autre trésor plus précieux encore peut-être pour nous autres femmes...?

Le docteur secoua la tête.

Puis, voyant la douleur et l'effroi qui venaient tout à coup de se peindre sur les traits de la pauvre fille, il dit :

— J'ai vu parfois des personnes atteintes de ce terrible fléau n'en conserver aucune trace.

— Vous en avez vu? s'écria vivement Fleurette.

— Oui, mon enfant, et ici le sang est si jeune, si pur et si beau, que toutes les probabilités sont en faveur de la malade.

Fleurette rentra toute joyeuse et pleine d'espérance.

— Si le ciel, se dit-elle, doit faire un miracle, pour qui le ferait-il, si ce n'est pour ma marraine?

Elle s'assit à sa place ordinaire, auprès du lit de la malade, admirant son calme angélique et sa pieuse résignation.

— Vous ne souffrez plus, ma marraine?

— Encore un peu.

— Et vous ne vous plaignez jamais! Moi, je me plaindrais; cela soulage... je dirais mes souffrances.

— Je ne sens pas les miennes!... Tu es là, et je pense à lui.

Cette journée parut longue à Fleurette. Le lendemain lui parut plus long encore. Il lui semblait que le neuvième jour n'arriverait jamais.

Enfin parut ce jour si ardemment désiré et que maintenant Fleurette redoutait. Le médecin déclara la malade tout à fait hors de danger, et Clotilde, impatiente, demanda qu'on lui permît de se lever et qu'on lui rendît enfin la lumière. Fleurette tressaillit.

— Comme te voilà émue! dit-elle à Fleurette, qu'as-tu donc?

— Moi, ma marraine? Rien

— Eh bien, ouvre donc ce volet.

— Oui, ma marraine.

Fleurette, se soutenant à peine, s'approcha de la croisée, et, d'une main tremblante, ouvrit le volet.

La lumière se fit, Fleurette jeta un regard sur sa marraine, poussa un cri et tomba à terre. On la crut morte.

Clotilde se précipita pour la relever, la remit aux mains du docteur et courut à la cheminée où elle apercevait un flacon. En le prenant, elle se vit dans la glace. Tout étonnée, elle s'y regarda une seconde fois, croyant que ce n'était pas elle. Puis elle pâlit, cacha sa tête dans ses mains, en s'écriant :

— Ah! Fernand! Fernand!

Ce fut le seul mot qui s'échappa de sa poitrine; ce n'était pas pour elle qu'elle regrettait sa beauté, c'était pour lui! Elle se retourna, calme et déjà résignée, supportant d'un front inaltérable la perte de la plus grande fortune que Dieu ait pu donner à une mortelle. Elle aperçut Fleurette, à qui le docteur venait à peine de faire reprendre connaissance et qui se jeta en sanglotant dans les bras de sa marraine.

Ce fut celle-ci qui s'efforça de la consoler. Elle n'en put venir à bout. De tant de charmes, il ne restait plus rien. Tant de fraîcheur, tant de beauté avaient disparu soudain, comme la touffe de roses un lendemain d'orage.

Le docteur, pour chercher à distraire la convalescente, à qui il ne permettait pas encore de sortir, lui apportait, dans cette chambre d'auberge, les livres et les journaux qu'il recevait chez lui. Il racontait des nouvelles, une entre autres qui faisait grand bruit en ce moment, un accident épouvantable, arrivé, il y avait une douzaine de jours, sur le chemin de fer, et dont tout le monde parlait encore. Un convoi qui se dirigeait vers Paris avait éprouvé un choc violent ; une de ses voitures avait été renversée et brisée ; le feu avait été mis à ses débris par les charbons ardents répandus sur la voie, et la flamme avait été activée par la violence du vent. Plusieurs voyageurs avaient été blessés, d'autres avaient péri, quelques-uns même avaient totalement disparu dans l'incendie, et on citait, parmi ces derniers, une personne dont la perte avait produit, dans la haute société de Paris, la plus douloureuse sensation. C'était Mlle Clotilde de Kéroualle.

Fleurette tressaillit. Clotilde lui serra la main et lui fit signe de se taire.

— Une jeune personne charmante, continua le docteur, qui allait se marier à M. le duc d'Olona, le plus joli cavalier et le plus riche parti de Paris, un admirateur passionné de tout ce qui est beau, et qui épousait cette jeune fille, quoiqu'elle fût sans fortune, rien que pour sa beauté.

Fleurette s'empressa de lui demander comment on avait appris la mort de Mlle de Kéroualle.

— De la manière la plus simple, et, par malheur, la plus certaine. Elle était montée, le matin de ce jour-là, en chemin de fer, à Nancy, seule, sans femme de chambre, pour retourner à Paris, après la mort d'une tante qu'elle venait de perdre. Elle n'avait d'autre bagage qu'une malle à son nom et à son adresse et un coffret. On a trouvé la malle et le coffret que personne ne réclamait. Quant à elle, le wagon qu'elle occupait avec deux autres personnes, et dont aucune n'a réchappé, est justement celui qui a été dévoré par les flammes.

Fleurette leva les yeux au ciel pour le remercier, en se disant : « Sans notre rencontre, ma marraine était perdue.

— Et le duc d'Olona, monsieur? demanda Clotilde au docteur, en craignant presque de prononcer ce nom.

— On dit qu'il ne pouvait d'abord croire à cette nouvelle, mais que quand il ne lui a plus été possible d'en douter, il en est devenu comme fou. Il est parti et l'on ne sait où il est en ce moment.

Fleurette fit un geste de douleur que Clotilde lui fit signe de réprimer.

Un instant après, le docteur tira sa montre, se leva et sortit.

— J'espère, ma marraine, s'écria Fleurette, que nous allons sur-le-champ écrire à tous nos amis, et, s'il le faut, à tous les journaux, que, grâce au ciel, la nouvelle est fausse et que vous, du moins, vous n'avez pas péri dans cet horrible accident. Il faut que cela se sache dès aujourd'hui.

— A quoi bon? répondit froidement Clotilde; puisqu'ils me croient tous morte, pourquoi les détromper?

— Bonté de Dieu! que voulez-vous dire? Morte!

— Ne le suis-je pas, en effet, dit-elle en baissant tristement la tête, et pourquoi vivrais-je maintenant?

— Et lui, ma marraine, et M. le duc d'Olona?

— C'est à cause de lui que je parle ainsi, à cause de lui surtout; adorateur enthousiaste de la beauté, il ne m'épousait que pour la mienne, tu le sais; c'était là ma seule dot, et je n'en ai plus.

— Votre seule dot! s'écria Fleurette avec indignation.

— Oui, reprit Clotilde avec force, ma seule à ses yeux, car il ne me connaît pas; il ne connaît ni mon cœur, ni mes sentiments, à peine avons-nous causé cinq minutes ensemble.

— Il les connaîtra par moi, et il me croira.

— Il n'en croira que ses yeux, et, quand il me verra telle que je suis, de deux choses l'une, Fleurette, dit-elle avec énergie : ou il retirera sa parole, il rompra notre mariage, et j'en mourrai de honte pour moi et pour lui; ou bien, par respect pour sa promesse, par point d'honneur, il se croira, aux yeux du monde, obligé de m'épouser;

il m'épousera par grâce, par pitié; il ne m'aimera jamais, et je serai constamment pour lui un objet de dégoût, de haine. Ah! la mort vaut mieux. Me croyant morte, il m'accordera quelques pleurs et quelques regrets. Il me verra toujours telle que j'étais quand il m'a perdue, et, me voyant toujours belle, il ne cessera point de m'aimer.

— Mais vous, ma marraine, mais vous?

— Moi?... Je serai moins malheureuse, je lui conserverai mon amour et ne serai pas obligée, peut-être, de lui retirer mon estime.

Fleurette qui, mieux encore que sa marraine, connaissait le caractère du duc d'Olona, et qui savait, par elle-même, avec quelle facilité et quelle promptitude une beauté lui en faisait oublier une autre, Fleurette sentait bien, au fond du cœur, que sa marraine avait raison. Fernand n'avait été séduit jusqu'ici que par les charmes extérieurs de sa fiancée, et, ceux-ci disparaissant, il était à craindre que son amour ne fît de même. S'il avait eu le temps de s'attacher aux qualités solides et durables qui brillaient en elle, son amour aurait probablement duré autant que ces qualités; mais maintenant comment les lui faire apprécier, comment lui donner même l'envie de les connaître? Comment surtout exposer Clotilde à ses regards?

En ce moment, il n'y avait pas à y penser. Au sortir de l'affreuse maladie, dont les traces étaient encore récentes, l'épreuve eût été trop incertaine à tenter; c'est pour cela que Fleurette se rangea, en partie, à l'avis de Clotilde.

— Soit, ma marraine; puisque le bruit de votre mort s'est répandu, à notre insu, ne le démentons pas encore, et attendons que nous trouvions, dans quelque temps, un moyen adroit d'amener une rencontre entre vous et M. le duc; c'est tout ce que je demande.

Vous verrez qu'au premier aspect l'antipathie ne sera pas aussi grande que vous le pensez, et puis, la seconde impression sera toute pour vous. Votre esprit, vos talents, le charme irrésistible qui règne en vous, le séduiront d'une manière plus sûre et plus durable, cette fois, que votre beauté ne l'avait séduit, la première. J'ai entendu dire, ma marraine, que quand une femme...

Elle hésitait à prononcer le mot.

— Laide, dit hardiment Clotilde.

— Eh bien, oui, répéta franchement Fleurette, quand une femme laide parvenait une fois à se faire aimer, c'était à l'adoration.

Cela se conçoit, cela prouve que son triomphe est dû à des qualités, irrésistibles, inconnues des autres femmes, ou que négligent d'acquérir celles qui n'ont que la beauté.

— Non, non, tu veux m'abuser par un rayon d'espoir. Vois donc! disait-elle, en montrant dans la glace ses traits naguère si beaux et maintenant tout à fait méconnaissables.

— Eh bien, disait gaiement Fleurette, ce sera une conquête de bal masqué. Moi qui vous parle, ma marraine, j'en ai fait beaucoup, à commencer par M. le duc d'Olona lui-même que j'avais intrigué et séduit sans grande peine, et j'étais loin de vous valoir. Allons, allons, courage! essayons toujours.

Une des plus précieuses qualités de Fleurette, c'était sa gaieté, qui souvent lui tenait lieu de philosophie, philosophie à laquelle l'on ne pouvait du moins refuser un grand charme, celui d'être consolante; mais tout son pouvoir échouait souvent contre la tristesse de Clotilde.

La maladie, dans toutes ses périodes, n'avait guère duré qu'une vingtaine de jours; elle était entièrement terminée, et le docteur avait beau répéter que quelques mois suffiraient, sinon pour en faire disparaître totalement, du moins pour en atténuer considérablement les traces, Fleurette avait grand'peine à se le persuader. Mais, d'un autre côté, tous les chagrins que Clotilde avait successivement éprouvés l'avaient considérablement affaiblie, une toux aiguë qui lui était survenue inquiétait le docteur, qui, sans connaître son nom, s'était, comme tous ceux qui la voyaient, pris d'une sincère affection pour elle.

— Il faudrait aller passer trois mois à Nice, lui dit-il.

Fleurette était déjà prête à partir.

— Non, lui dit sa marraine ; voilà trop longtemps déjà que je te retiens loin de Paris et de toutes les affaires.

— Qu'importe ?

— Dans mon intérêt même, il te faut retourner chez toi. On s'étonnerait de ton absence, et cette jeune femme que tu accompagnes partout, avec tant de dévouement, ferait peut-être soupçonner la vérité. Fleurette, lui dit-elle en essuyant une larme, j'ai besoin de retremper mes forces dans la solitude et dans la prière, avant d'oser tenter l'épreuve que tu me proposes, avant de revoir le duc ! Songe donc, être méconnue par lui ; lui dire : *C'est moi !* et être repoussée par son regard ou par son cœur, je ne le pourrais, en ce moment, sans mourir de douleur. Dès que je me sentirai assez vaillante pour m'exposer à ce suprême et dernier effort, je te l'écrirai. D'ici là, Nice est une ville agréable et hospitalière, où les étrangers, même une femme seule, trouvent asile et protection. Notre docteur a promis de me recommander à une famille honorable de ce pays, avec laquelle il est intimement lié. Grâce à mon frère Jean, l'argent ne me manque pas. Et puis, j'avais raison de te le dire, Fleurette, quand je t'engageais à apprendre l'écriture, par elle il n'y a plus d'absence ! Nous nous écrirons tous les jours.

Fleurette voulut en vain résister. C'était la volonté de sa marraine, sa volonté ferme et inébranlable. Il fallait céder, et Clotilde, en la quittant, lui fit jurer de n'avouer au duc d'Olona, sous aucun prétexte, qu'elle existait encore.

XVI

Fleurette, en arrivant à Paris, trouva tout son monde dans une inquiétude extrême, non pas Michelette, à qui elle avait de temps en temps envoyé ses ordres, en lui recommandant le silence ; mais tous ses adorateurs, qui ne savaient ce qu'elle était devenue. Ludovic croyait qu'elle avait été enlevée, et les questions se succédaient rapidement. Mais comme Fleurette ne devait de comptes à personne et était maîtresse chez elle, elle n'eut pas plutôt signifié qu'elle n'avait aucune réponse à faire, que toutes les demandes cessèrent.

La marquise de Kérouallo, après le mariage de Géraldine, avait été installer son gendre, M. de Kervalec, et sa femme, dans leur recette générale, et elle était retournée en Bretagne avec sa dernière fille, Corentine, qui, en apprenant la mort si funeste de Clotilde, s'était écriée :

— J'avais bien dit que ce mariage ne se ferait pas !

Ce fut presque le seul souvenir adressé par elle à son institutrice et à sa cousine.

Le duc avait ressenti un immense désespoir. Ses amis l'avaient vu à moitié fou de douleur. Il ne pouvait s'expliquer l'absence de Fleurette, et Fleurette absente, le séjour de Paris lui était devenu insupportable. Des affaires de famille l'appelaient depuis longtemps à Madrid et à la Havane, il commença par Madrid. C'est de là qu'il avait déjà écrit à Fleurette plusieurs lettres, restées sans réponse. Elle se hâta de s'excuser : les raisons, les prétextes ne lui manquèrent pas, elle les inventa :

« En apprenant la mort de sa marraine, elle avait voulu
« courir sur le lieu du désastre ; mais, frappée, elle-même,
« d'une maladie terrible, seule... dans une auberge, etc. »

Enfin, et tant bien que mal, Fleurette expliquait son absence et son silence ; mais, à dater de ce jour, elle ne laissa plus passer une semaine sans écrire au duc, tant elle avait à cœur d'avoir constamment de ses nouvelles, pour en donner à sa marraine.

Il faut rendre justice au duc d'Olona, c'était, en dépit de la fortune, un excellent jeune homme, un cœur d'or, un ami véritable ; il avait reconnu en Fleurette une affection sincère, et la sienne lui était vouée à jamais. Fleurette en avait pour preuve la franchise et la confiance qui régnaient dans toutes ses lettres. Les premières contenaient les souvenirs les plus douloureux et les plus passionnés pour la pauvre Clotilde, son éternel amour. Deux mois s'étaient écoulés, et sans le dire, mais avec la même franchise, Fernand laissait voir que sa tendresse était toujours la même, mais que sa douleur était moins vive. C'était tout naturel ; les distractions devaient, dans une cour telle que celle de Madrid, environner, malgré lui et presque à son insu, un homme de l'âge, du caractère et de la fortune du duc d'Olona.

Pendant ce temps Clotilde, à qui sa filleule demandait chaque jour des nouvelles de sa santé, c'est-à-dire de sa beauté, Clotilde écrivait des nouvelles, qui, pour être meilleures, étaient encore bien tristes.

« J'étais, il y a deux mois, d'une laideur exceptionnelle
« et repoussante ; cette dernière épithète commence seule
« à s'effacer, écrivait-elle ; les taches rouges disparaissent.
« Mes désirs ne sont pas grands ; je ne demande qu'à être
« laide comme tout le monde. J'ambitionne une de ces
« laideurs qui n'attirent pas trop l'attention. Ma pauvre
« tante me disait souvent que j'étais trop belle ; que c'était
« un malheur ; ce qu'une femme raisonnable devait seule-
« ment désirer — c'était son expression — c'était d'être à
« l'abri du *ah!* c'est-à-dire que son entrée dans un salon
« ne produisît aucune surprise et ne donnât lieu à aucune
« exclamation d'admiration ou de répugnance. Hélas ! ce
« sort n'a pas été le mien ; j'aurai eu le malheur de ne
« pouvoir jamais passer inaperçue et d'être remarquée
« par ma laideur, comme je l'avais été par ma beauté. »

Clotilde lui racontait, du reste, qu'elle avait écrit à son frère Jean pour lui apprendre la mort de leur tante Béatrix et lui envoyer la bénédiction que la sainte femme avait, à ses derniers moments, donnée à son neveu bien-aimé. Enfin, à ce frère, désormais son seul ami, elle disait sa vie tout entière depuis son enfance jusqu'à ce jour ; la perte de sa beauté et la perte plus que probable et plus grande encore de tous ses rêves de bonheur. Sa lettre finissait par des tendresses pour sa chère filleule.

Hélas ! celle-ci n'était pas tranquille ; depuis près de

quinze jours, elle n'avait pas reçu de lettre de Madrid. Fernand avait cessé d'écrire.

Était-il malade? L'amitié de Fleurette s'en inquiétait, car elle était presque aussi dévouée à Fernand qu'à sa marraine; il était tellement bon pour elle, que l'affection qu'elle lui portait lui semblait toute naturelle.

D'un autre côté, M. Henriquez, jeune secrétaire de l'ambassade espagnole, qui venait souvent chez Fleurette acheter des bouquets, avait cru s'apercevoir que la coquette l'accueillait et l'écoutait toujours avec un gracieux sourire, mais surtout quand il apportait des nouvelles de la cour de Madrid. Aussi il en aurait inventé plutôt que de n'en pas donner, et récemment encore il racontait à Fleurette combien la tristesse du duc d'Olona lui avait concilié les sympathies et l'intérêt de toutes les grandes dames, combien on s'efforçait de le consoler. Les dernières dépêches ne disaient pas, il est vrai, qu'on y eût encore réussi... mais tout le faisait présumer, et il lui en dirait probablement davantage au prochain bouquet.

Fleurette, quoique furieuse, n'avait encore rien écrit à sa marraine; mais un jour, sur les cinq heures, ayant laissé Michelette au comptoir, elle s'était retirée dans son petit salon pour réfléchir et s'indigner à son aise. Assise, le dos tourné à la porte d'entrée, et ses deux pieds sur les chenets, elle cherchait comment, sans faire part de ces nouvelles à sa marraine, elle pourrait empêcher le mal de s'aggraver, quand tout à coup la porte s'ouvre derrière elle avec impétuosité, quelqu'un lui prend la tête et couvre son front de baisers; elle se retourne avec indignation et fierté, pousse un cri et se laisse tomber dans les bras du duc d'Olona, qui s'écriait en l'embrassant :

— Fleurette !... ma chère Fleurette ! c'est donc toi... je te revois !

Il lui apprit alors qu'il avait reçu, à Madrid, une lettre d'un employé de chemin de fer en France, portant ces mots :

« Si monsieur le duc d'Olona veut envoyer cinquante

« napoléons au sieur Brémolard, ex-employé au chemin
« de fer de l'Est, station de Vitry-le-François, demeurant
« actuellement à Metz, monsieur le duc apprendra sur
« Mlle de Kéroualle, sa fiancée, des renseignements qu'il
« croira peut-être n'avoir pas payés trop cher. »

— Ah ! que c'est bien ! s'écria Fleurette, et moi qui vous soupçonnais déjà d'oublier la mémoire de ma pauvre marraine.

Fleurette, en parlant ainsi, sentit une sueur froide parcourir tout son corps. Mais le petit salon était encore dans l'obscurité, et le duc, trop animé d'ailleurs par son récit, ne s'aperçut pas de son trouble.

— Eh bien ? dit Fleurette.

— Eh bien, dit le duc, je n'ai voulu m'en rapporter à personne du soin d'interroger cet employé, je me suis mis en route sur-le-champ.

Je ne pensais qu'à elle ; mais, sur la route de Madrid on ne voyage pas avec la rapidité de la pensée ; cela viendra bientôt, grâce au nouveau chemin de fer de Pampelune à Saragosse. Enfin, j'arrive en France, j'arrive à Metz, je cours chez ce M. Brémolard.

— Voici, lui dis-je, cinquante napoléons et plus, s'il y a lieu. Parlez !

— Monsieur le duc, me répondit-il, je ne veux éveiller votre attention que sur un incident assez étrange.

Le wagon qui a été broyé et consumé portait le n° 232. Le jour de l'accident, le convoi arrivant de Nancy venait de s'arrêter à la station de Vitry-le-François, où j'étais alors employé ; j'étais seul en ce moment sur la voie, et je puis attester qu'une grande et belle demoiselle, dont le signalement ressemblait exactement à celui que les journaux ont donné depuis de Mlle de Kéroualle, est descendue à la station de Vitry-le-François du wagon 232. J'en ai, à sa demande, ouvert moi-même la portière, et j'atteste que ledit wagon est reparti sans que Mlle de Kéroualle y soit remontée.

— Eh ! lui ai-je dit, qu'en veux-tu conclure ?

— Que si elle était descendue du wagon à Vitry-le-François, elle ne pouvait pas s'y trouver lors de l'accident qui est arrivé plus loin, quelques heures après ; qu'il y a donc quelque chance qu'elle existe encore.

— Pourquoi, lui dis-je, après l'événement, n'as-tu pas fait cette déposition au chef de gare de Vitry-le-François ou à tes chefs ?

— Parce que, depuis longtemps, j'avais à me plaindre de mes administrateurs, qui m'ont congédié sans pension de retraite ; parce que ma déposition pouvait peut-être leur rendre quelque service, et que je ne suis pas payé pour ça. Mais quand j'ai appris plus tard, par les journaux, que Mlle de Kéroualle était fiancée à un riche seigneur espagnol, je me suis dit : « Ces renseignements-là auront peut-être quelque valeur pour lui. »

Tel fut le récit de l'ex-employé du chemin de fer, dit le duc, et voilà tout ce que j'ai recueilli de lui. Qu'en penses-tu, Fleurette ? Quelle suite faut-il donner à tout cela ?

— Aucune, dit Fleurette, qui avait eu le temps de se remettre, et qui comprit sur-le-champ qu'une enquête faite à Vitry-le-François amènerait la découverte de bien des choses. C'est quelqu'un qui a voulu spéculer sur votre bourse et pas autre chose.

Si ma pauvre marraine s'était arrêtée en route, si elle était descendue à Vitry-le-François ou en toute autre ville, elle aurait pris avec elle sa malle et ses effets, qui, malheureusement, sont arrivés seuls et sans elle à Paris.

— C'est vrai, dit le duc.

— Et puis, enfin, si elle existait encore, en quelque endroit qu'elle fût, qu'est-ce qui l'empêcherait de nous le faire savoir ?

— C'est vrai ! c'est vrai ! répéta le duc avec conviction ; c'est absurde, mais il y a des espérances absurdes auxquelles on ne renonce pas sans douleur.

L'incident n'eut pas d'autre suite, et Fleurette se hâta d'en faire part à sa marraine en signalant à sa reconnaissance le beau trait de Fernand, qui, sur un indice aussi incertain, avait abandonné sur-le-champ toutes les tentations de Madrid. Mais Madrid n'était pas la seule ville du monde où il y eût des jolies femmes et des séductions.

XVII

Depuis le retour du duc à Paris, le souvenir récent et romanesque de son mariage avait mis en éveil toutes les espérances et toutes les ambitions. Il avait voulu se marier, pourquoi ne le voudrait-il pas encore? Il avait voulu épouser une jolie fille pauvre ; toutes celles qui étaient sans fortune se croyaient des droits ; ce qui n'empêchait pas celles qui étaient riches de s'en croire aussi. Et toutes les manœuvres de la beauté, de l'intrigue et de la coquetterie étaient mises en jeu pour attirer son attention et séduire son cœur. Tout était à craindre pour lui, depuis les duchesses douairières, qui combattaient pour leurs petites-filles à marier, jusqu'aux jeunes veuves, qui combattaient pour elles-mêmes.

Mais toutes les prétendantes, quel que fût leur rang ou leur âge, rencontraient, sans le savoir, une rude adversaire dans Fleurette. Il fallait voir avec quelle vaillance elle défendait le bien de sa marraine, avec quelle inquiète attention elle prévoyait le danger, avec quelle adresse elle le détournait.

Par bonheur, le duc, toujours triste et ennuyé, semblait n'avoir de bons moments, dans sa journée, que ceux de ses causeries avec Fleurette. Il lui racontait, sans y attacher d'importance, les invitations, les avances, les tendresses et les chaleureux dévouements dont on l'accablait; et Fleurette, tout en ménageant son amour-propre, lui en démontrait, en riant, le but intéressé.

« Enfin, écrivait-elle à Clotilde, hâtez-vous de redevenir
« belle, ma marraine; mais hâtez-vous à votre aise, et

— Et moi, je le permets, dit Fleurette, en jetant sa marraine dans les bras de Fernand.

« jusque-là soyez tranquille ; tant que M. le duc aura con-
« fiance en moi, rien ne sera à craindre. »

Cette confiance, dont parlait Fleurette, semblait augmenter chaque jour ainsi que l'amitié du duc : vingt fois, il avait voulu s'occuper de la fortune et de l'avenir de la bouquetière. Celle-ci lui avait fièrement rappelé leurs conditions.

— Vous m'avez juré que vous m'aimeriez assez, pour ne rien me donner, et j'y compte.

Fernand respectait sa fierté : il n'offrait plus rien, mais il forçait Fleurette d'accepter à son insu. C'était là un de ses amusements les plus doux, amusement de prince. Nous en citerons un entre autres.

Fleurette avait, sur le boulevard de la Madeleine, une boutique à laquelle elle avait donné une grande vogue ; aussi elle prévoyait avec inquiétude qu'à l'expiration de son bail, le propriétaire l'augmenterait de plus du double. Cela la préoccupait beaucoup. Le duc, pour la rassurer, lui avait tout d'abord offert l'argent nécessaire pour renouveler ce bail. Il avait été si mal reçu, qu'il n'avait pas insisté ; il avait, sans en rien dire à personne, acheté la maison.

Fleurette, outre sa boutique, qui était au nord, avait à l'entresol, pour son habitation particulière, trois ou quatre jolies pièces, situées non pas sur le boulevard, mais sur la cour, c'est-à-dire au midi. Par malheur, cette cour, déjà assez étroite, était fermée par un mur de quarante à cinquante pieds de haut qui interceptait tout soleil, et Fleurette, semblable à ses fleurs, ne pouvait vivre sans soleil ; c'était sa joie et son bonheur.

Bien souvent sa seule récréation du dimanche était d'aller s'asseoir aux Champs-Élysées en plein midi.

Quelle fut donc sa surprise, lorsqu'un jour elle vit des maçons apparaître au sommet du mur ! Son ennemi s'abaissa peu à peu devant elle jusqu'à terre, découvrant à ses yeux un jardin superbe, à l'extrémité duquel s'élevait un joli petit hôtel. Ainsi, désormais, ses yeux étaient réjouis sans cesse par la verdure et par des fleurs, et ses croisées inondées par des flots de soleil. Longtemps elle s'extasia du hasard providentiel qui lui donnait ainsi l'air et la lumière; mais elle frémit en pensant que cet avantage, donnant plus de prix à son appartement, allait non pas en doubler, mais en tripler la valeur.

Elle voulut savoir sur-le-champ son sort et s'adressa au principal locataire pour renouveler son bail. Le principal locataire, homme de soixante ans, lui fit répéter son nom et lui indiqua gravement un prix fort au-dessous de celui qu'elle payait. Fleurette le regarda de travers, et, lui soupçonnant quelque intention qu'il n'avait pas, lui répondit sèchement :

— Monsieur, voici mes intentions à moi : pas un sou de plus, pas un sou de moins que le loyer actuel. Cela vous convient-il?

— Oui, mademoiselle, répondit le principal locataire d'un air étonné. Je n'avais pas ordre de louer si haut, mais je serai obligé, je vous en préviens, d'y joindre la jouissance du jardin en face, je ne peux pas faire autrement.

— Et pourquoi cela, s'il vous plaît?

— Parce que ce sont les ordres formels que je reçois du nouveau propriétaire, dont je lisais la lettre quand vous êtes entrée, et je n'ai pas eu le temps de l'achever.

Il chercha sur son bureau une lettre qu'il parcourut de nouveau.

— Ah! mon Dieu! s'écria-t-il tout troublé, il me recommande de faire cela avec adresse et surtout de ne pas le nommer.

Il n'avait pas achevé ce mot, que Fleurette lui avait arraché la lettre des mains et qu'elle avait lu au bas de la page ce nom : *duc d'Olona*.

— Bien, monsieur, lui dit-elle, en rejetant la lettre sur son bureau, je m'entendrai avec le propriétaire lui-même.

Le soir, elle faisait une scène à Fernand, qui supportait ses reproches avec un sang-froid héroïque.

— Je mets à mes loyers le prix que je veux, le tien sera

diminué de moitié, et, si tu dis un mot, de la totalité. Je suis le maître, ce sera, et si tu n'es pas contente, envoie-moi les huissiers.

— Je les enverrai, dit-elle avec colère.

— Je t'en défie !

Elle le regarda en face, se prit à rire, et se jeta dans ses bras en s'écriant :

— Vaincue, mon noble duc !... je m'avoue vaincue ! mais, dit-elle en le menaçant du doigt, n'y revenez pas.

Il lui tendit la main et la paix fut faite.

Un trait encore, parce que celui-là n'est pas inutile à la suite du récit.

De grand matin, un jour, Fleurette était descendue à la boutique, triste et découragée ; elle avait pensé toute la nuit à sa marraine. Elle vit arriver Micholette essuyant ses yeux.

— Et toi aussi qui es chagrine, ma pauvre fille ! lui dit-elle, qu'as-tu donc ?

Micholette, qui était une excellente fille, lui raconta un triste spectacle dont elle venait d'être témoin. Elle avait pour voisins, dans sa mansarde du cinquième, une pauvre femme paralytique et son mari, ancien soldat, privé d'un bras et d'une jambe !... Et, malgré tout cela, continua Micholette, ils se trouvaient depuis quelque temps les plus heureuses gens du monde.

— Comment cela ? dit Fleurette tout étonnée.

— Ils avaient un fils, un charmant garçon, actif, intelligent, laborieux, qui s'était mis dans la marine marchande, et tout ce qu'il gagnait était pour ses parents, qu'il faisait vivre. Enfin, grâce à sa bonne conduite et à ses talents reconnus, il allait obtenir une place bien difficile à prononcer, une place, je crois, de subrécargue, et l'avenir de son père et de sa mère était assuré.

— Eh bien, dit Fleurette, où est le malheur ?

— Le voici. Il a vingt et un ans. Il est arrivé du Havre à Paris, hier, pour tirer à la conscription, et il a amené le numéro 2. Tout est perdu. Il va partir. Je suis entrée de grand matin chez ses parents désespérés. Sais-tu ce que j'ai vu ? Le vieux soldat qui voulait se jeter par la fenêtre, parce qu'alors son enfant serait fils unique de veuve et ne partirait pas.

Fleurette poussa un cri d'effroi.

— Et combien faut-il pour le dégager? dit-elle vivement.

— Trois mille francs, à ce que dit le père. Est-ce qu'on peut y songer? Est-ce possible?

— Je ne les ai pas, dit Fleurette en regardant son secrétaire. Et si Dieu ne nous vient pas en aide...

Dans ce moment retentit sur le boulevard le trot bien connu d'un cheval qui s'arrêtait volontiers devant la boutique. Fidèle à ses habitudes, il ne passa pas outre. Un cavalier descendit.

— Vous, monsieur le duc, s'écria Fleurette, de si bonne heure?

— Oui, je suis d'une humeur détestable. Je n'ai pas dormi de la nuit. Et, levé de grand matin, je vais faire le tour du Bois pour trouver, si c'est possible, la santé et la gaieté.

— Vous n'irez pas si loin pour les trouver, dit Fleurette.

Puis sans préambule et le regardant en face :

— Monsieur le duc, dit-elle avec le sourire auquel le duc ne savait jamais résister, j'ai renoncé à demander pour moi, mais non pas pour les malheureux, et il me faut, à l'instant même, une somme énorme.

— Combien donc?

— Trois mille francs.

Il prit sur le comptoir une plume et du papier, et se mettait en devoir d'écrire...

— Attendez donc, s'écria Fleurette, que vous sachiez au moins de quoi il s'agit.

— Si tu le sais, toi, Fleurette, cela suffit. Ce doit être une chose honnête et louable, une bonne action.

— Oui, mais c'est égal, écoutez.

Elle lui raconta ce qu'elle venait d'apprendre. Pendant ce temps, le duc écrivait un bon sur son banquier. Mais, au lieu du chiffre *trois*, il écrivit *quatre*, et remit en souriant le papier à Fleurette.

— Ah! s'écria celle-ci, en voyant son air de contentement, ah!... la bonne humeur vous est revenue; je vous le disais bien.

Maintenant, monsieur le duc, continuez votre promenade, elle sera bonne. Vous penserez aux heureux que vous avez faits et qui vont vous bénir.

Pendant que Fernand s'éloignait au grand galop, Fleurette se retourna vers Micheletto, et lui dit:

— Les bonnes nouvelles n'arrivent jamais trop vite. Dis-moi où demeure ta pauvre famille.

— Dans ma maison, je te l'ai dit. M. Remy, au cinquième.

— J'y vais, dit Fleurette, Achève d'ouvrir la boutique.

Elle s'enveloppa d'un châle et partit. En un quart d'heure, elle était à la maison de Micheletto.

— Monsieur Remy? demanda-t-elle à la portière, à peine éveillée.

— Au cinquième, première porte à gauche.

Elle monta l'escalier tout d'un trait, et, tout essoufflée, respirant à peine, arriva au cinquième étage. Quoiqu'une clef fût à la porte indiquée, elle frappa, et à cette réponse, « Entrez! » elle ouvrit, ne s'attendant guère au spectacle qui s'offrit à ses yeux.

Dans cette chambre, une chaise, un lit, pas d'autre mobilier. Dans ce lit, un charmant jeune homme de dix-huit à vingt ans, nu-tête, assis sur son séant, et rêvant sans doute, car il fit à peine attention à la porte qui s'ouvrait. Ses rêveries ne devaient pas être gaies, car de grosses larmes roulaient dans ses grands beaux yeux noirs et coulaient le long de ses joues. Il joignait ses mains d'une manière convulsive, priant avec ferveur et appelant sans doute à son aide quelque bon ange, dont il dut se croire exaucé, en apercevant la tête de la jeune fille qui venait d'ouvrir la porte. Fleurette s'était arrêtée, immobile et surprise, la main toujours appuyée sur la clef et le corps à moitié en dehors.

— Monsieur Remy ? demanda-t-elle d'une voix timide.
— C'est moi, mademoiselle.
— L'ancien soldat ?
— C'est mon père... la porte plus loin.
— J'y vais, mais auparavant, et elle fit un seul pas dans la chambre, apprenez que vous ne partirez pas, que vous êtes exempté.
— Ce n'est pas possible ! fit-il avec un mouvement qu'elle s'empressa de réprimer de la main.
— C'est possible, et la preuve, continua-t-elle en jetant de loin sur son lit, un morceau de papier, c'est que voilà un bon de quatre mille francs sur un banquier espagnol, rue Saint-Georges. Courez vite le toucher.
Ce n'est pas moi, d'ailleurs, monsieur, qu'il faut remercier, ajouta-t-elle, c'est le duc d'Olona, un noble seigneur; lui seul mérite votre reconnaissance et celle de votre famille.
Et comme, éperdu, hors de lui, le jeune homme voulait s'élancer vers elle, elle referma la porte et disparut.
Le pauvre Remy porta la main à son front.
— C'était, se disait-il, un ange, un rêve, une vision !
Un papier cependant était resté sur son lit, et ces mots : «Bon pour *quatre mille francs*, signé D'OLONA», lui attesteront que le rêve était une réalité, et l'ange la plus jolie fille qu'il eût encore vue.
Le lendemain, Fleurette vit accourir à sa boutique un jeune et beau garçon, svelte, leste et vigoureux, tournure de marin, la tête haute, l'œil fier et l'air joyeux, M. Urbain Remy. Après avoir touché son argent, il avait, la veille, couru chez M. le duc d'Olona, qu'il n'avait pas trouvé. Il y était retourné, le jour même, pour lui témoigner toute sa reconnaissance et pour lui dire qu'il lui appartenait désormais corps et âme. Le duc lui avait répondu que c'était à Fleurette qu'il se devait, car c'était elle qui avait plaidé pour lui. Urbain n'était pas ingrat et se sentait de la reconnaissance pour deux. Le duc l'avait ensuite fait causer, il avait reconnu en lui des moyens et de l'intelligence, le désir d'arriver; et comme les protégés de Fleurette étaient

les siens, il l'avait adressé à une Compagnie de bateaux à vapeur transatlantiques, dont il était un des principaux actionnaires.

Si le pauvre jeune homme avait été charmé la veille, dans sa mansarde, de Fleurette en négligé du matin, que devint-il en la voyant dans son comptoir de marbre, en toilette élégante et coquette, entourée, dans ce moment, d'une demi-douzaine de jeunes seigneurs, dont les domestiques attendaient et dont les chevaux piaffaient à sa porte, sur le boulevard ! Il la prit pour une grande dame, et, muet, interdit, balbutia, tout troublé, quelques mots de reconnaissance, que Fleurette écouta gracieusement, mais qu'elle entendit à peine. Le jeune secrétaire d'ambassade, don Henriquez, venait de lui annoncer de graves événements.

Urbain se retira rêveur. Sa mère, en le voyant si triste, ne pouvait le croire porteur de tant de bonnes nouvelles.

Ludovic, resté près de Fleurette, avait redoublé ce jour-là d'empressement et de galanterie. Ludovic jouait près d'elle un rôle étrange et inexplicable, si l'amour ne se chargeait pas de tout expliquer. Depuis le jour où il avait été, disait-il, *roulé* par elle, il l'avait détestée, puis il lui avait pardonné, puis il l'avait détestée de nouveau, proclamant tout haut, que, pour rien au monde, il ne s'attacherait au char d'une coquette pareille, et, chaque jour, sans se l'avouer à lui-même, il l'aimait davantage. Les premières assiduités du duc d'Olona l'avaient jeté dans des transports de désespoir et de rage, d'autant plus grands qu'il se croyait obligé, pour son honneur, à jouer devant elle l'indifférence. Maintenant il était convaincu, non pas que Fleurette eût *roulé* le duc d'Olona, celui-ci avait, pour elle, au milieu de sa familiarité, tant d'amitié véritable et de sincère déférence, qu'il n'y avait pas moyen d'admettre cette supposition ; mais il était convaincu, ainsi que tout le monde, et à l'étonnement général, qu'il ne se passait, entre eux, rien qu'ils ne pussent avouer au grand jour. Cette conviction avait permis à Ludovic de ne plus dissimuler et de se déclarer, de nouveau, adorateur de

Fleurette, prétention dont le duc d'Olona ne s'offensait nullement et n'avait même pas l'air de s'apercevoir. Ce jour-là Ludovic était donc plus que jamais assidu et pressant; il croyait avoir rendu Fleurette rêveuse, elle n'était qu'ennuyée et surtout préoccupée.

Don Henriquez lui avait annoncé, sous le sceau du secret, qu'il était question à l'ambassade d'Espagne d'un mariage entre le duc d'Olona et une jeune personne charmante, moitié Espagnole, moitié Française. Bien des fois déjà, Fleurette avait appris de pareilles nouvelles, mais c'était par le duc lui-même qu'elle les apprenait. Il ne lui avait pas parlé de celle-ci, et cependant le bruit en courait, et depuis hier elle ne l'avait pas vu. Deux jours de suite sans le voir! Cela l'inquiétait beaucoup pour sa marraine, dont les bulletins n'étaient pas rassurants.

« J'ai beau me regarder, disait-elle, je n'ai pas encore pu
« me reconnaître; il y a cependant progrès, j'étais af-
« freuse et décidément je ne suis plus que laide. »

On juge que, dans la disposition d'esprit où était Fleurette, elle devait mal accueillir les tendres propositions de Ludovic. Tout le monde s'était éloigné. Elle espérait qu'il en ferait autant; mais, voyant qu'il restait et qu'il continuait toujours ses galanteries, elle l'arrêta et lui dit:

— Monsieur, l'ignorance où j'ai vécu longtemps pouvait peut-être me faire pardonner des inconséquences; mais je serais aujourd'hui sans excuse. Ou l'amour dont vous me parlez est un jeu, ou il est véritable. Dans le premier cas, je suis trop adroite pour m'y laisser prendre; dans le second, trop honnête pour l'encourager, car je resterai toujours telle que je suis, seule avec Michelette, ou je ne la quitterai que pour me marier, ce qui ne conviendrait, monsieur, ni à vous, ni à moi.

Ludovic ne parut pas trop déconcerté de ce coup, reçu en pleine poitrine; il salua respectueusement et sortit.

Le lendemain, l'inquiétude de Fleurette redoubla: le duc ne parut pas encore de la journée.

Urbain vint, il est vrai, acheter un bouquet de violettes pour sa mère, il examina beaucoup de violettes et longtemps; il causait avec Michelotte en regardant Fleurette. Il se hasarda enfin à adresser la parole à celle-ci, lui annonçant qu'à la recommandation du duc d'Olona, il venait d'être nommé contre-maître sur le beau paquebot en fer *Christophe-Colomb*, faisant le service du transport des lettres et des passagers du Havre et de Southampton à Saint-Thomas, un emploi superbe qui lui valait quatre ou cinq mille francs d'appointements, sans compter la suite.

Fleurette prit grande part à son bonheur, s'en réjouit sincèrement; mais, en réalité, elle n'y avait rien compris; elle pensait à autre chose. C'était le troisième jour que le duc passait sans la voir.

Elle reçut, dans la journée, une lettre de Mme Durussel, l'ex-bijoutière de la Cour, la mère de Ludovic, qui la suppliait de passer le jour même chez elle, n'importe à quelle heure. C'était sans doute quelques commandes de fleurs, pour un grand bal ou pour une fête, et quand cinq heures, six heures, sept heures furent sonnées, c'est-à-dire quand il n'y eut plus pour elle d'espoir de voir arriver le duc d'Olona, car il ne venait jamais plus tard que cela, elle se décida à se rendre chez Mme Durussel.

Il était nuit quand elle frappa à la porte de cet hôtel, où depuis longtemps elle n'était pas venue. N'importe! Elle le reconnut parfaitement bien. Son cœur battit de souvenir, hélas! et d'effroi, en pensant que, sans la rencontre providentielle de sa marraine, là eût été le tombeau de sa vertu, de son bonheur, de tout son avenir. En comparant le sort dont elle jouissait aujourd'hui, la fortune, la considération, l'amitié qui l'environnaient, à la misère, à la honte, au mépris, conséquences obligées de sa faute ou de son inexpérience, elle y trouvait de nouvelles raisons de bénir la Providence, d'aimer sa marraine et de se dévouer, à son tour, tout entière à son bonheur.

Elle monta cette fois, non par le petit escalier dérobé qui donnait chez M. Ludovic, mais par le grand escalier qui conduisait chez sa mère.

Cette dernière était seule; elle était pâle, elle paraissait abattue et souffrante.

— Mademoiselle, dit-elle à Fleurette, en lui montrant de la main un fauteuil, je vous ai suppliée de venir aujourd'hui, n'importe à quelle heure, parce que mon fils est absent de Paris et ne doit revenir que demain.

Fleurette se demanda, en elle-même: A quoi bon cette précaution? mais elle continua à écouter en silence.

— Mademoiselle, dit Mme Durussel lentement et en pesant ses paroles, j'ai préféré aborder la question franchement. Vous savez ce dont il s'agit?

— Je ne m'en doute même pas, madame, répondit Fleurette, que ce ton solennel commençait à impatienter.

— Cela me paraît difficile à croire, reprit la mère de famille avec amertume; mais je vais vous l'apprendre. Mon fils, oubliant tout ce qu'il doit au monde, à sa position et à moi, sa mère, a osé me déclarer hier qu'il voulait vous épouser.

— Ah bah! s'écria Fleurette, frappée de surprise. Lui, m'épouser?... Ce n'est pas possible!

— Puisque je vous le dis, répéta la mère avec majesté.

— Eh bien, s'écria gaiement Fleurette, je ne l'en aurais jamais cru capable; c'est un beau trait qui me raccommode avec lui.

— Un instant, mademoiselle, un instant! dit Mme Durussel en cherchant à modérer sa colère, ne triomphez pas encore et daignez seulement m'écouter.

— Tant que vous voudrez, madame!

Et elle s'arrangea dans son fauteuil, pendant que Mme Durussel s'accommodait dans le sien.

— Mademoiselle, continua celle-ci, avec une personne aussi habile que vous, je n'emploierai point les moyens ordinaires. Il n'y a pas à raisonner avec mon fils; on lui parlerait vainement sentiments, convenances, amour maternel, il n'écouterait rien, mais j'espère vous trouver plus accessible à mes raisonnements: je n'en emploierai qu'un.

— Vous me ferez plaisir, dit Fleurette, qui murmura en elle-même: ce sera moins long.

— Mademoiselle, dit Mme Durussel à voix haute et d'un ton d'autorité, vous n'aimez pas mon fils.

— J'allais vous le dire, madame, répondit franchement Fleurette.

— J'en étais sûre ! s'écria Mme Durussel d'un air de triomphe. Eh bien, mademoiselle, et elle baissa la voix, ceci ne doit être connu que de nous deux, et complètement inconnu de Ludovic : si vous voulez renoncer à épouser mon fils, je vous donne ici, à l'instant même, *vingt mille francs* comptant.

Fleurette eut un mouvement d'indignation qui se calma soudain et se traduisit par un léger sourire.

Cet air de dédain n'échappa point à Mme Durussel, qui crut comprendre qu'elle n'avait pas offert assez.

— Eh bien, mademoiselle, *trente mille francs !*

Fleurette resta impassible.

— *Quarante !* s'écria la mère furieuse.

Fleurette ne répondit pas un mot.

Mme Durussel prit dans un tiroir un portefeuille, et s'approchant de Fleurette :

— Songez-y bien, c'est la dernière limite. Si vous n'acceptez pas, vous vous en repentirez, *cinquante mille francs*, dit-elle d'une voix que la colère rendait à peine intelligible, *cinquante mille...*

Et, lui tendant le portefeuille, elle attendit, tremblante d'émotion et d'angoisses, la décision de Fleurette.

— Madame, dit celle-ci, d'une voix fraîche, pure et légèrement railleuse, je vous remercie des sommes que vous voulez bien mettre à ma disposition ; mais, comme mon intention n'a jamais été d'épouser monsieur votre fils et que je ne l'épouserai pas, je ne peux, en conscience, accepter le cadeau de noces que vous m'offrez. Je suis trop honnête fille pour cela

— Est-il possible ? s'écria Mme Durussel, stupéfaite : mais cependant, hier, j'ai entendu mon fils me déclarer qu'il vous épouserait, malgré sa mère !

— Mais non malgré moi, madame, répondit Fleurette avec dignité ; vous daignerez m'accorder que mon consentement est aussi nécessaire que le vôtre, et je le refuse.

Elle lui fit une profonde révérence et disparut, laissant

Mᵐᵉ Durussel son portefeuille à la main, et (qui peut comprendre les bizarreries du cœur maternel?) presque indignée maintenant qu'une grisette osât refuser son fils.

XVIII

Fleurette était toujours sans nouvelles du duc, et, dans son inquiétude, elle allait envoyer à son hôtel, lorsque arriva un billet pour elle. Ce billet aurait dû lui être remis depuis longtemps; mais le valet de pied chargé de le porter avait profité de l'absence du maître pour se griser. Cet état lui avait paru si agréable, qu'il y était resté pendant deux jours entiers. Il avait employé le troisième à reprendre ses esprits et à se rappeler les commissions dont on l'avait chargé. Il venait supplier Fleurette de ne point le faire mettre à la porte. Elle ouvrit vivement la lettre écrite au moment du départ, et qui ne contenait que ces mots :

« Ma bonne Fleurette, une affaire et un devoir m'obligent
« à partir pour le Havre; je reviendrai dans quatre ou cinq
« jours. »

Ainsi donc, tous ces bruits de mariage tombaient d'eux-mêmes. Mais pourquoi ce voyage au Havre? Patience! elle ne pouvait tarder à le savoir.

Le lendemain, qui était un dimanche (elle n'avait plus besoin de sortir de chez elle pour aller chercher l'air et la lumière), des fenêtres de sa chambre et de son salon de l'entresol, elle contemplait la pelouse et les corbeilles de fleurs qui brillaient au soleil et réjouissaient sa vue. A qui devait-elle ce bien-être, ce bonheur de tous les jours? A lui! Elle pensait à lui, quand il entra.

Arrivé de la veille au soir, trop tard pour accourir chez Fleurette, mais d'assez bonne heure encore pour achever sa soirée dans trois ou quatre grandes maisons, il avait partout entendu raconter l'aventure qu'on tenait de Mme Durussel elle-même, l'aventure de la jolie bouquetière, refusant les fils de famille, qui se jetaient à ses pieds, et les cinquante mille francs qu'on jetait à sa tête. Tous s'extasiaient sur sa loyauté et son désintéressement, tous, excepté le duc d'Olona, qui s'écriait :

— Cela ne m'étonne pas. Fleurette, c'est Ninon de Lenclos, avec des bouquets et de la vertu en plus!

Fleurette se hâta de l'interrompre en lui disant :

— Assez, assez! répondez-moi avant tout. Que veut dire ce voyage au Havre? que veulent dire ces bruits de mariage?

— Qui donc t'en a parlé? s'écria-t-il avec surprise.

— Ils sont donc vrais? dit-elle en pâlissant.

— Oui, répondit-il avec franchise; mais ce qui m'étonne et me fâche, c'est qu'ils soient arrivés à ton oreille par d'autres que par moi. Je venais justement te consulter à ce sujet, Fleurette, dit-il en lui tendant la main, et en causer avec toi, comme un ami avec son meilleur ami.

Il n'y avait pas moyen de se fâcher d'un tel excès de confiance; elle s'y résigna donc, s'assit auprès de lui, sur le divan où il venait de se jeter, et l'écouta en silence.

— Vois-tu, Fleurette, la vie que je mène m'ennuie; sentir, autour de soi et de sa fortune, des pièges, des embûches, des trames féminines, se défier de tous les doux regards et de toutes les tendres affections, ne serrer avec confiance aucune jolie main, excepté la tienne, Fleurette (et il la pressa sur ses lèvres), c'est ne pas vivre. Je parlais de cela au comte de Castel-Mayor, frère de mon père et mon seul parent, le plus riche propriétaire de la Havane et qui, pour affaires qui nous concernent tous deux, se trouvait en ce moment à Paris.

— Eh bien, s'il en est ainsi, m'a-t-il répondu, pourquoi, mon cher neveu, ne vous mariez-vous pas?

Je lui ai raconté que telle avait été mon intention et comment j'avais dû épouser, il y a plusieurs mois, une personne d'une beauté adorable, qui m'avait été enlevée, et dont le souvenir m'était toujours cher.

— Écoutez, me dit-il, avez-vous juré de rester, toute votre vie, fidèle à sa mémoire ?

— Je ne dis pas cela ; mais je dois vous avouer que jusqu'à présent personne encore ne me l'a fait oublier.

— Bien, monsieur le duc, s'écria Fleurette.

— Sais-tu ce que mon oncle m'a répondu ? le voici :

— Mon neveu, j'ai connu une femme qui, après la perte de son mari, voulait, dans son désespoir, se laisser mourir de faim. C'était une amie à moi ; j'allai la trouver et je lui dis : « Si vous ne devez jamais manger, rien de mieux ; mais si vous devez manger un jour, mangez tout de suite, croyez-moi ». Elle me crut, et nous fîmes un dîner charmant. Ce que je lui dis, mon neveu, je vous le dirai : si vous devez vous marier un jour, mariez-vous maintenant, quand vous êtes jeune encore, quand tout vous sourit, quand les bonnes occasions se présentent et quand j'en ai une admirable à vous proposer. J'ai laissé à la Havane une fille unique, que j'ai hâte d'aller retrouver, Giuseppa, votre cousine, qui a dix-sept ans. Je ne vous parlerai pas de notre fortune, vous êtes aussi riche et plus riche que nous. Mais vous aimez, dit-on, la beauté, et Giuseppa est la plus belle personne de la colonie ; ce n'est pas moi qui le dis, ce sont nos habitants, qui l'on surnommée la *Vénus espagnole*. Un tel mariage, qui aurait, à coup sûr, l'assentiment de votre père, s'il vivait, sert les intérêts qui nous préoccupent en ce moment, réunit en une seule nos deux familles ; je ne vous parle pas de mon bonheur ; dans ce moment, Fernand, je ne veux penser qu'au vôtre. Mon oncle avait cessé de parler et attendait ma réponse. Je sentais bien que ce qu'il me proposait n'avait rien que de raisonnable, je ne trouvais aucune objection sérieuse, et cependant j'hésitais et gardais le silence.

— Votre prétendue était donc bien belle ? me demanda mon oncle.

— Admirable, répondis-je.

— Et vous l'aimiez ?

— Oui, sans doute.

— Et, de son côté, elle vous aimait ?

— A cette demande, Fleurette, j'interrogeai mes souvenirs et je fus obligé de convenir qu'ils ne me rappelaient rien; en effet, à peine avais-je pu lui parler et entendre le son de sa voix. Et quand mon oncle, continuant son interrogatoire, m'eut questionné sur ses sentiments, sur ses qualités, sur ses talents, pour la première fois, je me suis aperçu que je ne connaissais de ma future que sa merveilleuse beauté, qui m'avait tellement séduit et fasciné que je n'avais rien désiré, rien demandé de plus.

Qu'on juge des angoisses de Fleurette pendant que le duc parlait ainsi! Tout cela était exact, il disait vrai. Il n'aimait en Clotilde que sa beauté, et sa beauté n'existait plus.

— Et, dit-elle en tremblant, où est, en ce moment, M. de Castel-Mayor, votre oncle?

— Il est parti. Je l'ai reconduit jusqu'au Havre, où il devait s'embarquer pour la Havane. Nous avons été obligés d'attendre le paquebot qui, dans cette saison, ne part que le 1er et le 15 de chaque mois. Pendant ce temps, il a redoublé ses instances auprès de moi.

— Eh bien, dit Fleurette avec crainte, qu'avez-vous répondu?

— Que je demandais le temps de réfléchir et de consulter mes amis; tu vois, Fleurette, que je pensais à toi.

— Qu'à cela ne tienne, mon neveu, m'a-t-il répondu, on ne vous met pas le pistolet sur la gorge. Vous devez, depuis longtemps et pour d'autres importantes affaires, venir à la Havane, où vous êtes attendu. Je devrais vous emmener aujourd'hui avec moi, je vous laisse le temps de vous reconnaître; vous vous embarquerez sur le premier paquebot, celui du 15 de ce mois, vous m'apporterez vous-même votre décision et, si elle est douteuse, si vous hésitez encore, vous n'hésiterez plus, je vous en réponds, dès que vous aurez vu votre cousine. Je vous attends donc à la Havane.

— J'irai.

— Vous m'en donnez votre parole?

Oui, mon oncle.

Sa main a serré la mienne, et voilà comment nous nous sommes séparés. Maintenant, Fleurette, tu sais tout, dis-moi ton avis.

Il serait difficile de peindre tout ce que Fleurette avait successivement éprouvé pendant que Fernand racontait avec tant de confiance et de franchise les propositions de son oncle. Tout cela lui avait paru si raisonnable, par malheur, qu'elle avait cherché vainement, pour défendre l'absente, quelque moyen victorieux, et n'en trouvait qu'un seul... *Clotilde existe! Clotilde vous aime!*

Mais comment l'employer, sans l'aveu de sa marraine! Et puis, ce moyen, qui eût été autrefois si puissant, n'avait-il pas perdu toute sa valeur? Mais quand le duc parla de s'éloigner dans quinze jours, de partir pour la Havane, de s'y établir, ce ne fut plus seulement pour sa marraine qu'elle se prit à trembler, elle comprit, à la douleur qu'elle éprouva pour son compte, à quel point Fernand lui était cher; elle avait pour lui une reconnaissance et une affection si vives, que celui qui les aurait connues se serait contenté, comme amour, d'une amitié pareille. Cette amitié lui inspira le plus persuasif de tous les mouvements d'éloquence, elle sentit son cœur se briser, et elle fondit en larmes.

— Fleurette! s'écria le duc en l'embrassant, qu'as-tu donc?

— Vous me le demandez? dit-elle en levant les yeux sur lui, quand vous voulez nous quitter pour jamais, quand vous allez chercher au delà des mers une femme que vous ne connaissez pas, ou que vous ne connaissez que par le récit et les éloges de son père: et, quelque belle qu'elle soit, si elle ne vous rend pas heureux, cela se voit tous les jours, à qui direz-vous vos peines? Qui vous consolera dans vos chagrins? Je ne peux pas aller vendre des fleurs à la Havane!... Ah! s'écria-t-elle en joignant les mains et en tombant à ses pieds, ne partez pas, je vous en supplie!

Elle était à genoux devant lui, et de grosses larmes roulaient sur ses joues, d'ordinaire si riantes et si fraîches.

De toutes les manières de plaider la cause de sa marraine, ce n'était peut-être pas la moins adroite; aussi Fernand, ému et troublé, ne trouvant plus, à son tour, une seule bonne raison à faire valoir, se contentait de presser la main de Fleurette dans les siennes, et ne répondait pas un mot. Un instinct secret dit à la jeune fille que son adversaire faiblissait.

— Et après tout, dit-elle, en essuyant ses pleurs et en se rasseyant près de lui, où est donc la nécessité, pour un homme de votre âge, de votre rang et de votre fortune, de se marier et vite et vite, comme s'il avait demain une charge de notaire à payer? Les grandes familles vous persécuteront de leur alliance, et les belles dames en veulent toutes à votre anneau de mariage; déclarez nettement que vous aimez tout le monde, et n'épousez personne. Après cette déclaration d'indépendance, tant pis pour celles qui se hasarderont, ce sera à leurs risques et périls.

Pendant qu'elle parlait ainsi, le sourire était revenu sur ses lèvres, la gaieté brillait dans ses yeux; le duc la contemplait avec un plaisir inexprimable et, profitant de ses avantages, elle continua en riant :

— Il n'y a d'embarrassant que votre fortune! Soyez tranquille, j'escaladerai les mansardes; je vous indiquerai, comme l'autre jour, des pauvres gens à secourir, des infortunes à consoler. Je vous ferai bénir de tous les malheureux; il n'en manque pas, et je vous ruinerai, je vous ruinerai, je vous le promets; fiez-vous-en à moi.

— Fleurette, s'écria le duc en lui tendant la main, tu es une brave fille, une fille de bon conseil. A coup sûr, continua-t-il en rêvant, si Clotilde existait encore, je croirais trouver le bonheur dans mon union avec elle; mais je l'ai perdue, perdue à jamais. Il me faut donc choisir entre deux partis, celui de mon oncle, qui est sage, me marier! et le tien...

— Qui l'est encore plus, dit Fleurette : rester garçon.

— Celui-là n'a qu'un inconvénient, c'est de me condamner à la solitude et à l'ennui.

Il s'arrêta un instant, réfléchit et dit :

— Je l'accepterais cependant, mais à une condition.

— Laquelle? s'écria vivement Fleurette.

— Écoute, dit-il, en lui prenant la main, tu es la plus gentille et la plus aimable fille qu'on puisse trouver, et ce sont à mes yeux les moindres de tes qualités!...

— Merci, monsieur le duc.

— Jusqu'ici tu as été mon amie, mon amie dévouée... Eh bien, sois plus encore : et moi, continua-t-il avec un accent de loyauté, trouvant en toi tout ce qui peut combler mes vœux, je jure, foi de gentilhomme, de ne jamais me marier !

Fleurette poussa un cri et par un mouvement plus prompt que la pensée, se jeta dans ses bras; puis elle s'arrêta et pâlit, ses lèvres devinrent tremblantes. Le duc s'élança vers elle. Elle le retint doucement de la main.

— Tu hésites? dit-il avec crainte.

— Non, répondit-elle avec une expression de contentement, un seul regret assombrit ma joie; c'est que, si aujourd'hui je suis à vous, demain je ne vous verrai plus.

— Pourquoi cela?

— Parce que, demain, continua-t-elle avec énergie, je me jetterai à l'eau.

— Y penses-tu? s'écria le duc avec effroi.

— Oui, il y a quelqu'un que j'aime, non pas plus, mais autant que vous; c'est ma bonne et belle marraine, et même lorsque tant de beauté n'existe plus, lui enlever celui qui lui appartenait, celui qu'elle aimait est à mes yeux un crime... que je ne me pardonnerais pas. Et vous-même, monsieur le duc, dit-elle d'une voix pénétrante, vous, si loyal, n'aurez-vous, quoique libre, rien à vous reprocher, en devenant infidèle à la mémoire de votre pauvre fiancée?

— Tais-toi! dit le duc en détournant la tête.

— Jugez donc si moi, qui lui dois tout...

— Tais-toi, répéta-t-il avec émotion; puis, lui prenant la main et lui parlant comme à une enfant effrayée qu'on rassure : Fleurette, ma bonne Fleurette, ainsi que tous les cœurs ardents et les imaginations vives, tu prends tout à l'extrême. Ne crains rien, je sais respecter toutes les douleurs et tous les souvenirs.

Essuyant alors, avec l'extrémité de ses lèvres, les larmes qui coulaient encore sur les joues de la bouquetière :

— Attendons tout du temps, lui dit-il. Déjà, comme amie, tu t'es donnée à moi...

— Cœur et âme, dit la jeune fille avec énergie.

— Et moi, reprit Fernand avec chaleur, jamais, quoi qu'il arrive, je ne renoncerai à de pareils droits. Quant à ceux, dit-il en souriant, que j'ai l'ambition de rêver et qui t'effrayaient si fort, prends le temps d'y penser, ma Fleurette, et que ton amitié pour le passé n'enchaîne pas à jamais l'avenir. D'ici là, je ferai le voyage de la Havane, parce que j'ai promis de le faire, mais je n'entends, par là, m'engager à rien. Le mariage que ton amitié redoute pour moi n'est ni décidé, ni à craindre, puisqu'un mot de toi, tu le sais, pourra toujours l'empêcher.

Il l'embrassa tendrement en lui disant : « A bientôt ! » et sortit tout ému, laissant la pauvre Fleurette dans une émotion bien plus grande encore.

XIX

Dès que le duc se fut éloigné, le calme et la raison revinrent à Fleurette. Elle comprit qu'il n'y avait qu'un parti à prendre : écrire à sa marraine, lui raconter tout ce que Fernand venait de lui dire, sauf sa dernière proposition. Il fallait que Clotilde lui permît d'avouer au duc d'Olona que sa fiancée existait encore, seul moyen d'empêcher le voyage à la Havane et le mariage avec Mlle de Castel-Mayor, la Vénus espagnole, seul moyen d'éloigner à jamais d'autres alliances plus chères, que Fleurette n'osait envisager, et dont la perspective lui donnait le vertige. Elle ne pouvait croire que tout ce qui venait d'arriver fût réel. Elle avait été généreuse, magnanime, héroïque ; mais elle ne s'abusait pas : elle sentait que son héroïsme avait grand besoin qu'on vînt à son aide, sinon elle ne répondait ni de lui, ni de sa durée. Aussi avait-elle résolument pris la plume et allait-elle écrire à sa marraine, lorsque Michelotte lui apporta une lettre d'elle, de Clotilde.

Elle ne contenait que ces mots :

« Je serai, lundi à deux heures, à Paris, au chemin de
« fer de Lyon ; viens m'y prendre. »

Elle baisa la lettre et se dit :

— Comme à son ordinaire et dans les moments dangereux, ma marraine vient toujours au secours de la pauvre Fleurette.

Le lendemain, elle était avec une voiture à la gare de Lyon, attendant Clotilde, qui ne tarda pas à paraître. Hélas ! elle pouvait sans crainte s'aventurer dans Paris. De ceux qui avaient admiré autrefois cette beauté si brillante et si splendide, nul n'aurait pu la reconnaître, excepté Fleurette, qui s'élança à sa rencontre et la serra dans ses bras.

Clotilde s'écria :

— Tu me reconnais donc ?

Mais voyant les larmes qui roulaient dans les yeux de Fleurette :

— Non, reprit-elle avec un sourire douloureux, tu ne me reconnais pas, tu me devines !

Toutes deux montèrent en voiture. Clotilde lui raconta qu'elle avait reçu une réponse de son frère, le comte de Kéroualle, ou plutôt de Jean d'Auray, le négociant ; une lettre si pleine de tendresse, qu'elle avait fondu en larmes en la lisant. Elle lui avait appris la mort de sa tante, la perte de sa beauté, la perte de son fiancé ; et, dans le frère qu'elle n'avait jamais vu, elle trouvait l'ami le plus tendre, le protecteur le plus dévoué, les consolations les plus ingénieuses et les plus délicates. Il la suppliait de venir près de lui, qui la trouverait toujours belle; près de lui, qui l'aimerait toujours ; près de lui, à qui elle rendrait la joie et la famille.

— Eh bien, dit Fleurette, que comptez-vous faire ?
— Ma place est près de lui.
— Vous avez un autre devoir à remplir, ma marraine.
— Envers qui ?
— Envers votre fiancé. Hier encore il me disait : « Ah ! si Clotilde existait, je trouverais mon bonheur dans mon union avec elle. »
— Est-il possible ! s'écria la pauvre fille avec une joie qui tenait du délire.
— Oui ; mais, se voyant forcé de renoncer à vous, il peut finir par vous oublier : les beautés qui l'entourent sont si coquettes et si perfides !

Et, voyant Clotilde qui la regardait d'un air effrayé :
— Pas toutes, ma marraine ! reprit-elle en souriant et soupirant à la fois. Mais enfin...
— Achève, de grâce !

Elle lui raconta alors les projets de l'oncle de la Havane, se gardant bien de lui dire que, d'un mot, elle aurait pu les renverser ; elle se doutait que sa marraine n'aurait été qu'à moitié reconnaissante de son fiancé sauvé à ce prix-là.

— Et ton avis, Fleurette ? demanda Clotilde tout inquiète.
— Le voici. Je lui raconterai, à la première occasion et le moins gauchement possible, comme une histoire étrangère que j'aurai lue dans un journal, la mort de votre tante, votre dévouement... votre prétendue mort... et puis, peu à peu... je lui avouerai la vérité.
— Toute ? dit Clotilde tremblante.
— Tout entière ! ma marraine. Il le faut bien.
— Oh ! non, pas encore !... Je voudrais, pour qu'il ne fût pas trop surpris... trop effrayé...
— Y pensez-vous ! s'écria Fleurette, indignée de l'expression.
— Oui, c'est le mot. Je voudrais qu'avant d'apprendre notre histoire, il m'eût rencontrée une ou deux fois par

hasard, sans me reconnaître, bien entendu, afin qu'il se fût un peu habitué à ma nouvelle physionomie ; et moi, de mon côté, je voudrais savoir quel effet elle aura produit sur lui.

— Tout cela peut s'arranger, dès que nous serons installées.

— Où me conduis-tu ?

— Où, ma marraine ? Chez moi... je veux dire... chez vous. J'ai, à l'entresol, sur la cour, un appartement où personne ne vous verra, où vous ne serez servie que par moi : une entrée, non par la boutique, mais par la porte cochère, un escalier particulier... et, tenez, nous voici arrivées.

Quelques instants après, Clotilde était installée chez sa filleule. Même dans le riche et somptueux hôtel d'Olona, Mlle de Kéroualle n'aurait pu être servie avec plus de soins et d'attentions que dans l'hôtel *Fleurette*. A chaque instant, la bouquetière quittait ses fleurs et ses clients, pour monter, par l'escalier intérieur, s'informer si sa marraine ne manquait de rien.

Clotilde lui avait raconté la situation florissante de ses affaires. A peine, depuis six mois, avait-elle dépensé quelques-uns des trente mille francs que lui avait envoyés son frère, et celui-ci venait de lui adresser une nouvelle lettre de crédit sur son banquier, M. Newton, rue Caumartin. Jean d'Auray recommandait à son correspondant, sa sœur, Mlle Jeanne-Clotilde d'Auray, qui devait prochainement venir le rejoindre à la Nouvelle-Orléans ; il le priait de lui faire obtenir un passeport, de remplir toutes les formalités nécessaires, et enfin de mettre à sa disposition toutes les sommes dont elle pouvait avoir besoin.

Le lendemain de son arrivée, Clotilde avait voulu que sa première sortie fût pour son banquier. Sa toilette était des plus simples : elle était en noir ; elle portait le deuil de sa tante. On était au milieu de la journée. Elle venait de descendre par l'escalier intérieur, qui donnait de l'entresol dans la boutique de Fleurette ; toutes deux causaient de leurs projets et des moyens de se rencontrer avec le duc d'Olona, sans que celui-ci s'en doutât, quand tout à coup Fleurette tressaillit.

— Qu'as-tu donc ? demanda Clotilde.

— Sa voiture s'arrête sur le boulevard ! s'écria Fleurette en tournant la tête vers la porte de la boutique. Il sera ici dans un instant.

— O ciel ! Que devenir ?

— C'est l'occasion que nous cherchions ; elle se présente, il faut la saisir. Allons, remettez-vous. Du courage ! ma marraine.

Le duc entrait en ce moment.

Clotilde se retourna vivement vers le fond de la boutique, eut l'air d'examiner des fleurs rares qui étaient sous des châssis de verre.

Le duc alla droit à Fleurette ; mais apercevant une femme d'une taille élégante et d'une tournure distinguée, il s'arrêta. Comme elle lui tournait le dos, il fit à Fleurette un geste de curiosité qui semblait dire :

— Quelle est cette belle dame ?

Clotilde semblait clouée à la même place et ne pouvait se résoudre à quitter les fleurs qu'elle admirait depuis trop longtemps déjà. Enfin, réunissant toutes ses forces, et le cœur palpitant d'une horrible angoisse, elle se décida à se retourner.

Le duc, la saluant respectueusement, courba un instant la tête, puis la releva avec curiosité. Trop parfait gentilhomme pour ne pas être maître de lui-même, il regarda l'étrangère d'un air aimable et gracieux ; rien dans ses yeux, pas plus que dans aucun de ses mouvements, n'avait trahi ni laissé soupçonner son impression ; aussi Fleurette et Clotilde furent heureuses de l'effet de ce premier coup d'œil ; Clotilde surtout, qui répondit par un gracieux salut à celui du duc, s'empressa de sortir de la boutique et disparut sur le boulevard.

Le duc se jeta dans un fauteuil, près d'une table, où s'élevait un camélia dont il effeuillait avec dépit les belles fleurs blanches.

Fleurette se glissa vivement près de lui, avançant l'oreille pour entendre le jugement décisif qui allait sortir de ses lèvres.

— Voilà une pauvre jeune dame qui est joliment laide! murmura-t-il en souriant.

Fleurette resta atterrée et confondue.

L'arrêt était sévère. Il était vrai que ce front et ces traits si purs, cette peau veloutée avaient été frappés d'une grêle meurtrière qui partout avait laissé sa trace, mais Clotilde avait conservé cependant la beauté de sa taille, l'élégance de ses formes, et, de plus, des yeux et des dents magnifiques.

Le duc eut l'air de revenir sur sa première décision, car, un instant après, il ajouta :

— C'est dommage! car elle a une taille, une tournure...

— Admirables! s'écria Fleurette, ne perdant pas l'espoir de le faire changer d'opinion.

— Oui : masquée, ce serait la plus belle femme de Paris. Qui est-elle ?

— Mlle Jeanne d'Auray, sœur d'un négociant de la Nouvelle-Orléans.

— Tu la connais ?

— Beaucoup. C'était une amie intime de ma marraine, qui en faisait le plus grand cas. Tous ceux qui la connaissent disent que c'est un caractère d'ange, un esprit adorable, la réunion des qualités les plus précieuses, les plus désirables dans une femme.

— Ah! dit Fernand avec satisfaction, tant mieux, tant mieux! C'est une indemnité, car elle est bien laide.

— Eh bien, monsieur le duc, s'écria Fleurette avec dépit, tous ceux qui l'ont vue seulement pendant quelque temps oublient promptement sa figure et ne comprennent pas qu'on puisse la trouver laide, tant il y a de bonté et de charme dans ses yeux, qui, par exemple, dit-elle étourdiment, sont toujours restés superbes.

— Comment, toujours? s'écria le duc en riant; est-ce qu'elle est dans l'âge où l'on vieillit?

— Non, on le voit bien, rien qu'à son sourire, qui a

tant de jeunesse et de douceur ; et ses dents, autant de perles !

— Je ne les ai pas vues.

— Tant pis ! dit sèchement Fleurette ; mais ce que vous n'avez pu deviner, ce sont ses talents. Si vous voyiez les merveilles sorties de son aiguille, de son crayon ou de son pinceau ; si vous voyiez ses doigts courir sur le piano, si vous entendiez l'éclat et la légèreté de sa voix, et ce qui vaut mieux encore, si vous connaissiez ses sentiments charitables, élevés, délicats, et surtout sa modestie, qui fait que nul au monde ne se doute de tant de mérite !

— Ah ! vraiment, dit le duc d'un air indifférent, c'est une personne aussi remarquable ?

— Je vous l'atteste ! répondit-elle avec une chaleur qu'elle eut peine à modérer.

— Je te crois, Fleurette, je te crois !

Il eut l'air de réfléchir, et après un instant de silence :

— C'est égal, s'écria-t-il, elle est bien laide !

C'est là tout ce que Fleurette put en obtenir.

Tel fut le résultat de la première entrevue entre Fernand d'Olona et son ancienne fiancée.

XX

La visite du duc avait un but : il venait annoncer à Fleurette son prochain départ pour la Havane. Il avait chargé des préparatifs de son voyage, le jeune Urbain Rémy, le protégé de Fleurette, celui qu'on avait fait nommer contremaître à bord du beau paquebot *le Christophe-Colomb*, desservant la ligne des paquebots à vapeur de Saint-Thomas.

Urbain avait saisi avec empressement cette occasion de prouver sa reconnaissance, d'autant plus que le 15 du mois, départ du paquebot, était le jour où lui-même commençait son service, et qu'il était enchanté de faire sa première campagne sous les yeux de son protecteur. Urbain avait donc déjà fait un voyage au Havre, et allait encore en faire un, le lendemain, afin de tout préparer à bord du *Christophe-Colomb*, pour l'installation du duc. Il lui avait choisi la meilleure cabine, la mieux aérée, et la faisait disposer de la manière la plus confortable.

— Ah! ah! fit Michelette, c'est pour cela, sans doute, qu'il n'est pas venu hier acheter des violettes.

— Il aime donc les violettes? dit Fleurette.

— Mais oui, il vient en chercher tous les jours un bouquet pour sa mère; par exemple, il est longtemps à l'acheter.

— Il marchande? dit le duc.

— Pas précisément, répondit Michelette, mais il est longtemps à se décider, il y met souvent un quart d'heure.

— Urbain Rémy, dit le duc en secouant la tête, m'a l'air d'un amoureux pour toi, Michelette, ou pour Fleurette...

— Vous croyez, monsieur le duc? répondit Fleurette, préoccupée; c'est possible, je n'ai pas fait attention... Michelette, ajouta-t-elle, comme si elle donnait un ordre concernant la boutique, tu y regarderas.

— Oui, mademoiselle.

Le duc remonta en voiture. Michelette sortit faire à pied quelques courses pour la maison, et, un quart d'heure après, Clotilde, qui avait promptement expédié sa visite chez M. Newton, le banquier, rentra et aperçut Fleurette, assise au comptoir, la tête appuyée dans ses mains, pâle et plongée dans des réflexions si profondes qu'elle n'avait pas entendu rentrer sa marraine.

Celle-ci devina tout.

Clotilde s'approcha en silence de sa filleule, lui prit les mains et lui dit:

— Tu as l'air trop malheureux, ma pauvre Fleurette, dit-elle, pour que les nouvelles ne soient pas bien tristes.

— Ma marraine! s'écria-t-elle en ayant l'air de sortir d'un mauvais rêve.

Elle essaya de sourire et de plaisanter sur la rencontre imprévue du duc d'Olona. Clotilde ne prit pas le change.

— Dis-moi la vérité, dit-elle avec énergie ; je m'y attendais, j'en étais sûre, il m'a trouvé affreuse ?...

— Non, non, répondit vivement Fleurette. Il est arrivé seulement que le premier coup d'œil n'a pas été complètement favorable ; mais, au second, ce sera tout différent.

Clotilde garda un instant le silence, puis, prenant courageusement sa résolution :

— Non, dit-elle froidement, je ne tenterai pas une seconde épreuve. De quel droit mendier un amour qu'il ne me doit plus, et éveiller, en me faisant connaître, des remords que mon silence lui épargnera ? D'après ce que tu m'as raconté, sa cousine de la Havane réunit toutes les qualités qui font une union désirable, et ce serait trop d'égoïsme que d'empêcher son bonheur, parce que le mien est désormais impossible. Restons morte pour lui, qui n'a plus besoin de moi, et vivons pour le seul être à qui je sois nécessaire, pour mon pauvre frère, qui m'attend et m'appelle. Je partirai le plus tôt possible, dit-elle d'un ton ferme, pour la Nouvelle-Orléans.

Fleurette voulut vainement la faire changer de résolution ; vainement elle insista pour qu'elle revit encore le duc d'Olona ; elle était convaincue, c'était son idée fixe, que si le duc pouvait passer auprès de Clotilde un jour, une soirée, une heure, il l'a trouverait si charmante qu'il lui pardonnerait bien vite sa laideur, ou plutôt qu'il ne s'en apercevrait plus ; mais toutes ses prières furent inutiles.

Clotilde déclara, avec une volonté énergique, qu'elle ne voulait plus revoir le duc ; qu'elle voulait quitter la France, et qu'elle allait, dès le jour même, s'occuper des soins de son départ.

— Ne vous en inquiétez pas, ma marraine, répondit tristement Fleurette, je m'en charge.

— Ah ! se disait Fleurette, le lendemain, en descendant à sa boutique, est-il possible de voir une fatalité pareille ! Je n'ai qu'un but, un désir, celui de les faire trouver ensemble ; et, comme par un fait exprès, au moment où j'aspire à les réunir, l'un part pour la Nouvelle-Orléans et l'autre pour la Havane.

En rêvant ainsi, elle leva les yeux et aperçut, près du comptoir, Urbain Remy, le jeune marin, son protégé, qui, debout, devant Michelette, était censé acheter des violettes. La vérité est qu'il en tenait une corbeille à la main ou plutôt qu'il tenait renversée une corbeille dont toutes les fleurs s'échappaient, depuis qu'il avait aperçu Fleurette descendant l'escalier.

Urbain Remy était d'une beauté remarquable. La jeunesse, en sa fleur, brillait sur son front. Ses yeux, qu'animaient, d'ordinaire, l'ardeur et l'intelligence, n'exprimaient en ce moment qu'une admiration muette qui avait absorbé tous ses sens, et le rendait immobile. Ce n'était plus qu'une statue ! Une superbe statue à laquelle un regard de Fleurette rendit bientôt l'âme et la vie. Il s'aperçut alors de la corbeille que, tout en regardant la jeune fille, il venait de renverser, et des fleurs qui jonchaient la boutique. Il se précipita pour les ramasser, et, pendant ce temps, Fleurette le regardant froidement, se disait en secouant la tête :

— Je ne crois pas décidément que ce soit Michelette qu'il aime.

Tout à coup une idée traversa son esprit, et joyeuse, elle courut à lui.

— Vous, monsieur Urbain ? quel bonheur !

Urbain ne pouvait en croire ses oreilles ni ses yeux, et cependant il venait d'entendre ces deux mots, et il ne pouvait se méprendre sur l'expression de plaisir qui brillait dans les yeux de la bouquetière.

— Oui, mademoiselle, répondit-il d'un air troublé, je suis arrivé du Havre hier, j'y retourne demain, et comme j'avais un jour à moi, j'en ai profité.

— Pourquoi ? demanda la jeune fille.

— Pour venir acheter des violettes à ma mère.

— C'est très bien, dit Fleurette ; mais si j'avais un service, un grand service à vous demander ?

— Parlez, parlez, s'écria le jeune homme en bondissant de joie, me voici : où faut-il aller ? que faut-il faire ?

Fleurette fit signe, à lui de s'asseoir, et à Michelette de s'en aller.

Urbain n'aurait pas changé son sort contre celui d'un capitaine de vaisseau. Il se trouvait seul avec Fleurette, et celle-ci venait de l'inviter à s'asseoir à côté d'elle.

— Monsieur Urbain, lui dit-elle, je suis une ignorante, et vous... vous êtes un savant. Vous connaissez la Havane ?

— Oui, mademoiselle ; la capitale de l'île de Cuba, une des grandes Antilles ; un très beau port, situé à l'entrée du golfe du Mexique.

— Je vous remercie, dit Fleurette en l'interrompant... et la Nouvelle-Orléans, où est-elle située ?

— Beaucoup plus loin.

— C'est donc du même côté ? s'écria-t-elle vivement ; sur la même route ?

— Oui, mademoiselle.

Fleurette se pencha vers lui avec un tel élan de reconnaissance, qu'Urbain crut un instant qu'elle allait l'embrasser. Elle s'en abstint, cependant, et se contenta de lui prendre la main.

— Vous en êtes bien sûr, monsieur ?

— Très sûr.

— Expliquez-moi comment ce voyage se fait et la marche à suivre.

— On va d'abord de Paris au Havre ; là on prend le paquebot *le Christophe-Colomb*, où je suis contremaître. On va ensuite toucher à Southampton, où nous avons un service réglé avec l'Angleterre, qui nous fournit habituellement beaucoup de passagers. Puis nous partons tout droit et tout d'une haleine jusqu'à Saint-Thomas ; c'est là que notre Compagnie de paquebots s'arrête ; elle ne va pas plus loin.

— Eh bien ? Alors que devient-on ?

— A Saint-Thomas, est la grande ligne ou plutôt il y en a trois. L'une sur Démérary, Guyane anglaise, la seconde sur Chagres, isthme de Panama, et la troisième sur la Nouvelle-Orléans, par la Havane.

— C'est la mienne, c'est ma ligne, s'écria Fleurette, je n'en veux pas d'autre, et alors...

— Alors, les passagers, descendus de notre paquebot, prennent un autre transatlantique qui les conduit directement, selon leur destination, les uns à la Havane et les autres à la Nouvelle-Orléans, laquelle est située aux États-Unis, dans la Louisiane, à l'embouchure du Mississipi.

— Très bien ! très bien ! dit Fleurette en l'arrêtant dans son excursion géographique ; dites-moi maintenant combien de temps dure la traversée.

Urbain, avec une exactitude mathématique, et comme s'il lisait dans un livre, récita tout d'une haleine : Du Havre à Southampton, douze heures ; de Southampton à Saint-Thomas, quinze jours ; de Saint-Thomas à la Havane, trois jours ; de la Havane à la Nouvelle-Orléans, cinq jours, sauf mauvais temps, accidents, naufrage, ou manque de combustible.

— Dix-neuf jours à rester ensemble ! calcula Fleurette en elle-même, sans compter les retards, c'est plus de temps qu'il ne m'en faut. Maintenant, monsieur Urbain, dit Fleurette, voici le service que j'attends de vous et de votre reconnaissance.

Urbain était tout oreille ; son cœur battait avec force ; il n'aurait pas changé son sort avec celui d'un contre-amiral.

— Vous estimez, continua Fleurette, que le bateau monté par M. le duc d'Olóna est un bon bateau ?

— Excellent !

— Eh bien, je vous prie d'y retenir une jolie cabine pour Mlle Jeanne d'Auray et sa femme de chambre, se rendant à la Nouvelle-Orléans chez son frère Jean d'Auray et Cie, négociants.

— Oui, mademoiselle.

— N'oubliez pas qu'il me faut deux places à tout prix, et j'ajouterai que vous ne parlerez à personne de la commission que je vous donne. C'est une affaire, dit-elle avec un gracieux sourire, et en lui tendant la main, qu'il me sera agréable de ne traiter qu'avec vous.

Urbain n'aurait pas changé son sort contre celui d'un amiral. Il promit qu'il partirait le lendemain pour le Havre, et qu'il reviendrait, deux jours après, avec les places retenues.

— N'importe à quel prix, répéta Fleurette.

— Oui, mademoiselle, soyez tranquille.

Fleurette se contenta de dire à sa marraine que sa place et celle de la femme de chambre, qu'elle comptait emmener, seraient retenues à bord d'un excellent bateau à vapeur, partant le 15 de ce mois et se rendant du Havre à Saint-Thomas, puis de là, à la Nouvelle-Orléans. Il ne s'agissait plus que du passeport et des lettres de recommandation nécessaires ; soins dont se chargeait M. Newton, le banquier américain. Le troisième jour, Urbain revenait triomphant.

— Eh bien, mes deux places ? dit Fleurette.

— Les voici, non sans peine... et meilleures encore que vous n'espériez. Une cabine élégante située au meilleur endroit du navire et une société charmante, deux familles anglaises, des ladies, tandis que, par l'autre départ, c'était bien mêlé.

— Comment ! l'autre ? s'écria Fleurette en pâlissant, est-ce que vous n'avez pas retenu nos places sur votre bateau à vous, *le Christophe-Colomb* ?

— Daignez m'écouter. Je m'étais adressé à mes chefs, au capitaine, qui m'avait répondu : « Impossible, nous sommes encombrés de passagers ; pas une seule place vacante pour ce départ. » Et comme vous m'avez dit : « Il me faut deux places à tout prix, je me suis hâté de les retenir pour le départ suivant. »

Fleurette poussa un cri de désespoir.

— Je n'ai pu vous prévenir ni vous demander votre avis, continua Urbain, avec satisfaction ; et un jour de plus, tout était pris également. J'ai donc retenu provisoirement les deux places, quitte à la personne à y renoncer si elles ne lui conviennent pas ; il ne manquera pas d'amateurs.

— C'est possible, et la preuve, continua-t-elle, en jetant de loin sur son lit, un morceau de papier, c'est que voilà un bon de quatre mille francs, sur un banquier espagnol, rue Saint-Georges.

43ᵉ LIVR.

— Et c'est ainsi que vous remplissez mes ordres! dit Fleurette en pâlissant de colère.

Le pauvre Urbain, qui croyait avoir agi pour le mieux, sentit tout son courage l'abandonner. Il devina qu'il venait de faire une faute, qu'il ne comprenait pas encore, mais que c'était une de ces fautes majeures, qui décident de la réputation des capitaines et de la destinée des empires.

— Mademoiselle, s'écria-t-il tout tremblant, pardonnez-moi, vous disiez qu'il fallait deux places à tout prix; j'ai cru bien faire.

— Vous avez fait tout de travers, vous avez bien trouvé place, au prochain départ, pour M. le duc d'Olona, votre protecteur.

— Mais depuis lui, s'écria Urbain désolé, que de passagers se sont inscrits! voyez plutôt, voyez la liste qu'on m'a remise.

Fleurette la lui arracha des mains. Toutes les places, bonnes ou mauvaises, étaient en effet retenues et payées d'avance, par des Américains, des Anglais, des Français. Plusieurs femmes de négociants ou fabricants occupaient les meilleures cabines, après celle du duc d'Olona. Fleurette étudia attentivement cette liste; le seul nom qui fût connu d'elle, était celui de Mme Nicholson et de son mari, riche négociant des États-Unis.

Mme Nicholson, jeune et jolie Américaine, vive et coquette comme une Française, était venue passer six mois à Paris avec son mari, lui, pour faire de bonnes affaires, elle, pour s'amuser. On pouvait affirmer qu'un des deux, au moins, avait rempli le but de son voyage. Mme Nicholson était une des clientes de Fleurette, et c'était elle, à n'en pouvoir douter, qui quittait Paris et retournait en Amérique, car elle donnait, dans quelques jours, en son hôtel de la rue Neuve-des-Mathurins, un bal d'adieu, pour lequel Fleurette devait fournir des bouquets et des plantes rares.

Fleurette, sans avoir aucun projet arrêté, comprit sur-le-champ qu'il n'y avait pour elle de chances de salut que de ce côté-là. Que voulait-elle? elle n'en savait rien, mais elle était fille à profiter de toutes les occasions, et même à les faire naître au besoin.

Elle laissa le pauvre Urbain tout interdit, en tête à tête avec Michelette, qu'elle rappela, prit un châle, un chapeau, se jeta dans un coupé de louage et se fit conduire chez Mme Nicholson, sous prétexte de s'entendre avec elle pour la décoration de son bal.

XXI

Fleurette se fit annoncer chez Mme Nicholson. Elle trouva la maîtresse de la maison dans la galerie où l'on devait danser, et très occupée en ce moment. Elle se disputait avec son mari, un gros Américain blond ardent, taille courte et carrée, aussi pesant, aussi grave, aussi sérieux que sa femme était leste, légère et impétueuse.

— Oui, monsieur, disait-elle, ce départ me fera mourir de chagrin.

— Vous ne mourrez pas, disait gravement le mari, et nous partirons le 15 ; les places sont retenues et payées.

— Et le bal de la cour qui a lieu ce jour-là, monsieur, le bal, le spectacle, les fêtes de Fontainebleau où vous aviez juré de me laisser assister !

— Oui, si vous étiez invitée, mais vous ne l'êtes pas.

— Je puis l'être encore.

— Les invitations sont envoyées un mois d'avance ; toutes les personnes, françaises ou étrangères, qui devaient les recevoir, les ont déjà, et nous n'avons rien reçu.

— Parce que vous ne savez rien demander, ou plutôt parce que vous avez empêché toute demande... J'en suis sûre, j'en ai les preuves.

Le mari haussa les épaules sans répondre.

— Je me vengerai, monsieur, je me vengerai ! Ah ! fit-elle en se retournant et en apercevant Fleurette, qui venait d'entrer dans la galerie et qui, depuis quelques minutes, écoutait à distance, mais sans perdre un mot. — Ah! c'est vous, mademoiselle Fleurette, j'aurais été bien aise de vous donner mes idées et de prendre les vôtres, pour distribuer les masses de fleurs dans cette galerie, dans l'escalier, dans les autres pièces de l'hôtel, mais j'ai, ce matin, les nerfs dans un état affreux.

Le mari s'approcha d'elle, avec une nuance d'inquiétude, et voulut lui prendre la main, qu'elle retira vivement, et oubliant la présence de Fleurette :

— Oui, monsieur, je vous l'ai dit : vous pouvez me remmener, mais vous ne me remmènerez pas vivante. Faire le voyage de Paris, pour voir ce qu'il a de beau et d'élégant, et partir sans avoir vu une fête de la Cour, c'est absurde, c'est odieux, c'est tyrannique!

La scène montée sur ce ton, continuant avec la même vivacité, amena, en quelques minutes, le dénoûment prévu, une attaque de nerfs. Mme Nicholson allait tomber sur un canapé, Fleurette la reçut dans ses bras; M. Nicholson, effrayé, s'élança, aussi vite que ses courtes jambes le lui permettaient, à l'extrémité de la galerie, pour appeler du secours, car la crise semblait devoir être terrible. Pendant ce temps, Fleurette approcha ses lèvres de la jolie oreille de la pauvre malade, et lui dit à demi-voix :

— Rassurez-vous, madame; vous aurez une invitation.

Mme Nicholson se releva sur-le-champ et regarda Fleurette d'un air d'incertitude, d'admiration et de reconnaissance.

— Vous serez invitée au bal, je vous le jure. Pour y aller, cela vous regarde.

— J'irai! s'écria Mme Nicholson, en lui serrant la main avec toute l'énergie d'une femme qui revient à la vie.

Mais M. Nicholson arrivait en ce moment du fond de la galerie, suivi de deux ou trois femmes de chambre, dont les secours devenaient inutiles.

— Madame n'est pas en état de parler affaires en ce

moment, dit Fleurette d'un air caressant, je reviendrai après-demain, et j'espère la trouver mieux.

Elle descendit vivement l'escalier, se jeta de nouveau dans son coupé, et se fit conduire à l'hôtel d'Olona. Il était temps. Six heures et demie venaient de sonner, le duc allait sortir.

— Toi, ma Fleurette ! s'écria-t-il avec un cri de joie; toi, me rendre visite ! Ah ! que tu es jolie ! disait-il en l'engageant à défaire son châle et son chapeau. Ce qu'elle refusa positivement.

— Et vous, monsieur le duc, que vous êtes beau ! s'écriait-t-elle en contemplant les cordons, les étoiles, les plaques en diamants dont sa poitrine était couverte.

— Oui, je vais dîner à la Cour.

— Très bien ! c'est ce qu'il me faut. J'ai un service à vous demander.

— Accordé d'avance, à condition que tu m'embrasseras.

— Après, dit Fleurette.

— Avant, dit le duc.

— Bah ! répondit gaiement la jeune fille, on ne compte pas avec ses amis. Avant et après ! et pour commencer... Elle tendit à Fernand sa joue fraîche et rose, sur laquelle il appliqua avec ardeur un des meilleurs baisers que l'amitié ait jamais donnés.

— Parle maintenant.

— Monsieur le duc, il me faut une invitation pour le 15 de ce mois, à une fête qui doit être donnée au palais de Fontainebleau.

— Pour toi, Fleurette ! dit le duc d'un air d'inquiétude.

— Non, pour M. Nicholson et sa femme ! M. Nicholson, riche citoyen des États-Unis, venu pour admirer les splendeurs de la France, ne peut partir sans avoir vu les fêtes et les dames de la Cour; il faut que sa femme raconte en Amérique les merveilles de Fontainebleau.

— Tu ne m'as jamais parlé des Nicholson ?

— C'est égal.

— Tu les connais à peine.

— C'est égal.

— Mais tout le monde n'est pas ainsi invité à la Cour, c'est une rare faveur.

— Qu'on ne refusera pas à la recommandation de monseigneur le duc d'Olona. Vous parlerez au premier chambellan, au grand chambellan, au grand écuyer, à tout le monde. Enfin, s'écria-t-elle avec une colère d'enfant, et comme se réservant cet argument pour le dernier, je le veux ! je le veux !... ou nous sommes brouillés, brouillés à jamais.

Et elle s'enfuit.

Le surlendemain, elle se rendit chez Mme Nicholson, qui se disputait encore avec son mari.

— Est-ce que cela dure depuis avant-hier ? demanda ingénument Fleurette.

— Eh ! non, cela vient de reprendre, s'écria Mme Nicholson radieuse, et serrant la main de Fleurette : j'ai mon invitation, la voici.

Et croiriez-vous que M. Nicholson, que je somme de tenir sa promesse, hésite, sous prétexte que le bal aura lieu le 15.

— Jour de notre départ, s'écria le mari.

— Eh bien, nous ne partirons pas, dit la femme.

— Mais nos places retenues à bord du *Christophe-Colomb* !...

— Seront perdues, répondit gaiement Mme Nicholson ; cela passera en frais de bal, en frais généraux.

— Perdues ! répéta le négociant avec une sourde colère, perdues !

— Elles ne le seront pas, dit Fleurette avec joie, je les prends pour une dame de mes amies. Donnez, donnez.

— Est-il possible ! s'écria M. Nicholson, vous, mademoiselle Fleurette ?

— Donnez... donnez donc ! répéta-t-elle avec impatience.

— Mais, dit le négociant, en retenant toujours le reçu de l'administration dans ses mains, on dit qu'au Havre on s'arrache les places, et quand partirons-nous maintenant ?

— Par le paquebot suivant ; voici des places que je vous donne en échange.

— Ah ! quel service ! s'écria le négociant qui, dans sa reconnaissance, aurait acheté, en ce moment, toute la boutique de Fleurette.

Puis, regardant le billet de Clotilde, que Fleurette venait de lui remettre :

— Ne quitter Paris que le 30 de ce mois ! Si tard ! dit il, en secouant la tête.

— Si tôt ! dit sa femme avec un soupir.

Les vœux de Fleurette étaient comblés. Elle tenait en sa possession ces deux places qui, pour elle, étaient d'un prix immense, ces deux places, seul espoir qu'il lui restât pour l'exécution de ses généreux projets !

Les derniers jours qui précèdent un départ sont bien vite écoulés. Le duc quitta Paris dès le 12 du mois. Il était, à son grand regret, obligé de passer en Angleterre pour des affaires concernant M. de Castel-Mayor, son oncle, qui les lui avait confiées. Il ne devait donc pas s'embarquer au Havre, mais à Southampton où le paquebot devait toucher dès le second jour.

— Dans trois mois, dit-il à Fleurette en l'embrassant, je serai de retour.

— Avec votre femme, lui dit-elle en pleurant.

— Non, je tiendrai ma parole, je ne m'engagerai à rien.

— Sans mon avis ? s'écria-t-elle vivement.

— Je le jure.

— Et moi j'y compte.

Elle le suivit longtemps des yeux, affligée des trois jours que ce brusque départ lui enlevait ; mais contente, d'un autre côté, de pouvoir, sans être vue de lui, accompagner sa marraine jusqu'au Havre.

Tout ce qui peut être prévu par le dévouement le plus intelligent et le plus tendre, l'avait été par elle, pour que sa marraine exécutât le voyage dans les conditions les meilleures et les plus confortables. Elle avait veillé elle-même à l'aménagement de toutes ses malles, à l'acquisition et à l'emballage de ses chapeaux, de ses robes, de toutes ses affaires de toilette. C'était une mère s'occupant de sa fille. Elle lui avait trouvé, pour femme de chambre et dame de compagnie, une femme de quarante-cinq ans, d'une bonne famille, ayant reçu une bonne éducation, réduite à la misère et trop heureuse de trouver une existence honorable auprès de Mme d'Auray. De plus, elle avait recommandé à M. Urbain de veiller sur Mlle Jeanne, pendant tout le temps qu'elle serait à bord du *Christophe-Colomb*, d'être à ses ordres, de la servir, de la défendre ; enfin, ajouta-t-elle avec énergie, de se faire tuer pour elle, s'il le fallait.

— Je ferai comme pour vous, mademoiselle, avait dit le jeune marin avec un tel accent de vérité, avec un tel désir de tenir sa parole, que Fleurette, qui riait en ce moment, s'arrêta d'un air ému et lui dit :

— Ne vous faites pas tuer cependant, et revenez, ne fût-ce, ajouta-t-elle en souriant, que pour m'acheter des violettes.

Arrivée au Havre et prête à s'embarquer, à s'éloigner, peut-être pour toujours, de sa patrie et de Fleurette, sa sœur et son amie, Clotilde sentit se briser la fermeté stoïque dans laquelle elle s'était jusque-là renfermée ; son courage l'abandonna ; elle fondit en larmes et se jeta dans les bras de Fleurette, aussi émue qu'elle, mais qu'un espoir, cependant, soutenait encore.

— Courage, ma bonne marraine, lui dit-elle, courage ! nous nous reverrons bientôt.

— Jamais ! disait Clotilde en sanglotant.

— Vous reviendrez en France avec votre frère, sinon je vendrai tout ce que je possède, et j'irai vous retrouver.

— Je te le défends.

— Défendez-moi donc de vous aimer ! s'écria Fleurette en l'embrassant.

Mais l'heure du départ avait sonné. L'équipage était à son poste, on appelait les passagers à bord.

Fleurette s'arracha des bras de Clotilde et courut sur la

jetée pour l'apercevoir encore. De loin, elle agitait son mouchoir, et Clotilde, sur l'arrière du vaisseau, répondit par le même signal, tant qu'elle put apercevoir sa désolée filleule. Mais bientôt cela ne lui fut plus possible ; elle vit de loin la tour de François Ier, peu à peu blanchir, décroître et disparaître. Le vaisseau voguait en pleine mer.

TROISIÈME PARTIE

I

Clotilde s'était retirée dans sa cabine, où elle resta pendant quelques heures, tout absorbée dans sa douleur, indifférente à ce qui se passait autour d'elle, entendant à peine les cris des passagers, le bruit de la manœuvre et le mugissement égal et monotone des roues rapides qui l'emportaient au loin. Tous les passagers du *Christophe-Colomb* (il y en avait une trentaine seulement) étaient nourris, ceux de la première classe à la table du capitaine, et les autres à une seconde table. L'heure du repas avait sonné. Urbain, le contremaître, vint frapper discrètement à la porte de Clotilde, qui ne paraissait pas, et l'avertit que M. Desrambures, le capitaine, et ses compagnons et compagnes de voyage l'attendaient pour dîner. Elle se rendit dans la salle à manger du capitaine, qui lui fit l'accueil le plus respectueux.

Clotilde, même privée de son éclatante beauté, était toujours sûre d'attirer les regards, par l'élégance et la distinction de ses manières. Le capitaine l'avait priée de vouloir bien s'asseoir à sa droite; pendant tout le dîner, il causa avec elle, d'abord de sujets relatifs au voyage qu'ils venaient d'entreprendre; puis le cercle de la conversation s'agrandit. Clotilde, heureuse de causer avec un homme instruit et aimable et d'oublier ainsi, un instant, ses tristes pensées, saisit avec empressement la distraction qui lui était offerte et s'y livra avec plaisir. Le capitaine, surpris de l'étendue de ses connaissances et enchanté de sa conversation, à la fois sérieuse et gracieuse, le fut encore plus de sa simplicité et de sa modestie. Loin de faire parade de ce qu'elle savait, elle semblait, comme femme, s'en excuser et en demander pardon.

Après dîner, on passa dans le salon du capitaine. Quelques dames, femmes de marchands ou d'industriels qui voyageaient pour affaires, aux États-Unis, s'assirent sur les divans placés autour du salon. La conversation devint générale, c'est-à-dire futile et ennuyeuse. Une des dames s'écria en regardant auprès d'elle :

— Ah! un piano!

— Oui, dit le capitaine, un fort beau piano de Pleyel. Voulez-vous l'essayer, mesdames, et me dire s'il est d'accord, car je crains qu'il ne lui manque rien que cette formalité. J'ai oublié de m'en assurer, avant notre départ.

Aucune de ces dames ne touchait du piano. Clotilde l'ouvrit, et faisant courir ses doigts sur le clavier, en tira les accords les plus brillants et les plus faux qu'il fût possible d'imaginer. Chacun se boucha les oreilles, en jetant un cri. Clotilde affirma que le piano était excellent.

— Mais impossible d'en jouer, dit tristement le capitaine.

— Quel dommage! murmura une petite blonde, femme d'un négociant en coton; mademoiselle nous aurait fait danser et valser le soir.

— Oui, s'écrièrent les autres dames, c'est une si grande distraction, dans une traversée de quinze ou seize jours!

— N'est-ce que cela, mesdames? répondit Clotilde en

souriant ; je vois là une clef, et j'aurai, d'ici à une heure, accordé ce piano.

Un cri général de surprise, d'admiration et de remerciement s'éleva dans le salon du capitaine.

— A condition que vous me laisserez seule, continua Clotilde, car il n'y a rien d'ennuyeux au monde, comme d'entendre accorder un piano.

On s'empressa d'accéder à son désir. Le capitaine avait à s'occuper des affaires du navire, et, quant aux passagers, déjà pour eux, s'il faut l'avouer, la terrible influence du mal de mer commençait à se faire sentir, et chacun se hâta de rentrer chez soi.

Clotilde, fille de la Bretagne, élevée au bord de l'Océan et habituée, dès son enfance, aux longues promenades en mer, sur des chaloupes ou même sur des barques légères, dont le roulis était autrement sensible que celui du lourd paquebot à vapeur, Clotilde se trouvait, à peu près seule, épargnée. Elle acheva tranquillement sa tâche ennuyeuse et monotone, et, le piano accordé, elle se retira dans sa cabine, qui, par les soins d'Urbain ou plutôt par les ordres de Fleurette, avait été disposée comme un boudoir de petite maîtresse. Elle sommeillait depuis plusieurs heures, lorsque le bâtiment arrêta sa marche. Clotilde, éveillée soudain, interrogea Mme Brévanne — c'était sa femme de chambre, qui dormait près d'elle.

— Ne vous inquiétez pas, mademoiselle ; M. Urbain le jeune contremaître, m'a prévenue qu'on devait, sur les minuit, aborder quelques instants à Southampton, pour prendre des passagers et que nous n'arrêterions plus maintenant qu'à Saint-Thomas.

En effet, plusieurs passagers, parmi lesquels un de notre connaissance, venaient de monter sur le paquebot. Urbain se tenait le chapeau à la main, pour recevoir M. le duc d'Olona et le conduire jusqu'à sa cabine.

Le lendemain, le duc, qui était un des principaux actionnaires de la Société des paquebots, se promenait, de bon matin, sur le pont du navire, avec le capitaine Desambures, et causait des affaires de la Compagnie, fort prospères en ce moment, vu la quantité de marchandises et le nombre des passagers qu'on transportait habituellement.

A propos de passagers, le duc l'interrogea sur ceux qui étaient à bord en ce moment, et le capitaine, encore charmé de ses souvenirs de la veille, parla d'une jeune dame, qui n'était pas jolie, mais qui était la plus aimable personne qu'il eût jamais rencontrée.

— Et qui est-elle ? demanda le duc avec curiosité.

— Tenez, monsieur le duc, la voici qui sort de son appartement, avec sa femme de chambre.

Le duc leva les yeux et reconnut sur-le-champ Clotilde ; il ne l'avait aperçue qu'une fois, il est vrai, dans la boutique de Fleurette ; mais sa taille, sa tournure et ses traits étaient trop remarquables pour être oubliés. Quant à Clotilde, elle s'attendait si peu à une pareille rencontre que, dans sa surprise, dans son trouble, circonstance que Fleurette n'avait pas prévue, toute sa présence d'esprit l'abandonna. Le sang lui porta à la tête et au cœur, ses yeux n'aperçurent plus rien de distinct, tout tourna autour d'elle, ses genoux fléchirent et elle se laissa tomber entre les bras de Mme Brévanne. Le duc et le capitaine coururent auprès d'elle. Le duc lui faisait respirer un flacon de sels, que Fleurette l'avait prié de vouloir bien accepter à son départ, comme souvenir d'elle, sans se douter que sa marraine serait la première personne à qui il servirait. Clotilde reprenait peu à peu connaissance, et le capitaine lui disait en souriant :

— Hier, madame, vous étiez trop brave, vous prétendiez que le mal de mer ne saurait vous atteindre. Vous le voyez, il se venge à l'improviste et d'une autre manière.

Clotilde, revenue à elle, avait retrouvé son sang-froid. Adressant au duc et au capitaine un reconnaissant et gracieux sourire, elle les remercia de leurs soins et les pria de la laisser se promener seule sur le pont, prétendant que le grand air suffirait pour amener sa complète guérison. Elle se promena en effet, non sans agitation, et en se répétant en elle-même :

— Quelle rencontre ! quel hasard inouï ! Quand je l'écrirai à Fleurette, elle ne pourra y croire, et moi-même je ne sais si je suis bien éveillée... Mais oui, c'est bien lui !... près de moi, avec moi... loin du monde et au milieu des mers !

Et elle en vint à penser tout à coup qu'une rencontre aussi miraculeuse ne pouvait être un effet seul du hasard, mais un dessein de la Providence.

— Oui, se disait-elle, dans une double exaltation de religion et d'amour, si Dieu nous a, comme par un prodige, rapprochés ainsi l'un de l'autre, c'est qu'il ne veut pas que nous soyons séparés, c'est qu'il nous a bénis comme fiancés, et qu'il veut qu'un jour, et pour jamais, nos destinées soient unies.

Elle se mit alors à prier en elle-même et à remercier Dieu ; et, fortifiée par la prière, elle se releva pleine de joie et de courage.

Le duc avait, pendant la journée, jeté un coup d'œil rapide sur les dames formant la société du *Christophe-Colomb*, société qui était peu dans ses goûts aristocratiques ; et comme le capitaine, confirmant les éloges de Fleurette, n'avait cessé de lui vanter Mlle Jeanne d'Auray, sœur du riche négociant de ce nom, il s'approcha d'elle, sitôt qu'il la vit reparaître. Il s'informa avec intérêt de ses nouvelles, et entama une de ces causeries à l'usage des salons de Paris, causeries légères, vives et superficielles, où l'on parle de tout, et où il se trouve que, la conversation finie, on n'a rien dit. Clotilde, au grand étonnement du capitaine qui écoutait, fut aussi futile que Fernand, tout en protestant, par un léger sourire qui semblait dire :

— Je vaux mieux que cela.

Mais elle voulait être aimable, elle s'efforça de l'être et, le succès aidant, elle finit par l'être réellement.

Le duc trouva sa conversation gaie, spirituelle et surtout sans prétention.

— Parbleu, se dit-il, c'est une bonne fortune de trouver à bord d'un vaisseau, et pendant vingt jours de traversée, quelqu'un avec qui l'on puisse causer. Cette jeune dame, j'en conviens, est peut-être bien un peu superficielle et un peu futile, mais elle est amusante, et nous venons d'employer à dire des riens une heure entière qui a passé presque inaperçue.

Nous savons que le malheur du duc, malheur qui s'attache presque toujours à toutes les grandes fortunes, était de s'ennuyer. Il l'avait avoué à Fleurette : il s'ennuyait beaucoup quand il n'avait personne à aimer, ou personne à qui faire la cour. Et le duc se trouvait dans cette situation-là.

On était, après le dîner, dans le salon du capitaine. Clotilde était rentrée chez elle, pour prendre son ouvrage, et le duc ne savait ce qu'elle était devenue. Aucune des dames présentes ne lui plaisait, il n'y avait là aucune beauté réelle. Quelques physionomies de fantaisie, quelques minois chiffonnés qui n'avaient ni la gaieté, ni l'esprit, ni l'expression de Fleurette, et la soirée s'annonçait, pour le duc, sous les plus sombres auspices. Il aperçut sur la table du capitaine un échiquier.

— Vous jouez aux échecs, capitaine ?

— Non, j'apprends, parce qu'on prétend que c'est en pleine mer un passe-temps admirable, qui ne vous fait jamais défaut. Je ne sais encore que la marche du jeu.

Le duc frémit.

— Mais j'ai entendu dire, monsieur le duc, que vous étiez de première force et j'apprendrai en vous regardant jouer.

— Ce sera difficile, répondit le duc en souriant et en regardant autour de lui, car je ne vois personne ici qui tienne à faire une partie.

Clotilde venait de rentrer, sa broderie à la main. Elle entendit ces derniers mots et répondit gracieusement :

— Si c'est à titre de service, monsieur le duc, me voici prête à accepter ce dangereux honneur.

— Vous ! mademoiselle ? s'écrièrent le duc et le capitaine étonnés.

— A la condition, fit-elle, en s'asseyant devant la table,

que monsieur le duc sera généreux et ménagera son adversaire.

Le piquet, les échecs et le tric-trac étaient les jeux en faveur dans le château de Mᵐᵉ la marquise de Kéroualle. Les vieux gentilshommes bretons des environs se livraient, dans son salon, des combats à outrance, dont Clotilde avait été d'abord simple témoin. Mais, plus tard, et afin de trouver toujours en elle, au besoin, une partner pour faire leur partie, Mᵐᵉ de Kéroualle, sa cousine, et les vieux amateurs, ses amis, avaient voulu qu'elle apprît tous ces jeux, qui n'étaient ni de son goût, ni de son âge. C'est ainsi qu'elle était devenue savante, presque malgré elle, et dans l'intérêt de sa cousine.

Le duc, voulant répondre à l'appel fait à sa générosité, joua en gentilhomme, c'est-à-dire avec négligence et sans faire une extrême attention à son jeu. Aussi, au grand étonnement du capitaine, et surtout au sien, il perdit net cette première partie. Il accabla son adversaire de compliments et d'éloges et demanda une revanche qu'on s'empressa gracieusement de lui accorder. Il s'appliqua cette fois. La victoire fut chèrement disputée, mais il perdit encore. On dit que les meilleurs amis se brouillent aux échecs, cela se conçoit. Dans un jeu où rien n'est livré au hasard et où le succès dépend du talent seul, la perte doit blesser vivement l'amour-propre. Mais d'abord Fernand et Clotilde n'étaient pas encore amis, et Fernand, quoique gâté par les flatteurs que donne toujours la fortune, possédait réellement un excellent caractère, lequel, par malheur, n'avait pas assez d'occasions de s'exercer et de se montrer. Il ne témoigna ni dépit ni colère, mais sollicita vivement, selon ses expressions, l'honneur d'une troisième défaite.

Clotilde ne commit pas l'imprudence de le laisser gagner ; le duc s'en serait aisément aperçu et le triomphe n'eût été, pour lui, qu'une humiliation de plus. Elle joua en conscience et se défendit vaillamment, mais Fernand redoubla de soins, d'attention, d'habileté dans ses combinaisons, emporta le terrain pied à pied, et, enfin, après une résistance désespérée de la part de l'ennemie, il poussa le cri de victoire : *Mat !* Il était heureux ! il était ravi ! une joie d'enfant brillait dans ses yeux. De lui-même, il exaltait le talent et la glorieuse défense de son adversaire, défense qui rehaussait encore l'éclat de son triomphe. La vérité est qu'ils étaient tous les deux d'égale force, ce qui est la meilleure des conditions pour jouer avec intérêt et avec plaisir et pour jouer longtemps.

Aussi Fernand saisissait toutes les occasions de renouveler la lutte, occasions toujours acceptées avec empressement ; et le duc, qui ne voyait d'abord en Clotilde qu'une partie d'échecs, s'aperçut bientôt qu'il y avait en face de lui, de l'autre côté de l'échiquier, non seulement une adversaire habile, mais une aimable femme, une femme d'esprit et de cœur. On s'arrêtait parfois, dans les intervalles d'une partie ; on causait alors, et souvent Fernand oubliait la revanche demandée, pour se livrer tout entier à la conversation commencée.

Le troisième soir, ils étaient assis vis-à-vis l'un de l'autre, dans le salon du capitaine ; un échiquier était entre eux, mais ils ne jouaient pas.

Fernand avait été amené, sans y penser et presque sans le vouloir, au sujet de conversation qui l'intéressait vivement, sur sa fiancée, Clotilde de Kéroualle, que Mlle Jeanne d'Auray avait beaucoup connue ; il se rappelait, en effet, ce que Fleurette lui avait raconté de la haute estime de sa marraine pour cette jeune fille, et il comprenait que ses éloges n'avaient rien d'exagéré.

— C'était ma compagne d'enfance, disait en souriant Jeanne d'Auray ; nous avions été élevées ensemble en Bretagne et l'on m'a assuré, monsieur le duc, que vous deviez l'épouser.

— C'est vrai, dit le duc d'un air triste.

— Et, demanda Jeanne avec hésitation, vous l'aimiez beaucoup ?

— Oui, j'adorais sa beauté qui était admirable ! Quant à son caractère, quant à ses sentiments, je les ignorais, je ne savais même pas si j'étais ou non aimé d'elle ; et, sur ce chapitre-là, mademoiselle, vous, son amie d'enfance, vous en saviez probablement plus que moi.

— Oui, dit Jeanne en hésitant et en baissant malgré elle les yeux, elle vous aimait beaucoup.

— Vous en êtes bien certaine ?

— Vous pouvez me croire, dit-elle avec émotion. Pourquoi en douteriez-vous ?

— Pendant que je lui faisais la cour, comme prétendu, répondit-il, à peine ai-je pu lui parler, à peine ai-je entendu le son de sa voix, que la vôtre, si je ne me trompe, me rappelle un peu.

— Hasard ou erreur, dit Clotilde en s'efforçant de sourire.

— En vérité, continua le duc, vous ne trouvez pas, entre votre voix et la sienne, quelque analogie :

— Aucune, dit froidement Clotilde.

— Vous devez, en effet, le savoir mieux que moi, dit le duc sans y attacher d'autre importance ; mais ce que je vous demanderai à vous, son amie d'enfance, à vous qui jugez avec tant de discernement et de justesse, c'est de me dire ce que vous pensiez de ma pauvre fiancée.

Clotilde se sentait dans un embarras inexprimable et d'autant plus grand, que le duc semblait attendre sa réponse avec un vif intérêt.

Dans ce moment, par bonheur, une des dames s'approcha d'eux, et voyant qu'ils ne touchaient à aucune pièce de l'échiquier, elle s'adressa à Clotilde :

— Puisqu'on ne joue pas aux échecs, je viens, au nom de ces dames, réclamer de mademoiselle sa promesse d'avant-hier. Nous serions bien curieuses de savoir si ce piano, accordé par elle, est en état de jouer des contredanses et des polkas.

— Volontiers, mesdames.

Clotilde, se levant, se dirigea vers le piano, que Fernand dans ce moment, eût envoyé volontiers au fin fond de la mer. Un instant après cependant, distrait de sa mauvaise humeur par le jeu brillant de Clotilde, il ne put s'empêcher d'écouter et de joindre ses applaudissements à ceux de l'assemblée entière.

Nous avons déjà dit que, sous les doigts de Clotilde, le piano devenait tout un orchestre; elle joua toute la soirée, sans s'interrompre, sans se reposer, à la grande satisfaction des dames et de leurs cavaliers, qui ne savaient ce qu'ils devaient le plus admirer, de son talent ou de sa complaisance.

Le lendemain, Fernand saisit un moment où elle était seule sur le pont et s'approcha d'elle.

— Voulez-vous jouer aux échecs ? lui dit-elle gracieusement.

Le duc tenait peu aux échecs en cet instant : mais il tenait beaucoup à reprendre la conversation de la veille.

— Hier, mademoiselle, lui dit-il, je vous demandais une chose, deux choses même que je tiendrais beaucoup à connaître : d'abord votre avis, à vous, sur Clotilde de Kéroualle, et puis, l'avis de Clotilde sur moi, son prétendu.

— Monsieur, lui dit-elle, vous m'embarrassez beaucoup (et le duc pouvait voir, en effet, que son embarras était réel), j'étais trop intimement liée avec Clotilde pour être, dans cette question, un juge impartial; et mon avis ne serait pas l'avis désintéressé que vous attendez. Quant à ce que Clotilde pensait de vous, monsieur le duc, c'était un secret.

— Qui n'a plus d'importance, s'écria vivement Fernand, puisque, hélas ! elle n'est plus. Ainsi vous pouvez tout me dire, rien n'est plus facile.

— Pas pour moi, dit-elle, je n'oserais, à vous que je connais à peine, révéler des souvenirs aussi cruels et aussi récents.

Elle éprouvait, en parlant ainsi, tant de trouble et d'émotion, que le duc, craignant d'avoir été indiscret, n'insista pas.

— Vous avez raison, lui dit-il, c'est à moi de mériter une telle confiance et de vous prouver que j'en suis digne.

Depuis ce jour, en effet, le duc redoubla d'assiduités et

de soins auprès de Clotilde. Il n'y avait pas de mérite, car il trouvait dans sa conversation un charme toujours nouveau, que Fleurette, avec toute sa gentillesse, ne pouvait lui offrir. Clotilde amenait souvent le duc sur des sujets sérieux, où elle savait qu'il était capable de la suivre ; sujets qui fournissent aux esprits intelligents et instruits un éternel aliment de conversation, et qui lui offraient à lui un intérêt tout particulier.

Clotilde, du jour où le duc d'Olona avait demandé sa main à Mme de Kéroualle, sa cousine, avait voulu ne pas paraître étrangère à la nouvelle et illustre famille dans laquelle elle était appelée. Elle avait étudié l'histoire des révolutions de l'Amérique du Sud, les changements survenus dans leur sein et les républiques nouvelles élevées sur les débris des anciennes et immenses possessions espagnoles. Elle parlait à Fernand, avec chaleur, des guerres de l'indépendance où son père avait joué un si grand rôle ; des événements qui l'avaient amené au pouvoir ; des actes importants qui, pendant ses cinq années de présidence, avaient signalé son gouvernement, et laissé à son fils un glorieux héritage. En entendant une étrangère lui rappeler ainsi les souvenirs de la gloire paternelle, Fernand tressaillait d'un sentiment de joie et d'orgueil filial, que personne encore ne lui avait fait éprouver.

Clotilde ne lui disait pas que le fils d'un tel père ne devait pas perdre ses jours dans des occupations futiles ; mais ce noble langage, qu'il n'était pas habitué à entendre, était comme un muet reproche du passé et comme un facile enseignement pour l'avenir. Et c'était une femme qui lui parlait ainsi, une jeune femme, dont la conversation attachante le tenait comme enchaîné à ses lèvres, et dont les paroles retentissaient encore à son oreille et à son cœur, quand elle avait cessé de parler.

Un soir, dans le salon du capitaine, il rêvait encore à une conversation de ce genre, qu'il avait eue le matin avec Clotilde. Elle venait de s'asseoir devant le piano et tournait le dos à Fernand, qui, plongé dans ses réflexions, ne l'avait pas même entendue entrer. Cette fois, elle ne joua pas de contredanses ; mais, après un prélude guerrier, elle attaqua un air de bravoure qui faisait briller l'éclat et l'étendue de sa voix. Tous écoutaient en silence ; et, quand elle eut fini, les bravos retentirent ainsi que les cris : « Encore ! encore ! »

Clotilde, quoique ayant un grand talent, ne se faisait pas prier. Elle chanta un air d'Auber, *la Brise*, de son opéra d'*Haydée*, avec l'accompagnement, en pleine mer, des flots et des vents ; son succès fut immense et, d'elle-même, sans qu'on le lui demandât, elle se mit à chanter la romance du *Saule* dans *Othello*. Fernand ne voyait plus ses traits, et il lui semblait entendre des larmes dans sa voix. Cette voix, si belle, si expressive et si pure, le plongeait dans des extases inexprimables. L'obscurité qui commençait à régner dans le salon, ajoutait encore au charme de son rêve ; il croyait voir devant lui, dans l'ombre, un ange, et cet ange semblait, ainsi que ses chants, descendre des cieux. Ce fut avec peine qu'il vit arriver la lumière qui dissipait en partie ses illusions.

Le lendemain et les jours suivants, on demanda plus d'une fois à Clotilde de se mettre au piano. Clotilde était la complaisance même, et les soirées du bord étaient charmantes. Du reste, tout le monde aimait Mlle Jeanne d'Auray. Les hommes parce qu'elle était bonne, modeste, sans prétention et d'un mérite qui se tenait toujours à l'écart ; les femmes, parce qu'elles ne la craignaient pas et que l'absence de beauté était comme une sauvegarde, qui lui faisait pardonner tous ses talents. La franchise même, ou plutôt l'espèce de coquetterie avec laquelle Clotilde parlait, la première, de sa laideur, donnait à chacun l'envie de la contredire.

— Elle n'est pas si mal ! répétaient quelques-uns.

— C'est la laideur la plus agréable et la plus gracieuse que je connaisse, disaient quelques autres.

— Et moi je la trouve bien, s'écriaient plusieurs.

La vérité est qu'on s'habitue à tout, à la beauté comme à la laideur. Le mari de la plus belle femme du monde finit par ne plus s'apercevoir qu'elle est belle ; et la jeune fille la plus disgraciée de la nature ne paraît jamais telle à son père, à sa mère, à sa sœur, qui la voient tous les jours.

Quant à Fernand, au bout d'une douzaine de jours, ces traits, qui l'avaient d'abord choqué, lui étaient devenus complètement indifférents; il n'y faisait plus attention. Il ne la trouvait pas belle, mais il se serait étonné qu'on la trouvât laide. Il la voyait avec les yeux d'un ami, ces yeux, dont l'optique bienveillante diminue les défauts et grandit les bonnes qualités. Tout ce qu'il savait d'elle, c'est qu'au moral elle était charmante, et qu'au physique sa taille était distinguée, ses yeux magnifiques, son sourire expressif, sa main délicieuse, et les escaliers en échelle du vaisseau lui avaient révélé, presque malgré lui, qu'elle avait un pied et une jambe admirables. Quant à l'aimer d'amour il n'y pensait seulement pas, et jamais pareille idée ne se serait offerte à son esprit. Mais il éprouvait, de son propre aveu, un grand charme à causer avec elle, et il en recherchait si franchement toutes les occasions, que jamais ses assiduités n'avaient éveillé, dans l'esprit de personne, aucune réflexion malveillante.

La veille du jour où l'on devait débarquer à Saint-Thomas, il était assis près d'elle, sur le pont du vaisseau. Il lui parlait de la France qu'il avait quittée et de la Havane où il était attendu.

— Je comprends ce voyage, disait-elle, les États-Unis ne cachent point leurs vues ambitieuses sur ces dernières possessions espagnoles; Walker et ses aventuriers ont déjà tenté de s'en emparer; il est tout naturel que vous, un des plus riches propriétaires de l'île, vous accouriez la défendre, au moment du danger.

Votre présence, votre nom et votre exemple appelleront les habitants aux armes; ils vous choisiront pour marcher à leur tête; ce sera beau, et digne de votre père.

Pendant qu'elle parlait ainsi, Fernand baissait les yeux et gardait le silence.

— Oui, se disait-il en lui-même, voilà ce que j'aurais dû faire, voilà ce qu'il est temps de faire encore.

Il lui avoua alors, presque en rougissant, qu'il venait

seulement avec des projets d'amélioration de culture, dans les immenses domaines qu'il possédait en commun avec M. de Castel-Mayor, son oncle paternel, et puis, en même temps, pour un mariage, qui n'était encore qu'un projet, avec Giuseppa, sa cousine, que l'on disait d'une beauté merveilleuse.

— Ah ! dit Clotilde en tressaillant, elle est plus belle que n'était Mlle de Kéroualle, votre fiancée ?

— Je l'ignore, je ne l'ai jamais vue.

Il y eut entre eux un moment de silence. Ce fut le duc qui le rompit.

— Et puisque nous parlons de Clotilde, lui dit-il, vous rappelez-vous cette conversation, qui date déjà d'une quinzaine de jours où vous me promettiez de me confier, quand vous me connaîtriez mieux, ce que ma prétendue pensait de moi ? Vous me l'avez promis.

— C'est vrai.

— Eh bien, parlez ! Que me reprochait-elle ?

— Ce qu'elle vous reprochait, dit Clotilde avec émotion, c'était d'attacher peut-être trop de prix aux qualités extérieures. Quand l'âge serait venu, quand le temps aurait emporté sa beauté, elle craignait, elle qui avait juré de vous aimer toujours, de voir votre amour se dissiper.

— Elle avait tort. Je ne suis pas ainsi ; je le crois du moins et je m'en rapporte à vous, son avis est-il le vôtre ?

— Oh ! moi, dit Clotilde, c'est bien différent, j'ai des raisons pour vous défendre envers et contre tous. J'ai des preuves même, qui parlent en votre faveur.

— Lesquelles ?

— Les attentions dont vous avez daigné m'honorer attestent évidemment que vous tenez peu à la beauté.

— Ah ! je n'accepte pas cela comme une preuve, s'écria-t-il vivement, et c'est moi qui, à mon tour, vous défendrai contre vous-même. Qui plaît est bien, et vous plaisez à tous !

— Galanterie obligée, dit-elle en souriant.

— Non, continua-t-il avec chaleur, je dis les choses comme je les sens, comme je les vois.

— Illusions alors, dont je vous remercie.

— Brisons là-dessus, répondit-il avec impatience; on ne discute point ses sensations; chacune a, grâce au ciel, son genre de charme et son mérite spécial.

Clotilde était belle quand on la regardait, et vous êtes belle, Jeanne, quand on vous écoute.

Le lendemain, au matin, le paquebot entrait à pleine vapeur dans le port de Saint-Thomas.

II

Une grande partie des passagers du *Christophe-Colomb* changeaient de bâtiment à Saint-Thomas. Les uns, nous l'avons dit, prenaient la ligne de Panama, et les autres la ligne de Démérary. Quelques-uns, ainsi que Clotilde et le duc d'Olona, prenaient la route de Cuba et de la Nouvelle-Orléans sur un bateau américain, *le Chactas*, bateau à vapeur et à voiles qui devait partir le lendemain et arriver en trois jours à la Havane. C'étaient trois jours encore que Fernand et Clotilde devaient passer ensemble.

Clotilde avait pris congé du capitaine du *Christophe-Colomb*, qui avait été excellent pour elle. Il était un autre employé du vaisseau, dont nous avons peu parlé; c'était le jeune contremaître, Urbain Remy, qui, tout le temps du passage, n'avait cessé de veiller sur Clotilde. Fidèle aux recommandations de Fleurette, il ne la perdait jamais de vue, afin de deviner dans ses yeux les ordres qu'elle pouvait avoir à lui donner. Au seul nom de Fleurette, le duc avait vu Urbain tressaillir. Souvent il l'avait vu pensif et le regard tourné du côté de la France.

— A quoi pensez-vous, monsieur Urbain? lui avait-il dit un jour en souriant.

— A ma mère, monsieur le duc, disait-il en rougissant.

— A elle seule ? continua gaiement le duc.

Le trouble d'Urbain redoubla, et le pauvre garçon, sans trop savoir ce qu'il disait, fut obligé d'avouer, en balbutiant, qu'il aimait beaucoup Mlle Fleurette et sa mère... sa mère et Mlle Fleurette... d'amitié s'entend.

— Cela va sans dire, répondit gravement le duc; mais cependant, si elles étaient toutes les deux sur ce vaisseau, en danger d'échouer à la côte, et que vous ne puissiez sauver que l'une d'elles, vous seriez bien embarrassé.

— Non, s'écria vivement le jeune homme.

— Et comment feriez-vous?

— Je sauverais ma mère, et je me noierais avec Fleurette.

— Ah! s'écria le duc avec émotion, voilà un mot qui vous acquiert mon estime, et, dans l'occasion, monsieur Urbain, je m'en souviendrai, je vous le promets.

Urbain était ravi, et sa joie était d'autant plus grande, qu'il allait repartir le lendemain; dans quinze jours, il devait être de retour en France. Clotilde lui confia le journal de son voyage, écrit pour Fleurette. Ce récit ne parlait que de Fernand. Fernand lui remit ses lettres pour Fleurette. Ces lettres ne parlaient que de Mlle Jeanne d'Auray.

Le bateau américain, sur lequel nos deux voyageurs se retrouvèrent, n'était ni aussi confortable, ni aussi bien aménagé, ni même aussi solidement construit que le paquebot français. On connaît la témérité des Américains et leur imprudence; *qui va vite, va bien;* c'est le principal, et si, par hasard, on sombre en route, ce n'est qu'un détail. D'ailleurs, trois jours de traversée sont sitôt passés, que ce n'est pas la peine de prendre une foule de précautions, la plupart du temps inutiles. *Le Washington*, un paquebot rival, avait mis trois jours pour aller de Saint-Thomas à l'île de Cuba, et *le Chactas* voulait, à toute force, faire le trajet en deux jours et demi. Aussi le bateau allait à toute vapeur, et depuis longtemps la terre avait disparu. On était en pleine mer.

Dès le premier jour déjà quelque désordre s'était produit dans la machine, désordre qu'il eût été facile de réparer, mais il aurait fallu s'arrêter, et le capitaine avait juré d'entrer le lendemain, au milieu du jour, dans le port de la Havane. On continua donc à courir à grande vitesse, et, le soir venu, les voyageurs se retirèrent tranquillement dans leurs cabines, sans redouter le moindre danger. Au commencement de la nuit, la brise fraîchit et acquit peu à peu une grande violence. Le bâtiment fatiguait beaucoup. Vers les deux heures du matin, tous les passagers furent réveillés par une horrible secousse. Une avarie des plus graves venait d'éclater dans la machine. Pour la réparer, les ouvriers demandaient cinq heures.

— Non, non, s'écria le capitaine, renonçons à la vapeur, et qu'on mette à la voile!

On obéit, on déploya les voiles, au risque de sombrer par la tempête, qui sévissait en ce moment dans toute sa furie. La tranquillité habituelle de la mer des Antilles est, de temps en temps, troublée par des ouragans terribles : celui-ci était épouvantable et le vent contraire à la route qu'on devait suivre. Il fallait donc louvoyer et tâcher d'avancer en prenant des bordées dans la direction même du vent. Une heure plus tard, vers trois heures du matin, l'obscurité était profonde. On entendait sous le vent comme le bruit de la mer déferlant sur des récifs. Ce bruit devint de plus en plus distinct et effrayant. Déjà, sans doute, on avait été considérablement emporté loin de la route, mais la nuit empêchait de faire aucune observation et de connaître la position exacte du navire.

Au petit jour, on eut bientôt mesuré toute l'étendue du péril. Le bâtiment se trouvait engagé dans une vaste crique, fermée par des brisants, dont les pointes menaçantes s'élevaient à l'horizon. Écueil terrible, inévitable, perte certaine, dont rien ne pouvait préserver le paquebot, car la vapeur ne pouvait plus fonctionner, ni l'éloigner du danger, vers lequel le vent et le courant l'entraînaient. On résolut alors de réparer la machine à tout prix et tant bien que mal, seul moyen désormais de manœuvrer contre le vent et le courant. Il ne restait plus d'autre espoir de salut. L'or, le vin, les promesses furent prodigués aux ouvriers qui se mirent à l'œuvre avec ardeur; mais il fallait plus de cinq heures pour remettre la machine en état de servir, et il était facile de calculer que, dans deux heures au plus tard, le navire aurait touché les récifs où il devait se briser et périr. Le danger n'avait été compris d'abord que par le capitaine et son lieutenant. Les matelots commencèrent à le pressentir. L'un d'eux cria que tout effort humain serait désormais inutile, et refusa d'obéir. Le capitaine, qui commandait la manœuvre, en véritable Américain, le revolver à la main, ne lui répondit pas, mais lui brûla la cervelle et ordonna à un autre de prendre sa place. Le calme se rétablit, et, un quart d'heure encore, la discipline fut observée, mais la terreur s'était emparée des passagers. C'était, parmi les femmes surtout, des cris, des larmes, des désespoirs, et Clotilde, restée seule maîtresse d'elle-même, cherchait à les calmer et à rassurer Mme Brévanne, sa femme de chambre, qui avait perdu la tête.

— Vos larmes et vos cris, disait-elle froidement, ne vous sauveront pas et nous empêcheront d'être sauvés, car ils troublent les matelots et nuisent à la manœuvre. Ne pleurez pas, priez! priez Dieu, qui seul peut nous protéger.

Comme elle achevait ces mots, le duc paraissait sur le pont. Le silence avait succédé aux sanglots; toutes les femmes agenouillées priaient, et Clotilde, calme et résignée, les yeux élevés vers le ciel, implorait Dieu, non pour elle, peut-être, mais pour celui qu'elle aimait. Le duc l'aperçut, et, en ce moment, il la trouva belle. Elle l'était, en effet. Elle avait mesuré d'un coup d'œil l'imminence du danger, et, seule, elle l'envisageait sans effroi. Les quelques jours qu'elle avait passés près du duc d'Olona avaient redoublé son amour et détruit ses espérances; elle comprenait qu'elle pouvait aspirer à l'amitié de Fernand, mais jamais à sa tendresse; que cette tendresse, rêve évanoui, bonheur passé, ne pouvait plus lui être rendue, que Fernand, séduit par la beauté de sa cousine, oublierait Mlle Jeanne d'Auray plus vite encore que Clotilde de Kéroualle. Aussi, en voyant la mort si proche, elle s'était résignée; sa résolution était prise, elle attendrait en silence jusqu'au moment suprême; alors elle comptait se jeter dans les bras de Fernand et lui dire : « Je suis Clotilde, ta fiancée ! » et mourir avec lui.

Au premier bruit du danger, le duc avait couru près du capitaine, lui offrant ses services et se mettant à ses ordres. Celui-ci lui avait serré la main, en signe de remerciement, et lui avait dit froidement :

— Inutile !

Et il lui avait expliqué, en peu de mots, que leur salut à tous dépendait de la réparation d'une roue en fer, travail spécial, pour lequel M. le duc avait, par malheur, peu d'aptitude. Le duc alors n'avait pensé qu'à Mlle Jeanne d'Auray. Il était remonté près d'elle pour lui donner ses soins et ses secours, car il croyait la trouver à moitié morte de frayeur.

Il la trouva calme, tranquille, ranimant le courage de ses compagnes, et comme il s'étonnait de son sang-froid :

— La résignation dans le danger est notre seule force, à nous autres femmes, et notre seul courage est de savoir mourir. Mais nous ne mourrons pas, dit-elle avec assurance.

Elle raisonna alors froidement sur les chances de salut qui leur restaient.

En attendant, la tempête mugissait, le vent entraînait le vaisseau, et chaque fois que l'éclair déchirait les nuages, on apercevait au loin les récifs, où une mort horrible, inévitable, les attendait tous.

— Dieu nous sauvera, s'écriait Clotilde; Celui qui a déchaîné cet ouragan terrible peut l'arrêter à son gré.

— En attendant, et depuis quinze heures, disait le duc en souriant avec amertume, le vent nous pousse sans relâche sur cette côte fatale.

— Raison de plus, répondait Clotilde, pour que, d'un instant à l'autre, il change tout à coup de direction.

Tous recueillaient avidement les paroles qui s'échappaient de sa bouche, et, sans y ajouter entièrement foi, bénissaient l'ange consolateur qui, au milieu de la tempête, faisait luire encore l'espérance.

— Oui, disait-elle avec une conviction qu'elle leur faisait presque partager, encore quelques instants et le vent tournera soudain; d'ici-là, les ouvriers auront achevé leur travail, le bâtiment pourra manœuvrer et nous éloignera rapidement du danger.

— Vous croyez? vous croyez? s'écrièrent en même temps une vingtaine de voix déjà rassurées.

En ce moment un passager, pâle et tremblant, apparut au haut de l'escalier qui menait sur le pont.

— Ils se sont révoltés!.., s'écria-t-il.

— Qui donc? demanda chaque passager.

— Les ouvriers! Ils refusent de travailler, attendu, disent-ils, que tout est perdu.

Un cri d'effroi retentit sur le pont.

— Ils se sont emparés de la soute aux provisions; ils ont enlevé des barils d'eau-de-vie et de rhum et se grisent, pour ne pas voir arriver la mort.

Cette fois, Clotilde eût essayé vainement de ranimer ses compagnons d'infortune; le désespoir s'était emparé de tous les cœurs. Des cris, des sanglots retentissaient de toutes parts, les femmes se jetaient à genoux en s'arrachant les cheveux et en se tordant les bras. Il n'y avait pas de prêtre à bord du bâtiment. La Compagnie, propriétaire du paquebot, trouvait que, pour trois jours de traversée, c'était du luxe, et puis sur ce bateau, où la spéculation entassait les voyageurs, cela aurait tenu la place d'un passager. Cette suprême et dernière consolation, celle de la religion, était donc refusée à ces malheureuses femmes mourantes de terreur, et qui se voyaient perdues dans ce monde et dans l'autre. Une jeune mère, épouvantée sans doute des scènes d'orgie qu'elle venait de voir dans l'entrepont, arrivait dans ce moment, hors d'elle-même, éperdue et tenant serré contre son sein un enfant de trois ou quatre ans. Il lui fut impossible d'aller plus loin, ses genoux fléchirent, elle s'évanouit, et elle allait laisser tomber son enfant lorsque Clotilde le reçut dans ses bras. L'enfant se mit à jouer avec les boucles de ses cheveux et lui dit gaiement :

— Ils disent tous, en bas, que nous allons être noyés. Noyés, continua-t-il en souriant, qu'est-ce que cela veut dire, madame ?

— Cela veut dire, répondit Clotilde en l'embrassant, que Dieu et les anges t'attendent dans le paradis. Dors, mon enfant, dors ; ton réveil sera beau.

Elle se mit à le bercer, et Fernand, appuyé contre une des parois du navire, l'admirait en silence. L'enfant s'endormit tranquillement, sa respiration était douce, ses joues fraîches et roses et ses lèvres souriantes. Clotilde le remit à sa mère qui venait de reprendre connaissance et qui sanglotait :

— Taisez-vous, lui dit-elle, ne le réveillez pas.

La mère étouffa ses sanglots et embrassa son enfant en silence. Mais, autour d'elle, quelles scènes de désolation, de découragement et de lâcheté ! Les hommes mêmes, presque aussi terrifiés que les femmes, étaient, pour la plupart, dans un tel état d'anéantissement et de prostration, qu'ils n'avaient plus la force de se relever.

Quant à Fernand, le sentiment qu'il éprouvait était bien différent ; c'était comme une espèce de colère sourde et de rage concentrée qui s'emparait de lui. Ce péril, contre lequel il ne pouvait rien, le rendait furieux. S'il avait eu devant lui des baïonnettes ou une batterie ennemie ; s'il avait fallu donner ses jours en les disputant, en les défendant, il était prêt ; il eût été heureux d'une mort glorieusement achetée : mais, au milieu de femmes éplorées, et sur le pont d'un paquebot, être balayé par une rafale, contre laquelle son énergie était impuissante et son courage inutile ; trouver, au fond de la mer, une mort ignorée, c'était là ce qui l'indignait, l'exaspérait, et, dans sa colère impie, il blasphémait en lui-même et accusait le Ciel.

Clotilde, dont les regards ne l'avaient pas quitté un instant, avait probablement deviné ce qui se passait dans son âme, car elle s'approcha, et de sa douce voix lui dit :

— Je conçois que ce moment soit cruel pour vous, qui aviez en partage tout ce qui embellit la vie et la fait aimer. Pour voir arriver ainsi la mort sans pâlir, il faut du courage, Fernand, et de tous ceux que je vois ici, vous êtes le plus brave.

— Après vous, Jeanne.

Et la regardant avec respect :

— Vous trouvez, pour tous, des paroles de consolation : vous ne vous inquiétez que des autres, et il semble que le danger n'existe pas pour vous.

— Oh! moi, dit-elle, ma vie est si triste, que je ne pense ni à la regretter ni à la défendre. On ne ment pas dans des moments pareils à celui-ci, et Dieu m'est témoin que, s'il voulait accepter ma vie en échange de la vôtre, je serais prête à la lui offrir.

Il y avait dans sa voix un tel accent de vérité, que Fernand, oubliant la tempête et les vents déchaînés, et les lames furieuses qui déferlaient sur le pont du navire, lui saisit la main et s'écria :

— Vous, mademoiselle! vous mourir pour moi! et pourquoi?

Clotilde allait tout lui avouer; mais elle jeta un regard autour d'elle : les récifs étaient trop loin, le danger n'était pas assez menaçant encore. Elle s'arrêta et répondit froidement :

— Parce que ma vie ne peut servir à rien et que la vôtre peut être utile aux autres. Riche et généreux, que de malheureux vous pourriez secourir! Plein de jeunesse, d'ardeur et de nobles sentiments, que de belles choses vous pourriez entreprendre!

— Ah! s'écria-t-il avec rage, je n'aspirerais qu'à une chose en ce moment, vous arracher au danger, vous sauver des flots, vous porter jusqu'à la côte et mourir. Voilà ce que je demande au Ciel; mais le Ciel est sourd et injuste, le ciel confond l'innocent et le coupable, et vous, qui êtes la vertu même, il vous laissera périr sans pitié, comme moi, qui l'offensais tous les jours, comme moi qui le brave et qui le maudis.

Clotilde fut effrayée de l'espèce de délire où elle le voyait, mais elle ne perdit pas courage; ce n'était plus seulement l'amante et la fiancée, c'était la femme pieuse et chrétienne qui avait à sauver tout ce qui lui était cher. L'amour et la religion lui donnaient sans doute une éloquence inconnue et irrésistible, la persuasion coulait de ses lèvres; ce furieux, ce blasphémateur n'avait plus la force d'outrager Dieu. A la voix de l'ange, il sentait sa colère se fondre, son cœur s'attendrir, et la foi succéder à l'impiété. Comme chrétienne, c'était à son frère et à son ami que Clotilde parlait, et ces mots d'ami et de frère avaient dans sa bouche une inexprimable douceur. Elle lui montrait un Dieu miséricordieux qui les attendait, pour leur pardonner et les recevoir dans son sein.

— Ce qui vous jette dans ce désespoir insensé et coupable, lui disait-elle, c'est que vous ne croyez pas; mais Dieu, qui me rend forte, vous rendra le courage en faisant passer ma croyance en votre âme; il vous donnera l'espoir, en vous donnant la foi. Vous parliez tout à l'heure de mourir pour me sauver; moi je vous sauverai, en mourant avec vous.

Fernand poussa un cri et tomba à ses genoux, et Clotilde, le front rayonnant d'une joie sainte, posant une main sur la tête de Fernand et, élevant l'autre vers le ciel, s'écria au milieu de la tempête :

— Mon Dieu! vous l'entendez, il revient à vous. Il prie! il prie! Que sa voix s'unisse à la mienne et s'élève jusqu'à vous!

Et elle pria avec ferveur. Puis, tendant la main à Fernand et lui montrant les flots furieux qui les environnaient, elle lui dit avec calme :

— Vous avez écouté la voix de votre sœur; l'amitié qui nous unit ne sera pas brisée, nous ne serons plus séparés.

Fernand lui répondit en la pressant avec force contre son cœur. Clotilde ne demandait plus rien. Elle consentait à mourir en ce moment.

Tout à coup des hurlements horribles s'élevèrent des profondeurs du vaisseau. On entendait un pétillement continu éclater dans l'intérieur du paquebot, et quelques lueurs apparaissaient à travers les planches mal jointes. Le feu était au bâtiment.

Les ouvriers étaient complètement ivres; n'osant attendre la mort en face, ils avaient demandé au rhum et à l'eau-de-vie le courage qui leur manquait. Plusieurs matelots américains avaient voulu suivre leur exemple et l'un d'eux, au milieu du désordre et du pillage, et d'une main déjà avinée, avait approché une lampe d'un baril de rhum défoncé, et le feu s'y était rapidement communiqué. En se précipitant pour l'éteindre, on avait renversé le baril, et le liquide enflammé s'était répandu sur les planches du vaisseau, qu'il avait embrasées. Ainsi, le malheureux navire, battu par les flots, était en même temps la proie des flammes. La tempête et l'incendie semblaient s'unir pour sa perte.

En entendant les cris : « Au feu! au feu! » Fernand s'était arraché des bras de Clotilde. Devant ce nouveau désastre, son énergie s'était réveillée. Enfin s'offrait à lui un péril que l'on pouvait combattre, un ennemi que l'activité et le courage pouvaient vaincre. S'adressant aux passagers qui, stupides, hébétés, à moitié évanouis, attendaient la mort sur le pont, il les secoua avec violence, criant à leurs oreilles :

— Laisserez-vous brûler vos femmes et vos enfants, et ne voulez-vous pas les sauver ?

Plusieurs ne le comprirent pas ou ne voulurent pas répondre. Fernand continua avec force :

— Ne ferez-vous rien pour vous sauver vous-mêmes, pour vous dérober au supplice affreux des flammes ?...

A ce mot quelques-uns levèrent la tête, sortirent de leur engourdissement et essayèrent de se relever. Plusieurs même y étaient parvenus, lorsqu'une secousse horrible les fit chanceler et retomber violemment sur le pont du vaisseau. Le navire, comme enveloppé par une trombe, avait tournoyé sur lui-même, fait un saut sur la lame et s'était arrêté court. C'est ce qu'on appelle, en terme de marine, une *saute-de-vent*. Le vent avait tout à coup

Le duc qui ne voyait d'abord en Clotilde qu'une partie d'échec, s'aperçut bientôt qu'il y avait en face de lui, de l'autre côté de l'échiquier, non seulement une adversaire habile, mais une aimable femme.

44ᵉ LIVR.

changé et forcé le vaisseau à prendre une autre allure, non sans causer de nombreuses avaries dans la mâture et d'horribles désordres dans le corps du bâtiment. On crut qu'il allait sombrer, car il s'inclina un instant; mais il se releva avec force et, poussé par un vent terrible, mais favorable, s'élança rapidement dans une direction tout opposée à celle qu'il suivait d'abord, emportant dans ses flancs l'incendie qui redoublait d'intensité. Les cris des ouvriers que le feu dévorait à fond de cale épouvantaient les passagers, et les flammes déjà s'élançaient à travers les écoutilles.

— Levez-vous! levez-vous! criait Fernand aux passagers, votre salut est dans vos mains.

— Voyez-vous! s'écriait Clotilde, les récifs qui s'éloignent : Dieu nous a préservés du naufrage, sauvez-vous de l'incendie!

— Aux pompes! criaient le capitaine et son lieutenant aux matelots restés fidèles au devoir.

Fernand s'élança à leurs côtés, suivi d'une partie des passagers, auxquels il avait fait enfin comprendre la situation, et qui consentaient à vivre pour se sauver eux-mêmes. Fernand les avait partagés en deux compagnies, qui se relayaient tour à tour; mais lui ne prenait ni repos, ni relâche. Grâce aux pompes, qui étaient en bon état, on était parvenu à combattre les progrès du feu, mais non pas à s'en rendre maître, et longtemps il résista à tous les efforts. Enfin on crut l'avoir dompté. Les travailleurs étaient accablés de fatigue et se livraient au repos. Fernand et le capitaine s'étaient décidés, non sans peine, à prendre quelques instants de sommeil, dont ils avaient un si grand besoin, quand les cris : « Au feu! au feu! » retentirent de nouveau et réveillèrent l'équipage en sursaut. Le feu s'était ranimé sur un autre point du vaisseau et, pendant plus de cinq heures encore, demanda une surveillance de tous les instants.

A la moindre étincelle, il fallait avec les hamacs et les couvertures mouillés, avec le sable qui servait de lest au vaisseau, prévenir et étouffer l'incendie, près de renaître.

Aide-toi, le ciel t'aidera. Le ciel eut pitié de tant de persévérance et de courage, et Fernand put dire enfin à Clotilde :

— Vous aviez raison, notre ange gardien. Sauvés ! sauvés !

— Grâce à vous, lui dit-elle, et je ne l'oublierai jamais.

Il était nuit quand le *Chactas* arriva enfin à sa destination. Pour avoir voulu exécuter, en deux jours, la traversée de Saint-Thomas à l'île de Cuba, le paquebot américain entra le sixième jour, ou plutôt la sixième nuit, dans le port de la Havane.

Un magnifique vapeur, *l'Orénoque*, chauffait en ce moment, prêt à partir pour la Nouvelle-Orléans, et Clotilde, ainsi que les passagers qui ne voulaient point continuer leur route sur le malencontreux paquebot, où ils venaient de courir tant de dangers, s'empressèrent de retenir leurs places à bord. Vainement le duc d'Olona, qui ne pouvait se décider à quitter Clotilde, voulait-il la retenir quelque temps à la Havane et la présenter à son oncle et à sa cousine. Pour des raisons que l'on devine aisément, Clotilde n'y voulut jamais consentir.

Son frère, averti par elle de son arrivée, l'attendait, depuis plusieurs jours, à la Nouvelle-Orléans, et le retard du *Chactas* devait déjà lui avoir causé de mortelles inquiétudes.

A cela il n'y avait rien à répondre.

Fernand prit la main de Clotilde, et d'une voix affectueuse, et pourtant solennelle, il lui dit :

— Après ce qui s'est passé, Jeanne, nous ne pouvons plus, je l'espère, être étrangers l'un à l'autre. En face de la mort, vous avez été pour moi une sœur ; je serai votre frère toute ma vie. J'en réclame le titre, j'en réclame les droits. Un frère n'oublie pas sa sœur, il est son ami, il lui écrit ; permettez-moi de vous aimer et de vous écrire.

Dans cette voix, qui partait du cœur, il y avait un calme, une loyauté et une franchise d'expression qui firent plaisir à la fois et peine à Clotilde. Elle eût préféré, peut-être, un peu d'hésitation et de trouble. Rêveuse, elle se taisait.

Fernand pressa tendrement sa main, qu'il avait gardée dans la sienne, et lui dit, comme un ami à un ami :

— Vous répondrez à mes lettres, n'est-ce pas, vous me le promettez ?

— Oui, lui dit-elle lentement.

Fernand, quoique abîmé de fatigue, voulut surveiller lui-même le transport des effets de Clotilde à bord de l'*Orénoque*. Il l'accompagna, elle et sa femme de chambre, jusqu'au nouveau bâtiment, et ne la quitta qu'au moment du départ, qui eut lieu dans la nuit.

III

Il était deux heures du matin. Le duc d'Olona ne pouvait, à cette heure, se rendre chez son oncle qui occupait une immense et superbe habitation à deux lieues de la ville. Il fallait attendre le point du jour. D'un autre côté, le duc tombait de sommeil, et ses membres fatigués avaient grand besoin de repos. Il demanda, à un des domestiques de louage qui étaient sur le port, le meilleur hôtel de la ville.

— Je vais vous conduire, monseigneur, à l'hôtel *des Antilles*, celui où descendent tous les seigneurs et les princes.

— Va donc, lui dit-il.

Et il le suivit.

La plupart des rues étaient plongées dans l'obscurité, mais ils arrivèrent à une grande place, où il aperçut un palais illuminé. Des domestiques en livrée se tenaient sur la place et dans les cours de l'hôtel. Les violons, les cors et les castagnettes envoyaient au loin des sons joyeux.

— Qu'est-ce ? demanda le duc d'Olona.

— Un grand bal que donne le capitaine général, et où sont invités, non-seulement les seigneurs de la ville, mais ceux des environs; aussi vous voyez quelle foule, quelle magnificence. Si monseigneur s'approchait, il pourrait peut-être voir, par les fenêtres, les superbes toilettes.

Fernand n'avait nulle de voir des robes de bal, il n'avait qu'un désir, celui de trouver un lit et de dormir. Il arriva à l'hôtel *des Antilles*, et l'hôte, quoique tous ses appartements, disait-il, fussent retenus et occupés, lui en offrit un, son plus beau; c'est ainsi qu'il désignait probablement tous ceux de la maison. Le *plus beau* était assez laid, assez petit et séparé des appartements voisins par des cloisons en boiserie seulement. Mais une nuit est bientôt passée, surtout quand elle est déjà aussi avancée, et Fernand se hâta de prendre possession de son lit.

Malgré le besoin de sommeil, il était si agité, qu'il fut quelque temps avant de s'endormir. Il entendait encore le bruit des vagues furieuses; il voyait les flammes serpenter le long des flancs intérieurs du navire. Il voyait surtout, au milieu de la tempête, l'image de Jeanne qui dominait tout; Jeanne, sa sœur, son bon ange, cette femme supérieure, incomparable, ou plutôt qu'il n'aurait osé comparer à personne, et soit son souvenir, soit celui des terribles événements dont il venait d'être le témoin, il lui semblait que ses pensées avaient pris une tournure sérieuse et grave qui leur était inconnue jusqu'alors. Ses yeux avaient fini cependant par se fermer, et il goûtait depuis quelques instants la douceur du premier sommeil, d'un sommeil profond et réparateur, lorsqu'il fut réveillé en sursaut par des cris joyeux et des éclats de rire, venant de la chambre voisine de la sienne. Il lui fut facile de comprendre que c'étaient des jeunes filles des environs, qui revenaient du bal avec leurs familles et qui ne pouvant, au milieu de la nuit, retourner à leurs habitations, ne devaient quitter la ville que dans la matinée. Elles causaient, en se déshabillant, des invitations qu'elles avaient reçues, des contredanses qu'elles avaient dansées.

— Ah! se dit le duc en lui-même, elles ont dansé; tant mieux! elles sont fatiguées, elles vont dormir.

Mais les jeunes filles continuaient à causer. Vainement

le duc retournait la tête sur son traversin et se bouchait les oreilles, leur babil incessant lui rendait le sommeil impossible. Indiscret malgré lui, il était obligé d'entendre leur conversation, qu'il maudissait ; passe encore si, en dédommagement du repos dont elle le privait, cette conversation lui avait offert quelque charme et quelque esprit. Mais il n'était question que de la toilette de toutes les dames, dont on faisait la description et la critique successive, puis de tous les cavaliers et de leur manière de danser. Fernand espérait que, ces deux chapitres épuisés, les jeunes filles se décideraient enfin à se taire et à le laisser dormir. Vain espoir ! la question s'établit sur la valse à trois temps et sur la valse à deux temps, discussion ardente, animée, qui se prolongeait indéfiniment, et Fernand, impatient, hors de lui, murmurait entre ses dents :

— Que de futilités ! que de niaiseries ! que de sottises ! Si ce sont là des femmes, à quoi cela sert-il ? Que fait-on de cela à la maison ?

Enfin, n'y pouvant tenir plus longtemps, et comme saisi d'un accès de fièvre, il s'élança de son lit et, oubliant sa galanterie habituelle et ses manières de gentilhomme, il frappa rudement du poing contre la boiserie et s'écria d'une voix de stentor :

— Silence, babillardes, et dormez !

A cette invitation imprévue, les jeunes filles poussèrent un cri de surprise et d'effroi. Mortifiées de cette brusque apostrophe et désolées surtout d'avoir été entendues, elles se turent et se décidèrent enfin à s'endormir.

Il y avait longtemps que Fernand avait pris ce parti. Il dormit tout d'un somme jusqu'au milieu du jour. Quand il se réveilla, sa fatigue avait disparu, ses forces étaient réparées. Midi venait de sonner. Ses jeunes voisines et leurs familles avaient quitté l'hôtel. Il se fit servir un excellent déjeuner, s'habilla, commanda une voiture et se fit conduire, lui et ses bagages, à l'habitation de son oncle.

Nous avons dit que cette habitation était située à deux lieues de la ville. Elle se composait d'un grand et ancien château dans le goût espagnol, et d'un parc anglais; des plantations immenses et de nombreux bâtiments d'exploitation s'étendaient au loin. Un millier d'esclaves y travaillaient, divisés par brigades, sous les ordres d'un état-major de chefs et de contremaîtres.

Le comte de Castel-Mayor reçut son neveu dans la cour d'honneur, au bas des marches du perron principal. Il l'introduisit dans le grand salon et lui présenta Giuseppa, sa cousine, entourée de jeunes filles, ses compagnes, qui lui formaient comme une espèce de cour. M. de Castel-Mayor n'avait pas exagéré la beauté de sa fille; elle méritait le nom de *Vénus des Antilles* que lui avaient donné les jeunes gens du pays. Fernand ne cacha pas son admiration et l'exprima franchement à son oncle, qui se frotta les mains, en souriant, et lui dit à demi voix:

— C'est demain que tu m'en diras des nouvelles, car aujourd'hui elle n'est pas dans son jour d'éclat; elle n'a pas ses belles couleurs, elle est très fatiguée, elle a passé la nuit dernière au bal.

— En vérité, ma jolie cousine? dit Fernand avec émotion.

— Oh! le bal ne serait rien, mon cousin, mais nous n'avons pas dormi, n'est-ce pas, Isabelle? dit Giuseppa en s'adressant à une de ses compagnes.

— Je le crois bien, répondit celle-ci, nous avions un voisin si étrange, un monsieur si original...

Aux premiers mots prononcés par Giuseppa, le duc d'Olona avait tressailli. M. de Castel-Mayor crut que c'était de plaisir. Son émotion était produite par un sentiment tout contraire. Il lui restait encore quelques doutes, que la voix de la signora Isabelle, sa compagne, acheva de dissiper. Ces deux voix, soit qu'elles se fissent entendre ensemble ou séparément, n'étaient que trop connues de Fernand; elles lui avaient fait éprouver, la veille, une sensation si désagréable et si prolongée, que le son en froissait encore son oreille, et lui donnait sur les nerfs. Giuseppa se mit alors à raconter, aux applaudissements de la société, leur aventure de la veille et la grosse voix du marin, sans usage et mal élevé, qui leur avait imposé silence et les avait traitées de babillardes.

Fernand s'indigna hautement, et encore plus qu'elle, du procédé, et rit beaucoup de l'anecdote qu'il trouva charmante.

— N'est-ce pas? dit M. de Castel-Mayor à son neveu en lui montrant sa fille, elle est gaie; elle est spirituelle, et puis elle a reçu une éducation si complète et si distinguée! Je lui ai donné des maîtres de toute sorte, elle peut parler sur tous les sujets. Cause avec elle.

Fernand causa une partie de la soirée avec sa cousine; à chacune de ses réponses, il regardait autour de lui, avec tristesse et regret. Au milieu de cette société nombreuse, quelque chose lui manquait, et il éprouvait un vide affreux. Jeanne n'était plus là!

Malgré les fatigues de la veille, Giuseppa et ses compagnes voulurent qu'on valsât au piano. Fernand invita sa cousine; son oncle était enchanté.

— Valsez-vous à *deux temps*, mon cousin?
— Certainement, ma cousine.
— A la bonne heure! vous êtes dans le vrai. Croiriez-vous qu'Isabelle, ma meilleure amie, professe un système déplorable, celui de la valse à *trois temps*?
— C'est absurde.
— N'est-ce pas? Car enfin, pour peu qu'on raisonne...

Et elle recommença la discussion de la veille, dont elle donna à son cousin une seconde édition. Cette fois cela importait peu à Fernand, qui aimait autant qu'elle traitât ce sujet qu'un autre, il n'écoutait pas.

Dès le lendemain et les jours suivants il écrivit à Jeanne. Il lui raconta, et dans tous ses détails, d'abord son arrivée à la Havane, puis son arrivée chez son oncle, et, plus tard, la vie de famille qu'il y menait.

Il faisait de longues excursions dans le pays, parcourait ses vastes plantations, qu'il ne connaissait que par ouï-dire, et il visitait les nombreux esclaves qu'il possédait, en partie par indivis, avec son oncle. Il passait des jours entiers au milieu d'eux, étudiait les moyens d'améliorer leur sort, et s'occupait surtout de celui des femmes et des enfants. Quant aux craintes dont il avait causé avec Clotilde, à bord du *Christophe-Colomb*, sur les projets d'envahissement des Américains, l'île était en ce moment dans une sécurité profonde; partant, rien à faire pour lui, que son état de planteur et de colon, qui n'était pas sans intérêt.

Plus d'une fois, il avait demandé à Giuseppa, sa cousine, quelques renseignements sur la société et les habitudes de la Havane, ou simplement sur ses occupations de jeune fille, sur le régime intérieur de la maison de son père, sur la direction qu'elle lui donnait. Mais il voyait sur-le-champ la langueur et l'ennui se peindre sur ses traits; indolente comme une créole, elle répétait :

— Je n'en sais rien; je ne me mêle pas de cela.

En revanche, elle s'occupait beaucoup de sa toilette. Elle questionnait son cousin sur les modes et les étoffes de France; elle l'interrogeait sur la nouvelle coupe des manteaux de dames ou sur les formes de chapeaux actuellement en vogue à Paris. Elle ne pouvait presque rien obtenir de Fernand, et s'étonnait, à chaque instant, de l'ignorance de son cousin. Chacun, à vrai dire, avait peu d'estime pour l'instruction et les connaissances de l'autre.

Un jour, enfin, où, depuis une demi-heure, Fernand entendait parler crinoline et quittait le salon pour prendre l'air et respirer, on lui remit une lettre, datée de la Nouvelle-Orléans. Elle était signée : Jeanne d'Auray.

Jeanne avait fait bon voyage, Jeanne avait été reçue, à bras ouverts, par son frère, qui déjà ne pouvait plus se passer d'elle. Il était souffrant, elle s'était établie sa garde-malade. Sa maison était au pillage; elle en était devenue l'intendant et le majordome. L'ordre y régnait, la santé et la joie commençaient à renaître. On se doute bien qu'elle passait rapidement sur ces détails de ménage : elle en parlait à peine; mais elle s'étendait longuement sur les détails qu'elle croyait pouvoir intéresser Fernand, sur l'aspect que lui offraient la Louisiane et la Nouvelle-Orléans, ces régions qui autrefois nous appartenaient et où se retrouvent encore les descendants de nos anciennes familles; pays français par le cœur, par le langage, par les souvenirs, et qui, pour Clotilde, n'était pas une terre d'exil, mais une patrie retrouvée, à quinze cents lieues de la France.

Dans cette lettre, et dans celles qui lui succédèrent, Clotilde révélait chaque jour à Fernand des qualités nouvelles. En causant avec l'ami, même le plus intime, une femme ne livre son âme qu'à moitié; en lui écrivant, elle la lui livre entière, et, de ce jour seulement, Fernand connut tout le prix des trésors qu'il n'avait fait jusqu'alors que soupçonner. Que de noblesse dans les sentiments! que d'élévation dans les idées! que de charme dans l'esprit! et, mieux encore, que de bonté dans le cœur! Elle ne s'occupait jamais d'elle, et toujours de ses amis; ce qui la regardait n'était rien; ce qui intéressait Fernand prenait seul de l'importance à ses yeux. On sentait, en elle, tant de dévouement pour ceux à qui elle était dévouée, qu'il semblait qu'une amitié si tendre devait tenir lieu de tout, et que rien au monde ne pouvait consoler de sa perte. Dans ce moment, Fernand ne se préoccupait guère des charmes extérieurs. Bien loin de là; depuis qu'il était condamné, matin et soir, à la beauté et à la conversation de sa cousine et de ses jeunes compagnes, il s'était, par une exagération assez commune aux gens passionnés, persuadé que la beauté et la sottise étaient inséparables, et il écrivit un jour à Fleurette qu'il avait pris désormais en haine toutes les jolies femmes, elle exceptée.

Depuis près de trois mois, chaque bateau partant pour la Louisiane emportait une lettre de lui, chaque paquebot lui en apportait une de la Nouvelle-Orléans. Mais au dernier messager il n'avait rien reçu. Rien n'était arrivé pour lui. L'inquiétude et le chagrin qu'il en éprouva lui firent comprendre à quel point, sans qu'il se l'avouât à lui-même, Jeanne d'Auray lui était chère, et combien déjà il lui était difficile de se passer d'elle. Il fallait attendre cinq jours encore l'arrivée du nouveau paquebot. Les trois premiers, il prit sur lui de cacher son trouble et ses angoisses ; mais à dater du quatrième, ce fut impossible. Deux ou trois fois par jour il montait à cheval, il galopait depuis l'habitation jusqu'au port, pour tâcher d'apercevoir en mer quelque vaisseau arrivant du golfe du Mexique. Il revenait la tristesse dans le cœur, et c'était dans ces moments-là surtout que les toilettes et les polkas de ses cousines lui paraissaient intolérables.

Enfin, le sixième jour, arriva cette lettre tant désirée. Elle ne contenait que quelques lignes, écrites d'une main peu assurée, et, pour un œil bien attentif, il n'eût pas été impossible de découvrir sur le papier la trace de quelques larmes. La lettre contenait ces mots :

« J'ai été malade, mon ami ; ne vous inquiétez pas ;
« grâce aux soins de mon bon frère, ce ne sera rien.

« Mais il est resté dans mon esprit une idée que je n'en
« puis bannir, bien qu'elle me glace d'effroi, une idée que
« je voudrais vous taire, et que malgré moi, cependant, je
« dois vous faire connaître.

« L'Espagne du Cid vient, dit-on, de se réveiller et de
« pousser un cri de guerre. On a raconté devant moi qu'il
« y avait, en ce moment, au Maroc, de la gloire à acquérir.

« J'ai pensé à vous.

« Votre père, j'en suis sûre, aurait fait comme moi. Il
« se peut que je pleure toute ma vie ce fatal conseil ; il se
« peut que j'en meure ; mais, comme votre amie, je ne
« me pardonnerais jamais de ne pas vous l'avoir donné. »

Fernand poussa un cri et pressa la lettre contre ses lèvres.

— Oui, s'écria-t-il avec un accent plein de courage et de fierté, c'est là mon amie, ma véritable amie.

Le soir même, il était dans le salon, en habit de voyage, et faisait ses adieux à son oncle, qui tentait vainement de le retenir.

— Ma cousine est charmante, disait-il ; mais il m'a été facile de voir que je ne lui plaisais pas ; mes goûts ne sont pas les siens, et il y a ici de jeunes cavaliers, de jolis danseurs, qui lui conviennent mieux que moi.

— Reste au moins parmi nous, répondait son oncle; au milieu de tes propriétés qui, grâce à toi, depuis trois mois, ont doublé de valeur; au milieu de tes esclaves, qui travaillent tous et dont cependant tu es parvenu à te faire aimer. Reste, tu m'apprendras comment tu t'y es pris avec eux.

— Non, mon oncle, je vais rejoindre l'armée espagnole au Maroc.

— A quoi bon ?

— Je demanderai au général Prim, que j'ai connu à Madrid, s'il veut me prendre sous ses ordres comme volontaire.

— A quoi bon ? reprit l'oncle avec impatience.

— Pour me battre. Je ne veux pas rester planteur à la Havane, quand tous les gentilhommes de mon âge sont soldats en Afrique.

— Qui t'a dit cela ?

— Un ami qui se connaît en bons conseils, et je suivrai les siens.

— Un ami qui n'a pas un maravédis ! Mais toi, qui as de si belles propriétés, des mines d'or, des revenus immenses, exposer tout cela à être emporté par un boulet de canon !

— Je n'en aurai que plus de mérite. Adieu, mon oncle.

Il embrassa M. de Castel-Mayor et sa charmante fille.

Quelques semaines après, ce jeune homme si élégant, le favori de toutes les dames, qui jusqu'alors avait passé sa vie dans les recherches du luxe, commençait bravement cette longue et rude campagne, où les yatagans et les balles ennemis étaient moins redoutables encore que le froid, la faim, la fatigue, les maladies et les privations de toute espèce.

IV

Revenons à Fleurette, que nous avons abandonnée depuis longtemps, mais dont la position, quand nous l'avons quittée, n'avait rien d'inquiétant. Le départ du duc d'Olona avait augmenté et enhardi ses adorateurs.

Ludovic Durussel avait perdu sa mère. Il était resté les deux premiers mois de son deuil sans paraître dans la boutique de Fleurette. Il s'en dédommageait maintenant, car il y venait tous les jours faire renouveler les corbeilles de son hôtel, au grand chagrin d'un modeste acheteur, Urbain Rémy, qui, fidèle à ses violettes, en achetait un bouquet aussi tous les jours. Il avait obtenu de ses chefs de passer à Paris, près de sa mère, tout le temps pendant lequel son service ne le réclamait pas à bord de son paquebot.

La présence de Ludovic effrayait les amoureux, à commencer par Urbain, qui continuait à garder un silence absolu. On connaissait les projets de mariage de M. Durussel, et depuis la mort de sa mère, rien ne l'empêchait plus maintenant de les réaliser. Du reste, la gentille bouquetière, gracieuse avec tout le monde, n'était tendre avec personne; ses seuls amis étaient tous deux éloignés d'elle.

Urbain, à son premier retour, lui avait apporté le journal de Clotilde et celui du duc d'Olona. Ce commencement de voyage avait donné bon espoir à Fleurette, espoir confirmé par les autres lettres qu'elle avait reçues depuis. Le récit de la tempête l'avait d'abord effrayée, puis enchantée; le séjour à la Havane et la cousine Giuseppa l'avaient ravie; mais le départ pour le Maroc l'avait désolée. Pour la première fois de sa vie, elle blâmait sa marraine; elle l'accusait d'indifférence et de dureté; elle tremblait pour le pauvre Fernand, et quand on venait dans sa boutique, on la trouvait matin et soir occupée à lire le journal.

Le débarquement de la flotte espagnole et les orages dont elle était assaillie empêchaient Fleurette de dormir. A la première bataille gagnée sur les Marocains, on eut grand'peine à l'empêcher d'illuminer sa boutique. Maintenant sa joie était plus grande encore.

Le général Prim et ses aides de camp s'étaient distingués comme on le sait. Le duc d'Olona avait été blessé en enlevant une redoute, mais sa blessure n'était pas dangereuse ; la paix était faite, et le duc ne pouvait tarder à revenir.

Un autre bonheur ; Clotilde lui avait déjà parlé plusieurs fois du désir qu'avait son excellent frère de revoir la France avant de mourir, et d'admirer Paris, la nouvelle cité, la nouvelle merveille du monde.

Jean d'Auray, le négociant américain, pouvait enfin réaliser ce vœu. La présence et les soins de sa sœur bien-aimée lui avaient rendu la santé, la gaieté, et presque la jeunesse ; il marchait, d'abord appuyé sur les bras de Clotilde, et bientôt sans soutien. Il se sentait en état de voyager. Son médecin le lui avait permis, et il avait eu raison, car le malade était homme à se passer de la permission. Aussi on peut juger de l'étonnement et de la joie de Fleurette, quand une lettre, datée du Havre et signée *Clotilde*, lui apprit que Jeanne d'Auray et son frère venaient de débarquer, et la priaient de leur retenir un appartement à Paris.

Une heure après, la commission était faite. Fleurette avait fait préparer, hôtel du Louvre, un appartement magnifique, où le surlendemain elle embrassait sa marraine qu'elle accablait de caresses et de questions, sans oublier M. Jean d'Auray, qui, du premier coup d'œil, avait fait sa conquête. Le vieux gentilhomme-négociant connaissait déjà, par sa sœur, toute l'histoire de Fleurette ; il la regardait comme de la famille, et aurait cru que quelque chose manquait à sa toilette, si sa boutonnière n'eût pas été ornée, chaque matin, d'un bouquet apporté par Fleurette.

Dès le jour de son arrivée, Jean d'Auray s'était mis à courir Paris, et les deux femmes s'étaient mises à parler de Fernand.

— Il vous aime, ma marraine, s'écria Fleurette ; il vous aime maintenant.

— Oui, mais non pas d'amour, disait tristement Clotilde.

— D'amour réel, je le soutiens.

— Non, non, il ne m'aimera jamais comme il m'a aimée quand j'étais belle !

— D'abord, ma marraine, vous êtes très belle maintenant : les taches rouges se sont entièrement effacées, la peau est unie et lisse ; vous avez pris un léger embonpoint qui vous va à merveille et qui a fait disparaître une partie des traces du fléau ; celles qui restent ne sont plus, çà et là, que des grains de beauté qui donnent de l'expression à la physionomie. D'ailleurs, la belle Giuseppa, sa cousine, est parvenue à lui faire prendre la beauté en haine, et, d'après ce qu'il m'écrivait dernièrement, il m'a été facile de voir que, quelle que fût Mlle Jeanne d'Auray, c'est elle seule qu'il aime, et pas d'autre.

— Ah ! dit Clotilde en secouant la tête, si Mlle de Kéroualle pouvait apparaître à ses yeux, telle qu'elle était jadis, Jeanne d'Auray serait bien vite oubliée.

— Ce n'est pas vrai.

— Qu'en sais-tu ?

— J'en suis sûre.

— Ah ! si tu pouvais me donner cette persuasion !...

— Rien ne manquerait à votre bonheur, ma marraine ?

— Non, dit Clotilde.

— Eh bien, reprit Fleurette avec un air prophétique, cette conviction, je vous la donnerai.

Le soir même, Fleurette recevait du duc d'Olona une lettre datée de la frontière d'Espagne ; elle ne contenait que ces mots :

« Dans deux jours je serai à Bordeaux, où je passerai
« une semaine ; si tu sais quelque chose de la Nouvelle-
« Orléans, écris-moi poste restante. »

Fleurette avait un projet qui, selon elle, devait réussir ; elle n'était pas fille à reculer devant une chance, quelque absurde ou quelle téméraire qu'elle fût. Elle suivit son inspiration, et, sans en parler à sa marraine, elle écrivit au duc d'Olona d'après l'idée qu'elle avait en tête.

Quelques jours après le départ de cette lettre, Clotilde était avec son frère, un soir, à l'hôtel du Louvre ; tous deux causaient de leur mutuel bonheur, c'est-à-dire de celui de Clotilde, car Jean, revenu à la vie grâce à elle, ne vivait plus que pour elle. Clotilde était sa sœur, sa fille, toute sa famille. Elle lui avait confié ses plus intimes pensées, son amour pour d'Olona, et il se réjouissait de ses joies ou s'affligeait de ses peines, comme il espérait de ses espérances. Clotilde lui racontait, pour la dixième fois au moins, les détails de leur mariage si fatalement rompu, son départ pour Nancy auprès de sa tante Béatrix, le chagrin, les derniers adieux de Fernand, la bague qui venait de sa mère et qu'il lui avait donnée... cette bague que parfois effleuraient ses lèvres, car, loin de lui, elle osait la porter.

Tout à coup la porte s'ouvre, un domestique annonce M. le duc d'Olona. Un jeune homme se précipite dans l'appartement ; Clotilde pousse un cri, et, réunissant toutes ses forces pour résister à son émotion et ne pas perdre connaissance, elle balbutie ces mots :

— Mon frère... M. le duc d'Olona !

— Je n'avais pas besoin qu'il me fût présenté, dit Jean avec franchise. Nous ne nous étions jamais vus, monsieur le duc, et il me semble que nous nous connaissions déjà.

Fernand lui serra la main. Il ne pouvait parler, tant il se sentait troublé. Ses traits étaient toujours aussi distingués, mais plus fiers, plus mâles. Son teint était bruni, et on voyait sur son front la trace d'un coup de yatagan qui l'embellissait encore. En apercevant cette cicatrice, quelque légère qu'elle fût, Clotilde ne put retenir une larme, et Fernand, la regardant d'un air heureux et fier, s'écria :

— Suis-je digne de vous, mon amie ?

Elle lui tendit la main, qu'il saisit avec une vive expression de tendresse. Il aimait cette fois, il aimait d'un amour solide et durable, car il était captivé, non plus par la vanité des yeux ou par le délire des sens, mais par la reconnaissance, par le cœur, l'esprit et la raison.

— Monsieur, dit le duc en se retournant vers Jean d'Auray, je viens de recevoir une communication étrange, sur laquelle, du reste, j'ai déjà pris mon parti ; mais je tiens à vous en faire part, à vous, monsieur, et à mademoiselle votre sœur, comme chose qui m'intéresse, et qui, comme telle alors, ne sera pas, j'en suis certain, indifférente à votre amitié.

Clotilde regardait son frère d'un air inquiet. Tous trois s'assirent, et Fernand commença en ces termes :

— En arrivant à Bordeaux, où, pour mes affaires, je devais passer toute une semaine, j'ai trouvé, poste restante, une lettre de Fleurette qui m'apprenait que M. Jean d'Auray et sa sœur étaient arrivés à Paris et demeuraient à l'hôtel du Louvre.

Je n'en ai pas lu davantage, j'ai donné les ordres pour mon départ, je me suis mis en route. Alors seulement j'ai achevé la lettre ; la fin en est étrange, inexplicable, difficile à croire. Mais celle qui l'a écrite est une honnête fille, dont le dévouement m'est si connu, que douter d'elle et de sa parole serait un crime que je ne me pardonnerais jamais. Cette lettre, la voici.

Il la tendit à Clotilde, dont l'étonnement augmentait à chaque instant.

Elle prit d'une main tremblante la lettre, qui était bien de l'écriture de Fleurette, et lut ce qui suit d'une voix émue :

« J'arrive, monsieur le duc, à un étrange événement,
« dont je vous donnerai plus tard tous les détails, mais
« dont il faut d'abord que vous soyez instruit avant votre
« retour à Paris. Vous n'avez point oublié l'horrible ca-
« tastrophe qui vous enleva Mlle Clotilde de Kéroualle,
« votre fiancée et ma bien-aimée marraine ; vous n'avez

« point oublié non plus la déposition de l'employé du che-
« min de fer de Vitry-le-François, qui vous assura que
« Mlle de Kéroualle était descendue du wagon incendié
« avant l'accident, et que probablement elle n'était pas
« morte... »

Clotilde s'arrêta interdite, ne sachant où Fleurette en
voulait venir et quel était son dessein.

— Continuez, de grâce ! lui dit Fernand.

Elle reprit sa lecture :

« L'employé du chemin de fer vous disait la vérité,
monsieur le duc : Mlle de Kéroualle, votre fiancée, ma
marraine, existe, je l'ai vue, plus belle que jamais. »

Clotilde commença seulement alors à comprendre le
projet de Fleurette. Elle se prit à trembler, et une sueur
froide couvrit son front; elle eut cependant encore la
force de continuer :

« Si vous me demandez, monsieur le duc, comme elle a
« consenti à laisser un pareil bruit se répandre, et com-
« ment elle ne s'est pas hâtée de vous désabuser, vous
« qui l'aimiez, je vous répondrai qu'en agissant ainsi elle
« était plus que jamais digne de votre estime et de votre
« tendresse ; qu'elle n'avait que les motifs les plus
« louables et les plus nobles ; je vous le prouverai, et
« vous en conviendrez vous-même. »

— Non ! s'écria le duc en l'interrompant ; quelles que
soient les raisons qu'on puisse me donner, je n'admettrai
jamais un pareil silence. Je pense, mademoiselle, et vous
serez de mon avis, qu'un tel procédé, même justifié, me
donne le droit de reprendre ma parole et de rompre
l'union convenue entre nous.

— Rompre avec elle ! murmura Clotilde, le cœur palpitant de joie ; avec elle, qui est, dit-on, si belle !

— Elle l'est moins que vous à mes yeux ! s'écria Fernand avec amour, car vous êtes celle que j'aime, vous
êtes celle que je préfère à tout.

Et s'adressant à Jean d'Auray :

— Monsieur, dit-il en saisissant la belle main de Clotilde, je vous prie de m'accorder la main de votre sœur, cette main sans laquelle je ne pourrais être heureux. Et dans ce moment, Jeanne, dit-il en s'adressant à sa fiancée, mon seul regret est de ne pouvoir plus passer à l'un de ces doigts charmants l'anneau révéré de ma mère... l'anneau qu'elle m'avait laissé pour le donner, après elle, à sa fille.

En prononçant ces mots, il regardait la main de Jeanne d'Auray et demeurait stupéfait en y reconnaissant la pierre gravée, la pierre précieuse qu'un an auparavant il avait mise au doigt de Clotilde de Kéroualle. Il restait debout, interdit, tenant dans sa main la main de Jeanne, et son regard lui demandait l'explication d'un pareil mystère, lorsque la porte s'ouvrit brusquement.

Un éclat de rire annonça Fleurette, qui s'élança dans les bras de Clotilde et dans ceux de Fernand, en s'écriant gaiement :

— Monsieur le duc !... Ma marraine !
— Ta marraine ? répéta Fernand hors de lui, ta marraine ?
— Toujours, monsieur le duc, elle l'a toujours été.

La soirée entière se passa, entre le duc d'Olona, Clotilde, le comte de Kéroualle et Fleurette, en explications plusieurs fois recommencées et toujours écoutées avec une nouvelle surprise et un plaisir nouveau.

Fleurette demanda quand aurait lieu le mariage. D'autres y pensaient ; elle seule en parla.

Jusqu'à ce jour, fixé à une époque beaucoup trop éloignée selon elle, Fleurette s'occupa constamment de la toilette de sa marraine ; elle était sa seule femme de chambre, elle n'avait qu'une idée, celle de la faire belle. Elle voulait que Clotilde rentrât dans le monde le plus tôt possible ; Clotilde s'y refusa. Ce fut seulement à la soirée qui précéda son mariage qu'elle parut en grande toilette dans le salon du duc d'Olona, son fiancé. Le vieux médecin de Vitry-le-François avait dit vrai : le temps devait effacer peu à peu les dernières traces de l'orage. Ce n'était plus la Clotilde d'autrefois ; c'en était une autre, qui avait son genre d'attrait et de beauté. Chaque jour, du reste, lui rendait, sinon son premier éclat, du moins un charme qui rappelait de plus en plus son ancienne physionomie : aussi Fleurette, la regardant avec satisfaction, lui disait parfois :

— C'est étonnant, ma marraine, comme vous vous ressemblez !

Que vous dirons-nous de plus ? Avons-nous besoin de continuer ce récit ? Le bonheur vrai ne se raconte pas. Mais si vous désirez savoir ce que sont devenus ceux qui ont figuré dans le commencement de cette histoire, il nous sera beaucoup plus facile de vous satisfaire.

Mᵐᵉ la marquise de Kérouallo vient de marier, en Bretagne, sa troisième fille. Le comte Jean de Kérouallo, ex-négociant, a eu l'honneur de lui faire part du mariage définitif de sa sœur, Clotilde de Kérouallo, avec M. le duc d'Olona. La marquise et les siens ont été vivement touchés de la résurrection et du retour de deux parents à la perte desquels ils avaient pris un si grand intérêt.

Il est aussi une ancienne connaissance à nous, Guillaume de Schaffouse, l'ami et le correspondant de Fleurette, Guillaume le commissionnaire, que nous avons un peu oublié, mais que Fleurette n'oubliait pas. Elle lui écrivait souvent. Elle se rappelait très bien que le bon Guillaume l'avait formellement demandée en mariage, et qu'elle lui avait promis de lui donner réponse dans deux ans. Les deux ans venaient d'expirer, et Fleurette n'était pas encore décidée. C'était l'époque où la France et la République helvétique étaient en difficultés pour le Chablais et le Faucigny, et Fleurette trouvait qu'une annexion à la Suisse offrait pour elle des difficultés non moins grandes, lorsqu'un matin elle reçut une lettre de Guillaume.

— Je suis perdue, dit-elle, il vient me sommer de tenir ma promesse.

Le digne et excellent Suisse avait trop de bon sens

pour cela. Il avait compris que Fleurette était trop brillante pour lui ; que c'était une plante de serre, et non pas une fleur des montagnes. Il venait d'épouser une brave paysanne des bords du lac de Constance ; il en faisait part à Fleurette et lui rendait sa parole, en lui demandant à garder son amitié. Fleurette, tout émue et contente cependant, répondit par une lettre si dévouée et si charmante, que le pauvre Guillaume eut presque des regrets de son mariage ; elle y joignit un cadeau superbe pour la mariée.

Quant aux autres prétendants au cœur de Fleurette, il y en avait, il y en a toujours beaucoup ; nous ne parlerons pas de tous.

Le plus ancien, le premier, Étienne, le frère de Michelette, n'est devenu ni meilleur sujet, ni meilleur ouvrier ; ambitieux sans cesser d'être paresseux, il cherche tous les moyens de s'enrichir sans rien faire. Il a fait un mariage, non pas de raison, non pas d'argent, un mariage de désespoir ! il a épousé Mlle Charlotte, la belle fleuriste de la rue Neuve-Coquenard, qui vient, dit-on, de prendre l'appartement que Mlle Délia occupait rue de Navarin.

Ludovic Durussel, que la mort de sa mère a rendu maître d'une très grande fortune, ne cache plus ses prétentions. Les obstacles et les refus ont rendu sa passion plus vive ; l'amour a fait taire sa vanité, et il aime tant Fleurette, qu'il avoue hautement l'intention de l'épouser si elle veut bien y consentir.

— Cela devrait te toucher ! lui disait Clotilde.

— Cela ne me fait pas de peine, répondit la coquette, mais ce n'est pas une raison pour que j'accepte. Je verrai.

— Ah ! s'écria Clotilde, si tu avais des yeux, tu aurais remarqué celui qui t'aime réellement : c'est Urbain Remy.

— Vous croyez, ma marraine ?

— Il ne parle pas, celui-là, il ne parlera jamais, peut-être, reprit la duchesse ; mai j'ai entendu citer de lui un mot qui partait du cœur.

Et elle raconta comment Urbain, poussé dans ses derniers retranchements et obligé de choisir entre sa mère et Fleurette, aurait sauvé l'une et serait mort avec l'autre.

— Ah ! dit vivement Fleurette, c'est bien !
— Et cela te décide ? s'écria Clotilde.
— Non, ma marraine, dit-elle en rougissant, non. Je verrai... je réfléchirai... J'ai le temps, j'aime à aimer non pas d'amour, mais d'amitié... et plus j'interroge mes souvenirs, plus il me semble qu'il n'y a au monde que deux personnes à qui j'aie réellement appartenu de cœur.
— Lesquelles ?
— Vous d'abord, ma marraine, vous le savez bien.
— Et l'autre ?
— L'autre ?

Elle jeta un regard presque imperceptible du côté de Fernand, une larme roula dans ses yeux, et elle répondit en riant à sa marraine :

— L'autre... je ne le dirai pas !

TABLE DES MATIÈRES

	Pages.
Première partie.	1
Deuxième partie.	171
Troisième partie	337

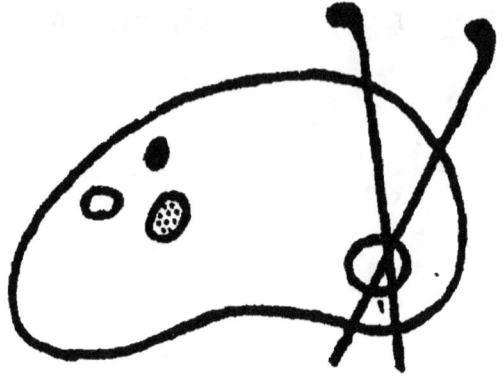

Début d'une série de documents
en couleur

(TYPOGRAPHIE)

N° 34   10 centimes

LES GRANDS ROMANCIERS FRANÇAIS

L. BOULANGER, éditeur, 90, Boulevard Montparnasse, PARIS
E. SCRIBE : FLEURETTE

Ont paru dans :

LES GRANDS ROMANCIERS FRANÇAIS :

LE FILS DE FAMILLE

Par XAVIER DE MONTÉPIN

Livraisons 1 à 10

LE JEU DE LA MORT

Par PAUL FÉVAL

Livraisons 10 à 21

LA TONTINE INFERNALE

Livraisons 21 à 32

Après ce dernier et dramatique récit, nous commencerons :

FLEURETTE

HISTOIRE D'UNE BOUQUETIÈRE

Par E. SCRIBE

Paris.—Imp. PAUL DUPONT (Cl.)

N° 5   10 centimes

32 PAGES

LES GRANDS ROMANCIERS FRANÇAIS

L. BOULANGER, éditeur, 90, Boulevard Montparnasse, PARIS

Ont paru dans

LES GRANDS ROMANCIERS FRANÇAIS :

LE FILS DE FAMILLE

Par XAVIER DE MONTÉPIN

Livraisons 1 à 10

LE JEU DE LA MORT

Par PAUL FÉVAL

Livraisons 10 à 21

LA TONTINE INFERNALE

Livraisons 21 à 32

Après ce dramatique récit nous continuons par :

FLEURETTE

HISTOIRE D'UNE BOUQUETIÈRE

Par E. SCRIBE

Livraisons 32 à 44

Paris.—Imp. PAUL DUPONT (Cl.)

EUGÈNE SCRIBE : FLEURETTE

L. BOULANGER, éditeur, 90, Boulevard Montparnasse, PARIS

Ont paru dans :

LES GRANDS ROMANCIERS FRANÇAIS :

LE FILS DE FAMILLE

Par XAVIER DE MONTÉPIN

Livraisons 1 à 10

LE JEU DE LA MORT

Par PAUL FÉVAL

Livraisons 10 à 21

LA TONTINE INFERNALE

Livraisons 21 à 32

Après ce dramatique récit nous continuons par :

FLEURETTE

HISTOIRE D'UNE BOUQUETIÈRE

Par E. SCRIBE

Livraisons 32 à 44

Paris.—Imp. Paul Dupont (Cl.)

N° 37 — 10 centimes

32 PAGES

LES GRANDS ROMANCIERS FRANÇAIS

EUGÈNE SCRIBE : FLEURETTE

L. BOULANGER, éditeur, 90, Boulevard Montparnasse, PARIS

Ont paru dans :

LES GRANDS ROMANCIERS FRANÇAIS :

LE FILS DE FAMILLE

Par XAVIER DE MONTÉPIN

Livraisons 1 à 10

LE JEU DE LA MORT

Par PAUL FÉVAL

Livraisons 10 à 21

LA TONTINE INFERNALE

Livraisons 21 à 32

Après ce dramatique récit nous continuons par :

FLEURETTE

HISTOIRE D'UNE BOUQUETIERE

Par E. SCRIBE

Livraisons 32 à 44

Paris.-Imp. Paul Dupont (Cl.)

N° 38 — 10 centimes

32 PAGES

LES GRANDS ROMANCIERS FRANÇAIS

EUGÈNE SCRIBE : FLEURETTE

L. BOULANGER, éditeur, 90, Boulevard Montparnasse, PARIS

Ont paru dans :

LES GRANDS ROMANCIERS FRANÇAIS :

LE FILS DE FAMILLE

Par XAVIER DE MONTÉPIN

Livraisons 1 à 10

LE JEU DE LA MORT

Par PAUL FÉVAL

Livraisons 10 à 21

LA TONTINE INFERNALE

Livraisons 21 à 32

Après ce dramatique récit nous continuons par :

FLEURETTE

HISTOIRE D'UNE BOUQUETIÈRE

Par E. SCRIBE

Livraisons 32 à 44

Paris.—Imp. Paul Dupont (Cl.)

N° 20   10 centimes

32 PAGES

LES GRANDS ROMANCIERS FRANÇAIS

EUGÈNE SCRIBE : FLEURETTE

L. BOULANGER, éditeur, 90, Boulevard Montparnasse, PARIS

Ont paru dans :

LES GRANDS ROMANCIERS FRANÇAIS :

LE FILS DE FAMILLE

Par XAVIER DE MONTÉPIN

Livraisons 1 à 10

LE JEU DE LA MORT

Par PAUL FÉVAL

Livraisons 10 à 21

LA TONTINE INFERNALE

Livraisons 21 à 32

Après ce dramatique récit nous continuons par :

FLEURETTE

HISTOIRE D'UNE BOUQUETIÈRE

Par E. SCRIBE

Livraisons 32 à 44

Paris.—Imp. Paul Dupont (Cl.)

LES GRANDS ROMANCIERS FRANÇAIS

N° 40 — 10 centimes — 32 PAGES

EUGÈNE SCRIBE : FLEURETTE

L. BOULANGER, éditeur, 90, Boulevard Montparnasse, PARIS

Ont paru dans :

LES GRANDS ROMANCIERS FRANÇAIS :

LE FILS DE FAMILLE

Par XAVIER DE MONTÉPIN

Livraisons 1 à 10

LE JEU DE LA MORT

Par PAUL FÉVAL

Livraisons 10 à 21

LA TONTINE INFERNALE

Livraisons 21 à 32

Après ce dramatique récit nous continuons par :

FLEURETTE

HISTOIRE D'UNE BOUQUETIÈRE

Par E. SCRIBE

Livraisons 32 à 44

Paris.—Imp. Paul Dupont (Cl.)

N° 41 10 centimes

LES GRANDS ROMANCIERS FRANÇAIS

32 PAGES

EUGÈNE SCRIBE : FLEURETTE

L. BOULANGER, éditeur, 90, Boulevard Montparnasse, PARIS

Ont paru dans :

LES GRANDS ROMANCIERS FRANÇAIS :

LE FILS DE FAMILLE

Par XAVIER DE MONTÉPIN

Livraisons 1 à 10

LE JEU DE LA MORT

Par PAUL FÉVAL

Livraisons 10 à 21

LA TONTINE INFERNALE

Livraisons 21 à 32

Après ce dramatique récit nous continuons par :

FLEURETTE

HISTOIRE D'UNE BOUQUETIÈRE

Par E. SCRIBE

Livraisons 32 à 44

Paris.—Imp. Paul Dupont (Cl.)

N° 42 10 centimes

32 PAGES

LES GRANDS ROMANCIERS FRANÇAIS

EUGÈNE SCRIBE : FLEURETTE

L. BOULANGER, éditeur, 90, Boulevard Montparnasse, PARIS

Ont paru dans :

LES GRANDS ROMANCIERS FRANÇAIS :

LE FILS DE FAMILLE

Par XAVIER DE MONTÉPIN

Livraisons 1 à 10

LE JEU DE LA MORT

Par PAUL FÉVAL

Livraisons 10 à 21

LA TONTINE INFERNALE

Livraisons 21 à 32

Après ce dramatique récit nous continuons par :

FLEURETTE

HISTOIRE D'UNE BOUQUETIERE

Par E. SCRIBE

Livraisons 32 à 44

Paris.—Imp. Paul Dupont (Cl.)

N° 43 10 centimes

32 PAGES

LES GRANDS ROMANCIERS FRANÇAIS

EUGÈNE SCRIBE : FLEURETTE

L. BOULANGER, éditeur, 90, Boulevard Montparnasse, PARIS

Ont paru dans :

LES GRANDS ROMANCIERS FRANÇAIS :

LE FILS DE FAMILLE

Par XAVIER DE MONTÉPIN

Livraisons 1 à 10

LE JEU DE LA MORT

Par PAUL FÉVAL

Livraisons 10 à 21

LA TONTINE INFERNALE

Livraisons 21 à 32

Après ce dramatique récit nous continuons par :

FLEURETTE

HISTOIRE D'UNE BOUQUETIÈRE

Par E. SCRIBE

Livraisons 32 à 44

Paris.—Imp. Paul Dupont (Cl.)

Ont paru dans :

LES GRANDS ROMANCIERS FRANÇAIS :

LE FILS DE FAMILLE

Par XAVIER DE MONTÉPIN

Livraisons 1 à 10

LE JEU DE LA MORT

Par PAUL FÉVAL

Livraisons 10 à 21

LA TONTINE INFERNALE

Livraisons 21 à 32

Après ce dramatique récit nous continuons par :

FLEURETTE

HISTOIRE D'UNE BOUQUETIÈRE

Par E. SCRIBE

Livraisons 32 à 44

Paris.—Imp. Paul Dupont (Cl.)

www.ingramcontent.com/pod-product-compliance
Lightning Source LLC
Chambersburg PA
CBHW071854230426
43671CB00010B/1342